池明観

Chi Myong-kwan

「韓国からの通信」の時代

韓国・危機の15年を
日韓のジャーナリズムはいかにたたかったか

影書房

「韓国からの通信」の時代　目次

＊　＊　＊　＊　＊

《おことわり》

一、本書は、日本の読者に向けて日本語で書かれた著作ですが、日本での刊行に先がけて、『韓国からの通信』のタイトルで２００８年に韓国・創批《チャンビ》社より刊行されています。

一、数字の表記は、引用文も含め、算用数字に統一しています。

一、引用文中に、今日からみて差別的な表現が用いられている場合がありますが、引用という性質上、原文通りとしています。

（編集部）

序文にかえて——日本の読者のために

私は１９２４年、現在の北朝鮮（朝鮮民主主義人民共和国）に当たる平安北道で生まれた。45年8月、日本の敗戦によって朝鮮半島は日本の支配から解放された。しかし同時に、国は南北に分断した。47年、私は南へ逃れた。

南の韓国では、分断の重荷を背負い、近代化、民主化、国民国家を樹立する道を歩みだす。１９６０年、韓国では４・19民主革命が起き、家父長的な独裁政権であった李承晩《イスンマン》政権が倒れる。しかし翌61年5月16日、軍事クーデターによって朴正熙《パクチョンヒ》政権が成立し、産業化を掲げるようになる。朴正熙将軍による軍事独裁は、彼が暗殺される79年まで18年間続いた。

朴正熙が部下に射殺されたとき、ようやく韓国に民主化の春が訪れたと思われたが、全斗煥《チョンドゥファン》という別の将軍が立ちあがった。80年、全斗煥は、韓国南部・光州市での市民によるデモに軍隊を投入し、市民を虐殺した。政府は死者について市民１５４人を含む１９３人としているが、遺族団体などによっては行方不明者も含め死者は約２０００人といわれた。

87年6月、長い戦いを経て韓国で民主主義が勝利を収めることができた（6月抗争）。だがそれまでのあいだ、体制に異を唱える人たちの何人もが不当に逮捕され、拷問を受け、生命の危機にさらされ、また自ら死の道についた。金大中《キムデジュン》など野党の政治家の一部は、軍事裁判にかけられ死刑判決までがでる始末であった。何よりもあの恐ろしい時代のなかにおける学園内の抵抗運動は、天をつくほどのものであった。

1972年10月、私は来日した。48歳だった。当時、韓国の軍人専制政治はいつ終わるとも知れなかった。私はもっと学問をしたいと考え、日本に来たのであった。しかし、数か月後には、私はT・K生の筆名で「韓国からの通信」を、岩波書店が発行する月刊誌『世界』に書きはじめていた。翌73年8月、東京のホテルから金大中が拉致されると、さらに政治的行動は避けられなくなった。私は「韓国からの通信」を書き続けた。それは単なる政治運動というよりは、国際的な市民運動といえるものだった。「韓国からの通信」は、73年5月号から88年3月号まで雑誌『世界』に掲載された。「韓国からの通信」をT・K生という匿名にしたのは、当時の『世界』編集長・安江良介さんの特別の計らいによるものだった。それはもちろん、当局の監視の目を逃れるためであり、また何よりも、韓国に残した私の家族を守るためであった。

私は「韓国からの通信」を、日本人をはじめとする多くの外国人が韓国から持ちだした資料にもとづいて執筆した。また、韓国から東京へやってくるさまざまな人びとの話も情報源となった。そして何よりも韓国国内に毎月極秘のメッセンジャーを送りこんで情報と資料を東京に運んでいただいた。そして私は新聞や民主化団体の声明文などを広く活用した。裁判記録などは手に入らないので、聞き伝えの内容をそのまま書いた。何よりも投獄者家族協議会がもっとも重要な情報源であった。

「通信」によって韓国国内の戦いが触発され、国内の人びとが情報を知りえたといわれた時代であった。その後、日韓のマスメディアと通信を比較しながらこの時代をほんとうはできるだけ正確に再生してみなければならなかったのだが、それはいままで果たせないでいる。

70年代から80年代にかけて、日本と韓国との市民のあいだでは、それまでになかったような互いに助けあう時代を初めてつくることができた。韓国は民主化し、それは一応成功した。その間日本は韓国の民主化運動を励ました。日本が、世界の国々と韓国市民との関係をとりもちながら。最初は、日本のキリスト教教会が動きはじめたのだったが、だんだんと日本の市民全体へと広がっていった。日本の知識人はヨーロッパと連携しながらベトナム戦争のとき戦ったが、その勢力がベトナム戦争後、韓国の民主化に立ちむかったともいえよう。

韓国では昨年（２０１６年）の秋から朴正煕の娘朴槿恵《パククネ》大統領の弾劾を求める声が強まっている。弾劾訴追案が国会で可決される直前のキャンドル集会には、ソウルだけで１５０万人以上の市民が集まったという。私自身、今回の韓国市民の戦いが、いかに正当な意味での民主主義の成熟のための戦いであり、それをいかに実践しながら戦ってきたか、ということを当初は認識していなかった。キャンドルデモがいかに整然としているか、また、そのようにリーダーたちが成熟しているのかを。

過去に私たちが戦ったときには知識人がリーダーシップをとったが、今回は文字通りの市民的な状況で展開していった。韓国の歴史はそれだけ進歩したのだ。今回の運動は、従来の民衆蜂起的なかたちではなく、きわめて民主的なプロセスを忍耐強くすすめるかたちで展開されていった。

今回のように、秩序正しく戦い続けながら政府をけん制していくというのは、新しいやり方だ。この方法で南北の問題もこれから進んでいくだろうと私は思っている。

韓国では、民主化勢力自身が金大中《キムデジュン》、盧武鉉《ノムヒョン》政権時代に政治的に失敗したがゆえに、その後に反動的な政府を誕生させてしまったが、韓国の市民はその反動政権を拒否した。しかも、朴槿恵政権の残党が代わって支配するようなことは許さず、朴槿恵を倒すことによって、過去の軍事政権の名残は尽きてしまったといえるだろう。

しかし、これに対する日本のメディアの評価はどうだったか。その騒ぎは韓国民主主義の後進性の表れというようなものだったのではなかろうか。

かつての軍事独裁政権に対する民主化運動に対しても、日本のメディアの当初の反応は、今回と同様であった。あのときも、後進国のやり方であり、それに意味を与えることができないというのが、最初の頃の日本の世論であった。そうした状況に対し、雑誌『世界』が中心となって、市民運動とともに宣伝しながら戦っていったのだ。そうして韓国の民主化運動が日本の市民のあいだでも正しく認識され、さらには、日本の市民が韓国の市民を励ますようになっていった。

今回の朴槿恵弾劾行動に対して、日本のメディアにはかつてのような姿勢は欠如していたように思われた。日本の一般的な世論だけでなく、雑誌『世界』の姿勢すらそうではなかったのではなかろうか。時代に対して役割を果たせるメディアが存在しないとすれば、これは、日本の出版界を襲った危機の一つの表れでもあるだろうと私は思う。

民主化運動当時、雑誌『世界』は何万部も読まれていた。「韓国からの通信」は、新書として発行され累計50万部が読者の手に渡ったともいわれた。その時代の経験を忘れてはいないだろうか。当時の『世界』編集長・安江良介さんは、問題とすべきトピックを提示して、それに集中するような ジャーナリズム的な編集をした。一時は〝『世界』でなく『韓国』だ〟と意地悪をいわれるほどだった。ジャーナリズムというのは、問題を発見し、それに対する解釈や評価を加えながら、そうすることで市民運動がそれに結集するような形にしていかなければならないだろう。市民の問題に対する関心を高め、市民的行動に対する励ましとならねばならない。とりわけ今日においてはそれが少なくともアジア的連帯という広がりをもたねばならないのではなかろうか。

私は先日、いまの韓国の運動をしている人たちと話をしていて、改めて安江良介さんのことや、当時の雑誌『世界』の姿勢を評価するようになった。安江さんは、日本の自民党の木村俊夫外相のようなリベラルな政治家を激励した。その当時の韓国で市民たちによって行われている状況を評価するようにと、日本の政治家、知識人、市民社会を励ました。そして、日本の市民が反ベトナム戦争で表した力を韓国のほうへ向けて大きな役割を果たすようにと仕向けた。

日本のマスメディアは当初、それほど韓国の民主化運動を評価していなかったことはすでに述べたが、たとえば金大中が日本に来たときも、最初はどこのマスメディアも注目などしていなかった。あるいは相手にしていなかった。だから、安江さんと私は、いろいろなところへと彼を売りこもうとした。当時は『朝日ジャーナル』もあった。

私は、当時の『朝日新聞』を読み返した。韓国の軍部統治に対する市民・学生の抵抗を報道する日本のマスコミの最初の評価は、いわばいまと同じで、韓国では危ない連中が戦っている、それは後進国のやり方だ、というものだったのではなかろうか。それが、『世界』と日本の市民が戦っていくなかで、次第に評価が変わり、日韓の市民的連帯を生みだしていったのではなかろうか。

そして日本の自民党も、それまで日韓のあいだであまりよくない関係を続けていたが、市民の運動が強くなることによって、――あのときは、大平正芳さんが主に対応してくれたが――多少譲らないといけないという考えになっていったと思う。

日本の市民社会の韓国民主化運動への関心の高まりによって、ヨーロッパやアメリカの世論も動かされたことを思いださざるをえない。アメリカにおいても、ついにはレーガン政権すらその対韓姿勢を変えざるをえなくなった。米副大統領などが、何度も韓国を訪れて全斗煥政権を抑えようとしたではないか。このように、日本の市民が世界的な新しい動きのためにパイプ役となって韓国での動きに結びつき、韓国は民主化の時代に入ることができたのだった。

私は韓国の民主化を経験して、いま反省していることがある。

一つは、民主化して民主的な政府が成立すれば、政府と国民との関係はうまくいくだろうと考え、民主化運動の担い手たちがほとんど全面的に現実的政治から退いてしまったことだ。民主化勢力の一部は政府の要職に就いたが、そのほとんどが実際的な力はもっていなかった。そのときに、このように民主化勢力が全面的に撤退したことはまちがっていた。

私たちは政府に参加すべきだった。あるいは、私たちの勢力を解体しないで、国内にかぎらず世界的な連帯体制をそのまま維持しながら、継続して政治に圧力をかけていくべきであった。そうしていたら、韓国の民主化も失敗しなかっただろうと反省する。

いまは、知識人、市民の連帯が世界的に新しい社会を構築しなければなるまい。これが公正な立場で、ときにはアドバイスもすれば協力もするが、ときに政治がまちがうときには、それに注目しながら強力な圧力をかけていく。いまは知識人と市民とが対等な立場に立つべき時代だ。市民的連帯をつくって、そこに知識人も参加していくことにならねばなるまい。

今後、韓国の民主化がどのようなかたちで進んでいくのか、私は注目している。かつてのようなかたちでの知識人はいない時代に、どのように市民的連帯がつくられていくのか。そして、政府とどういう関係をつくっていくのか。私はいままでわれわれは現代的にではなく、近代の延長のなかに生きてきたのだと思う。

現在、日韓交流にたずさわる人たちはぐっと増えた。にもかかわらず、その人たちの政治意識は以前よりも低くなっている。それぞれの政治意識を高めあうためではなく、ただ自分たちの興味や関心のために往来しているに過ぎない。

日本も中国も韓国も、現実政治の上では反動的で、自己利益を中心に据えて、お互いに反目しあっているように見える。しかし、私は反動というのは、歴史のなかでは一時的な現象であって、永続するようにはならない、再び連帯の力が沸いてくるようになるだろうと思っている。

市民が政治に隷従した時代はもう終わった。政治権力が絶対的に国民を支配する時代は終わったのだ。そこで市民連帯はどのような形で形成されるのか。新しい連帯の姿をどのように構成し、歴史を変えていくのか、それがこれからの課題である。とくにアジア的な市民連帯をどうつくっていくのか。

日本がいまの韓国市民の戦いに連帯することも可能ではないか。これまで日本は、アジア全体の問題を考えるときには、アジアの国々の先頭に立つよりは、それらをサポートして盛り立て、それに力をつけてやるという役割をしてきた。また、過去の歴史からして、日本はアジアの国に先立つということはやりにくいということがあるかもしれない。アジアの国のほうも、日本に対して警戒心をもつということもあるであろう。しかし、そうした関係にありながらも、歴史的に日本は、アジアの革命のセンター的役割をもっていた。孫文や魯迅の動きも朝鮮の２・８独立宣言も、東京を拠点としていた。そこから韓国の場合は国内の１９１９年の全民族的３・１独立宣言が生まれ全国的運動に広がっていったではないか。

かつてのような日韓の市民連帯が、いまのアジアにとってひときわ必要となっていると私は思う。

本書では、韓国民主化運動の時代を、韓国の『東亜日報』、日本の雑誌『世界』に連載された「韓国からの通信」、そして日本の『朝日新聞』において、どのように伝えられたのか、を整理してみた。3紙・誌を並べることによって、とくに日本の読者にとっては、韓国での社会的な変動に対して日本社会がどのように反応し、関心をいだき、またどう関与し、さらに韓国の民主化のために日本、または米国の政権にどう影響を与えることができたのか、を知ることができるだろう。ぼう大な資料を圧縮するために無理な努力を重ねなければならなかった。しかし、それらは歴史とともに流されいくのにまかせるには、あまりにも口惜しいことに思われてならなかった。何よりも私はあの当時の日本の国民とジャーナリズムの友人たちに深い感謝をささげたかった。

この頃思うのは、韓国で現代史について書かれた本を読むと、まるで韓国内で自分たちがすべてを戦って民主化がなされたように書かれているのが気になる。そのときにいかに海外の人と連絡をとり、海外で連帯することによってこれが達成され、これにいかに国内の軍事的専制権力が対処しようとしたのか。そのなかで、私たちはどう連帯し、また、その対話はどのように続いたのか、これが書かれなくてはならない。とりわけこれからの生き生きとした歴史のために。

自分の歴史がほかよりも優れているといいたいがために書くような国史、そうした近代的な歴史の書き方は古い書き方だ。これから世界史的にどういう歴史をつくっていくかと考えていかなければ、現代において自国の歴史を担っていくことにもならないと私は考える。

２０１７年２月、富坂キリスト教センター・ゲストハウスにて。

韓国語版序文

1972年10月、いわゆる維新時代というのが宣布され、一人の人間による半永久的な執権体制がはじめられた。ここに熾烈な国民の抵抗が現れると、執権する側では非常事態を濫発し緊急措置をだして国民を苛酷に抑圧した。このような異常事態に対する激烈な闘争を、国民は民主化運動だといった。壮絶な戦いがいったん勝利を収めたときは87年、この6月抗争をもって軍部独裁者たちの後退が決定した。この時代を後世の歴史家たちはどのように記録するだろうか。革命はほとんどどこにおいても一進一退の歴史を反復せざるをえない。韓国の歴史といってどうして例外であることができようか。

この本が扱った15年の歴史とは、民主化を勝ちとるために涙ぐましい闘争を展開した時期であり、多くの矛盾をかかえていたといっても、経済は成長の軌道に乗った時代だということができる。その意味では、87年はたしかに韓国現代史の分岐点であるといえるだろう。いくら不安な足取りだったとしても、政治的には民主化の道を歩きはじめたのだから。

この時代は今後とも多くの論争を経ながら、歴史学的に論議されなければならないと考える。しかし近頃のように駆けていくような現実のなかでは、過ぎ去った日々をじっくりとふり返ってその実情と意味を反芻することなどそれほどたやすくできることではあるまい。もしかしたら、私は度を越してこの時代に執着しているといえるかもしれない。

日本の東京で「韓国からの通信」を毎月書きながら、私はこの時代の政治を批判してきた。「韓国からの通信」は、当時の支配体制を告発し糾弾しながら韓国の民主化を渇望する文章であった。筆者の本名を明かさず〝T・K生〟（本名を明かしたのは2003年のことだった）という筆名で民主化運動を激励しようとした。当時は、韓国の民主化運動が世界的な呼応と激励をうけた印象的な時期だった。それは、暴力なしにむしろ焼身自殺という自己犠牲によって大きく広がった、ある意味では世界革命史において特記するに値する歴史を重ねたといえよう。

しかしいまふり返ってみると、「韓国からの通信」は、革命史のどこでも見られる地下文書のように過度に激昂した文章ではなかったかと反省せざるをえない。伝えられたすべてのニュースについて厳密な検証がほどこされるべきであったが、その機会を得ることができなかった。15年間の原稿用紙1万枚に達する内容をことごとく検証するには、私はあまりにも年をとりすぎたといえるかもしれない。

この本は同時代史でもあるといおうか、そのための資料を集めてみるという趣旨ではじめられた。韓国で進行しているすさまじい歴史を韓国の新聞はどのように書き記すことができたのか。政権の弾圧と干渉によって、多くの事実が隠蔽され歪曲されがちであった。それで新聞は何回も言論の自由を宣言したが、挫折をくり返すしかなかった。

ここにかなり詳しく日本の新聞を紹介したのは、それが韓国軍事政権の干渉と弾圧下で苦しみながらも、もっとも多くのことを比較的公正に伝えてくれたからだった。ある意味では日本が韓国の正しい発展のためにこれほど歴史に参与したことは初めてだといえるのだが、それは日本国内において韓国の民主化を渇望する市民運動が強く起こったからでもあった。日本の新聞の韓国特派員は、何度も国外追放の憂き目にあわねばならなかった。

ここに韓国の『東亜日報』、日本の『朝日新聞』、そして拙稿「韓国からの通信」を並立させて、この時代を描写してみることにする。当時韓国でも日本でも、他のいろいろな言論があったし、同じ論調で韓国の民主化を支援してくれたことはもちろんである。しかし、いろいろな媒体をすべて参考にすることには私の力がおよばなかった。実際、「韓国からの通信」を書きながら、主に『東亜日報』と『朝日新聞』を参考にしたこともいっておかなければなるまい。

このように3つの媒体を引用しながら15年の歴史を反芻することにしたのには、さまざまな理由がある。もちろん「韓国からの通信」を書いた時代がどのようなときであったかをあらわにするためには、このような手法が必要だと考えたことはいうまでもない。韓国の媒体についてはは仮に挫折のときがあったとしても、今日においてはその善戦に感謝すべきだという考えを消し去ることができない。その一方で日本の媒体については、歴史的に日本が韓国の痛みにこれほど共感をもって参与したことがあっただろうかといま改めて驚かされる。ときには、一般的な言論であるというには常識を超えて、日本の媒体も韓国の民主化を熱望したのであるが、これは歴史的な意味をもったことであるといえよう。明日の北東アジアの歴史を描いてみるとき、いっそうそのように考えざるをえない。

このように整理してみるためには、皆さんからいろいろと多くの助けを受けながら3年近い歳月が必要だった。何より日本の読者たちを一次的な対象として「韓国からの通信」を書いてきたために、このような時代にこのような姿勢でこのように書くしかなかったと〝告白〟したかった。とくに、匿名を使ったためにもう少し詳細な内容を明らかにすることが義務だと考えた。

それで、この本を韓国語版でまた出すことは考えてもいなかったことだ。何よりも当時の資料の原文を探して整理することは私の力にあまることだった。そこに、金景姫《キムギョンヒ》さんが快くその仕事を担当して、東奔西走しながら原資料を探して翻訳に努めてくださった。本当に深い感謝の意を表したい。そして出版を許諾して下さった韓国の出版社・チャンビ（創批）にも。意味ある仕事に一緒に参加して下さった皆さまの決意と好意に深い感謝をささげる。未熟な文章ではあるが、韓国現代史の研究に多少でも助けになればと願ってやまない。

現代史とは複雑なもので、いろいろな立場で書かれうるものであり、極端な場合には、ある体制を擁護するものとそうではないものが対立しうる。私はもちろん15年史を体制批判の立場で論じながら、当時言論が記述しておいたものをできるだけそのまま公正に提示してみようと努力した。多くの記録を圧縮しなければならなかったため、そこにしみ込んだ嘆息と涙、喜びと感激をそのまま移しておくことができなかったことを惜しく思う。

いま一生の重荷を肩からおろしたようで安堵の息をついている。長いこと荒れすさんだ歴史をくり返し、ついに民主主義の道を歩むようになった祖国がさらにいっそう繁栄し、北東アジアの平和と発展に貢献しうるようになることを願ってやまない。

２００８年２月　池明観

第1章

『東亜日報』が伝えたこと

維新体制のはじまり

1972年10月17日の午後7時を期し、朴正煕《パクチョンヒ》政権が非常戒厳令を宣布して国会を解散した頃の暗い日々を忘れることができない。

翌日の東亜日報の社説は、このいわゆる「大統領特別宣言」に対して「この趣旨は一言でいって祖国の平和統一を期し、新しい国家体制の確立を期するために国民に訴えたものであると見ることができるであろう」といった。

朴政権は、南北統一を目ざすために国民の民主化の要請を抑え、ゆれ動くことのない長期政権を図るというのであった。このような「新しい国家体制」を確立するためには、国会を解散し「政党及び政治活動」を中止させねばならない。それで10月27日までに憲法改正案を公布するというのであったが、東亜日報の社説はこの憲法が示すはずの性格をつぎのような2点に要約した。

まずそれは「大統領特別宣言」が重ねて強調しているように「〈平和〉志向的」であるという。この維新憲法は、「同族相残の悲劇的な銃声」が二度と鳴り響くことのないように平和的統一を志向しているという点を確信して「この点に関して国内外においていささかも誤解のないことを望む」と東亜は朴政権の主張を代弁した。

そして、この憲法改正はどこまでも「自由民主主義的」であると強調した。「大統領特別宣言」は、

「自由民主主義を一層健全で内実のあるものに能率的に育成発展させなければならないという確固たる信念」を表明したものだと国民に想起させようとしながら、社説をしめくくったのであった。

国民に沈黙を強要しながら、どうして「国内外にひとかけらの誤解」も与えることのない民主国家であるとあえて主張しえたのであろうか。そのような社説を強要する体制に東亜日報も従わざるをえなかったのだ。剣を振りあげて強要する無法統治に歯向かうことのできる国民の力はどこにもなかった。

『韓国、民主化への道』（拙著、岩波新書、１９９５年）にすでに記したことばをここに再びくり返すことにしよう。

「72年10月17日、突然、朴正熙は大統領特別宣言を発表して国会を解散し、全国に非常戒厳令を布いた。大学は休校、新聞、通信は事前検閲。11月21日には憲法改正のための国民投票を実施し、賛成91・5パーセントと、圧倒的に支持された。しかしそれは戒厳令下で反対意見を封じ、操作した数字であった。そして統一主体国民会議という御用機関をつくり、それによって選出されたということを根拠に、12月27日、朴正熙は新たに第8代大統領に就任し、〈維新憲法〉なるものを公布した」（80頁）

これを「十月維新」となづけたのであるが、なぜそれを明治維新になぞらえようとしたのかわからない。はっきりしていることは、それが朴正熙のもう一つの軍部クーデターであったということだ。

朴正熙政権は、その体制に対する反対と抵抗を時代的、社会的なものであると考えるよりは、「不純な」反政府的な人びとか、いくつかの団体の仕業であると考えようとした。そして彼らを掃討しさえすれば事は解決するはずであると短絡して考えようとした。

それは軍人的発想であったといえるかもしれない。敵対的な個人または集団を排除すれば世の中は泰平であると考えるのである。そこで何よりも反政府勢力をくずすために、病気治療を口実にして東京で米日のあいだを往復しながら活動している金大中を片づけなければならないと朴政権は考えた。こうして1973年8月8日、金大中を東京から拉致するという事件が起きた。

8月9日、東亜日報（以下では東亜日報は東亜と略記する）には、「金大中氏失踪　韓国語を使う青年5名によって　東京にて」という記事が掲載された。しかし東亜は、日本の山下元利内閣官房次官のことばとしてつぎのように報道しただけだった。「金氏とともにいた人から警察に通報されたところによると、金氏は8日午後1時少し過ぎにホテルから韓国語を使用する5名の青年たちによって連れ去られた」

犯人その他の詳細に関しては現在調査中であり、まだ何も知られていない。金氏は去年10月に韓国に戒厳令が宣布されて以来、日本とアメリカを往来していた。本国では大統領選挙に関連して訴追されており、事実上亡命に近い生活をしていたと聞いている、とつけ加えられた。「日本には去る7月上旬から滞留しており、関係者が身辺を保護している最中にこの事件が発生した」

東亜は、尹錫憲《ユンソクホン》外務部次官が後宮虎郎駐韓日本大使を外務部に召喚してつぎのように要請したという。

「金大中氏事件について日本政府当局が徹底的に調査して真相を糾明してくれることと金大中氏の身元を保護してくれることに万全を期してくれることを要請した」（『東亜日報』8月9日付、以下においては東亜日報の記事である場合は年月日のみを記入することにしたい）。

このような韓国の外務部の姿勢と軌を一にするように、8月9日その日に李澔《イホ》駐日韓国大使も日本の外務省次官とあい、金大中事件について「韓国政府は同事件に対して全く知ることなく関連もない」といいながら「日本政府当局が徹底的に調査して真相を糾明してくれること」を要請したというのであった。このような記事を掲載した東亜8月10日付の新聞には、「ホテルの部屋で北韓（北朝鮮）の煙草の吸殻2個発見」というタイトルの下につぎのように書かれた。

「一方、金氏がその時連行されたホテルの部屋では煙草の吸殻が発見されたが、調査の結果、北韓製の煙草であることが明らかになった」

金大中事件に関してこのような新聞記事が続くかと思うと8月14日の東亜には、金大中のソウル帰還について報道されるようになった。「金大中氏ソウル自宅に連行される　東京で拉致した自称救国隊員昨夜家の前で釈放　海上で3日、陸上で2日　全身を縛りつけて大きな船で11日韓国に」というようなタイトルが、東亜の1面を大きく飾るようになった。そして李《イ》鳳成《ボンソン》検事総長は、「拉致犯は逮捕厳罰に処されるはず。〈救国隊員〉の正体を明らかにする」と宣言したというのであった。

金大中自身は、8月8日に拉致されて、九死に一生をえて8月11日に、「唇、眉毛がひきちぎられ、足元に」深い傷をおったまま自宅に送られたいきさつについて語った。韓国の軍事政権当局は、このすべての過程に韓国の権力は関与したことがなく、だからといって金大中を日本に帰還させる意思はないといった。韓国政府も「金大中氏拉致事件の真相を明らかにすることに全力」を尽くすというのであるが（8月16日付）、そのことはもちろんその場のがれの言いわけに過ぎなかった。

韓国の新聞を徹底的に政府の支配下に置くことは可能であっても、日本の新聞のソウル特派員たちをそのような状態に縛っておくのは生易しいことではなかった。金大中を韓国人の手で維新体制下の韓国に拉致しておいて、韓国政府は関与していないという。それは掌で空を覆うことではないか。読売新聞のソウル支局が閉鎖され特派員が追放されたのはこのような状況下においてであった。これに対し、1973年8月24日の東亜には文公部報道局長のつぎのような談話が発表された。

「文公部は、23日付同紙（朝刊）が金大中氏事件の報道において韓国政府機関が関連した事実を韓国政府消息筋が初めて認めたと報道したのは全くの事実無縁であると指摘、24日の朝刊までに全面取り消すことを求めたが、同紙が誠意ある姿勢でこれに応じないので仕方なくこのような措置をとった」（8月24日付）

こうして日本でどのような主張がなされようと、どのような事実が発表されようと、朴正煕政府は金大中事件について「駐日韓国大使館または総領事館の職員はまったくこれに関与していない」という立場を通そうとした（8月27日付）。

このような乱暴な主張は朴正煕政権の性格をあまりにも赤裸裸に暴露したものといえた。金大中が拉致されてソウルに現れ、韓国国民は一人残らずそれが韓国中央情報部の仕業であると知っていても、中央情報部長李厚洛《イフラク》は「金大中氏事件は情報部と無関係であり、情報部の部員一人でもこの事件に関与しているならばその責任を取る」（8月29日付）と宣言するのをためらわなかった。日本側が73年9月の初めに、金大中を拉致した東京グランド・パレスホテル2210号室において駐日韓国大使館の一等書記官金東雲《キムドンウン》の指紋を採取したといっても、韓国側は韓国政府の関与を認めることを拒否し通した。

こういう状況のなかで、朝鮮日報の主筆鮮于煇《ソヌフィ》が奇襲的に、韓国政府がこの事件を無謀にも引き起こしたのではないかと、社説「当局に望むわれわれの衷情――決断は早ければ早いほどいい」を書いた（『朝鮮日報』9月7日付）。これは金大中事件に対して書かれた最初の社説であった。

東亜は、9月22日になってようやく全国をゆるがしているこの事件について社説を書くことができた。この遅まきの社説は、この当時の韓国の言論がどのような状態におかれていたかを端的に示すものといえよう。それは「日本言論の自重を望む」という題の社説であった。その冒頭はつぎのようなことばではじまっていた。

「金大中氏拉致事件が世間を驚きのなかにおとしいれてすでに40余日が経過したが、事件はいまだにその輪郭すら明らかでない。そのためにかもし出されている国内外の数々の後遺症はいやされることを知らないでいる」

そしてこの社説は、「日本当局」が金大中拉致事件に対し韓国の「在日公館員」の関連があるかのように主張したが、韓国の「政府当局によって関連がまったくないことが明らかになって国民の憂慮が消えてしまった」といった。しかしそれにもかかわらず、「日本の一部言論と政治家が金氏の事件とは直接関連もなしに確かに韓民族と国家を冒瀆するかのような新聞製作や発言をなすことによって韓国国民の自尊心を大きく傷つけていることは至極遺憾なこと」といった。そして「このような行為は日本の言論の名誉と権威のためにも残念なことである」とまでいい、つぎのように日本の言論を非難した。

「日本が他の国に対しても韓国に対するように品位と礼儀をないがしろにして、ことさらにその国の権威と誇りを踏みにじった例を見たことがない。かなりの力があると見れば、見るに耐えられないほどの姿勢を示し、そうでないと見れば、眼下無人といえるほど踏みにじろうとする印象を与えてくれるのが日本の言論の本性であるのかと問われれば、日本の言論は何と答えることができるのか。日本の言論と政治家は良識と礼儀を知っている国民であると言われるようになってほしい」

この社説は、日本の対韓援助というのは「韓国が日本の資本を借りて経済成長をなしとげようとするものであり、日本の資本はそのような投資を通して商売をしようとするのが目的」であると強調した。このように日本が韓国に恩恵をほどこすかのように高姿勢を取るならば、「日本国民の度量の乏しきことと軽薄性を現すこと」ではないか、とすら書いた。そしてわれわれは「民族的自尊心」をもたねばならないとさえ訴えた。この社説は、「日本国民の一部がわれわれに対して誤った優越感を持っているとすれば、われわれはかえって高い道徳的次元において彼らの狭量に助言を呈しなければなるまい」とまでいったのであった。

なんと理不尽で恐ろしい社説であったことだろう。朴正煕政権は、自らが引き起こした金大中拉致事件をこのようにひた隠しに隠しながら、日本に比べて道徳的優越性がかえって自分の側にあると巧弁を振るおうとしたのであった。韓国の諺にいう「賊反荷杖」（盗賊がかえって鞭を振るう）ということば以外に、この状況を説明しうる適切なことばは見つからないといわざるをえない。

このような社説が東亜に掲載された2日後、1973年9月24日の新聞には、韓国の国会での金大中事件に対する「2日目の質疑・応答」が比較的詳細に報道されている。何よりも金泳三《キムヨンサム》議員が鋭い質問をくり広げた。ここに東亜日報に報道された金泳三の発言を少し引用してみることにしよう。

「金大中を東京で拉致してソウルに連行してきたいわゆる救国青年行動隊の正体はなにか！」

「検察は8000名を動員して捜査したというが、それにもかかわらずテロ団の正体すらも捉えることができなかったという。捜査をしているのかしないでいるのかわからない」

「犯人を捉えて友邦を納得させ、国民が理解しうる証拠を提示しなければならない」

「5・16以後[1]、数多くの形態の政治テロがあったが、金大中氏事件もまたいままであったような政治テロの一つであり、いままでのどの政治テロよりも規模が大きく国際性をおびている」

「政府は事件発生後金鍾泌《キムジョンピル》総理の名において日本の田中首相におわびの書簡を送ったが、わが国民に向かっては誰もあやまったことがない」

「事件が起こって40余日が経過したのにもかかわらず国民に対してお詫びの言葉一つないのは国民をないがしろにしていることではないか……」

　このような質問または批判に対し金鍾泌総理は、犯人たちがどのように金大中とともに国内に入ってきたかを知らないので、衝撃を受けているとしながら、どのように弱いところを強化すべきかわからないでいるといった。そしてようやく「検問に不十分な点があったことを自ら認めざるをえない」と答えた。国会における発言には免責特権があるというので金泳三のこの程度の質疑が可能であった。日本政府がとりあげた金東雲《キムドンウン》書記官の指紋についても国会で論議されたが、それはその場限りの談論で終わってしまった。まったくの茶番劇であった。

　韓国国民も日本の政府や言論と同じように金大中を東京で拉致したのは朴正熙政府そのものだと知っていた。しかし朴正熙政権はそれを否認し、厚顔無恥の姿勢で権力に居座り続けた。実際にこの事件に関連し処罰されたものはいない。あの体制のなかでは最高権力者自身が関与しない限り、あのようなことはありえなかっただろう。

　このようななかで東亜日報の社説は書かれたのだった。しかし、このような執権勢力の姿勢に同意

（1）1961年に軍事革命委員会の名の下に朴正熙らがおこした軍事クーデター。

した人びとがいただろうか。このような国民欺瞞に烈しく抵抗した人びとがいるはずではないか。国民のあいだにはいやすことのできない対立が盛り上がってきた。そうした状況において韓国国民のあいだにおける対日イメージはどのようになっていったのであろうか。

日本政府は、日本人がこれにかかわっていないとするならば、このような状況を前にしごく当惑しただろう。韓国政府の主張に同意したのなら、韓国国民の対日不信感はいっそう深まらざるをえない。日本政府がこれに同意することを強く望んだ韓国の支配勢力も、実は日本政府がこのような折れ方をすれば、心のなかではさげすんだかもしれない。実際、その後の日韓関係は少なくとも政府レベルにおいてはますます真の友好とはほど遠いものになっていった。

このような意味において、1973年9月22日付の東亜の「日本言論の自重を望む」という社説は、朴正煕政権下の日韓関係を象徴してあまりあるものといえよう。それは軍事政権に屈従した韓国言論を象徴したものであり、結果的にその線で金大中事件を解決したことは、戦後においても日韓関係は両国国民の真の和解とはほど遠いものだったことを示しているといわざるをえない。

金鐘泌国務総理は11月2日、日本を訪問し、問題になった金東雲駐日韓国大使館一等書記官についてはその職を免じ、継続調査すると日本に伝えた。その後このことについて二度と言及されることはなかった。金東雲は一体いまどこで何をしているのであろう。金大中の日本における行動については、日韓両国政府間で問題にしないことになった。そして、この事件が東京で起きたことに対し金鐘泌は、「日本政府と国民に遺憾の念」を表するという（11月1日付）。そして何よりも韓国側は、「中止されている経済協力の再開を要請する」といった（11月2日付）。

東亜日報は、朴正煕が当時の日本の首相田中角栄に送った親書にはつぎのように記されていると報道した。

「このたび意外にも金大中氏事件が起こったことは不幸なことであり、この機会に日本国民に遺憾の意を表する。韓国政府は二度とこのような事態が起こらないように最善の努力を払うであろうし、これからも韓日友好の増進に寄与したいと思う」（11月13日付）

こうして朴政権は、金大中事件の全貌は隠したまま外交的妥結を急いだのだった。そして12月26日、日本の対韓経済援助について話しあう会談が東京で開かれることになる。

しかし、韓国の社会的状況はますます厳しくなったといわざるをえない。72年10月17日の維新体制によって沈黙したと思われたが、反体制の戦いはまた息を吹き返してきた。73年から金大中拉致事件を糾弾する学生たちの戦いがはじまった。これに対し朴正熙政権は国家をあげて弾圧しはじめた。それが維新憲法に基づいた緊急措置というものであった。

74年1月8日17時より非常軍法会議を設置し、「大韓民国憲法を否定、反対、歪曲または誹謗する一切の行為」「大韓民国憲法の改正、廃止を主張、発議、提案、請願する一切の行為」を禁じた。緊急措置を誹謗してもならない。このような不法を働けば、「法官の令状なしに逮捕、拘束、押収または捜査をなしうる」というのであった。その罰則としては、「10年以下の懲役」とあわせて「15年以下の資格停止」とされた。この緊急措置宣布に対する大統領朴正熙の「談話」の最後の一節だけをここに引用することにしよう。

「われわれが国力を培養し民族の活路を開拓することのできる唯一の道は、みなさんがすでに選択決定したことそのまま維新体制を固く維持発展させ、維新課業に精進し続けることだけであります。

われわれみんなが一致団結し、反維新的要素を果敢に除去し、維新の道を一層力強く邁進して行き

ましょう」（1月9日付）

こうして、1974年3月6日には、金敬洛《キムギョンラク》牧師など6人に、緊急措置違反として非常高等軍法会議で10年から15年の懲役と、それと同じ期間の資格停止が宣告された。緊急措置を非民主的、反人権的であると宣言を発表したからであった。まさに緊急措置による統治の時代であった。

4月3日の夜半に発表された緊急措置第4号によると、文教部長官は、「この措置に違反した者が所属している学校の廃校処分をなすことができる」とまで強硬措置がエスカレートした。そして学生の動きを制圧するために、兵力動員までも認めたのであった。このときは、「全国民主青年学生総連盟」（民青学連）が動きはじめていたのであるが、それは、「赤化統一」をめざし、「人民革命」を企てているとして、「5年以上の有期懲役より最高死刑にまで処することができる」と宣言した（4月4日付）。

朴正熙が政府与党連席会議で語ったことばの一部を引用すれば、つぎのようなものであった。「緊急措置4号は、合法性を装ってわが社会各界各層に浸透しようと企て、とくに学園社会に焦点をあてて巧妙に浸透してきた共産主義分子たちを初期段階において根こそぎとり除いて、大多数の一般学生と教職者らの正常な学園活動を保障することにその目的の一つがある」（4月6日付）

この緊急措置4号の宣布によって、4月末頃までに開く予定だった臨時国会は延期された。そして、学園事態が収まれば、6月末頃に大学は再開されるだろうと報道しながら、「民青学連関連者34名自首」と騒ぎ立てた（4月6日付）。これに対し野党の新民党は、この難局を収拾して、「祖国の安定と繁栄をなしとげるためには」、直ちに国会が召集されねばならないと声明を発表した（4月9日付）。

ここには、政府と野党と学生という三者の関係が現れている。学生たちは、その抵抗運動の純粋性を掲げて野党をも牽制する。実際、学生たちの抵抗は、国民の反政府意識を反映する。国会内の少数勢力としての野党は、この学生たちの動きによって牽制される。それで、ときには野党の動きがこれと一つになったように見えるが、野党勢力はしばしば後退する。そうしたとき、野党は、民衆と学生のあいだから「サクラ」によって乗っとられたと非難された。

革命の勝利は、先鋭的に戦ってきた学生とエリートの抵抗勢力が、国民の大衆行動を引きおこし、野党もこれに合流、というクライマックスにおいて実現されるといえた。これに、しばしば言論が合流した。このような流れに、外国、とくにアメリカ国内の批判的動向が多くの影響をおよぼした。

朴正熙政権下では、それにキリスト教会の動きが大きな役割をはたしたことも特記しなければなるまい。その一般民衆への影響も大きいが、キリスト教的ネットワークが海外におよぼした影響は実に大きな力を発揮した。何よりもキリスト教会が朴正熙政権を批判するといえば、それを共産主義勢力と簡単に決めつけることはできない。しばしば学生勢力は、政治的利害なき勢力としてキリスト教勢力と合流した。言論は、このときは主に新聞だが、権力に真っ向から抵抗できなくとも、アメリカの動きやキリスト教会の動きを報道することによって、ひそかに朴正熙勢力に抗議した。しかしそうした期待にこたえられないとき、ジャーナリズムはどれほど民衆的な抗議にさらされたことであろうか。

４月15日の東亜に、13日の復活祭の連合礼拝での韓景職《ハンギョンジク》（当時最大の教会であった長老派の永楽教会の牧師）によるイースター説教が掲載されたのは、そのような背景からだった。それは南山野外音楽堂で行われた「三大真理」という説教であった。東亜は「正義・生命・天国はついに勝利する」という見出しでそれを伝えた。その最後の一節はつぎのようだった。

「このように復活節は正義の最終勝利、生命の最終勝利、天国の最後勝利を宣布する。よみがえられた主の祝福がわが国と世界の人類の上に臨み給い、この地における正義、生命、天国の勝利がすみやかに実現されることを祈る」（4月15日付）

また1974年4月15日には、アメリカの共和と民主両党の下院議員22名が訪韓した。東亜はその翌日、「韓国の実情の把握に力をつくしてくれるように」と、「米国議員団の訪韓」という社説を掲げてつぎのように訴えた。

「なぜなら韓米間の真正な紐帯関係は、韓国民のかゆいところをかき、乾いたところを潤すことで、一層真の価値と意義をさがし求めることができる。もしこれとは反対に、単なる儀礼的な訪問に終わるとすれば、これはかえって韓国民に少なからざる失望を与えるかもしれない」

このときの抵抗自体が、アメリカの対韓政策の転換を求めたものだった。すると、朴正熙政権は、左翼スパイ事件などを矢つぎ早に発表した。4月25日には、学生たちの抵抗運動、いわゆる「全国民主青年学生総連盟」の動きとして、「暴力デモで労農政権樹立を企図」と発表した。

この事件は、4月3日に蜂起を計画し、大統領官邸青瓦台の占拠までを計画したというものであった。その背後では、「人革党（人民革命党）事件組織と在日朝総連系と日本共産党、国内左派革新系が複合的に作用した」と発表された。すでに240名を逮捕して調査しており、なかには、太刀川正樹、早川嘉春という2人の日本人まで参加していると大々的に報道するかと思うと、中央情報部の前幹部も含まれているともいうのだった。この情報部の幹部が、どのような役割を自ら背負っていたかを確かめることはできない（4月30日付「朴永復事件捜査全貌発表」など参照）。

しばらくすると、「女間諜等7個網　30名検挙」といって、またスパイ事件の発表である。ここには、「教授・政党員・公務員なども含まれている」というのであった（5月6日付）。

治安当局の発表で、その真相は誰も知らない。すべてが、独裁政権がデッチ上げた多くの事件の一つとして、どのように扱われたかは知られないままに、五里霧中、迷宮のなかに埋もれていった。

この混迷のなかで、朴正熙は、「反共教育は再整備強化されなければならない」と発言して、新聞の記事などに対し、「民主主義が何であるかも知らない行為」と攻撃した。そして政府、与党に向かっては、「時局の重大性を認識するように」と、つぎのような警告を発した。

「……いまわれわれが当面している時局の重大性がどれほど深刻であるか、その重大性の核心が何であるかを適確に認識しこれを克服するために自信をもって努力し、国民各界各層が総和して維新を期しうるよう努めるべきである」（5月10日付）

これだけではない。「反日感情を利用　韓・日離間を画策」と自首したスパイの記者会見（5月14日付）なるものを大々的に報道するかと思うと、5月21日には、「武装間諜3名と銃撃戦　木浦の南方楸子島《チュザド》にて　対間諜対策本部発表　1名射殺　2名追撃」（5月21日付）と発表された。ここで、東亜に「武装間諜と国民総和」（5月23日付）という社説が現れ、つぎのように結ばれた。

「くり返すが、われわれの側の総和と団結が固められれば固められるほど、北傀[2]のいかなる南侵野欲も足場をもつことができないということを、今度の楸子島の場合もはっきりと立証して見せてくれるといえるであろう」

北の脅威を掲げて、朴正熙の半永久的執権を支えようとしたわけである。そのために、この時代の刑事事件について、それが政治的なものであったなら、どれほど事実であったかを確認することは容

（2）〝北朝鮮傀儡政権〟の略。

易ではない。民主化勢力は、それらのほとんどがデッチ上げと思い、新聞の記事にも社説にも信頼を寄せなかった。強圧的支配のなかで、時たま正論を展開すれば、それは一条の救いの光のように思われた。朴正熙支配が終焉に近づけば近づくほど、新聞がかすかに息づいていた呼吸も消えていったといわざるをえない。

ついに1974年5月27日には、非常軍法会議検察部が1024名を調べて、745名を「訓放」にし、54名を「大統領緊急措置第4号違反、国家保安法反共法違反、内乱予備陰謀、内乱扇動など大統領緊急措置第1号等の罪名」で拘束起訴したと発表した。

「学園内赤化基地構築画策」という記事の報道は、実にものものしいものであった。太刀川と早川は、「暴動に必要な武器」を北から入手することを助け、「在日共産勢力との提携と支援の交渉」などを約束して、「資金の一部」を提供したというのであった。

5月27日の新聞で、4面を使って発表された「〈民青学連〉事件、公訴事実要旨」は、実に恐るべきものだった。「北傀」そして「人革党再建案」と続いた、末端に至るまでの革命組織団というものは、目を見はらざるをえないほどだった。

東亜は、この事件に対する解説として、宗教界、学生、そして「学父兄と学校当局」に警告を発しながらつぎのように結んだ。

「善良な大多数の学生たちが、日常生活が自分も知らないあいだに反国家的不純分子たちの魔手に巻きこまれ、自らの不幸はもちろん国家の安全保障にまで危害をおよぼすようなことがないように、とくに学生を善導し敵の魔手が周辺にはびこることができないように、新たな決意を固めなければならない」（5月28日付）

朴正煕は、「いまわれらの精神的支柱はもちろん自由民主社会の建設」であると、くり返すことを忘れなかった。民主社会は、「反共思想の上でのみ建設されうる」といい、彼の軍事政権を批判すれば、すなわち共産主義に加担することであり、それは、北の政権の立場に同調することだと強調した。彼に反すれば、共産主義であると決めつけたのだった。そこではどのような矛盾、不正、腐敗があっても、どのような独裁であっても、反共である限り、「民主社会の建設」を指向するものとされた。そのときすでに13年間も続き、いまは名目的な大統領選挙もなしに、半永久的に続くように見える腐敗した政権を、彼は反共であるから民主的な政権、もしくは、民主主義を目指す権力であると主張したのだ（5月31日付）。

東亜は、ほかの新聞と同様に、権力に屈服した姿勢のなかでも、金大中事件と民青学連事件における二人の日本人の逮捕について、ときに言及することを忘れなかった。そうしたなかで、東亜の東京特派員による「屈折する韓日関係」も掲載されたのだろう。少なくとも、韓国の経済は日本を必要としているではないかと、韓国政府に向かってつぎのように訴えた。

「日本を一つの色合いで、また一条の流れとして把握する時期は過ぎ去ったようである。そのひだをとらえて、把握しなければならない。ことばを変えれば、選別の眼目を備えるべきときが来たのである」（6月4日付）

金大中の問題、国内における民主化勢力の台頭、そして、これに関係しての日本とアメリカとの駆け引きなどと、もつれた日々が続いた。たとえば、金大中を67年の大統領選挙法違反のかどで法廷に召喚することになれば（6月5日付）、日本は金大中拉致問題のなかで、彼の自由を約束したではないかと韓国に問い詰めざるをえなくなる。すると韓国は、それは67年のことであって、今度の拉致事件とは関係がないから、日本との合意に違反することにはならないという。日本の対韓援助をめぐって、こういった陰気なやりとりが続いたわけである。

日本側も日本の世論があるから、金大中問題となるとそれを放置しておくわけにはいかない。そこで、東亜の「無影塔」という寸評欄などに、「一被告の法廷召喚問題で韓日間にトラブル。人の家の垣根のなかをのぞき見られるのが嫌なのは、人情というもの」（74年6月6日付）と書かせる。こういう嫌がらせを避けるためにも、日本は、日本国内の世論を気にしながらも、対韓援助を従来どおり続けねばならないと思わざるをえない。日本には、経済界からの圧力もまたある。陰湿な取り引きがなかば公然と行われた時代であった。アメリカとのあいだでも、大なり小なりこのような取り引き、またな低次元の交渉が続いた。

たとえば、日本の有名企業の日立で、在日韓国人に対する就職差別の問題が起こると、東亜は、「朴鐘碩《パクジョンソク》君の教訓」（6月10日付）という社説まで掲げて、日本に対する非難をくり返した。日本人の「民族的偏見」をあげて、国民の目を金大中事件からそらし、我田引水的に民族主義を鼓吹しようとしたわけである。この社説の最後の一節をここに引用してみよう。

「日本人たちのわれわれに対する誤った民族的偏見を打ち破るためには、先ず、われわれ自身に毅然とした民族的誇りがなければならない。朴鐘碩君のこの度の闘争は、単に朴君個人においてのみならず、われわれ韓国のための貴重な教訓になるということを、みんなが悟らねばならない」

これは、金大中拉致事件で反人権のそしりを受けている、韓国政府の一種の開き直りともいえるであろう。日本に対する圧力であると同時に、韓国に対する日本の圧力を排除するために、それは一層強調されるわけである。いずれにせよ、太刀川正樹と早川嘉春の2人を全国民主青年学生連盟事件に関係しているとして逮捕したことも、このような政治的考慮のなかに置かれていた。こうしたなか、74年6月20日の東亜は、「民族差別に警鐘」というタイトルで、朴鐘碩の就職差別が、横浜地方裁判所で勝訴判決を勝ちとったと報道した。

このように国内外の状況が混乱しているなかで、民青学連事件で、北の指令に直接結びつけられて人革党関連者として法廷に立たされていた21名に対して、ついに7名には死刑、8名には無期という求刑がなされた。残りは懲役20年資格停止20年というものであった（7月8日付）。

その翌日には、民青学連事件関連者のなかで、「学園・宗教人関係」の被告に対して、7名には死刑、またの7名には無期、そして残りの18名には15年から20年の懲役という求刑がなされた。これが、7月11日の非常普通軍法会議の判決公判では、死刑7名に無期懲役8名、6名には懲役20年資格停止15年と宣告された。この裁判がどのようなものであったかを示すために、東亜が報道した判決文からその一部を引用してみたい。

「被告らは北傀の、いわゆる人民革命遂行のための統一戦線に連合して共産国家を樹立することを決意し、不純勢力を糾合して反国家秘密地下組織である人民革命党を組織した後、組織的な学生デモを誘発し、これを民衆蜂起に誘導し流血革命となし、政府を転覆させるために、李哲《イチョル》、柳《ユ》寅泰《インテ》ら学生を包摂、民青学連を組織させ、全国的規模の学生デモを誘発することを背後操縦するなど、内乱をはかった」

こういうなかで太刀川、早川の両人は、20年の有期懲役刑の求刑となった（7月12日付）。7月13日には、また軍法会議で、7名に死刑、7名に無期、12名に20年懲役、6名に15年懲役が宣告された。

何よりもその量刑の重さに驚いたが、それが朴正熙政権の見せしめの脅迫ととられたことはもちろんである。韓国の新聞も日本政府も、この量刑にいうことばもなく、ただ驚愕におちいったことはいうまでもない（7月13日付）。東亜は、金寿煥《キムスファン》枢機卿と300名の聖職者が、明洞大聖堂に集まって夜を徹して祈ったと簡略に伝えた。「苦しんでいる人びとのための祈りと、民主主義のために働く人びとのための祈りなどをなした」というのであった。

独裁と沈黙の民衆、ただときには学生を中心とした抵抗の叫びがかすかに聞こえた時代であった。そのために東亜の社説「民意と国会」（74年7月13日付）は、つぎのような呻きを発せざるをえなかった。「今年に入って国会は、7か月間1回も召集されなかった。何のためにある国会であるのかわからない、という不平と非難の世論さえ聞こえてくる」

また東亜は、「乱気流……玄海灘」という駐日特派員の記事を伝えるのだが、その冒頭はつぎのような文章ではじまった。

「韓日両国は、おのおの相手の駐在国大使を召還するようになった。平常時正常な関係においてはありえないことであり、とくにその時期が民青学連事件関係の2人の日本人に対する判決を前にしているという点において注目される。〈悪化〉とさえ表現される韓日関係の当面の懸案の〈現在所〉の行方を検討する。独島は韓国の領土だ。韓国人としてこの厳然たる事実に対して疑問を抱く人はいない。しかし日本政府は、駐日韓国大使館を通して、1年に1回ずつ独島を日本の領土であると主張する文書を送り続ける。日本の定期的な〈領有権主張〉は当面の不利益を最大限防ぐと同時に、いつか再び問題になる場合に備えることであるかもしれない」（7月13日付）

それに、いまはまた金大中事件のことがある。そこに非常普通軍裁は、7月15日、太刀川、早川両氏に、おのおの懲役20年、資格停止15年を宣告した。2人は、「反政府学生運動指導者」と接触して、政府転覆のための武力蜂起を支援するために、北からの武器の入手、日本共産勢力と民青学連との紐帯と内乱を扇動し、その資金までも支援したというのであった。

こういう状況をつくっておいて、韓国は「日首脳訪韓」を要請し、この2人の日本人問題の「政治的解決」を望み、その一方で、「韓・日定期閣僚会談」を8月、または国連総会後10月以後に要請したというのであった（7月15日付）。

その日の東亜の社説「日政局の陣痛と韓日関係」は、本国に召還された日韓両国の大使のことに言及しながら、日韓相互の理解と反省を求めてつぎのように結んだ。

「韓日両国は、政治・経済・安保面においても、相互補完依存関係という運命共同体的な立場におかれている点を改めて再認識し、一時の試練をかえって貴重な教訓にして、2国間の互恵平等善隣関係が常に維持発展していくことを願ってやまない」

このような状況に対して、新しい日本の外相木村俊夫は「金大中氏事件・民青学連二人の日本人事件　閣僚会談前解決要求」と応えるのであるが（7月16日付）、一方、朴正煕政権は軍法会議で、「事を起こす資金支給などで内乱扇動」と、尹潽善《ユンボソン》前大統領、延世大を追放された金東吉《キムドンギル》、金燦国《キムチャングク》両教授と朴炯圭《パクヒョンギュ》牧師などを、軍法会議の法廷に立たせた（7月16日付）。

その一方で朴正煕は、「反共がすなわち民主守護の道」（7月18日付）と、制憲節憲法制定26周年の7月14日にも強調し、反共のためにこそ十月維新、すなわち選挙のない半永久的な専制政権という、彼の支配が唯一の道であるという同語反復をくり返すだけであった。そしてその支配のために、7月17日にも大法院では緊急措置違反として、ソウル大や延世大の医学部学生たち10名に、7年から3年の懲役、または3年の執行猶予などを言い渡した。法廷の裁判といっても、量刑はすべて中央情報部

(KCIA)で決まる時代であった。

このような支配側の言語とはちがって、制憲節の前日、7月16日、アムネスティ韓国支部では、「法と人権」と題する講演会を開いて、「……とくに情報産業社会においては言論の自由が保障されないときには、個人の人権はすべての領域で侵害されざるをえないし、そのような場合にも訴える道がなくなる」と、漢陽大学教授張龍《チャンヨン》をして語らしめた。咸錫憲のような在野の指導者の出席と講演は禁じられたままの講演会であった。

朴正熙のことばとアムネスティの講演会のことばとは、まったく相対立するものであるが、東亜は、前者を一面の冒頭の記事として大きく伝え、後者は5面に小さく落穂として伝えるだけであった(74年7月18日付)。新聞の読み方が問題だといわれた時代であり、実際に新聞の読み方が噂になっていた時代だった。たとえば、「政街散策」というコラム記事にはつぎのようなことばが現れた。それが国民の心を支配するのである。

「国会が議政歴史上最長の長期閉会を記録しているなかで、議員の歳費は現在の69万ウォンから105万ウォンに52%も引き上げようとする計画が明らかになり、批判の声が高まっている」(7月20日付)

こういうなかで、また7月24日には、東方の海にある鬱陵島を拠点とした北側のスパイだとして、「5名死刑　3名無期」を含む32名に対する宣告が発表された。それには、無職、農業、船長なども含まれたが、医師、大学教師、牧師なども入っているという奇妙な構成であった。

こうしたなかで、わずかに息をつがせるような知らせの一つは、アメリカ議会の下院が、韓国関係聴聞会を7月30日に開いたということだった。前駐日大使ライシャワー・ハーバード大学教授が、そこで、「アメリカ政府が、韓国に対する軍事援助を削減し、駐韓米軍3万8000名の一部を撤収させることを主張した」というのだった。このことは、アメリカが朴正煕政権に対して圧力を加えだしたことを意味すると受けとられた。韓国の政治に対するアメリカの影響は、ほとんど決定的なものと考えられていたからであった。

もう一つは、226日ぶりに国会が召集されるということであった。民主化の戦いをエスカレートさせるためには、国会内の野党の戦いは必須だった。その戦いは朴正煕政権の暴力機構によって抑圧されるとはいっても、国民、そして民主化勢力を励ますものであった。そういったニュースの多くは統制されても、国会内での戦いは、マスコミによって多少は報道されるにちがいない。国会内における戦いは、国民監視の下における戦いといわざるをえない。国会では、内閣の責任者たちが出席して答弁しなければならない。それは、しばしば朴正煕政権を窮地に陥れるものになった。とくに国会が開かれれば、まず緊急措置撤廃が野党側から提起されるにちがいない。いままでは緊急措置によって、いわゆる72年の十月維新以来、実質的には軍政下に置かれていたわけである。朴正煕政権が戒厳令を布かないのは、戒厳司令官が政権を覆すことを恐れたからであった。そのために衛戍令《えいじゅ》といって、しばしば一部の軍を動員して、デモを鎮圧してきたのであった。

74年8月1日の「89回臨時国会の開会」は、韓国の民主化運動にとって画期的なものだったといえるかもしれない。その日も、アメリカの下院外交委員会の小委員会は、韓国問題にかんする聴聞会を続けていると報道された。それにどうしたことか、カトリック教の司教池《チ》学淳《ハクスン》が、金《キム》芝《ジ》河《ハ》に運動資金108万ウォンを手渡して民青学連に資金を支援したというかどで、この日の午前、非常普通軍法会議の法廷に立たされた。このことは、韓国民主化運動にカトリック教会も加担するようになるという決定的な意味をもっていた。「池学淳氏起訴公判」と、東亜にも比較的大きく報道された（74年8月1日付）。

翌日の東亜は案の定、「緊急措置解除案めぐって波乱」「1～4号解除[3] 今日提案（野）」「国務委員[4]出席決議拒否（与）」と報道した。それに、非常普通軍法会議で池学淳司教は、「維新体制は必ず廃止されねばならないということに合意して、これを実現するために、新旧キリスト教学生を主軸とする全国的な組織を結成、4・19[5]のような大々的な蜂起をなすべきだ」という金芝河の意見に同意して資金を提供したと率直に認めた。カトリック教会の指導者としての良心からであった。

一方国会では、野党新民党が、与党共和党の反対にもかかわらず、「緊急措置1～4号解除案提出」となった（8月3日付）。このために国会は4日間「空転」し、ようやく8月7日に再開されたが、それは、緊急措置の解除なしに12日間の会期を終えることで、国会への国民の非難を高めただけでなく、「恥さらしの強硬虚勢」（8月7日付）と新聞に罵られるほど、少数者の野党の勢力はみじめであった（8月12日付）。このこともあって、この間アメリカのニクソン大統領がついに辞任に追いやられたことが大きく報道され、大きな注目を浴びた。「やはり米国という国は偉大だ」「ニクソン辞任われらの政界にも大きな衝撃」と東亜は見出しを抜いた（8月9日付）。

それとは対象的に韓国の国会は無能であり、8月10日の東亜は、9日の軍事法廷で尹潽善、朴炯圭、金東吉、金燦国、池学淳の5名に対して「学生たちを扇動したことは許せない」として、15年から10年の求刑があったと報道しなければならなかった。このような敗北は単なる敗北ではなく、さらなる国民的憤りへと高まっていったといえるだろう。国会における野党の敗北もそうだった。しかし国会の場合は、その多くが自己保存のための敗北だったがために卑劣と見られ、彼ら議員のイメージは国民のあいだで低下の道をたどらざるをえなかった。

実際維新憲法による国会というものは、72年十月維新のクーデターの後、翌年の2月の終わりに行われた国会議員選挙によって選ばれたものである。219名の議員のうち、与党の共和党が73名、野党の新民党が52名と、統一党が2名、無所属が19名といわれるものであったが、このほかに議員の3分の1の73名が国政の安定のためにという名目で大統領によって任命され、維政会を構成して参加していた。それで、与党勢力は常に3分の2を超えるのである。また、野党や無所属という者のなかにも、サクラといわれる与党びいきの者が入りこんでいる。そしてこれに抵抗すれば、北の体制に同調する共産主義者に仕立てようとしたわけであった。

そのような国会ではあるが、長い休会の後に開会されたとはいえ、会議は12日間だけという。休会ずくめの国会であった。8月13日の東亜の社説「国会運営に対する反省」は、つぎのようにはじまらねばならなかった。

「7か月ぶりに国民の大きな関心と期待のなかで開かれた臨時国会が、あまりにもあっけなく終わって、泰山鳴動に鼠一匹という失望感を禁じえない」

その会期12日間にあっても全体会議はわずか3日間というもので、これでは「議会制度」「無用論」を引き起こすかもしれない、と社説は続けた。東亜は、「国会があったのかと自問した12日」とまで

(3) 緊急措置。
(4) 長官。
(5) 1960年の民主革命。

皮肉った。そして、この1974年8月13日の新聞で、「尹潽善被告など5名に対する」軍法会議の宣告公判について報道した。懲役15年・資格停止15年から10年という判決だったが、尹潽善のみは、「過去大統領として国家に寄与した功労」を認めて「懲役3年、執行猶予5年」とすると宣告した。

こういうなかで、1945年に日本から解放された光復節の記念式典で大事件が起こった。在日朝鮮人文世光《ムンセグァン》が朴正熙狙撃を試みたが、大統領夫人と合唱団の女子高生一人が死亡したというのであった。「犯行の拳銃」は、日本の警察から盗んだものといわれた。

その翌日8月16日から、犯人は毛沢東、金日成《キムイルソン》を崇拝し、金大中が日本にいた頃は彼の講演会にしばしば出席したなどと、北朝鮮と日本そして金大中がからんだ事件に仕組まれていった。政府寄りの反共、反日運動が激しく続けざまに起こった。そのためにいままでの民主化運動は沈黙するかのようであった。それで、いままでの緊急措置1号4号は解除された。そしてこの事件は、北の共産主義者の企図であると朴正熙は断定し、この事件によって国民は一つになったものと決めつけた（8月23日付）。

韓国の空気は強硬な反日の世論へと動いた。ついに9月19日、椎名悦三郎自民党副総裁が、田中角栄首相の親書をたずさえて来韓することで、一段落ついたことになった。1か月以上の混乱だったが、日本は韓国の求めに応じて遺憾の意を表明し、捜査に協力すると答えたのだった（9月10日、20日付）。

しかしこの事件は、解明されない多くの謎を残したままであった。独裁政権の下で、政治的事件が公正に裁かれ国民の納得をうることは、不可能であるといわねばならない。この感情的嵐、または政府によって許された反日、反北朝鮮のデモが終わると同時に、民主化運動は再び燃えあがった。

東亜での「民主回復祈祷会　明洞聖堂において1000余名が集まって」（9月22日）や、「拘束学

生釈放運動　梨花女子大学生４０００名」（9月23日）などの見出しは、嵐の前に静まりかえっていた民主化運動が再び吹きだしたことを示していた。

明洞カトリック聖堂における会合は、「祖国と正義と民主回復」のために、韓国カトリック労働青年会と韓国キリスト教学生総連盟など新旧キリスト教12の団体が連合して開いた、「拘束された聖職者、キリスト者教授、学生、弁護士、知識人」のための祈祷会であった。そこではつぎのような5項目にわたる「われわれの宣言」が採択されたと報道された。

「①三権分立で真の民主主義を実現せよ。②緊急措置を全面的に無効化し拘束者を釈放せよ。③宣教・言論・集会・結社の自由を保障するためにわれわれは努力する。④庶民大衆のために福祉政策を早急に実現するように努める。⑤汎教会的に韓国教会社会正義具現委員会の発足を宣言する」

梨花女子大では、４０００名の学生が集まった講堂のチャペルの時間に、「拘束された民主人士と学生たちを即刻釈放し学園の自由を保障せよ」などと、7項目にわたる決議文を採択したという。そして礼拝時間の後、講堂で「拘束学生釈放のための署名運動をくり広げた」のだった。

その翌日、また梨花女子大からこの運動のために3名の女子学生が警察に連行された。メソジスト神学校では、拘束学生釈放のための祈祷会が開かれた。イエス教長老会は定期総会の最終日に連合祈祷会を開き、「不義と不正腐敗を嫌悪すると主張して拘束された聖職者を神が守って下さるように」と祈りながら、「為政者たちを、民を神の御心によって統治する賢明な指導者とならしめ給え」と祈ったと伝えられた。こういう小さな記事のなかには、また咸錫憲、千寛宇《チョンクァンウ》（元東亜日報主筆）が、「某機関」に連行されたとも報道された（9月24日付）。

１９７４年9月25日の東亜は、かなり大きな記事で、世界教会協議会会長・長清子一行４人が19日に来韓し、21日に離韓したと報じた。そして、韓国における基本権に対する侵害が「世界教会の関心の焦点」になったと伝えた。彼らは、投獄された牧会者の家族と政府当局者、そして教会指導者と話しあったという。こうして、韓国における民主化のための戦いは、世界教会の関心事となっていった。

これは朴正煕政権が、民主化の戦いを共産主義者の動きであり、北の共産政権の扇動、または指令による南の共産勢力の仕業としていることに対して、大きく抵抗することでもあった。民主化運動が国内外のキリスト教会と連帯していることは、大きな強みであったといわねばなるまい。朴正煕政権が、これを共産勢力によるものだと決めつけようとすればするほど、こうしたことは戦略的にも重要であった。海外の宣教団体と世論に対する影響もさることながら、国際政治に対する影響も大きいものがあった。ここに朴政権は、ますます国際的に孤立せざるをえなかったといえる。

こうしたなかで、ソウルの中心にあるカトリックの総本山明洞聖堂は運動の中心になっていった。たとえば9月26日の夕方には、明洞聖堂で「神父60名と信徒1000余名」が、「殉教者賛美と苦しんでいる人びとのための祈祷会」を開き、集会が終わると、「民主憲政回復せよ」「人権を回復せよ」とろうそくをともして街頭示威をくり広げた。カトリック教会としては、何よりも投獄されている池学淳司教の釈放を叫ばざるをえなかった。そこには外国人神父たちも参加するという勢いであった。

朴政権との戦いは、キリスト教を通して国際的な連帯による戦いへと発展したという意味で、その特異な姿をおびたといえるであろう。そういう意味でも、アメリカのフォード大統領が11月22日から23日まで訪韓することが伝えられると、一層反政府活動が激しくなった。そこで、フォード来韓を前にして、韓国政府は「反政府活動嫌疑で拘束された学生・民間人釈放を考慮」と報道された（9月28日付）。こういう動きのなかで、東亜日報は「対外関係と民権問題」（10月1日付）という社説を掲げてはっきりとつぎのようにのべた。

「……アメリカがあげている民権問題が、人間の基本権を擁護しようとしているのみで、決して内政干渉ではなく、友邦としての友情に立脚しているものであるならば、政府はこの問題を慎重に検討し、アメリカに対して説得力のある代案を準備しなければならないと思う」

実際10月3日には、東亜はワシントン発特派員報告として、「韓国人権問題　米国務省特別報告書」の内容について報道した。そのなかでアメリカは、緊急措置に対しては批判的であり、つぎのような姿勢であると報告された。

「われわれは、明白に人権問題に関する韓国の政策に賛成していない。われわれの見解では、朝鮮半島における戦争防止が、人間の自由維持のためのもっとも重要な第一歩であると考える」

これは韓国の民主化運動を励ました。もちろん、こうしたアメリカの姿勢はあまりにも慎重で緩慢と見られたために、しばしば反米的な非難すら引きおこしたが。しかしこのアメリカの姿勢に励まされたかのように、金泳三は10月7日の国会本会議での対政府質問で、激しく政府を攻撃した。

「対政府質問の最初の日であるこの日、新民党の代表質問者として立った金総裁は、①人権弾圧の極限状況は、国際社会において外交的孤立を自ら招いたのであり、②十月事態は政権安保のための変則であり、政変であったし、③統一問題を政権の次元において政治的に利用しており、④経済を政治権力に隷属させ、自律性と均衡を失わしめ、所得の赤字を極大化させた。⑤中ソとの関係改善を促す」

金泳三は、「野党、言論、学園、教会を監視してきた中央情報部は解散されるべき」であり、「国民の失望とうっ憤を、希望と活気に」変えるためには、維新憲法なるものを改正しなければならないといった。金総裁は、原稿にもない「この国の主人は国民であり、執権者は大きな僕《しもべ》である」と3回も語ったと新聞は報じた。彼は与党議員を刺激しないようにと、低い声で早く読み上げたともいわれた。東亜はその社説において、この「野党代表質問」に同意を表した（74年10月8日付）。

これに対する朴正熙の姿勢は、「維新体制に対するいかなる挑戦も許さず」というものであった。10月8日の午後、彼は「一部の人士が、自分の政治的な野望を達成するために、現在の憲法が妨害になると考えたあげく、これを非民主的であるというならば、そのような考えは許されるものではない」と反発した。このようなとき、このような権力を批判するためによく外信、とくにアメリカ政府の声や世論がとりあげられた。東亜は、ただちにワシントンからの特派員の報告をとりあげ、アメリカでは「続けて著しく人権を侵害する政府に対しては、大統領が軍事援助を中断するか削減しなければならないというのが、議会の意向」であるとして、「米議会の批判論がなだめられるかは疑問」と大きく伝えた（10月10日付）。

一方、学生をはじめとした反政府デモは連日続いた。すると政府は、北がこれを扇動していると新聞に発表した。10月11日の東亜は、アメリカの下院では対韓軍事借款削減案が12対12で可否同数で否決されたと伝えた。こうなると、これが反米感情に油を注ぐことになる。学生の反政府デモは静まる気配を見せなかった。10月11日、高麗大学では「デモ事態で学生の犠牲を憂慮して」、1週間の休校を発表するほどだった。10月15日の東亜は、「全国8大学において休校・休講」「デモなどに関連して〈授業継続すれば犠牲者増加を憂慮〉」などと報道した。

「白紙広告」の戦い

１９７４年10月17日前後、72年10月17日に戒厳令を宣布して維新憲法なるものを宣布し、朴正熙が半永久の執権を宣言した日から満２年を数えるようになると、反朴民主化勢力の戦いはピークに達したように見えた。たとえば10月16日の新聞の見出しだけを見ても、いかにすさまじい状況であったかをかいまみることができよう。

「５大学また休講」、これで「全国で13校は門を閉じ、また１校は同盟休学中である」といわれるかと思うと、「中央大、22日まで休講　中間試験も延期」「崇田大５００名　校内連座デモ」「ソウル大法学部　文理学部　歯科学部生など示威座りこみ」「忠南大総学生会解散措置」「デモ関連中央大生３名　7～10日間拘留処分」「国民大生たちも声討」「釜山大生も１０００余名校門前で街頭デモ」「東亜大では校内示威」「春川誠心女大生５００名　一時籠城」「ソウル神学大も示威　19日まで休講に決定」「慶北大１００余名声討」「37名釈放　３名また連行　東国と建国大にて」「〈当分間謹慎せよ〉と警察勧誘　韓国神大生９名授業受けられず」と続いた。

こういう状況になると国会も闘志あふれ、野党新民党は憲法改正を求めて、「議員職辞退、投獄など強力な決意」を主張し、金泳三新民党総裁はその就任辞において、「総裁の地位は栄光の席ではなく十字架を背負う席である」と言明したという（10月17日付）。

こうして10月18日の新聞は、「全国大学生ほとんど休講」ということになった。そして、「デモ主導

者懲戒論議　ソウル大　高麗大」（1974年10月19日付）と報道されるかと思うと、各大学は「〈デモ生〉処罰慎重」（10月21日）というのであった。

ここで、東亜の社説は、「強硬策のみが能事ではない」と題して、「事態の収拾」は学園の「自律性」に任すべきだと強調した（10月22日付）。

こうした言論の声がついに言論の自由を求める声として噴き上がったのは、74年10月24日だった。東亜日報の記者180余名がその日の午前9時、「自由言論実践宣言」を発表したというのだった。これは、言論に対する外部の圧力を排除し「機関員」、すなわち中央情報部部員の出入りと干渉に反対し、言論人の「不法連行」を拒否するものであった。そこにつぎのような一句が挿入されていることは、言論がこれまで情報部の干渉の下に置かれ、朴政権と戦う外部の民衆の勢力からはほとんど軽蔑されるまでに転落していた状況を暗示しているといえよう。

「教会と大学など、言論界の外で言論の自由回復を主張し、言論人の覚醒を求めている現実に対して骨にしみる恥をおぼえる」

東亜日報でこのような動きがはじまると、この日の夕方、韓国日報も朝鮮日報も同じような戦いに突入した。このことは直ちに外信に大きく報道され、他の新聞、放送にも波及していったのはいうまでもない。そしてこれに対する野党と国民の支持も、せきを切ったように騒然と盛り上ってきた。東亜の10月25日の社説「なぜ自由言論を叫ぶのか」の終わりには、つぎのような手厳しい反論の声が記されていた。

「言論界の外で言論自由回復が主張されたとき、われわれはいかに恥ずかしかったことか。言論界の外で言論人の覚醒が求められたとき、われわれはいかに苦しかったことか。……われわれは自由で責任ある言論として、常に自ら反省し、自らに鞭打ちながら、祖国の守護と発展のために任せられた務めをはたすことを念願しているのである」

こうして民主化運動は、言論自由の戦いとともに大きく活性化されたのはいうまでもない。これをここに詳細に伝えることはできないが、全国が騒然となってきたといえよう。それに金泳三新民党総裁は、朴正熙の半永久執権を可能にした維新憲法を改めて大統領直接選挙を国民に戻すべきと「三選禁止」を主張し、抵抗勢力がますます一元化してくるように見えた。「改憲スクラムの院外闘争」「与の〈数〉攻勢に野は地団太踏む抵抗、議事堂は瞬時に乱闘の場」などと報道された（11月15日付）。そして、大学は11月22日頃になると、早めに冬休みを決定せざるをえなかった。

11月22日には、来韓したフォード米大統領と朴正熙とのいわゆる韓米サミットが行われた。そのために朴政権は反政府の動きに対し、多少寛大さを装わざるをえなかった。

11月27日には、民主回復国民会議が発足して、在野の長老たちが結束した。そこで発表された「民主回復国民宣言」について、東亜の社説（11月28日付）はつぎのように論じたほどであった。

「……政権を誰が担当するようになろうと、真の民主制度を確立しなければならないというのが、われわれの主張である。……それ故に政府与党は、わが社会の当面した試練と難局を打開するために必ず必要であるならば、政権を引き渡す用意があるという堂々とした態度をもって国政に臨まねばならないと思う」

このような姿勢で東亜日報は、与党のみの日曜国会で新年度予算を通過させたことを非難し（12月3日付）、これと対決して、「早急な改憲・言論自由を」と叫びながら、国会で座りこみを決定した野党の動きを大きく伝えた（12月4日付）。そして東亜は、「いかにお過ごしですか」というコラムをもうけ、そこに金大中へのインタビューをまっさきに載せた。その冒頭には彼のつぎのようなことばがあった。

「いまもっとも逆境におかれているが、失望も不幸も感じていないのは、国民に対する限りなき信頼の心、尊敬の心があるからだ。国民と国の将来を考えながら、私の人生の生きがいと価値を積極的に感じながら過ごしている」

1974年12月13日午前10時頃、新民党の鄭一亨《チョンイリョン》議員の発言で国会が修羅場に転じた。「私はいまや70を超えた高齢であり、いつ天寿をまっとうすることかわからない年寄りである。もう個人的な欲望をもつこともなく、もつとしても所用のないものである。この世がこれほど険しくなければ、自分はすでに政治第一線から退いているはずの老政客の一人」であるといいながら、「権勢をほしいままにしてきた朴大統領」と虚心坦懐に語りあいたいといっては、「朴大統領が歴史の裏に座をしめる決断をなすべき時点にきた」と続けた。このために彼は、与党議員たちの腕力をむきだした抵抗にあった。

この74年の暮れ、「クリスチャン・サイエンス・モニター」紙が金大中とインタビューをした記事が東亜に載ったが、その最後のことばがつぎのように報道された。

「われわれは民主主義の大義のための精神的支持と同調を望むだけであり、またわれわれはアメリカの武器が平和を求める韓国国民を抑圧するのに使用されていることにアメリカが一部の責任をになうことを求める。朴大統領が72年戒厳令を宣布したとき、彼はアメリカのタンク、小銃、機関銃を使用した」(12月25日付)

それとともに、クリスマスイヴに金寿煥枢機卿が「基本的人権剝奪に沈黙しえない」というメッセージを発表したことも東亜は伝えた。とくに池学淳司教の投獄は、「安逸のなかに眠っていた教会を根底からゆさぶった」と枢機卿はいった。

朴政権が、このような動きをすべて活字にする東亜日報をそのままにしておくはずはなかった。東亜への政府の弾圧は、「東亜日報広告の一括解約」となって迫ってきた（12月26日付）。政府の圧力によって、企業は12月24日から東亜日報への広告を撤回しだした。

東亜日報と政府、また野党新民党と政府の対立は、極限に向かって突っ走るように見えた。

12月26日の午前、金泳三新民党総裁一行が、大邱で新民党改憲推進慶北支部の立て看板を立てようとして傷痍軍警の暴力にあい、軟禁10時間の事態が起こった。これに対して東亜の社説は警察の態度を非難して、「学生デモの制止にはあれほど敏活である警察力が、傷痍軍警乱動の制止にはなぜそれほど無力なのか」（12月28日「大邱乱動を制止せよ」から）といわざるをえなかった。

東亜への広告掲載の撤回に対する戦いは、激しく続けられた。東亜日報が、たとえば列車で地方に送られるあいだに「盗難」にあうとか、あらゆる陰湿な妨害が加えられた。民主化運動側は、全国的に東亜を助けるための購読と、カンパの運動を展開した。これが日本やアメリカなど海外にも広がっていった。この東亜の広告の問題を中心とした民衆の戦いは、朴正煕執権18年あまりのあいだで、もっとも輝かしいものであったといえるかもしれない。

12月27日の東亜日報の白紙になった広告欄には、「新聞広告は民主主義のために、すなわち反共のために存在し、われわれみなにとって必要な生活情報であります」という国民一般への東亜のアピールが載った。最初の国民による抵抗の広告として、12月30日の一面に言論界の長老洪鐘仁《ホンジョンイン》の「言論の自由と企業の自由」という意見広告が載った。「民主主義と言論・企業の自由」「市場の自由化と国家統一体制」「広告解約という危険な自害行為」という項目で、彼はこの事態を深く憂えたのであった。

１９７５年1月1日には、天主教正義具現全国司祭団の「言論弾圧に際してのアピール」が掲載された。大学では新入生募集要項をだしたり、一般は、個人として激励広告をだしたりした。このときの広告には民衆の叫びがあふれていたといわねばなるまい。

このような戦いが、３月17日の明け方、会社側が動員した２００余名の怪漢が入ってきて暴力で記者たちを引っ張り出すまで続いた。そして、追放された１３４名の東亜闘委（東亜自由言論守護闘争委員会）の戦いが続くわけである。以後、13年におよぶ言論の自由のない長い時代が続くのだが、この5か月のあいだ、東亜の白紙広告に掲げられた市民の激励から、いくつかをここに引用してみることにしたい。

「圧迫される東亜日報を激励いたします」

「精神中興の旗手東亜日報」

「緊急措置で拘束された同僚先生たちの差し入れ食料費として伝えようとしたが、この道も当局が遮断したので広告のない東亜日報に誠金として捧げます」（梨花女子大社会学科学生）

「崖に咲いた花、苦難に勝って東亜万万歳」

「われわれは決して不運の時代に生きているとはいえません。かえって韓国人みなが正義と自由に対することを知ってそれを乞い求めるようになったのですから。心が若く明るい人たちには正義の血が流れます。正義は東亜、それ自体であると信じます。

歴史は正義への使命を担うみなさんの手によって成しとげられます。東亜はとこしえに社会の光と

塩にならねばなりません。幸せであれ！　正義のために戦っていのちを捧げた人たちよ」（某女子高校二年M学級一同）
「日本総督府に対抗した東亜の民族主義と民主主義闘魂に敬意を表します」（日本人堀川、桂）
「姉…東亜が生きている限り自由を享有しうる。上の妹…東亜のために購読申請運動を展開することを約束。下の妹…東亜よ！　力いっぱいに」（三姉妹銀行員）
「東亜日報は世界的権威紙だ」（一日本人旅行者）
「どうして原稿料などいただけますか？」（匿名の筆者）
「東亜よ、折れるな、われわれがいる」（貞信女高卒業生一同）
「民衆の胸のなかに勇気を吹きこみ良心を目ざめさせてくれた東亜の闘争に心から感謝する」（貧しい庶民夫婦）
「東亜日報配達員です。光栄に思います」
「全国民の90％以上が君、東亜を支持声援する」（銀行員崔・金）

この白紙広告の問題は、75年5月7日まで延々と続いた。上に引用したような広告が山ほど掲載されたわけである。そこには韓国内外から支援がよせられた。国内では支援金を伝える人びとに、警察や情報部員が圧力を加えた。権力機関の命令によって、学校などでは支援金を寄せた学生たちをさがし出そうとおおわらわであった。

東亜がこの戦いに参加した記者たちを追放して権力に屈服すると、これを支援してきた人びとが大きく失望したのはいうまでもない。それは、ただちに新聞に対する嫌悪感をまき起こした。たしかに言論の大きな敗北であった。

ここでもう一度、いわば暴力の導入で記者たちが追いだされる前夜の東亜の内容、言論の自由を勝ちとるために戦った、1975年からはじまる数か月間の自由東亜の記事をたどってみることにしたい。

それは一言でいって、75年の新年のことばで朴正熙が掲げた、「国論の分裂」は「北韓共産主義者たちの南侵を自ら招く悲劇を生むようになる」という半永久執権のレトリックに対し、「民主主義」を掲げそのために「民主言論」を叫ぶという対立抗争を意味した。後者が「全国で本報購読運動」を展開すると、前者は「本報購読者も知らないうちに〝謝絶〟の紙片をドアに貼る」という工作をくり広げるというものであった（75年1月1日付）。

1月4日にも東亜は、「白紙広告は正に韓国言論の実相」「われらは知っている　白紙広告にこめられた意味を……苦難に打ち勝ち自由言論の旗手となることを」などの見出しをつけて、「広告解約」との戦いをかなり詳しく紹介した。

1月7日には、新聞の姉妹放送である東亜放送でも広告主が広告を解約してきた。東亜を助ける運動は、中央情報部や警察の妨害や弾圧にもかかからず、全国に拡散していった。東亜広告局長、部長、カンパを提供した人びとに対する身元調査を行うというのであった。こうなると、会社に残っていた東亜の記者たちも、彼らの連行を解くまで座りこみを続けざるをえなかった（1月15日付）。地方では、東亜の支局長が警察に連行されるかと思うと、読者たちまで調査するという状況であった（1月16日付）。1月17日に「日本の一言論人」から送られてきた手紙の全文が掲載されているので、ここにその一節を紹介することにしたい。

「1月12日夜、NHKテレビを通じて日本国民に訴えるようになった東亜日報洪承勉《ホンスンミョン》論説主幹の発言に深い感銘を受けました。洪先生は涙ぐみながら自由と民主主義の守護のために貧しい人びとまで献金をして記者たちに声援を送っている現状を紹介して〈韓国国民はほんとうに偉大な国民だ〉といわれました。短かかったけれども韓国に滞在したことのある人として私もほんとうにそのように考えます……」（1月17日付）

これはまさに朴正熙政権にとっては一大危機であった。そこで朴政権は、半永久政権を保障する大統領選挙のない維新体制に対する国民の信任を問う、国民投票を実施すると発表した（1月21日付）。

これに対する賛否の意思表示を、誰も事前には口にすることができない。投票過程に対する政党関係者の参観も許さない。それは、いわば朴政権どうしの一つのお祭りに過ぎないものであった。実際、それは、野党や民主化勢力の反対を押しきって2月12日に実施されたが、結果は、投票率79・9％、賛成73％と発表された。

金大中はこの過程のなかで、73年8月に東京から拉致されて以来初めて、「政治及び時局問題」に対する見解を発表した。それは、「難局打開におけるもっとも重要な責任者である朴正熙大統領は、国民投票を中止して、このことを含めた当面のすべての問題に対して、各界の在野指導者たちと愛国的対話の道を開くよう希望する」というものだった（1月25日付）。

金泳三、金大中両人は、国民投票拒否運動のために話しあった。彼らは、デッチ上げられた国民投票結果が発表されるはずだと語りながら、韓国の政治的未来についてつぎのように言及したと、東亜は報道した。

「この国の民主主義が回復される日は遠くない、ということに意見を一つにした。そしてその日まで、いままで以上に協調し、民主勢力の先頭に立つ決意をともにした」（2月7日付）

国民投票後に「緊急措置違反拘束者釈放」（2月15日付）などと大統領談話が発表され、ここに民青学連に関連した2人の日本人も含まれた。しかし、人革党関連者などといわれる34名ほどは除外されるというのであった（2月15日付）。

朴正熙の半永久独裁の続く政治状況に、民主化勢力が満足するはずがなかった。このような釈放措置は、国内外の批判と抵抗を避けるためであり、それは朴政権の弱さを示すものに過ぎない、と見られたのであった。釈放された学生たちは、「容共虚偽自白」を強要され、「電気拷問」を受けたことを暴露し、かえって反政府運動を刺激するだけだった。彼らは英雄の如く迎えられ、「所信を曲げず続けて闘争、監獄よりももっとひどいところにも行く」「一睡もせずの初夜、教会に駈けつけては祈祷会に」と、東亜は報道するほどであった（2月17日付）。

「釈放人士」は148名などといわれたが、彼らはただちに、早川・太刀川両人の日本人と接触し人革党の操縦を受けたというのは政権がねつ造したことだ、と主張しはじめた。そこで東亜は社説で、「〈拘束中拷問〉真相を明らかにせよ」と叫んだ（2月18日付）。

こういう騒然とした空気のなかで、政府は「釈放学生・教授の復校不可能」を打ちだした。彼らが学園に復帰すれば、全学園に反政府運動の火をつけることが明らかであった。

その一方で、12日の国民投票では大々的な代理投票が行われたという暴露の記事が、東亜に掲載された。「選挙委員長、束をとりだして車のなかで記票」などと、選挙事務を担当した者が暴露したからであった（2月19日付）。新民党の金泳三総裁が、国民投票における欺瞞の実態をつぎのように暴露したと、東亜は伝えた。

「今度の国民投票に何千億ウォンに近い資金が放出された。全国3万6000余の新しい村(6)に、最低50万ウォン最高352万ウォンずつ与えて、〈分かち合う式〉に浪費させた。さる1月1日から10日間、政府が韓国銀行などから1900億ウォンの借り入れを行い、1日平均50億ウォンを浪費したと、具体的な数字を挙げて国民投票を糾弾」（2月24日付）

そして東亜は、「拷問・釈放・挙国体制」というタイトルで、イギリスの諸新聞が伝えたことを特派員の報告として掲載した。「釈放は国内外批判勢力をなだめるためのようだ」（ザ・タイムズ）、「挙国体制は総和を見せかけた飾りであるだけ」（ガーディアン）、「拷問事実暴露で放措置は一層不利」（「エコノミスト」）（2月25日付）。

そこで東亜は、「ナチスの収容所を連想させる恐怖の幽霊が全国を徘徊……」と勇気をもって伝えた。また、「8代野党議員12名が自述した拷問の内容」が、新聞の一面を飾るほどであった。こうして、反政府運動はいっそう激しく新しい段階へと進むようになった。

東亜は尹潽善・金大中などに対する警察の厳重な抑止にもかかわらず、民主回復国民会議の名で発表された「民主国民憲章」について、記事と社説を通して詳しく伝えた。それは、「民主主義の実現のみが国民の連帯と発展」を可能にすると訴えたものであった。東亜には2月28日の「韓国天主教司教メッセージ」（3月6日付）が発表され、希望の神学者モルトマンが、延世大学で「民衆の闘争における希望」（3月8日付）について語ったことも報道された。東亜の社説が「宗教弾圧問題」（3月11日付）について論ずるなど、その頃はキリスト教会が中心となった抵抗が問題を引き起こしたのであった。

（6）「セマウル（新しい村）」と呼ばれた朴正熙政権の地方組織。

しかし、最後までもちこたえていた東亜日報の自由言論闘争は、その終焉を迎えるところにきていた。会社側が１９７５年年3月17日、夜の白む前、２００余名の暴力輩を導入して、１６０余名の記者たちを社外に追いだした。これ以後、追放された記者たちは、東亜自由言論守護闘争委員会を組織して戦うようになる。

もはやそれまでのような記事を、東亜のなかにさがし出すことはできなくなった。これ以後の記事からは、民主化運動にかんする限り、朴正熙政権の寛大な特別配慮によるもの以外は新聞から姿を消すようになった。

東亜の戦いを支援してきた人びとも、絶望して東亜から離れるようになる。東亜のこの時代の戦いは、そのほかの新聞、たとえば朝鮮日報とともに戦った、朴政権下の最後の言論自由のための戦いであった。朝鮮日報などはもっと短期間で屈服したのであるが。

これ以後、東亜の記事は朴政権下の中央情報部が許可した記事、または大衆の操作のために流すことを強要された記事にすぎなくなった。そのような状況にあって、多くの読者が記事の裏をかく読み方をしたといっていいだろう。

国会内では与野党が極端な対立をくり返した。１９７５年3月19日の夕方には、議員休憩室で、与党の共和党と大統領任命の維新会所属の議員だけで、1分間で25の案件を処理するという事件までもが起きた。それを報じた東亜のタイトルは、「仮設舞台の変則ドラマ」「与党議員たち　本会議所ベル信号で休憩室に集結」「成員報告もなく電撃進行」などと書かれた。

こうした状況下で、韓国の民主化勢力はアメリカの世論と議会の姿勢にかなりの期待をよせていた。実際、反体制勢力を共産主義勢力にデッチあげて弾圧することは、カトリックとプロテスタントの教会勢力がその中心をなしているために、朴正煕政権の意のままにはできなかった。そのような勢力は、運動のためにに必要であるだけではなく、国際的な圧力を呼び起こすためにも必要であった。

東亜日報は、アメリカ下院議員の訪韓を大きく伝えようとした。「米　東亜弾圧など憂慮」などと、アメリカのドナルド・フレイザー下院議員の来韓を大きく伝え、「北の軍事脅威を過大に主張して韓国の公信力を大きく損傷」などと、ニューヨーク・タイムズの報道を伝えたのであった（3月31日付）。

このような状況に対し朴政権の取りうる方途は、連日の如く「デモ再発すれば休業令」（4月2日付）などと学生たちを脅迫する強硬策を発表することであった。しかし新聞には、「延世大6000名デモ　街頭進出しようとして警察と対峙」（4月3日付）など、数えきれないほどのデモの記事で満ち満ちていた。

こういうなかで、延世大の朴大善《パクデソン》総長は文教部指示に抵抗し、投獄されていた「釈放学生・教授」たちに「復校」の通知をだし、自らは「学生の理想に背を向けることはできない」と辞表を提出した（4月3日付）。ここで延世大は、事態を悪化させないために休校に入るのだが、総長の辞任に東亜の社説は共感を示した（4月4日付）。またこういうことに刺激されて、延世大ではもちろん、ほかの大学でも抵抗運動がいっそう激しく燃えあがったのはいうまでもない。

こういう事態は朴正煕の強硬策をいっそうエスカレートさせた。彼は「北傀の誤った判断を防いで団結を」と叫びながら、ついに4月8日大統領緊急措置第7号を発動した。示威運動が激しくなっている高麗大学では休校令がだされて軍が進駐し、「校内の集会・示威一切を禁ずる」だけでなく、これに違反すれば3年以上10年までの懲役に処すると言明した。それは、これから起こる他の大学の集会やデモに対しても同じように対処するということであった。

これ以上に驚くべきことがあった。それは1974年4月から民青学連事件で緊急措置・国家保安法・反共法違反、内乱予備陰謀、内乱扇動の罪で起訴され、4月8日に大法院で死刑が確定された8名が、その翌日の午前、電撃的に処刑されたというのであった。朴正熙の「不退転」の恐怖政治の宣言である。そして、釈放されていた民青学連事件関連者のなかから12名を再逮捕したというのであった(75年4月10日付)。

しかし、この恐怖政治で大学が沈黙に落ちこんでしまうことはなかった。いっそう悲壮な戦いへと転化していった。1975年4月11日、ソウル大学農学部では金相鎮《キムサンジン》がこのような政府の暴虐に抵抗して、割腹自殺した。政府は金相鎮の追悼式を禁じて、強制的に火葬に付した。このことを含めて、ニューヨーク・タイムズは人革党関連者8名の処刑について報道した(4月14日付)。朴正熙政権は延命を図って狂気に走っているといわざるをえなくなった。事態はますます悪化一路の道をたどるようになる。

緊急措置乱発の時代、緊急措置による統治の時代、正常的法的統治不在の時代であった。

朴正熙政権は、緊急措置8号で高麗大学の休校を命じた7号を廃止し、新たに9号を発するという。それは、75年5月13日に発布された、「国家安全・公共秩序のための緊急措置」であった。「流言蜚語・学生の政治関与・集会禁止」「違反者があれば所属団体の休業・廃刊・解散措置」をなし、違反者は「令状なしに逮捕」となっていたが、罰則は1年以上死刑までの限界のないものであった。こうして、閉鎖中の大学の門を開いて授業を再開させるという。延世大は休講48日で開校にこぎつけたというのだった。しかも当局は、学園の兵営化を企てるという。高校以上の学校にある既存の学生会などを解体させて、学徒護国団というのを置くというのであるが、その中隊長までは任命制にする(5

月21日付)。

こうして9月2日、緊急措置9号の下で「学びながら戦う護国の役軍」「中央学徒護国団」の発団式が行われ、朴正熙の「民族主義」と「近代化」という旗印の下に、全体主義的な挙国一致がにわかに大学のキャンパスのなかにできあがるように見えた(9月2日付)。学園の兵営化であった。

そして、北を往来しながらスパイ活動を展開するために、「母国留学を装って」国内の大学に留学していた在日僑胞の事件を摘発したと発表した。「一党21名」、日本の関西地方を拠点にしていた「間諜団」だという(11月22日付)。その一人は日本に残っていて、駐日韓国大使館を訪ね、「必要であればソウルに行って正式に自首する」と言明したと報じられた(11月28日付)。

朴正熙の統治はこのように間欠的に北の共産主義による工作、または脅威をとりあげねばならなかった。新しくとりあげたのは、76年の年頭に東の海に石油の油田を発見したということだった(1月16日付)。朴正熙は「天は自ら助けるものを助ける」とまで興奮気味に語ったのであるが、新聞は懐疑的になりながらも、中央情報部の指示に従って踊り続けざるをえなかった。

「3・1民主救国宣言」は、このような暗闇のなかで発表されたのであった。

3・1民主救国宣言

明洞聖堂カトリック教会で3・1民主救国宣言が発表されるという事件があったにもかかわらず、

新聞のどこにも、それにかんする記事は載らなかった。それが突然1976年年3月16日の新聞に現れたのは、国会における与野党の質疑のなかでこれに言及されたからだった（3月16日付）。

野党の新民党は、この「明洞事件拘束人士」の釈放を求め、アメリカ大使もまた外務部を訪問したと報道された（3月22日付）。いまや新聞は朴正煕政権の宣伝板というべきであった。

日本の言論はこの3・1民主救国宣言に対して、一般的に「偏向報道であると非難した」と東亜に報道されたが、それは日本で発行される統一教会の『世界日報』の記事の引用によるものだった。

スウェーデンのキリスト教関係のある月刊誌が、韓国の反体制運動は「大きな災難」を招くであろうと警告した、と東亜は伝えた。またこれとは反対に、韓国政府を批判する「外国言論〈内政干渉〉の傾向」があると維新会が主張したことを、東亜は大書特筆した（3月24日付）。

朴正煕は機会あるごとに、明洞事件は「学生デモ触発意向」をもったものであり、「北傀が攻撃を敢行すればその衝撃波はベトナムの場合より大きい」といった。そして明洞事件の「犯法を放置すれば暴力事態」になると、強硬政策を内外に宣伝しようとした（3月25日付）。

こうしたなかで明洞事件の公判は続けられた。金大中など11名が拘束され、尹潽善など7名は不拘束であった。金大中は73年8月に東京から拉致されて以来、初めての投獄であった。

76年の暮れになって「明洞事件控訴審宣告」というものが発表された。18名の被告のうち金大中、尹潽善、咸錫憲、文益煥《ムンイクファン》は懲役5年資格停止5年という判決であった。このような指導的な人びとの戦いは、緊急措置と暴力、そして新聞などの沈黙によって反体制運動がまったく鎮圧されたように見えるとき、その沈黙を代弁し、新しい大衆運動が蜂起するまでの間隙を埋めるためのものであったといえよう。

こうして１９７７年を迎えた。１月15日の東亜は、アメリカのカーター次期大統領が電話で日本の福田首相と語りあい、米国訪問を求めながら、朝鮮半島の軍事情勢に対して「密接な協議」を希望したと伝えた。この状況を前に朴正熙は、国家存亡のときに「〈維新〉のことを自覚できない人には、容赦のない法の制裁が必要」（２月４日付）と、いかなる情勢が来ようと不退転の意志であることを内外に声明した。

３月22日、３・１民主救国宣言に対する大法院の宣告は、上告を棄却し、原審の刑量を確定した。宣言が発表され逮捕されてからほぼ1年ぶりのことだった。金大中は投獄されたままであり、鄭一亨は３年懲役確定で議員職を喪失した。彼と尹潽善などの場合は、高齢のため刑執行を停止するという（３月22日付）。

東亜日報は77年の残りの日々を、民主化のための動きがまったく存在しないかのように、恐ろしい沈黙を続けた。そこで朴政権は、民主化運動は終わったかのように明洞事件関連者の釈放を報道しはじめた。金大中は晋州教導所（刑務所）からソウル大病院に移された（12月19日付）。

緊急措置９号下ですべての新聞は中央情報部の指示に従い、同じニュースを同じ口調で伝える時代であった。

アメリカとのあいだでは、「朴東宣事件《パクドンソン》」という、朴正熙政権の対米国会のロビイストの問題が大きくとりあげられ、そのことで韓国の新聞も騒々しかった。このことで韓米両国政府の共同声明が新聞に発表されたのは、78年1月1日であった。実際それは朴正熙政権をゆさぶっただけで、なんら結果は伴わないものであった。アメリカの意図はどこにあったのだろうかと多くの人は疑問をいだかざるをえなかった。東亜日報にちらともれたつぎのようなことばも、そのような心境からであったにちがいない。

「朴東宣事件処理に関する韓米両国の合意声明は31日午前、外務部でわずか10分で終わり、1年余の陣痛過程に比べて大団円の儀式は気の抜けた感じ」（1978年1月1日）

しかしこれによって、朴政権はいやすことのできない傷を負ったというべきであろう。彼らのロビーは、今後はアメリカでは許されないことが言明されたわけだ。

東亜の社説「朴東宣事件と韓米関係」（1月4日付）は、当時の言論の状況からして朴政権の意図にそったものといわなければならない。その最後の一節だけをここに引用しておこう。その後、朴東宣はアメリカに渡り、なんら問題になることもなかったことも記憶しておくべきかもしれない。

「朴氏の渡米証言だけで朴氏事件が完全に解決されるか、また他の難題が現れるか未知数であるといえるが、いかなる場合であろうと、韓米友好という大局的枠組において問題解決に臨むことを期待する。今年は朴氏事件を超えて、一段階発展した韓米関係を定立させるよう努力しなければならない」

歴史はそのように進んでいったのであろうか。何よりも朴正熙個人が1年10か月後には倒れてしまうのである。新聞は民主化運動について紙面を割くことはほとんどなかった。国内に入ってきた外国の新聞は、韓国の民主化運動にかんする記事があれば黒々と墨を塗られて配達されるという始末であった。１９７９年1月9日に、毎日新聞の前田康博ソウル特派員が国外に追放され、毎日新聞の韓国内販売が禁じられたのも、このような状況下においてだった。彼は「韓国政治情勢について悪意的に歪曲報道した」といわれた。そのために韓国の情報は外国の新聞によってといううわさとともに、外国から民主化運動支援のためにひそかに送りこまれる新聞の紙片をむさぼるようにまわし読みしたのであった。

7月17日には緊急措置関連者86名が釈放されたと法務部は発表した。ただちにアメリカ政府は、これを「重要な措置」であると歓迎した（7月18日付）。それは小さな記事にすぎなかった。しかしこの釈放は、アメリカの圧力によるものといわねばなるまい。ここに朴正熙政権とアメリカとの関係が示されているといえよう。朴政権はアメリカの関与がある限り、全体主義的統治に進むことはできない。抵抗勢力に対して逮捕と釈放をくり返すだけで、これを全面的にせん滅して朴正熙王国を試みることはできない。アメリカ主導のいわゆる自由世界にあるということは、専制体制であるとはいっても、北朝鮮の場合とそれだけ異なっているといわねばなるまい。

新聞はほとんど沈黙していたが、実際は民主化運動が激しく展開されていた時期であった。

この頃ようやく一部だけ報道されたのは、女子労働者、すなわち「女工」の闘争といわれるものであった。ＹＨ貿易の女子従業員１７０余名は、野党の新民党党舎で徹夜して座りこみをくり広げていたが、警察によって強制的に引きずりだされた。その過程で金景淑《キムギョンスク》という女子労働者が死亡した。決死的な戦いであった。金泳三総裁は強く政府に向かって抗議しながら戦わざるをえなかった（8月11日付）。

こういう事件は政府の厳しい統制にもかかわらず、新聞に大きく報道された。それは、沈黙に陥りがちな野党と中央情報部の干渉の下にあった新聞を、危機的状況に引き入れることを意味した。「女工」の戦いを支援してきた民主化勢力が、いっそう集結する可能性が生まれた。そしてこのようなときには、「女工」事件を嘆くアメリカ国務省スポークスマンの論評があった。韓国当局はもちろん、「真相知らずの論評は遺憾」とこれに答えたのだが（8月15日付）。しかし、それをまた反駁するようなアメリカ国務省の論評が続いた。その一部をここに引用してみることにしたい。
「あまりにも残忍な暴力を使用したことを慨嘆する。……韓国警察がそのような行動をとるようになった経緯はまだ明確でない。……しかし、勤労者たちの座りこみを解散させるために真夜中に野党党舎に強制的に進入するに当たって、韓国警察によるあまりにも残忍な行動があったことは疑問の余地なく明白だ。……われわれは韓国政府当局が、あまりにも残忍な警察行動の責任のある人びとへの適切な問責を行うよう望む」

　このアメリカの論評のなかに、朴正熙政権とアメリカ当局とがどのような関係におかれているかをかいま見ることができるとすれば、それは見当ちがいだとそしりを受けるであろうか。実際において外務部長官はこれに遺憾の意を表し、アメリカ大使が弁明、または抗議したことも伝えられた（79年8月17、18日付）。いずれにせよ、このＹＨ事件以後の朴政権の運命は、急激に傾きだしたといってもいいだろう。反政府の戦いも急上昇するのである。

　その翌日、１９７９年8月17日には、「牧師・詩人女工等8名拘束」と発表された。「無産階級支配体制建設を標榜　社会混乱を助長した」とソウル市警は発表し、永登浦都市産業宣教会牧師印名鎮《インミョンジン》、韓国神学大学教授文東煥《ムンドンファン》、詩人高銀《コウン》、高麗大学教授李文永《イムニョン》などとＹＨ貿易の20代前半の労働者３人を合わせて８人を拘束したと発表したのだった。この事件はアメリカ大使館まで巻きこんだ「ＹＨ政局」といわれるほど（8月24日付）、ますます紛糾をきわめた。野党新民党も、党舎における座りこみでこれに激しく抵抗した。

　9月には抵抗する金泳三総裁に向けて、新民党内の非主流派を利用した与党の工作が展開された。総裁を選出した全党大会には、刑を宣告された22名の党員資格喪失者がいたというのだ（9月8日、

10日、11日付等)。そこで金泳三は、ニューヨーク・タイムズとのインタビューでつぎのように発言するまでになった。「私がアメリカの官吏たちに、アメリカは公開的で直接的な圧力を通してのみ朴大統領を制御できると語ると、いつも彼らは韓国の国内政治問題に関与することはできないと答えた」

そして金泳三は、アメリカは3万名の地上軍を韓国に派遣していることをあげた。またイランに言及して、駐イランアメリカ大使館が、イランのパーレビ政府の「弱点」を国務者に報告しなかったことを指摘しながら、「私は米国大使館が韓国においてイランにおける前轍を踏むことがないようにと思う」と語った。このことを東亜日報はそのまま伝えた(9月19日付)。

金泳三総裁は国会の別室で、野党議員の入室を遮断したまま与党議員のみによる「除名」決議にあわされた。東亜の記事は「金泳三総裁〈除名〉変則処理　与単独会議場に移って10余分で」というものだった。そして国会は休会にするという(10月6日付)。

それから、「大規模反国家陰謀組織摘発」と大々的に新聞に報道された。「南朝鮮解放戦線準備委74名系譜把握　20名検挙」「緊急措置違反受刑者等包摂　不穏ビラ撒布　社会・学園扇動」「76年から結成……私製爆弾など1000余点押収」などと脅迫的な発表であった(10月9日付)。このようななかで、新民党の議員たちは辞表を提出し、与党の共和党と維政会はこれを審査して受理するのだという姿勢をとろうとした(10月16日付)。

この混乱のなか、釜山地域では10月16日、17日と学生を中心にした市民の騒動が起こった。朴正熙は、全国に非常戒厳令を布けば政権維持は困難と判断して、18日の零時を期して、釜山地域だけの非常戒厳を布いた。治安本部の発表を伝える東亜の記事(10月18日付)の見出しだけを見ても、このときの示威のすさまじさを知ることができるといえよう。

「釜山・東亜大生３０００余名　16、17、２日続けて都心で示威」「警察56名・学生・一般市民など多数負傷」「派出所(7)21か所　警察車輪18台破壊　放火」「〈政権打倒〉主張……道庁・放送局等侵入」

朴正煕はこれにただ強硬策で臨んだのであるが、10月27日の東亜は、朴正煕が「26日午後７時50分、金載圭《キムジェギュ》中央情報部長が撃ち放った銃弾に当たって逝去した」と発表した。

ここで現行法によれば最大３か月間、現在の崔圭夏《チェギュハ》国務総理が大統領職務代行となり、その間に２５６０名からなる統一主体国民会議を召集して新しい大統領を選ぶというのであった。こうして、朴正煕の「執権18年５か月」の統治は、あっけなく終わることとなった（79年10月27日付）。

このような非常事態のなかで、全斗煥《チョンドゥファン》保安司令官が捜査本部長として急激に浮上し、朴正煕の暗殺は「金載圭の単独計画犯行」と発表するようになる（11月６日付）。

12月７日には、大統領緊急措置第９号が解除された。４年７か月ぶりであった。ソウル大学だけでも、除籍された学生２９６名が翌年の新学期には大学に復校できるといわれた（12月８日付）。大学を追放されたいわゆる「解職教授４３０名ほど」も復職できることになった（12月11日付）。

しかし全斗煥が、鄭昇和《チョンスンファ》戒厳司令官すなわち陸軍参謀総長を、朴正煕暗殺に関連したとして急襲して逮捕することによって、事態は急変した（12月13日付）。これ以後は、明白に全斗煥のクーデター、彼による政権の奪取という道程が進められるようになった。

新聞など社会面には、「６８７名の復権」（12月29日付）、「金泳三総裁・金大中氏会談」（80年３月６日付）などの記事が現れるかと思うと、「大学生街頭デモ３日目」などと、「戒厳令の解除・政治日程の短縮検討」（５月15日）を求める声が高まった。全斗煥など一部の軍人が、この事態のなかで権力を掌握しようと画策していたからであった。反動の時代が再びひしひしと迫ってきた。

光州事件

１９８０年５月18日から光州で起こった学生市民のデモと全斗煥のクーデターとは、同時発生だったといえた。

５月17日の24時を期して、全斗煥などは「非常戒厳を全国に拡大」「政治活動中止・大学休校」を命じ、金大中氏等を逮捕した。そして「金載圭の死刑確定」と発表した（５月20日）。５月22日には、「戒厳司が中間発表した金大中捜査」といって、金大中に死刑を言い渡す工作を展開した。金載圭などに対する死刑は、５月24日の午前に執行されたと発表された。

全斗煥一派の戒厳令下における権力掌握劇が本格的に進められた。５月27日には、光州事件発生10日目に光州に「戒厳軍電撃進入」と発表された。

６月５日には、「国家保衛非常対策委員会」が組織されたが、その構成は将軍18名、公務員12名で、全斗煥が陸軍保安司令官のまま常任委員長に自らを任じたのだった。

大学は休講、「金大中など37名　軍裁回付」と戒厳司令部は発表した（７月４日付）。そして新聞には、「日共産党・朝総連など親北傀勢力　金大中救命運動」（７月８日付）などと大書特筆させた。

（７）交番。

この一方で、「高級公務員232名粛正」「社会浄化の転機……大改革旋風」などと新聞に書かせては、これは「建国以来最大」の改革「7・9粛正」であると大言壮語した（7月10日付）。そして、中央情報部が偽装している「ソウル内外通信」を通して、「北傀の放送など」によると北の「祖国戦線」の「書記局長」が金大中を積極的に擁護していると、韓国のマスコミに発表させた（7月10日付）。

こうして、金大中などが、「内乱陰謀及び国家保安法違反、反共法違反、外国為替管理法違反、戒厳布告令違反など」のかどで、軍法会議に送致されたと発表した（7月12日付）。

8月8日には、「駐韓米軍の一高位当局者」が、「全斗煥将軍支持」であると発表された。これが駐韓米軍司令官であり、アメリカ当局の意向であろうと推測することは難しくなかった（8月9日付）。駐韓米軍司令官ジョン・ウィッカムはこの日帰国したと報道され（8月9日付）、全斗煥はニューヨーク・タイムズとのインタビューで「韓国　新しい世代の指導者必要」と豪語した（8月11日付）。

東亜日報は、「韓国を見つめるアメリカの目――韓国の現実と全斗煥将軍支持の背景」と題した社説を掲げ、その最後をつぎのように結んだ。

「もともとアメリカ人の思考体系が実用主義に基づいているということを想起するとき、保守の流れのなかにあるアメリカが韓国の政治現実を現実的に認識しようとすることは、異常なことではない」

こうしたなか、朴正煕の排除と全斗煥の登場にアメリカが承認を与えたと、韓国国民、とくにいままで民主化のために戦ってきた主に若い勢力が認識するようになったのは、避けられないことだったといわねばなるまい。これによってこの後の韓国の民主化のための勢力、とくに若い世代がたぶんに反米的になり、南北統一優先という傾向に傾くのは避けられなくなったといえるかもしれない。

金泳三は、「政界隠退」を言明した（８月13日付）。また、「金大中など24名」は、「内乱陰謀、政府転覆企図」で裁かれるようになる。「控訴状13万余字……朗読に７時間」などと、この事件は報道された（８月14日付）。

全斗煥は、崔圭夏の大統領職を受けついで、統一主体国民会議議員２５４０名のなかで出席議員２５２５名中１票を除いた２５２４票をえて、大統領に当選したということになった。１９８０年８月27日のことであるが、全斗煥は単一候補であった。ここで、「戒厳布告14号」によって「休校令１０７日ぶりに解除」となり、大学は９月１日から「開講」となった。

東亜日報は、「全斗煥大統領時代の開幕――当選を祝し、大任完遂を祈る」（８月28日）という社説を掲げ、新大統領が何回も口にした「民主福祉国家の建設と正義の行きわたる社会の具現」に期待を寄せた。全斗煥は新しい憲法を公布して、新憲法によってつぎの年にはもう一度大統領に就任し、今後７年間その座に居座るというのであった。

こうして９月11日、軍法会議は金大中には死刑、その他には懲役20年を求刑した。

この時代は、「社会悪事犯４万６０００余名検挙」（10月13日付）などと平気で政府が発表するような、それこそまったくの暗黒期であった。しかし学生たちは沈黙しようとしなかった。10月18日の東亜には、「文教部発表、高麗大休校令」と報道された。

10月22日、新しい全斗煥体制のための憲法を問う国民投票は、「投票率95・５％、賛成91・６％……史上最高」と発表された（10月23日付）。その日の東亜の社説は、つぎのように書きはじめるようにとさせられたことは記憶せざるをえない。

「新しい憲法の確定によって、暗うつであった一つの時代の幕が降りて、民主福祉国家の建設を掲げた新しい時代の章が開かれるようになった」

1か月にして軍法会議は、5月の光州事件関連者175名の宣告公判で「5名死刑、7名無期刑」「163名に5年から20年懲役」を宣告したという（10月26日付）。それから1週間後の控訴審では、金大中に死刑が言い渡された（11月3日付）。

そして、新聞、放送の統廃合（11月17日、25日付）などの荒療治が続いた。「日本　韓国に内政干渉」（11月25日付）、「政府　日本に続けて強力な対応」（11月27日付）などの新聞の見出しが続いたのは、日本側が金大中の死刑に対して「重大な関心と憂慮」（11月25日付）を表明したからであった。ここに東亜は、「韓日関係　再び味わう陣痛――鈴木内閣と日世論の自制を促求する」（11月27日付）といった社説を掲げた。一節をあげればつぎのような内容であった。

「鈴木内閣は、自制のなかで日本の性急な世論に押されるよりは、韓日両国の善隣友好関係と東北アジアの地域的協力体構築というより広い大局的視角を持って臨んでくれることをお願いする」

日本での市民による金大中救出運動は、韓国の新聞では「朝総連また街頭デモ、金大中釈放要求、駐日大使館前で1000余名」などと報道された（12月15日付）。それは、日韓両国の「善隣友好関係」を損ねて東北アジアの共産勢力に利するものという論理をくり広げたものだった。

いま思えば、これが日韓両国の健全な国民の心をいかに痛めたであろうかと嘆かざるをえない。そしていまも、その後遺症に苦しんでいるのかもしれないと思うのである。近代史における日本の朝鮮支配もそうである。政治が善良な民衆・市民の心を痛める。支配する側においても、支配される側においても。それが、すなわち近代国家の犯した罪悪であったといえるのかもしれない。

金大中が大法院における上告棄却決定の直後無期に減刑されるのは、翌年1981年1月23日であった。その翌日24日には、79年10月27日の朴正煕の死とともに宣布された戒厳令が456日、1年3か月ぶりに解除されるという。そして、全斗煥はアメリカを訪問し、5277人の選挙人による選挙によって、大統領再就任を宣言した（3月3日付）。

このような暗黒の時代のなりゆきを韓国の新聞でたどることは不可能であることはいうまでもない。ただ眼光紙背に徹すると、その当時新聞の読み方としてしばしばいわれたように、東亜日報の「学園事態に対処する道――大学騒擾を根本的に防ぐ対策を」という社説（6月5日付）からも、何かを透かしてみることができるといえるかもしれない。文教部長官は6月3日、国会でつぎのような発言をしたというのであった。

「最近の学園事態は、学生たちの不満要因が過去よりも複合的であり、主張が左傾化していることに特徴がある。過去の学生騒擾が具体的に政治的イシューを掲げたのとは異なって、背後操縦勢力によるイデオロギー的性格が明らかであることに特徴をもつ」

こういう状況のなかで、全斗煥政権は政権自体の安定のためにも、日本の経済協力を強く求めていた。その背後でアメリカのレーガン政権が影響力をおよぼしたのはいうまでもあるまい。7月26日の東亜日報は、「韓国対日借款60億ドル要請」と東京特派員の報道として大きく一面を飾った。

「日本政府は韓国に対する経済協力の性格を、いままでの〈福祉向上〉から〈安全保障〉側面に重点を移し、政府借款を大はばに増額する方針であることが25日明らかになった。日本政府は、この方針に従って、韓国が来年から始まる第5次経済開発5か年計画のなかの、第2浦項製鉄建設、京釜線の高速電鉄化などのために、向こう5年間で総額60億ドルの大規模借款を提供してくれるよう日本側に要請してきたのに対して、これに積極的に応じる方針であると報道された」

この背景には、65年に日韓関係が再開されて以来、日本は対韓交易においてすでに累計200億ドルの黒字をだしていることもあった。また北朝鮮との関係で、日本の防衛白書も韓国の安定を強調したこと、そして日本とアメリカの両国首脳が対ソ認識において意見を同じくしたことなどをあげて、全斗煥政権は、日本に経済協力を迫った。東亜もまた、「日本の防衛白書――新しい〈韓半島認識〉に相応した努力が払われるように」（8月17日付）という社説を掲げて、これを支援した。そこから北の軍事力に言及している部分だけを引用してみることにしよう。

「81年防衛白書は、北韓の軍事力が量と質において韓国にまさっているだけではなく、歩兵部隊の機械化、渡河能力の向上、ゲリラ活動と破壊活動の任務をおびた特殊兵力の養成など、武力強化の内容が危険な傾向を示しているという新しい事実を指摘している」

全斗煥政権の60億ドル借款という経済援助をめぐる日本政府との駆け引きは、両国政府のあいだに波乱を巻きおこした。1982年の暮れ、鈴木善幸に代わって中曽根康弘が首相に就任することによって、ようやくこの問題の解決に目鼻がつくようになった。83年1月、中曽根の訪韓を経て、40億ドルの経済協力借款となった。これは、日韓のあいだにおける最初の公式首脳会談であった。

82年に日韓のあいだに起こったもう一つの重要な事件は、日本の歴史教科書問題だった。これに対する詳論は避けて、東亜日報が12月21日に報じた「韓日・日韓議員連盟合同総会共同声明」（要旨）のなかから、最後の一節をここに引用することにしたい。

「両国議員団は、日本の歴史教科書問題が両国の友好関係にひびを入れた事実に対し遺憾に思い、過去の歴史に対する正しい理解が韓日両国の友好関係の基本に直結する重要な問題であるという認識を新たにしながら、効果的な方法で共同の協力を傾けることに合意した。韓国側議員団は、日本の歴史教科書問題を解決するために日韓議員連盟がその間努力したことを評価し、今後日本政府が約束に従って是正作業を履行するよう力を注ぐことを希望し、日本側議員団はこれを約束した」

全斗煥強権体制は朴正煕なき後、光州事件で市民虐殺までもあったがために、その存続を図ることが並大抵ではなかった。全国を戒厳令下に置いた政治であり、外交であった。やがて光州事件に対する「減刑・特赦」も発表せざるをえなくなった。そして、大統領就任1年を祝してという名目の下に、「金大中事件・光州事態関連者包含　2863名減刑・特赦」「金大中無期から20年に」と発表した（82年3月2日付）。

金大中は、その年の暮れ、12月23日に夫人とともにアメリカに向かうこととなった。これを日韓両国政府も歓迎した。

民衆革命の時代へ

1983年1月11日と12日に日韓の首脳会談が行われ、日本による40億ドルという経済協力問題がめでたく解決したと東亜は報じた。新聞を見ると、日韓のあいだのことはもちろん、全斗煥の強権下で韓国は無難な日々を迎えていると誰しもが思うにちがいない。東亜、また韓国の新聞を追っていけばそう考えるようになる。その当時の新聞は、全斗煥の軍事政権によって命じられたこと、許されることのみを報じて、現実を隠蔽していた。後世はこのような時代をどのように伝えるのであろうか。

真実は覆い隠され、虚偽のみが歴史として後世を覆うことになるのであろうか。歴史とは結局、権力によってねつ造されたものにすぎないのだろうか。それによって後世の人びとは考えざるをえないのであろうか。

いままでそのような疑問をもちながら東亜の記事をたどってきたが、ここで一つの事実について、東亜の記事と「韓国からの通信」での報告とを対照させてみることを許してもらいたい。

東亜には突然83年6月10日に、「金泳三氏の断食――〈極限の不幸〉社会機能を正常化で防がねば」という社説が載った。その冒頭はつぎのようにはじめられた。

「この間、内容がまったく明らかにされないまま報道されてきた〈政治的関心事〉、または〈政治懸案〉は、前新民党総裁金泳三氏の断食についてであったが、時遅れて公開された。23日間にわたった断食を中断するという彼自身の声明を契機に、国民が知りたがっていた真相の一端が公表されたのだ」

この社説には、「われわれが言論の正常な機能を果たしていないために、非正常の〈流言通路〉を拡散させてきたことを自省する」とも書かれている。そしてつぎのような、まるで小児を説得するような一節が挿入されていた。

「痛ければ、はっきりと痛いといわねばならない。火事になれば、明らかに火事だと叫ばねばならない。それでこそ、痛みと火事は収まるのだ。口をふさぎ、覆っておくことで、痛みがおのずから収まることはない。また事があれば、面と向かって解決していかねばならない。それが社会の自浄能力というものだ。この正常的な機能が衰退するときに、社会の非正常化は広がっていく」

このように社説は進んでいくのであるが、なぜ金泳三は断食をなしそれを中断するのか、それが何を意味し今後彼はどのような行動を取るというのかは、一切、社説にはもちろん新聞には記されていない。これに対して「韓国からの通信」が伝えた内容を少し引用することにしよう。『世界』（83年8月号）の通信「時代を担う人びと」は、「金泳三氏の戦い」という項目をつぎのように書きだしていた。

「学生たちの連日の戦いに、光州事件3周忌、そして権力に対する国民の非難の声が日に日に高まるなかで、しかも全一派が憲法改正で権力の延命を企んでいるという話が飛びかうなかで、前新民党総裁、金泳三氏は政治活動を規制されハウス・アレスト（自宅軟禁）にされている状況を押し切って、戦いをはじめた。この国における政治家は、いつまでこのように殉教者の姿を取らなければならないのだろうか」

そして5月18日の「断食に臨んで」という彼のハンスト声明文を引用する。ここではその最初の一節を引用することにとどめたい。

「私は先日発表した〈国民に捧げる書〉において、今日の現実に対する概括的な診断をして、現政権の陰謀、長期軍事独裁体制構築の企てについて明らかにし、そのような陰謀を打ち砕くための国民の覚醒と民主人士の一致団結を訴えました。今日私は国民に対する私の意思を明らかにし、民主化闘争に対する私の決意を高めるために断食に入ることを宣言する次第であります」

この戦いは、金泳三1人の孤独な戦いに終わることはなかった。金泳三とともに政治活動を禁止されている前国会議員や党幹部たちが、「金泳三総裁断食対策委員会」を結成すると、他方で咸錫憲、文益煥など在野の諸氏も「緊急民主宣言」を発表してハンストに入った。こうしたなかで、つぎの号の『世界』（83年9月号）で「通信」は、この社会は「獣権のみの社会である」と書いてつぎのように続けた。

「権力側は、自分らは人間愛、祖国愛に燃えているように大言壮語して、マスコミを飾る。嘘つきが〈真実〉を語り、真実を語るものは沈黙させられる。彼らはただ力をもてばいい。権力をもち続けてのみ、光州の市民虐殺の罪悪も、民族を危機から救った偉大な行為であるという説話にすることができるというのであろう」

このような内容は、韓国では一切語れない。だから「通信」は、日本で綴られざるをえなかった。暗いニュースが続いた。8月21日にはマニラ空港で、マルコス大統領の政敵、アキノ前上院議員が暗殺された。9月1日には、ニューヨークからアンカレッジを経てソウルに帰還中の大韓航空機（KAL）がソ連戦闘機によって撃墜され、269名の乗客と乗組員全員が北の海で帰らぬ人となった。10月9日には、ビルマを訪問していた全斗煥一行がアウンサン国立墓地で爆弾テロにあった。こういう状況のなかで11月12日、2泊3日の予定でアメリカのレーガン大統領が韓国を訪問し、韓米相互防衛公約をいっそう堅固にしたと伝えられた（83年11月12日付）。

全斗煥政権は、政治犯の釈放あるいは復権と学生の復校、そして政治活動を規制されていた人びとの解禁などを発表し続けた。新聞が民主化運動、または学生たちの抵抗の動きについてはほとんど伝えられない時代であった。

そうかと思うと、突然新聞に「街に出てきた学生騒擾──各界参与〈大学問題審議会〉構成を提議する」（84年10月13日付）という社説が現れたりした。学生の動きがすでに暴力も辞さないところまでエスカレートしてきたことは、この社説のつぎのような一節からもうかがい知ることができた。

「この頃は街に走りでる学生デモが頻繁になってきた。学生たちは、デモ鎮圧の警察車に対する放火、派出所の建物の破壊、火焔ビンの投てき、学校の建物の占拠と徹夜籠城に、フラクションに対するリンチや教授への暴行など、デモの様相が前とは異なって熾烈になり、過激性を増している。教授、父兄、学校当局ばかりではなく、全体社会が憂慮しなければならないことだと思われる」

社説は学生たちの暴力を戒め、「大学問題審議会」を構成してはどうかと訴えるのであるが、それはまったく応答を期待できない、か細い声にすぎなかった。学生、そして政府に批判的な多くの国民の目には、すでに新聞は権力の道具にすぎないと見られていた。そのような社説のことばは政府によってすすめられた「説教」にすぎないと、学生たちは受けとっていた。やがて国会までが、与野合意で「学園自律化対策」を模索していると報道された（11月5日付）。文教部長官は国会に向かって、「学園問題対応策」として「公権力介入」を要請せざるをえないといって、つぎのようなことばまでつけ加えるのであった。

「いちいち列挙することはできませんが、その間発生した学園の自立破壊の実情は、非常に深刻なものであるといわざるをえません。宿直の教職員を刀でおどし総長室に乱入して器物を破壊し、公文書を奪取するかと思うと、示威に同調しないといって他の大学の記念式場に入って教授と一部学生に集団暴行を加え、ついには真昼に学園内において一般市民を監禁して、リンチと拷問を加えたのです。このような到底見過ごすことのできない違法行為を恣行しています」

ついに東亜日報は、11月15日の早朝に起こった与党の民正党党舎「大学生籠城」という事件を報道せざるをえなかった。延世大学生たちによる襲撃に、10時間以上も催涙弾ガスを打ちこんだというのであった。新聞の社説「民正党舎の学生籠城――学生は自制し、政治家は原因治療を」は、これを論じてつぎのように書くことで精一杯であった。

「われわれは、今日の学園問題の根っこがどこにあるかを十分知っている。言論がその機能を果たしていないので、学生たちが言論自由の伸張と言論基本法の廃止を主張し、労働者は労組を通して自分たちの権利そのものを主張しえないために、学生たちがそれを代弁しているという事実を知らないのではない。それだからといって、学生がすべての主張を引き受け、すべての問題の解決に関与しようとするのは、願わしくないことである」（84年11月15日付）

１９８５年2月8日、金大中はアメリカから危険を冒して帰国した。全斗煥の登場以来4年間の政治的空白を経て、多くの野党人士がようやく2月18日の選挙に臨むというのであった。しかし金大中、金泳三など15名は、政治被規制者として政治活動を許さないという。選挙とはいっても1選挙区２人当選という制度で、与党が過半数を占めることは既定事実であり、それに全国区の議員の数は地域区出身の議員の３分の1となっているのである。こうして与党の民正党は１４８議席を占め、野党の新民党は67議席を占めた。

それにもかかわらず、6月3日に国会が開かれると、野党は光州事件の真相解明とその責任の追及を目ざし大統領直選制への憲法改正を求めて、騒々しい毎日とならざるをえなかった。光州事件については、死者「民間１６４、軍人23、警察4名」に「重傷者１２２名、軽傷７９０名、検挙２５００名」などと国防長官が国会に報告した（6月7日付）。

新聞は沈黙を強制されるなかで、東亜はようやく「大学〈自律〉に最善を——他律介入限界認識してこれ以上もつれることのないように」（7月2日付）という社説を、つぎのよう書きだしたのであった。「警察は去る29日の早朝、ソウルと地方の９大学キャンパスを奇襲捜査、連行した66名の大学生のなかで17名を拘束することにした」

そして今度の警察の「学園キャンパス内投入過程は前後が逆になった感がなくもない」といって、

大学当局との「事前協議」がなされなければならないとした。そこで、キャンパス内を統制するために「学園安定法」を制定しようとする動きに対して、東亜は明らかに批判的な立場を示した（8月9日）（東亜の社説「〈学園安定法〉の推進――〈政治で解くべきこと〉と〈法律で解くべきこと〉を見分けること」参照）。実は、この「学園安定法」の試案（8月9日付参照）のなかには、それに違反した者には7年以下の懲役を規定したつぎのような項目すら入っていた。

「反国家団体の思想とか理念を伝播または教育するか、その思想とか理念が表現されている文書、図書そのほかの表現物を製作・印刷・輸入・複写・所持・運搬・配布・販売または取得をなして、学園騒擾の要因を造成する行為」（8月8日付）

このことはすでに反体制的民主化運動のなかには、かなり理念的に反共的な姿勢に対して否定的な傾向すら生まれつつあったことを意味していた。これには、アメリカの対韓政策が反共の旗印の下に、全斗煥の抑圧的な政策を支援していると見られたことが大きく作用したといえよう。いずれにせよこの学園安定法は、国民のあまりにも大きい抵抗に保留となってしまった。

そして政局は、全斗煥が半永久的執権を続けようとすればどのような事態に発展するかわからないと思えるほどになってきた。東亜も少しずつ力を回復して論陣をはるようになり、金泳三は１９８６年の新年に入ると2月6日、新民党に戻り、党顧問に就任した。そこでは金大中の復権もいっそう強く求められるようになった。全斗煥は前例を破って国会に出席せず、テレビとラジオを通して新年の「国政演説」を行い、憲法改正の論議は88年のソウル・オリンピックの後、89年になすべきであると言明した（１９８６年1月16日付）。

東亜は、学生デモについて小さく「12名に懲役10年求刑」などと報道するようになった（1月29日付など参照)。ついには、「警察3000名ソウル大に投入〈署名運動〉学生252名連行」などの記事も大きく新聞の紙面を占めた(2月5日付)。署名運動とは、大統領選出のための国民一般投票を許さない、全斗煥のクーデターによる憲法を改正することを求める運動であった(2月5日付)。

2月6日の新聞では、「ソウル大集会主動・過激・示威前歴者すべての拘束」となり、その翌日には「13大学187名拘束令状」となった。東亜の社説「強硬と過激――また集団的学生拘束事態をながめる心」(2月8日付)は、この頃の問題がどのような様相を呈していたか、少なくとも体制に近い側からそれをどのようにながめていたかを示しているといえよう。その冒頭はつぎのようなことばではじまっていた。

「なぜ、このように時局が険しくなって来たのか。この数日間市民たちは、再び急迫してきた学園の事態を衝撃と不安の目で見守りながら、仕事に手をつけかねている」

まだデモのシーズンとしては時期的に早いではないか。この事態を誰がよしとして受けいれるだろうか。学生たちの過激な行動は「従来の単純な〈学生示威〉を超えて、自由民主主義体制自体を否定する政治的集団活動の特徴をおびていると、その分析は指摘している」「北でよく使っている用語を無分別に選んで使うことによって不必要な刺激と誤解を招いて、自身も知らない間に不純勢力に利用される素地はないのか……」。これらのことばには、政治の立場を代弁するところもあった。

そして何よりも全斗煥政権は、アメリカの影響下でそれに支えられて国民の上に君臨しているという考えが抜き差しならぬものになってきたともいえるであろう。20年を超える民主化の戦いのなかで、戦う世代は交替しながらここまでやってきたといえるかもしれない。

状況は急激にエスカレートするだけであった。2月15日の東亜の1面の冒頭記事は、大きく「全国

114大学捜査　昨夜、警察・教職員2500余名動員」「油印物（ビラ）など3万4000点押収手配学生は1名も発見できず」というものであった。この抵抗の動きに、野党も民間の指導者たちも歩みをいっしょにしはじめたのはいうまでもない（2月17日付）。大学ではまた3月に入学することになった新入生のオリエンテーションで、体制への抵抗について教育するともいわれた。これは「意識化」教育と呼ばれた（2月17日付）。

ここで与党民正党代表盧泰愚《ノテウ》は、署名運動が不法的に拡散しないならば国会で論議することも可能であると発表し、野党新民党は、「任期中民主化日程を確かにすれば署名の中止はありうる」と答えた（2月19日付）。ここで、東亜も同じ日に自省をこめて「言論の良識」という社説を発表せざるをえなかった。それはつぎのようにはじめられた。

「真正な言論は偶像に仕えない。言論の良識は何よりも真実への忠誠に基づいている。とくに新聞の場合のみに限定していえば、当然印刷されなければならないすべてのニュースを必ず印刷しなければならない。その選択に、いかなる〈聖域〉も入りこむ余地はない。それが言論がもつ根源的な機能であり、使命である」

この社説はリップマンのことばを引用しながら、「擬似の事件」を伝達して「擬似の環境」をつくろうとしてはならないと強調した。そして、つぎのような一節をもって閉じた。

「言論は、骨を刻むような自省と自愧（自ら恥じること）の上に立って、遅ればせとはいえ小さな一歩ずつを重ねながら原則に回帰する辻に里程標を打ち立てていかねばならない。そして、〈すべての人をいつまでも欺くことはできない〉というリンカーンの名言をたえず警鐘として聞き入れねばならない」

しかし、政治的状況は厳しさを増していくだけであった。1986年2月19日、全国111校の大学総学長会議における文教部長官の訓辞は、「今年はいかなる混乱があっても、学園騒擾を必ず終息させるために可能なすべての措置を講究する」（2月20日付社説「大学生と〈政治活動〉——総学長会議における訓辞と決議を見て」参照）という一方的なものであった。そしてその翌日の新聞には、「犯人隠匿罪」を適用して、「手配中の学生を保護した先輩に令状」を発したと報道された。東亜はこういう状況のなかで、「大学教授の役割——学問の自由・教授の自律を社会が助けるべきである」（2月22日付）という社説を掲げた。その一節を引用すればつぎのような内容であった。

「文教部は学生会構成に対して5つの原則を各大学にすでに下達したのであるが、このたびは〈騒擾加担学生には奨学金を与えてはならない〉〈騒擾加担学生には温情主義を捨てて厳罰に処するように〉〈過去騒擾関係による除籍学生は復校させてはならない〉などと、命令調の指示が洪水のように示されている。ここで大学教授はたしてどのような身動きをなすべきか、おのおの良心と現実のジレンマにぶつかって優柔不断にならざるをえないように見える」

一方で全斗煥は、88年にオリンピックのソウル開催を終え、89年に大統領責任制か内閣責任制か、または〈二元執政制〉かを国民に問いたいと発表した（86年2月24日付）。しかしそれでは、そのときには彼は7年の任期を終えて第2期に入っていることになる。さらに、二元執政制となって国防と外交は大統領の権限ということにでもなると、全斗煥政権は延々と続くようになるといわざるをえない。この政権との戦いは、実に不可避的なものであった。それはあらゆる機会にあらゆる形で行われねばならなくなった。

たとえば2月の卒業式も、また若い人たちにとっては戦いの場であった。東亜は「がら空きのソウル大卒業式」という社説（2月28日付）を掲げ、その冒頭で時代状況をつぎのように嘆いた。

「第40回ソウル大学卒業式の光景はあまりにもひどい〈現実〉であった。４５８８名の学士、１６１１名の修士、１７５名の博士の輩出を祝う26日の卒業式場は、結局２００名のみが座席に残っているがら空きの場となった」

「大学街」では「理念書籍」が押収されたと大書特筆された。これは国家保安法に触れることで、その数は55種にもおよぶという（2月28日付）。「学園騒擾関連」で立件された者は、去年は９０１名であると捜査機関が発表した（2月28日付）。デモに関連すること、憲法改正署名運動にかんすることが、政府の強硬策にもかかわらず連日報道された。

ついに東亜も「多くの人びとがそれほど心配してきた〈危機の春〉が迫ってきている」と、その社説（3月6日付「署名政局の行方――〈政治人による政治的解決〉を期待する」）を書きはじめねばならなくなった。市民がとくに不安に感じているのは、１９８０年5月の光州事件で学生と市民の示威に対して発砲と虐殺をもいとわなかった全斗煥軍部政権であることを思い出すからであった。誰の心にも、危機が刻々迫っているという感じであった。「警察　ソウル大構内に〈指揮所〉」と東亜にも書かれるほどであった（3月26日付）。

反体制の動きはますますエスカレートした。公営放送ＫＢＳに対する視聴料拒否運動が拡散してきた。こういうなかで、東亜はまた社説「言論の自省――公正な報道のみが不信を拭う」を掲げて新たな姿勢を言明するのであった（4月7日付）。新聞が抵抗する市民の声にこたえるべきであるというわけである。この社説の最初の一節を引用してみよう。

「われわれ言論人たちは7日、第30回〈新聞の日〉を迎えて多くの点で自省せざるをえない。いままで新聞と放送が、迅速で豊富な情報と公正な報道をなすために果たしてどれほど努力してきたのか。その結果はどうであったか。その評価はただ読者のみが公正になしうると信じて、よりよき奉仕のために一層奮発することを期したい」

全国的に憲法改正と政権の退陣を求める運動は拡散していった。東亜も「〈大邱示威〉141名連行〈改憲大会〉後5000余名街頭行進　16名に令状　42名を大学に引き渡す」（4月7日付）などと大きく報道するようになった。教授たちは時局宣言などをだしてこの動きに合流した（4月10日、11日付）。新聞はそれを報道するだけではなく、社説などで「教授たちの〈時局宣言〉――〈知性の叫び〉に謙虚に耳を傾けねばならない」と書くのであった（4月12日付）。

ここに徐々に大学のキャンパスと言論が連合し、野党と宗教界、また知識人と市民の連合が成立してくるのであった。暴力的政権に抵抗する革命が近づいてきた。こうなると、権力からの国民の離反をさし止めることはできない。権力がいつどのように終わるかが問題であるだけだ、といわねばなるまい。

権力側が抵抗する学生と国民に対する対策をとればとるほど、抵抗はかえって大きくエスカレートするだけであった。学生たちを軍に入所させて訓練しようとすれば、その大学全体の抵抗となる。そしてこれが他の大学も刺激するようになって、ほとんど全国的な大学闘争に発展する。86年の4月下旬は、こうして全国的に激しい大学闘争の日々となった。そのなかでソウル大学などでは、学生たちが石油などをからだに降りかけて自殺の抵抗を試みるいわゆる「焼身自殺」事件が起こった。それはもっとも激烈な戦いの標識であった。

ここで「前方入所訓練はいったん中止」ということになるが、この戦いのなかで「反米、反核、解放論理など一部左傾過激理論に立脚した闘争」が現れた。このために民主化運動の指導者たちは、憂慮して抵抗の自制を促すほどであった（4月29日付）。

全国的に反政府の抵抗の嵐が吹き荒れた。学生たちの焼身自殺が続いた。東亜は社説の題を「極烈学生運動――暴力は暴力のみを呼ぶ」（4月29日付）とつけて、学生たちの烈しい戦いに警告を発した。この社説の最初の一節をここに引用することにしたい。

「今度の事態に直面して既成世代、とくに今日の政治現実に責任のある政治家と、彼らの不条理を目にしながらもいうべきことばを尽くしえなかった知識人たちは、共に深い反省を試みなければならないであろう。遅きに失したといえども、学園がなぜこのような状況に至ったか、学生たちが焼身自殺によって問題の解決を試みようとするようになったか、深く理解しようとしなければならない」

ここで全斗煥は与野党の代表と会談し、「国会で合意すれば任期中に改憲用意」などと発言するようになった（4月30日付）。彼はどうすれば権力の一部でも握りしめて、何よりも自分の身の安全を図ることができるかを考えねばならなかった。5月3日の東亜にも、5月2日の1日で全国「24大学、８０００名示威」、天主教では「修道女４０００名」「民主化のための9日間祈祷会」を催すと報道された。こうして、大学生の軍への入隊訓練に対する抵抗ではじまった民主化運動は、日に日に燃えさかるばかりだった。

１９８６年5月5日の新聞は、3日の午後の「仁川示威で１２９名拘束令状」と1面で報道した。この事件に対しては、5日の社説「〈仁川事件〉の波長――急進勢力の暴力は民主化に逆行する」から少し引用したほうがいいかもしれない。

この社説は、まず「どのように行われることかと関心の的となっていた新民党仁川改憲大会及び懸板式が、学生、労働者などの過激示威と警察の頑強な阻止によって無期延期になった」ということばではじめられていた。懸板式というのは改憲闘争委員会の看板を掲げる儀式をさしている。ここに押し寄せた学生と市民を追い払うために警察は催涙弾を発射して、仁川市街はマヒ状態に陥った。

それに対して抵抗勢力は「至るところで無差別投石と放火を行い、激烈な示威と警察の強制連行で」「催涙ガス弾下の市街戦」の観を呈したというのであった。この社説のなかから注目すべき一節を引用することにしたい。

「仁川大会はまさに急進勢力に示威舞台を提供した結果になった。彼らの口号（スローガン）や油印物（ビラ）に現れた政治的主張などは、いままでの改憲要求と政権交替の主張という限界をはるかに超えている。仁川市内にばらまかれた学生団体と在野勢力、そして労働団体らの油印物を調べてみると、反米扇動とファッショ政権打倒を叫ぶ激烈な文句に満ちている」

急進的で左傾的であり、米帝打倒を叫ぶのである。そこで東亜も、「革命か改革か」（5月6日付）という社説を掲げざるをえなかった。抵抗勢力の叫びのなかには、「われらの徹天之怨讐米帝とその手先、暴力輩的反共政権の心臓部に解放の刀をつき刺すことにしよう」[8]とまでいわれているというのであった。アメリカと全斗煥の反共連合の下で、韓国人は限りなき苦しみを味わっているではないか、というのであった。

東亜は、5月7日の社説「政治と死と——両極端の過激性緩和のための〈政治の自省〉を」のなかで、抵抗で死を選ぶ学生と、抵抗する学生たちの投石で死んでいく戦闘警察のことを悲しみながら、つぎのように嘆いたのであった。

「過激な示威と過激な鎮圧という悪循環がくり返されるなかで、人間の尊厳性と同族愛を口にすることは、空虚なことであるのか」

このような渦巻きのなかをアメリカのレーガン政権のジョージ・シュルツ国務長官は、５月７日から８日まで韓国を訪問した。その後で彼は、「韓国は民主化進行中　88年平和的政権交替確信」と語った。

新聞は、このアメリカの介入を何度も大きく伝えた。「シュルツのソウル24時間」という社説まで掲げて、88年の政権交替のために国民は妥協すべきであると訴えた。

全国的に民主化宣言運動が拡散していった。それは大学、教会から小中高の教師のあいだにまで広がっていった。これに対して文教当局が調査または懲戒を云々すると、東亜は「〈教育民主化宣言〉――政治的中立の要求をなぜ懲戒しなければならないのか」（5月15日付）を掲げて、つぎのように論じた。

「少なくも民主を掲げ、また民主を追求するという政府であるならば、彼らの宣言を政治的だからといって、反政府的だからといって排斥することはできない。かえって教育者の深い苦悩のなかからにじみでたその〈現場の声〉を骨を刻むような自省のなかで聞かねばならないし、進んでは教育政策の展開にそれを反映させるのが道理である」

このような混乱が、また新たな軍部クーデターを呼びおこすかもしれないという憂慮もあった。そのために新聞は5月16日になると、１９６１年、朴正煕一味が軍部クーデターを起こしたことを思いおこした。１９８６年5月17日の社説「5月の昨日と今日――暴力と憎悪を捨てて和解と包容の道に」がそれである。

（8）天をつくようなうらみの対象である敵。

「〈隠忍自重していた軍部はついに今朝未明を期して一斉に行動を開始して、国家の行政・立法・司法の三権を掌握し、そして軍事革命委員会を組織しました……〉

これが1961年5月16日の明け方、軍の政治的中立という垣根をとび越えて、漢江の橋を渡ってきた革命軍の第一声である」

「それから四半世紀」、それが「暴力と憎悪を助長してきた時代であるとすれば」、これからの「四半世紀」は「和解と包容への道」でなければならないのではないか、というのであった。

朴正煕なき1980年の光州では「5・18」の市民虐殺をうみだしたではないか。そのような歴史を踏まえて、80年代の終わりにおける政治的変革はどのようなものであるべきか、と国民に反省を迫った。それは、危機を前にしてまた起こるかもしれない軍事クーデターに警告を発することでもあった。

「〈残忍な5月〉が下旬にずれこんでも、大学街の周辺は依然として催涙ガスで日が明け、日が暮れる。われわれはいつ頃になればこの暗うつな悪循環のトンネルから抜け出すことができることか」（社説「催涙ガスにしおれる春」86年5月21日付）

大学における焼身自殺は続いた。それを追って激烈なデモが爆発する。米下院では「韓国の民主化促求の決議」があったと伝えられた（5月22日付）。しかし、デモ学生はもちろん民主化を叫ぶ指導者の逮捕も続いた（5月23日付）。デモにデモをつぎ、逮捕と暴力に明け暮れるこの時代を追うことは容易ではない。再びここでは、東亜の社説「難局打開の道――政治の〈霧〉を払う決断が要求される」（5月24日付）から、その冒頭の一節を引用することにしたい。

「新たに政局の混迷を憂う声が聞こえてくる。あえて〈新たに〉ということばを使う意味ははっきりしている。かえりみれば80年の春の〈霧の政局〉以来、われわれの政治が透明に展開された日があったのか。同じことばの反復と聞こえるかもしれないが、くり返される政局の混迷は何よりもまずその政治の不透明性に由来する」

新聞はこのようにしかいえなかったが、その意図するところは、全斗煥軍部独裁が終焉の日に近づき民主化の道しか選択の余地が残されていないということであった。この社説を読む国民は、このことを知りつくしていた。全斗煥はそのような「同意なき統治」（5月29日付の社説）という政治的現実をいつまで続けるというのであろうか。投獄者だけで１５００名というこの政治犯の時代を克服する道は、彼の退場のほかにはない。しかし全斗煥政権は、「5月27日の夜8時から3時間」の「全国一斉検問検索で２９００余名検挙、８３３名に拘束令状申請」と発表するだけであった（5月28日付）。

全斗煥政権を支えてきたアメリカに対する抗議も激しく続いた。5月21日、大学生たちが「釜山米文化院を占拠　1時間で警察投入で連行」と報道されたかと思うと、5月30日には労働者たちがソウルの永登浦にある「韓米銀行を一時占拠　星条旗も燃やして反米スローガン」を叫んだというのであった。

こういう緊迫した状況の下で、権力側の後退は明らかになった。法廷は憲法改正のデモに無罪を宣告した。「改憲はいまや時代的な流れ」と判定された、と報道された（6月10日付）。そして「示威大学生釈放続く」という記事であった（6月11日付）。

東亜は文教部が国会に提出した資料として、「時局宣言教授７８３名、３年間に90万名が示威……80年以来１６２０名退学、昨年11月以後催涙弾で大学生13名負傷」と発表した。それに80年以後で、焼身自殺者は６名を数えるといった。それでも全斗煥一派は政権の防衛を放棄しようとはしなかった。

国民の抵抗が強くなるようだと尻ごみし、これで国民が小康状態にはいるようだとまた強硬政策に返り咲くのであった。

このようなせめぎあいが続くなかで、1986年7月17日には、女子大生として身分をかくして労働者となっていた女性が、警察の捜査官によって「性的冒瀆」を加えられたという事件が発覚した（8月17日付）。これを糾弾しようとする抵抗勢力の動きを警察が抑圧するなかで、野党新民党の建物には、「明らかにしよう、拷問文貴童を拘束せよ」(9) などのプラカードがあがった。そして、「独裁打倒」のシュプレヒコールがこだました（8月19日付）。

このような状況のなかで、与党が準備する「内閣制改憲案」（7月18日）で時局を乗りきり、全斗煥、または軍部大統領の枠組みを維持しようとする案は、決して難局を収拾する道であるようには見えなかった。「臨時国会を開け」（7月22日付）という東亜の社説は、ひかえめなことばでつぎのように訴えた。

「護憲を主張していた数か月前といまとでは、根本的にその流れと水脈が異なり、論理も同じではなくなったという事実を念頭におかねばならない。以前のその陣容そのままで、果たしていまの難局を克服して説得力のある国政を展開していくことができるのか、政府当局としては深刻に検討してみなければならない時点に至っていると感じざるをえない」（7月22日付）

野党の新民党は、8月4日には与党の「内閣制改憲案」に反対して、「大統領は直接選挙で、その権力は大はばに縮小」「任期は4年で一回重任」と発表した。こうして憲法改正の問題は国会内で積極的に論議されるように見えた。その進行状況に注目していた東亜は、「合意改憲と実勢対話」（9月4日）という社説をつぎのような一節ではじめねばならなかった。

「口がすっぱくなるほどすでに言い古された問題であるが、はたして〈大妥協〉は可能であろうか。与党の心積もりと行く道があれほどはっきりちがうのに、ほんとうに合意した改憲は可能であると信じていいのだろうか。ああいうようにしていて、もしも失敗でもしようものなら、国の状況はどうなるだろうか」

9月20日から第10回アジア競技大会が開かれても、学生たちの抵抗は収まらなかった。10月10日には、ソウル大学の掲示板に北朝鮮の機関紙『民主朝鮮』の10月5日の社説から抜粋した内容が掲示されて問題となった。それは、「米国と南朝鮮側はわれわれの平和発起に一日も早く応じなければならない」というものであったと報道された（10月14日付）。このような事件は続けざまに他の大学でも起こり、やがてその背後の人物として、ソウル大生徐《ソ》真錫《ジンソク》と二人の女子学生朴裕《パクユ》祥《サン》と朴玉珠《パクオクジュ》が検挙される（10月17日付）というように、学生たちが急進化していくきざしがはっきりと見えた。

このような状況の変化に向けて、アメリカはその対韓政策も全斗煥を支援する姿勢も多少は修正するかのように見えてきた。国会で新民党の兪成煥《ユソンファン》議員が、「わが国の国是は反共より統一とならねばならない」と発言して（10月15日付）左翼として逮捕されるという騒ぎが起こると（10月16日、17日付）、米国務省は10月16日、つぎのように声明を発表したと報道された（10月17日付）。

「われわれは、韓国に北朝鮮からのとても現実的な脅威があることを理解しているが、すべての個人は彼らの意見を自由に表現できる権利をもたねばならないと信じている」

そして離任する米駐韓大使は9月30日の「ロサンゼルスタイムズ」のインタビューに答えて、韓国

（9）性拷問警察官の一人。

について次のように発言したと、東亜は遅まきに報道した（10月20日付）。

「初めて完璧な合法性をもった政府を選出する機会を迎えたのであり、これをのがせば政治的に20年も後退することになるはず……」

このような発言はアメリカ政府の対韓政策に関係していることはいうまでもないであろう。ここで、アメリカ政府の対韓政策が大きな政治的変動に際して示した傾向について、総括的に一言述べることを許してもらえるだろうか。

少なくとも、朴正熙政権から全斗煥政権に至る30年間に近い年月においてのことである。軍事独裁をすすめるときは駐韓米軍司令官が発言し、民主政治の方向をすすめるときはアメリカ政府の代弁人、またはアメリカ大使など文官をして語らしめる。そのことばは、単なる論評以上の政治的意味をもつことはいうまでもない。このようなアメリカ側の姿勢からして、1986年後半におけるアメリカ政府、またはアメリカ大使館側の全斗煥政権に対する批判的な発言は、注目に値するといえよう。

こういうなかで、学生たちの左傾的な動きが続けざまに報道されるようになった。10月24日の東亜には、一面の大きな見出しに「マルクス・レーニン主義党結成企図」と報道された。小見出しを見れば、「検察発表　学生や労働者など27名検挙　13名拘束」「〈民族解放革命〉路線を標榜　工団中心〈労働者同盟〉組織」「111名全員を摘発　74名は手配」となっていた。ソウル地検公安部が、大学内の「急進左傾勢力」が労働者たちを「革命の主力軍」に組織しようとして、「労働党と同一性格の〈マルクス・レーニン主義党（ML党）〉」を組織しようとしたというのであった。

東亜はこれに対して「ML党事件の衝撃」という社説（10月25日）を掲げて、「日に日に火の塊のように燃え上がる学生運動」に深く憂慮しながら、「自由民主主義それ自体を否定する組織、または言行に対してだけは、どのような場合においてもわれわれは同意することができない」と断言した。

このような説得にもかかわらず、学生たちの動きはいっそう急進的になっていった。実際長い学生運動のあいだ、言論は権力に立ち向かうことのできない脆弱なものという印象を国民に与えていた。戦う若い学生たちのあいだではとくにそうであった。86年10月29日、東亜は28日に建国大学に集合した26の大学の学生2000名のデモに対して、警察は夜を徹して座りこみ中の900名全員を連行することにしたと報道した。そこにはまた、いわゆる「容共的大字報や印刷物」が登場したというのであった。

そこでは「祖国統一を妨げる植民地分断イデオロギー粉砕宣言文」という大字報も見られたという。「米軍撤退」を主張し、1950年の朝鮮戦争は「南に親米従属的な傀儡政権を打ち建てて分断を永久化させようとする米帝に対する民族解放闘争」であったとした。そして「反共イデオロギーは分断イデオロギー、植民地イデオロギー、独裁イデオロギー」にすぎないと堂々と主張した。

このデモは4日目の10月31日にヘリコプター2台と8000名の警察力を動員することで鎮圧されるのであるが、それはまさに暴力的な攻撃に暴力的な抵抗であった。警察の暴力に市民も投石するほど熾烈な戦いがくり広げられた。多くの学生が負傷して入院した。それとともに、全国の大学でこのデモに同調する「校内示威」「授業拒否」事態が続いたのであった（11月5日付）。警察は国会に提出した資料のなかに、「今年度催涙弾使用、31万発、59億ウォン相当」（11月8日付）と記していると発表された。

こうして、時局は決定的に民衆蜂起の状況へと傾いていったといわねばなるまい。カトリックの「司祭団の時局宣言発表」（11月18日付）、プロテスタント教会牧師たちの「永久執権を画策する独裁は退け」のデモ行進（11月19日付）が続くかと思うと、ついに11月29日には新民党が「第1回大統領直選制改憲争取及び永久執権陰謀粉砕国民大会」を開催しようとして、3万の警察と激突する事件に発展した。このすさまじい状況に対して、ここでは東亜の大見出しのみを引用することにしよう。

「催涙ガスに覆われたソウル都心」

「30—40名が集まると発射……強制解散」

「市民たち〈なぜ通行制限をするのか〉と抗議」（11月29日付）

「ソウル大会連行者　2255名」（警察発表）

「警察過剰連行……市民たちの抗議激しく」

「食糧・喫茶店の客まで連行」

「薬買いに出てきた市民も災難」

「1万5000余名、市内のあちらこちらで散発デモ」

「バスを待っていた市民催涙弾で失明危機」（12月1日付）

このような状況に対する米国国務省代弁人の声明の一部を引用すれば、つぎのようなものであった。

「韓国政府が憲法に保障された集会と言論自由を保障することが、われわれの望むところである……われわれは、両側ともに協商と妥協を通して彼らの目標を追求していくことを希望する」（11月29日付）

「すべての当事者たちが、民主制度の基本枠内で協商と妥協を通じて彼らの目標を追求しなければならない……去る2月、平和的な蜂起で〈マルコス〉政府が倒れた〈フィリピン〉の場合よりは、韓国の民主発展速度は漸進的でなければならない必要がある」（12月2日付）

こうした騒乱のなかで１９８６年は暮れていくのである。

１９８７年1月1日、東亜はその社説「新年の辞」の題を「民主的成熟を考える」とした。「今年ほど〈政治の氾濫〉が目の前にきている新しい朝がかつてあっただろうか」というのが、その冒頭のことばであった。それは、国民誰もが「〈民主政治〉をなす民の自負心を持たねばならない」とこんこんと諭すような一文であった。

しかしこのようなアピールに応えようとする軍部政権ではなかった。全斗煥は1月3日、新年初の巡視として午前1時40分から５時間も、予告なしに政府庁舎から検問所までを訪ねては、「北韓共産集団はわれわれの冬期夜間作戦能力が脆弱であると見て挑発の機会を狙っている」と豪語することを忘れなかった（1月５日付）。このような状況下で東亜は、すでに金泳三、金大中の両人のあいだに烈しい政治的な争いがきざしはじめていると、憂慮の声を発しなければならなかった（1月８日、９日付）。

全斗煥は民主化は不可避であると見て、いかに彼自身と与党の民正党が民主化の口実の下でも実権を握り続けるかに腐心しているだけであった。

そこに一つの決定的な事件が起こった。ソウル大言語学科三年朴鍾哲《パクジョンチョル》が、治安本部対共捜査２団に連行されて取り調べを受けていた最中、14日に死亡したというのであった（1月16日付）。このことは、1月19日の新聞に「水拷問途中窒息死」と発表された。「頭を浴槽の水のなかに入れ、浴槽のふちに首を押しつけて息を絶やした」と東亜は報道した。このことが「拷問政局」といわれる波乱を引き起こした。

14日の午前、治安本部の専門医員呉演相《オヨンサン》は、警察の圧力に抗してこの事件を公表した。警察は死因も明らかにしないまま、なきがらを火葬に付した。この波紋は民主化勢力はもちろんのこと、野党と言論、まさに全国を渦巻きにまきこんだ。そして、全斗煥勢力は民主化勢力の前に屈服せざるをえないように追いつめたといえよう。政治的大変動は意外な死を通してやってくるのであろうか。

しかし、その過程はまだまだ険しい道のりであった。ここでは、87年2月7日に開くことになった朴鍾哲追悼の催しについて述べることにしたい。東亜の「3万余警官を動員すること」にしたという記事の冒頭だけでも引用してみたい。

「警察は在野勢力が来る7日午後2時に、ソウル明洞聖堂をはじめ釜山、大邱、光州など一部地方都市において開催する予定であった〈2・7朴鍾哲君追悼会〉を封じこめることに最終方針を定め、全国一斉検問検索、在野団体押収捜査などを通して主催側の準備活動を事前に遮断し、大会当日には主催側人士の家宅保護[10]、大会場周辺統制などを実施することにした」（87年2月5日付）

こうしてその日は「教会、聖堂、寺刹などの打鐘」も一切できないようにしたというのであった。それで当日は、「ソウル・釜山・光州で散発示威」があり、「路上追悼会を開き連座デモ」が行われた（2月7日付）。

ここにまた、アメリカの影がちらつくのである。アメリカ国務省の関与である。東亜の「2・7追悼会と米国の忠告」という社説（2月9日付）から少し引用してみることにしたい。

「われわれの民主発展をもっとも関心深く見守ってきたアメリカは、今日のような状況を予見でもしていたかのように、友情ある忠告を提示してくれた。〈シーガー〉国務次官補の演説は、第一に『韓国の政治を永久的に文民化しなければならないという課題に直面していること』を指摘しながら、いままでは、軍が韓国の発展過程に重要な役割をしてきたが、いまや韓国は新しい時代に移りつつあると強調した」というのであった。

「彼は、合憲改憲のみが韓国の政治を続けて発展させ、暴力的な政府交替という悪循環をとり除くであろうといいながら、憲法は物理的な力の濫用や対決によってではなく、すべての政治集団間の妥協とコンセンサスによってかち取られなければならないし、そのためには個人的野望とか過去の罪過とか不満などはさておいて、みんなが未来のために共に努力しなければならない、とつけ加えた」

ここには、これからの韓国の政治的方向がそのまま示されているといわねばなるまい。その方向に向けてアメリカは、その政治的影響力を行使するというのである。1945年以降、アメリカはこのように韓国の政治・社会に影響力を行使してきた。それは、韓国社会の発展につれて表面的なものから裏面的なものへと移行し、それに抵抗するものは最初は公然と排除されたが、いまは徐々に姿を消すようになったといえよう。韓国の政治は、この意味ではアメリカの対北東アジア政策の手中にあったといっていいのではなかろうかと思われる。

ソウル大の卒業式場では、今年もまた卒業生たちが、総長とともにあいさつのために壇上に立った文教部長官に揶揄を浴びせかけた。壇上には背を向けて「友だち」「朝露」「農民の歌」「君のための行進曲」などを声高く歌うかと思うと、卒業生5000名のほとんどが式場から退場してしまった（2月27日付）。

朴鐘哲の死に対する「49日祭」と「拷問追放民主化国民平和大行進」が全国重要都市で開かれようとすると、6万の警察がこれを阻止するようにと動員された（3月3日付）。この「3・3大行進」で

（10）自宅監禁。

連行されたものは全国で439名で、その内訳は学生が293名、一般人が146名であったが、そのなかには90名の女性がはいっているといわれた。このような状況では、警察も連行者のほとんどを「即審・訓放」で釈放せざるをえなかった（3月4日付）。

アメリカ側は実に目まぐるしく動き、発言をくり返した。3月6日、シュルツ米国務長官がソウルを訪問し、全斗煥は翌年の2月、任期満了とともに退任することを確約した（3月9日付）。

東亜は「人権は韓米共通関心事」（3月17日付）という大きな記事を掲げて、米国務省人権担当首席副次官補との電話による対話内容を発表した。それは、この時期におけるアメリカの韓国に対する姿勢を明確に示したものであり、アメリカが全斗煥政権の崩壊を意図していることをほのめかしたものであったといえよう。それは韓国における民主化運動を意図的に激励するものであった。東亜はこの対話内容を詳細に報道しながら、つぎのようにコメントした。

「〈モンゴメリ〉副次官補は、人権問題において国民の真の願いに沿いえない体制とか権利を濫用する体制は、アメリカの利益に反していると主張した。彼はまた、韓国の政治発展と関連して国民が発言の自由と相異の機会、自由を享有することのできる機会をもちうるよう政治進展が行われることを希望するといいながら、その解決策は韓国国民たちが探さねばならないだろうと語った」

これは多くの場合、アメリカの明白な内政干渉といわれるであろう。東亜の紙上でこのような記事は続くのである。しかし当時は、これが韓国の民主的発展を望む良識の声として受けとられたことはいうまでもない。このような声がなければ、あの激しい民主化への戦いに、とくに大量の血を流すことなく勝利することはありうるだろうかと多くの人びとは心のなかで感じていた。1980年、全斗煥の執権を可能にすべく駐韓アメリカ軍司令官が、韓国民は「移行ねずみ」（lemmings）のようにどんな統治者にもよくついていくと発言することをはばかることがなかったことを、苦い思いで思いおこしながらも。

このような政治情勢のなかで与党の民正党と野党の新民党の政治的駆け引きは続き、まだ政治活動の自由をもたない金泳三、金大中も動きだした。全斗煥と軍部は、議院内閣制を押して大統領職に固執した。そうなれば軍部支配集団の多数が生き残れるものと考えたのであった。

これに対して両金氏は抵抗した。しかし２人は、いままでは軍部政権と戦いながら協力しあったのであるが、新しい政治状況を前にして、執権を目ざして分裂のきざしを見せはじめたのであった（３月18日付参照）。

こうして強大な軍部勢力と戦うときには、学生や国民一般と戦線をともにしていた在野の政治勢力は国民から離れ、単なる政治屋へと傾き、そのカリスマが急激に崩れはじめたといえるであろう。それは国民が勝ちえた勝利を政治が私有して浪費し、私利のために濫用したということであろう。その意味では、軍部統治の時代にはカリスマ的個人はいても、真の政治はなかったといわねばならないのかもしれない。やはりこの民族は苦難には強く、安楽には弱いといわなければならないのだろうか。

金大中、金泳三の両系列は、ついに１９８７年４月８日分裂し、金大中は新党の結成を宣言するようになった。これで、軍部執権勢力が漁夫之利をうる可能性がかいま見えたといえた（４月８日付）。東亜は、その社説「野党の悲劇」（４月９日付）の冒頭をつぎのようにはじめた。

「〈分党〉〈分党〉といってきた新民党は、ついに２つに割れてしまった。家族を連れて飛び出す方も、殻だけ残って気まずくなった残留派も、弁明は多いが国民の目には寒心の至りである。

一両日でもなく、３か月と10日間のあの見苦しい争いが続くあいだ、党の指導者はどういうことをどれほどよく処理したと考えているか知らないけれども、街のなかに出て行って見れば、後ろ指をさしながら苦りきった表情だけである」

こうして野党が分裂すると、全斗煥は4月13日、憲法改正は88年のオリンピックの後に考慮すべきことであり、今年中に国民の直接選挙を経ないで次期大統領を決めるであろうと宣言した。軍部の誰かを大統領に任命して、自分は後見人として権力を握り続けるという計算であった。野党の分裂によって自分の延命可能性ができてきたと判断したのであった。このような暗い状況のなかで、韓国の民主化という課題は再び韓国民衆そのものの手につき返されたといわざるをえなかった。

この難局を前にして再び動きだすのは、学生たちを中心とした勢力であった。まず、カトリックの神父たちが動きだした。釜山大学で3000名の学生が、拘束・連行学生の釈放などを求めるかと思うと（87年4月16日付）、4月21日の夕方には光州の神父13名が、直接選挙制を要求して無期限断食に入った（4月22日付）。

野党政治家たちの権力欲によって国民の民主化への熱意が後退し、軍部政権はこれを利用して権力を握り続けようとすると、これを許さないという決意が国民のあいだに噴出しはじめた。光州は80年の光州事件の地であり、軍部権力はこれに血の弾圧を加えて6年もたっていた。この歴史を光州は想起しながら、戦いをはじめたのであった。

全国の大学キャンパスが、野党分裂の幻滅と失望から再び立ちあがった。光州におけるカトリックの抵抗は、全国の新旧キリスト教教会に伝わった。文学者193名が憲法改正を要求して声明を発表した（4月29日付）。「西江大学教授28名の時局声明」（4月30日付）が発表されると、「ソウル大教授122名」（5月2日付）などと各大学がこれに続いた。

こういうなかでアメリカでは、議会の下院が全斗煥の「4・13措置」を批判し（5月7日付）、上院外交委では、「4・13再考」を決議したと報道された（5月14日付）。東亜は5月15日の社説「米上院の対韓決議案」の冒頭をつぎのようなことばではじめた。

「どういういきさつでわれわれがひとの国にこのように侮られるようになったか、ほんとうに恥ずかしく、苦しく、また複雑な思いに駆られざるをえない。米上院外交委員会は現地時間で去る12日、改憲論議を留保させた韓国の〈4・13措置〉を再考するよう促す強力な内容の対韓決議案を通過させたという」

この決議案は「嘆く」という「用語」まで使用した強力なものであったといえる。東亜が、「ひとの国にこのように侮られるようになったか」と嘆いたことは、全斗煥政権に対する強力な抵抗を内包した、ある意味で国民へのアピールを含むものであったというべきであろう。ついに仏教界でも751名の曹渓宗の僧侶による「民主化のための見解」が発表された（5月16日付）。それは、4・13措置の撤回と民主改憲を唱えながら、朴鍾哲拷問致死事件から4か月もたったいまも、「検問検索、不法連行、民主人士に対する軟禁と拘束」がそのまま続き、何ら変化がないではないかとつめよった。

こうしたなかで、朴鍾哲「拷問致死事件」で逮捕された2人の警官が、彼らのほかにも3人の警官がこの事件に関与していると暴露したと、検察側が発表する事態が起こった（5月22日、23日、25日、26日、27日付）。ここで、これに抗議する全国的な学生運動が起こるようになった（5月27日付以降）。「6月時局」（5月28日付）という難局である。3月に新学期を迎えまだ戦列が整っていないところに、野党の分裂という混乱の衝撃から抜けられないでいた学生たちが、抵抗の行動にまた集結したのであった。

民主憲法争取国民運動本部は、6月10日に「朴鐘哲君拷問致死隠蔽デッチ上げ糾弾大会」をソウルの市庁近く聖公会教会内で催すことにした。政府はこれを「警察、兵力を動員して源泉的に封鎖すること」に決めた(6月5日付)。

その一方で全斗煥は、国民の直接投票なしに、自分の後任の大統領として軍の同期である盧泰愚将軍を押すことに決めた(6月2日、6月6日付)。そこで民正党は6月10日、全党大会を催して盧泰愚を大統領に指名しようとするが、全斗煥は盧泰愚を表面に立ててこれを支配するという政権の二重構想、すなわち二元的執権をえがいていた。これに対して東亜は「信頼できる政治を——この共同体危機の実体は不信である」(87年6月6日付)という社説を掲げ、その冒頭につぎのように記さざるをえなかった。

「政治が乱れているので何一つまともにできることがない。国会というものが開かれることは開かれても、〈予定通り〉[11]の欠席と断食籠城で体裁だけ悪くなったのみで、何かが起こるとしたら一大事件になりそうな予感で、人びとは〈6月10日〉を迎えることにすら恐れを抱いている」

6月9日の東亜には、「警察5万8000投入　6・10封鎖作戦　聖公会周辺　明日2万名で三重遮断」という大見出しが躍っていた。「6・10拷問殺人隠蔽糾弾及び護憲撤廃国民大会」が開かれる予定あった。それで、「在野人士は家宅軟禁」「110大学夜間電撃捜査」であるという。東亜の社説「6・10前夜　最後の勧告——理性と自制で大不祥事なきを望むのみ」の冒頭の一節は、つぎのように息のつまるものであった。

「ついに衝突することだけを残した。ぶつかるのはぶつかるがどのようにぶつかるかだ。誰もが避けることさえできれば避けたいと願うのだが、与は与なりに〈大統領候補指名大会〉を、野は計画通りに〈拷問殺人隠蔽糾弾及び護憲撤廃国民大会〉を、一寸の譲歩もなしに押しつけられるところまで推しつけるつもりであるらしい」

こうして6月10日を迎えるのであるが、与党の全党大会では盧泰愚を大統領候補に選び、歌手やチアリーダーを動員して雰囲気を盛りあげた。在野勢力のあいだでは、警察との激しい衝突のなかで、延世大生李《イ》韓烈《ハニョル》が催涙ガスの直撃弾を頭部に受けて重態に陥るという事件になった。これは朴鐘哲の死につぐ、民主化を推し進めるもう一つの大きな犠牲となるのであった。

国民大会は全国的に行われて、警察と衝突した。アメリカの国務省副代弁人はこの事態に対して、「アメリカはこのような行為を嫌悪する」「平和的な集会の権利に対するアメリカの支持は、確固たるもの」と論評をしたと報道された（6月11日付）。

この6・10の抵抗は、従来のデモとは異なっていた。3、4日たってもデモ隊の民衆は沈黙に帰ろうとはしなかった。重要な民主人士はすべて逮捕されても、デモ隊は夜を徹して警察と対峙した（6月12日付参照）。「憲法上のすべての措置を発動する可能性」（6月13日付）があるといっても、デモ隊には馬耳東風であった。市民は彼らを拍手でもって励ました。戦闘警察が学生たちに向けて催涙弾を撃とうとすると、1000余名の市民が警察の発砲をさし止めたほどであった。そこで東亜は、急迫を告げる状況に地団太をふみながら「これではいけない――与党執権の次元超えて歴史の教訓を生かせ」という社説（6月13日付）を、つぎのようなことばで結んだ。

「いまや政治指導者たちは自ら与と野、または政権的次元ではなく、国家、民族の次元において状

（11）野党の計画通りということ。

況を変えてもらいたい。執権の次元ではなく、歴史的要請である国権安定、民主化の次元に戻れ。自ら戻れなければ、結局他律的に戻らねばならないという歴史の摂理の前にみな敬虔になろう」

息のつまるような状況のなかで、東亜の記者が新聞のコラムに明洞聖堂内の状況を伝えた最後の数節をここに引用してみたい。


「このミサを取り行っていた呉泰淳《オテシュン》神父が、震える口調で講論をはじめた。

『しかしこの世の中のいかなる苦しみであろうと、神の御前において重要でないものはありません。われわれを遮らねばならないあの戦警〔戦闘警察〕隊員の苦痛も、われわれは共にしなければならないでしょう』

しばし雰囲気は粛然としてきた。

この夜のミサが終わった後、聖堂内で座りこみをまだ続けていたデモ学生たちは、文化会館の狭い椅子でえび姿のざこ寝をはじめ、その場所すらえられない学生たちはセメント床に横になって睡眠を求めたり、夜を明かしたりした。聖堂の周りには静かな闇が迫ってきた。

聖堂の入口で人のバリケードを布いていた戦警部隊員たちも、聖堂のなかが静かになると、3日間も続いたデモ鎮圧に疲れ切ったのか、1人、2人、アスファルトの上に長く横になりはじめた。

『何日ぶりに寝るのですか』と記者がたずねると、1人の戦警隊員が『どうでもいいですよ。戦警が人間ですか。Xですよ』と答えた」（87年6月13日付）

Xとは豚という単語であったにちがいない。独裁権力者は、国民をこのような状態に放置しておてどのような夢を描いているのであろうか。明洞聖堂の座りこみは６日ぶりに解散ということになった。警察と政府当局が、学生たちの安全な帰宅を保障することをカトリック教会側に約束したからであった。これを東亜の社説は、「劇的な解決」として高く評価した（６月15日、16日付）。このようななかで、アメリカ国務省はまた韓国政府と接触していると示唆しながら、つぎのようにアメリカ政府の立場を明らかにした。

「米行政府は今年、韓国がより開放的な政治体制に発展する必要があるとしばしば言及してきた。〈シーガー〉次官補は去る２月と５月、この問題にかんするアメリカの政策について多少具体的に明らかにした。われわれはまた、言論の自由と平和的な集会のような基本的な人権を支持し、暴力と力の濫用に反対するという主張を何度も明らかにした。韓国はいま転換期におかれており、それに伴って展開される状況は韓国独自の文化と歴史に起因している。永続的な唯一の解決策は、韓国民たちによって、韓国民たちのために成しとげられるものでなければならず、国民の広範囲な支持を受けることのできるものでなければならない。真の発展は、すべての当事者たちが協商をなしたいという意志と対話を通してのみ可能になると考える。先週の事態は、まさにそのような過程が切実に要請されるという点をよく示してくれた」（６月17日付）

ここに、アメリカの意図が明確に示されているといわねばなるまい。米大統領の親書が全斗煥に伝えられるだろうと何度も新聞は伝えた。こういうあいだに学生・市民の抵抗は全国的に拡大していった。６月17日の東亜の見出しはつぎのようなものであった。

「全国８大都市激烈示威」

「釜山・晋州派出所７か所襲撃　火炎瓶」

「南海高速・京釜国道占拠　一時不通」

「65大の学生参加……3000名　19か所で徹夜籠城」

「大田では深夜　1万余名道庁前まで進出」

このような動きがますます全国に拡大していき、全斗煥によって矢面に立たされた盧泰愚と野党の金泳三とが、「改憲論議」のために協議すると報道されるようになった（6月18日付）。

しかし金泳三は、盧泰愚ではなく大統領全斗煥との対談を提起し、金大中の軟禁を解除せよと叫んだ。全斗煥は金泳三との対談をして、金大中はひき離しておくという政策をとろうとしていた。「全国大都市で深夜示威　8万6000余名　都心の商街撤去　交通マヒ」（6月19日付）と事態はますますエスカレートしていった。そこで東亜は、「与党の決断を促す——弥縫策ではなく民主化へ方向転換を」（6月19日付）という社説を掲げざるをえなかった。その冒頭にはつぎのように記された。

「ソウルをはじめ全国都市における示威は、日に日に加熱している。至るところで都心の交通がマヒし、商店街は撤去に追いこまれるかと思うと、警察署が包囲され警察の装備が燃えている」（6月19日付）

デモ学生によってソウルでは「西大門署が包囲され、火炎瓶が投じられ」、釜山では「西面ロータリーが占拠されて都心がマヒ」、大田では「駅構内鉄路を遮り、列車15分間不通」と、全国が革命的状況に入っていくように見えた（6月19日付）。

こういう状況下で、アメリカにおける議会の動きも大きく報道された。韓国は「民主化中断で、不安深化」であるために、「87年韓国民主主義法案」がケネディ議員などによって提起されたというのであった（6月19日付）。

６月19日には、ついに全斗煥はレーガン大統領からの書簡を手にした。韓国の事態を大きく憂え、民主化のための対談をすすめる内容であったことはいうまでもなかった。東亜の社説はこのような事態のなかで、金大中の軟禁解除を唱えながら、彼は85年に帰国して以来家宅軟禁54回、その「通算日数は80日に達する」と書いた（６月20日付）。警察の交番「派出所31か所」が襲撃された（６月20日付）。シーガー国務次官補は急きょ韓国を訪問して、「韓国事態、軍部介入は適切な解決ではない」と軍部をけん制した（６月22日、24日）。

全国の重要都市で「徹夜示威」が続いているといわれた（６月22日付）。アメリカは軍部の再登場を憂えて、「軍部介入は韓国国益に多くの害」（６月23日付）などとくり返した。

こういうきわどい状況のなかで、１９８７年６月24日、全斗煥と金泳三が会談をして、与野合意で憲法改正、そのための国民投票、そして金大中の軟禁解除に意見を一つにしたと発表された。そしてその翌日、金大中は自由の身となった。

６月26日には、午後６時を期して「国民平和大行進」がソウル、釜山、大邱、光州、全州、仁川、大田などの大都市をはじめ37の市や邑で展開された。

東亜は夜10時現在、これらの大都市でおのおの４万から５万の示威が展開されていると報じたが、これは27日の明け方まで続いた。警察が３４６７名を連行したというデモであった。暴力は自制したが、「直選制改憲」「民主争取」「独裁打倒」などが叫ばれた。道行く車輌の多くは激励の警笛を鳴らし、市民たちは太極旗やハンカチを振った。国民は革命の熱気に包まれたといえた（６月27日付）。この日の「街頭対決はいまや終わりに」という東亜の社説は、つぎのようにはじめられた。

「全国民の、いや世界的な関心のなかで開かれた26日の平和大行進は終わった。この日の夕方に炸裂した催涙ガスは、デモ参加者の服にだけついたのではなく、その翌日出勤途中の市民までも、くしゃみに巻きこんだし、また数多くの連行者と器物破壊をもたらした」

民主化を受け入れ実行するといいながら、自制して行動する市民に向かって、一体これは何ごとなのか。「改憲をするといっては、掌をかわす如く護憲にまわり、いまになってその4・13措置をまた撤回するといっても、それが信じられないのが国民だ。このような不信風潮をつくったのは誰であるのか」。そしてこの社説はつぎのようなことばで結ばれた。

「いまは政治圏が民心を収れんできた土台の上に立って、政治的に問題の解決を試みるときだ。これでも民意の所在を知らないというならば、これ以上政治にたずさわる資格などないのだ。時期遅れになる前に、政治が回復しえない袋小路に追い込まれる前に、執権党は収拾案を出さねばならないだろう」

軍人は政治を営むといっても、敵を欺く如く国民を欺くのであろうか。

ここにアメリカの積極的介入があったことを認めざるをえない。米国務省東アジアおよび太平洋担当のシーガー次官補は、今度の韓国訪問でかなり明確な見解を示した。全斗煥に対してきつく譲歩を迫ったようであったが、この長い記事のなかにははっきりとつぎのようなことばが含まれていた。

「われわれは韓国が歴史的分岐点に立っており、彼らがより広範囲な民主制度をもちうるものと信じる。われわれはこのような韓国民の勢力を全的に支持する。韓国民らは、われわれが自分たちを支持していることを知っている。私は、彼らが現時点において、われわれがそれ以上何かをなしてくれることを願っているとは思わない」

「われわれは韓国民たちと彼らが願っていることを成就しうる能力に対して、確固とした信頼をもっている。韓国国民らは、民主主義に対する巨大な要求をもっていることは疑いようがない。しかし彼らは、彼ら自身の方法でその目的を成し遂げねばならない」

「現時点においてアメリカが明らかにしていることは、現状況に対する軍部のいかなる介入も容認しえないし、われわれはそれに反対しているという事実だ。われわれは、この点を実に明確に言及した」（87年6月27日付）

ここで全斗煥の後釜に据えられている民正党の盧泰愚代表委員は、ついに6・29発言を発表せざるをえなくなった。「直選制、年内改憲」「金大中氏赦免復権」「拘束者釈放」などを全斗煥にすすめるというものであった。金大中を赦免復権させ、年内の大統領選挙を通して来年には政権移譲、それから言論の自由、地方議会の構成をも推進するというのであった（6月29日付）。東亜はその日の社説で、これを「民主化に向かった大決断」「大和合と偉大な国家への前進」と称した。

ただちにアメリカもこの6・29発言を大きく歓迎した。シュルツ国務長官は米ＮＢＣのテレビを通して、「韓国国民らが経済的奇跡を成し遂げたように、政治的奇跡を成し遂げる相当の機会がある」「アメリカは韓国人たちがこれを成しうるよう助けている」とただちに論評した（6月29日付）。

このように韓国の民主化もまた、韓国国民の勇気と知恵によって達成されたものでありながら、やはり最終的にはアメリカの「干渉」によって成立したといわねばなるまい。シーガー次官補もまた、アメリカのＡＢＣとの対話の最後でつぎのように語ったと伝えられた（6月30日付）。

「われわれはいま起こっているすべてのことを全的に支持する。われわれはいま与党の発表、野党指導者たちの反応にひじょうに励まされている。そして彼らが細部作業に着手しながら、つぎの1か月あまりにすべてのことがうまくいくならば、韓国はほんとうに大変広範囲な支持基盤の上に立つ政治体制をもちうるだろう。すなわち韓国のことばでいえば、民主主義が満開することになるだろう」

7月6日、催涙弾の直撃弾に当たって入院中の延世大学生李韓烈が、入院27日間でついに5日の早朝、息を引きとったことが知らされた。東亜は社説「李韓烈君の死」という一文をつぎのようにはじめねばならなかった。

「民主主義という木は血を吸いこんで成長するといわれてきたが、わが国の民主主義の完成のためにもまた、若い生命の犠牲が必要であったのか」

東亜は7月9日の葬礼には、「李韓烈君永訣……人波数十万」と報道した。

獄中からは2335名の政治犯が釈放されたといわれた。金大中は、「大統領不出馬宣言白紙化」と報道された（87年7月9日付）。数日にしてニューヨーク・タイムズとワシントンポスト紙が、「2人の金氏がそろって出馬する時は、敗北の可能性」と報道したと東亜は伝えた（7月13日付）。

その一方で東亜は、「労使紛糾過激様相」（7月29日付）、「労使紛糾急増……生産活動萎縮」（7月30日付）などと伝えなければならなかった。すでに蔚山工団では、「泰光産業罷業5日目　全市内バス運行拒否」（7月31日）、「現代自動車4日間休業」「48か社2万余名徹夜籠城」（8月7日付）などと報道されていた。

いままで抑えられてきた労働争議が奔出するストライキの時代が来たともいえた。8月17日には、現代グループの「現代6か社休業　8万勤労者示威」と報道されるかと思うと、ソウルの九老工団では「家族も籠城に合流　トラックを先立てて市街に」と展開された。全国の紛糾は1000件を超えるという（8月18日付）。

まさに学生たちの抵抗の後は、労働者の抵抗といえる事態であった。それは民主化に破局をもたらすのではないかという憂いをさそうほどであった。それに対して全斗煥政権は、「左傾勢力」が浸透して「暴力革命を企図」と決めつけようとした（8月27日付）。

憲法改正にかんする与野党の政治会談が合意に達したのは87年8月31日であった。何よりもそれは大統領任期を5年間として、重任は許さないという内容であった（9月1日付）。

10月10日、金泳三は大統領出馬を公式に声明した。大統領直選憲法改正案は10月12日、国会で議決された。在籍258名中、可は254票、否は4票にすぎなかった。

この頃、金泳三と金大中は民主党を両分してともに大統領選挙に出馬することに心を決めた。2人の、とくに金大中の反独裁、反軍部勢力で築きあげられたカリスマは、音をたてて崩れていった。与党の軍部出身の盧泰愚がこれによって元気づけられたことはいうまでもない（10月14日付）。東亜の「単一化を重ねて促求する」（10月15日付）という社説は、つぎのような一節ではじまっていた。

「民主党の党内事情は日に日に悪化している。つぎの大統領選挙を前にして有力な受権政党として成熟し、統一した姿勢を見せなければならないときに、2つの派閥がおたがい背を向けて異なったことを考えているのだから、見るに忍びないだけでなく嫌悪の情さえさそわれてやまない」

これが、大統領選挙を2か月ほど前にした民主党の姿であった。「敵前分裂」だと民主化運動の人びと、民主党の少壮党員などは叫び、抵抗してきた若い人たちは絶望に沈むのだが、すでに党は「空洞化」していた（10月15日付）。

こうして12月の大統領選挙に向けて、全斗煥政権をうけつぐ盧泰愚、そして朴正煕政権の残り者の金鐘泌、それから長いこと軍部政権と戦ってきた慶尚道出身の金泳三と、全羅道出身の金大中が戦う、俗にいう「四巴戦」に固まっていった。

10月26日、金大中は民主党を離党することを通告し、10月30日平和民主党（平民党）を発起することになった。このような姿で12月16日の大統領戦に参加するのであった。金泳三の出身地慶尚道すなわち嶺南地方と、金大中の出身地全羅道すなわち湖南地方という、いわゆる嶺湖南の対立という伝統的な政治的運命は避けられないこととなった。慶尚道は朴正熙、全斗煥、盧泰愚の出身地でもあって、地域的には圧倒的に多数派をしめていた。

何よりも巨大な民主化勢力が金泳三と金大中とに分裂することは、危機的状況であるといわねばなるまい。それは権力にある軍部政権が企む不正選挙に大きな口実を与えることになるのではと、いっそうあやぶまれた。そのために東亜は、「この亡国的な選挙様相」（11月16日付）という社説を掲げて、選挙における両金氏の敗北を想定しながらつぎのように書いたのであった。

「彼らはいくら不正選挙または堕落選挙で落選したと主張しても、散票によって敗北したことが明らかであるとすれば、その主張が説得力を失うであろうことを知らねばならない」

両金氏は、このような「候補単一化」を望む国民の声に耳を傾けようとはしなかった。与党が不正選挙を画策していると彼らが主張しても、国民にとってはそれはそれほど説得力のあるものではなかった。金大中の遊説は、圧倒的な人波を集めるように見えた。

こういうなかで12月1日、ペルシャ湾中部のバーレーンを飛び立ったＫＡＬ大韓航空機が空中で爆発し、跡形もなくなる事件が起こった。ドイツに出稼ぎに行き帰国中の労働者たちが犠牲になり、バーレーンで飛行機を離れた工作員２人は逮捕されるが、毒を飲んで自殺を計り、男は死亡、若い女性は病院で助かって韓国まで護送されてきた（88年1月15日付など）。

この事件に北朝鮮はどれほど関与したのであろうか。なぜ北朝鮮はこの時期にこのような工作を展開し、それを韓国の情報部はどこでどの程度まで知っていたのか。この事件は大統領選挙とどのような関係があるのか。北の仕業であるとすれば、彼らは何を望んだのか。

多くの謎に包まれたまま選挙に入り、12月16日、盧泰愚は８２５万票を獲得し、２位の金泳三を２００万票近く引き離して当選した。金泳三と金大中は、20万票近く得票の差を示したが、両金氏の得票を合わせれば１２３８万票を超え、盧氏を４００万票以上もリードしたはずであった。

東亜はこの現象を、両金氏の「単一化の失敗」がもたらしたものであり、そのために「国民が背を向けた」結果であると評した（87年12月17日付）。不正選挙があったという抗議がしばらく続いたが、それで野党分裂の責任を問おうとする国民を納得させることは難しかった。長い年月のあいだ実に国民の犠牲の多かった民主化の戦いは、２人の政治家の野心によって踏みにじられたといわれた。

盧泰愚は36・7パーセントで当選したこと、また国民のあいだに不正選挙と告発する声が絶えないことを意識して、１年後、ソウル・オリンピックの後に国民に信任を問い、そこで否決されれば大統領を辞任する覚悟であるとまでいった（12月24日付）。

１９８８年９月に開催されるソウル・オリンピックには、ソ連も参加するとタス通信は公式に伝えた。北朝鮮の参加は期待されなくても、民主化された韓国はより広く国際社会に受け入れられることが期待された。ソウル・オリンピックには１６１か国が参加を申請し、その数は84年度のロサンゼルス・オリンピックに参加した国家よりも21か国も多いといわれた（88年1月18日付）。

盧泰愚は88年2月25日に大統領に就任したが、彼は就任式において、「民族自存の新しい時代」「偉大な普通の人びとの時代」を切り開いていくことを誓いながら、「私が率いる政府は、民主主義の時代をはば広く開いてすべての国民の潜在力を花開くようにする」と語った。「韓半島の平和と民族の

「再結合」のために努め、自分に票を与えなかった人びととも対話し、彼らの心も国政に反映するであろうともいった。

彼の政治的未来は、軍部支配の負の遺産を譲り受けて多難なものになるだろうといわれた。こうして韓国は、民主主義的政治の試練の場に投じられたのであった。

第2章

「韓国からの通信」が伝えたこと

批判と拒絶

「韓国からの通信」は1972年11月15日からはじまっている。韓国ではその年の10月17日に朴正熙《パクチョンヒ》の軍事政権が大統領特別宣言を発し、国会を解散して全国に非常戒厳令を布き、大学は休校にし、新聞、通信は事前検閲の下に置くことを告げる。そのことが岩波書店発行の月刊誌『世界』に掲載されるのは、翌73年の5月号においてであった。

この最初の通信は、「悲観と拒絶」という表題の文章であった。それは、その名が明らかにされていないある宣教師がアメリカ本国にある宣教本部に送った「韓国の状況についての報告」という英文の書類から引用したものだった。

戒厳令とは、権力を「横奪」して一人支配を「恒久化」しようとするものであった。この宣教師は、この戒厳令統治について決して楽観していなかった。彼は、韓国人はその本性からしてそれを決して受けいれることができないであろうと、つぎのようにコメントした。

「韓国人は伝統的に二つの態度をもっている。一方では力の前では退き、風の向きにつれて折れ、嵐が過ぎるまでかくれている。そうかと思うとまた一方では、限界点に到達すると爆発して激しい行動になる」

これは韓国人の心情とその姿勢に対する当をえた見解であるといっていいであろう。このせめぎあいが、少なくとも87年頃まで15年以上も続いたといえるかもしれない。

その間「韓国からの通信」は権力を告発し続け、戦い続けた。通信はその『世界』73年5月号で、すでに維新体制への抵抗として「教会をファシズムが襲う」(73年1月10日発信)、「女工たちの歌ごえ」(73年2月15日発信)のような文章を伝えた。通信は逮捕された全羅南道全州市南門教会の牧師殷命基《ウンミョンギ》の抵抗を伝えながら、「教会は、この事件はファシズムの教会弾圧の始まりだという無言の中の統一された意志によって、この線で崩れれば教会の総崩れになるのだと抵抗している」と伝えた。

その一方で、今後いっそう「セメント化された韓国社会において、噴火口の如くくすぶる地帯」として労働者の領域、とくに「カトリック労働青年会とプロテスタントの都市産業宣教会」が働いている「女工地帯」をあげた。そして大韓毛紡株式会社における女工たちの戦例を伝えた。休日のない1日18時間の重労働を告発する彼女たちは、つぎのように訴えたのであった。

「われわれはわれわれの子孫たちに、臆病者で正当な主張ができなかったという言葉を聞かせてはなりません。われわれの友人たちが受ける苦しみを自分が受ける困難だと受け取り、力と心を合わしてわれわれの正当な権利が全うされるようにしましょう」

このような維新体制の下で、72年11月21日には憲法改正のための国民投票が行われたが、それに国民は91・5パーセントと圧倒的な支持を送ったというのであった。そして統一主体国民会議という御用機関をつくり、12月27日、朴正煕はそこで選出された大統領として自らその職に再就任し、「維新憲法」なるものを公布して、これを「十月維新」と名づけた。

一人独裁の半永久的体制である。統一主体国民会議というのは、政府が任命した2000余名の「有志」からなるものであったが、6年任期の大統領選出のときにのみ活動するものであった。もう一つこの統一主体国民会議に課せられた任務があった。それは大統領によって選ばれた国会議員の3分の1、いわゆる維新国会議員なるものを承認するのであった。

この全過程が「官営」、いわば政府主導の介入によって決められる。そのために通信は、1972年11月21日の国民投票の実態を、とくに軍隊内の実例を報告せざるをえなかった。それは73年7月号の『世界』に掲載された通信、「軍部内の〈国民投票〉の実態」においてであった。

「X大隊の場合は80パーセントが本人が投票しないで代理が投票したそうである。ある兵士の言葉。〈小隊長殿、私には投票用紙が来ていません〉〈心配する必要はない。人事係が処理してしまったから〉。ほとんどがこのような方式である」

こういった政治に対する韓国国民の抵抗は、維新体制以前の軍部統治の場合と同じように、維新のはじまりと同時的であったといっていいのではなかろうか。維新体制以降においても、その抵抗の動きはキリスト教会の少数者から大学へ、そして一般国民へという道程をたどったといってもいいであろう。それは1960年の4・19学生革命のときとは様相を異にしていた。

4・19の場合は、民衆の抵抗が李承晩《イスンマン》の不正選挙によってより爆発的な形で湧き起こった。これに比べて軍事政権への抵抗は実に長期的で、ある意味では軍事クーデターが起こった1961年から79年朴正熙が暗殺されたときを経て、87年まで20年以上の長い年月にわたって続いたといわねばならない。それは軍部支配体制が4・19革命のような抵抗図式に対して、徹底した自己防御体制を取ったためであった。軍部の勢力は4・19の歴史についてよく学んでいた。その意味でも、4・19以前の体制に比べてそれははるかに苛酷であり、近代化という名において以前とは比べものにならないほど巧妙であった。支配勢力はその庇護勢力を十分育成していた。

ここにまた、72年の維新の時代からとくにキリスト教勢力が、抵抗の戦いにおいて重要な役割を担わざるをえなかった理由があったといわねばならない。宗教的決断なくしては、近代化即大衆化の社会において抵抗に踏みだすことができなかった。そのために維新体制の下における戦いはその宣言書などで見られるように、また多くの投獄者において見られるように、宗教的または殉教者的パトスに彩られていた。それは政治的な戦いであるよりは宗教的、道義的な戦いの様相をおびた。そして、政府がこの抵抗を北の共産主義に同調するものだと決めつけようとすればするほど、その抵抗の主調は宗教的彩りを帯びていかざるをえなかった。

72年10月以降、いわゆる朴正熙政権の維新体制に対する抵抗は宗教の側から、または宗教的色彩の濃い領域からはじめられた。通信は73年7月号に掲載された「〈4・19〉前後」という文章で4月22日の午前5時、ソウル南山の野外音楽堂における復活祭の集会のなかで起こった朴炯圭《パクヒョンギュ》牧師らのビラ撒布事件を報告した。「悔い改めろ、時が近い。悔い改めろ、為政者よ。主よ、愚かな王様を憐んで下さい。民主主義の復活は大衆の解放だ……」というようなビラがまかれた。また5月9日すなわち陰暦の4月8日、釈迦誕生日には、仏教徒の華やかな行列のあいまに「仏子たちよ、果敢に菩薩の道を行きましょう。物質主義、共産主義、全体主義、暴力主義、独裁主義、情報政治、恐怖政治を韓半島から追い出しましょう。衆生の仏性を基盤にした衆生のための衆生による主権在民政治のために戦いましょう……」というビラがまかれた。

これは、反軍部の戦いが北の共産主義勢力の影響下で行われる戦いだという朴正熙軍部支配の口実に抵抗しようとするものであった。愛と良心、殉教者的姿勢がこれ以後、軍部統治に対する抵抗の立地となった。このように抵抗する人びとを逮捕して投獄すればするほど、それは単なる執政者というよりは、民衆詩人朴智帥《パクジス》が詩《うた》ったように、「陰険な顔々」「盗賊」と見えるのである（『世界』73年7月号参照）。このように韓国における70年代、80年代の反体制運動は宗教的色あいを濃くおびたものとして出発した。そのため1973年5月10日発信となっている通信は、つぎのようなことばで結ばれざるをえなかった。

「同族支配のこの苛酷さに悔し泣きをしている民衆、特に若い人々の心情を考えると涙ぐまざるをえない。しかしこのような感傷にだけ浸ってはいられない。いち早く抵抗の戦列を整えねばならない」

ここにはじまった朴正熙の維新体制であるが、それはある意味では、71年4月に新民党の金大中候補と戦った大統領選挙戦のようなものを二度とくり返すまいとする、朴正熙の決意の具体的な表現であるといえた。維新憲法で彼は半永久の権力を手にして、そのライバルである金大中をとり除かねばならないと思った。とりわけ72年10月17日の戒厳令直前に、病気の治療のために日本に渡った金大中が海外において反政府運動を大々的に展開しようとしたとき、朴正熙はそれは彼の執権に対する最大の脅威であると見なしたのであった。

そこで73年8月8日の金大中拉致事件が起こるのであるが、これは朴正熙が金大中の拉致と殺害を目ざしたことであるが、国際的圧力によって殺害未遂に終わった。彼を拉致しては海中に沈めるという計画であったが、「突然、発動の音、飛行機のエンジンのような音が飛び出て、狂ったように船が動揺」したかと思うと、彼のからだを海に沈める計画は中断されたというのであった。それが彼らの金大中殺害の計画を中断せしめた。この動きは誰によって指令されたのか。これはいままで誰も明らかしていない。それを命じたのは、韓国のどの勢力であるのか。また彼の生命を最後の瞬間救いだすことを命じたのはどの国の誰であるのか。これは73年8月の出来事であるが、彼は8月8日に東京のホテルグランドパレスから拉致されて、5日後13日の夜ソウルの自宅に戻され、内外記者の前に姿を現した。

通信はすでに7月10日の報告において、維新統治に対して「わけのわからない政治」という項目をつけて朴政権の「末期的な」政治の未来を誰も予測できないと嘆きながら、「こんな状態の中で、相当多くの知識人が国外にいる金大中氏のことを憂えている。彼を朴政権に屈していないほとんど唯一の政治的可能性であると大抵が認めていること」を伝えて、彼のこれからの運命について憂えた。

そこに降って湧いたように金大中事件が起こると、通信はこの事件は朴正煕自身が直接命じたことであると、韓国の政治状況から説明しようとした。そしてつぎのように結んだのであった。

「その結果いかんによって自分の運命が左右されるような計画を実行に移すのには彼一人をおいて責任ある勇気を出しうる官吏は一人もいないからである。韓国においてはそれにたいする関知を上御一人に許さないで独断をなしうる人は一人もいない」（『世界』73年10月号）

韓国における1961年から87年までの軍部統治のことを考えれば、軍部による3回のクーデターを想定することができるかもしれない。最初が61年5月16日の朴正煕によるクーデターであり、第2回は72年10月17日の朴正煕による十月維新というクーデターであるが、それから79年10月26日に朴正煕が暗殺されてからの全斗煥によるクーデターを数えなければならないであろう。

通信は、朴正煕の2度目のクーデターからはじまり、3度目の全斗煥によるクーデターが、通信がいう87年6月の「民衆革命」によってその終焉を迎えるまでに至っている。

金大中事件は朴正煕の2度目のクーデターとともに起こるのであるが、この「十月維新」時代というのは朴正煕が自身を終身大統領の位置につけ、国会議員の任期は6年、彼の与党のほかに大統領任命の維新議員というものが国会議員の3分の1を占め、与党は常に国会の3分の2以上を制するとともに、野党の新民党は准与党といわれるほど与党の政治姿勢に異議を唱えることのできなかったときであった。

このような時代に通信は東京で、日本に対してはもちろん、世界に向けて韓国の状況とそれに抵抗する韓国の民主化運動について発信し、また国内に向けてはその抵抗運動を励まそうとしたものである。

そこで金大中拉致事件が起こると、これに対する政府の対応以上に韓国国民の対応に目をこらしたのはいうまでもない。韓国国民にとっては、朴正煕の命令により韓国のCIAがなしたことであるのは、誰の目にも明らかであった。何よりもそのようなことをなしうる勢力は、当時の韓国における支配勢力以外にはありえなかった。そしてその勢力は、朴正煕の指示なくしてこのような事件をつくりだして無事ではいられないことを、韓国国民はあまりにもよく知っていたからであった。

朝鮮日報の主筆鮮于煇《ソヌフィ》は、1973年8月14日、ひそかに「所感」という一文でつぎのように書いた。「だから私はその救国同盟行動隊の青年たちに堂々と名のって出て、当然な法の審判を受けることを勧める。真に無私の愛国衷情がその動機であったならば、恐れることが何かあろうか」(『世界』73年11月号)

もちろん金大中を拉致した「救国同盟行動隊」と自称する者が「堂々と名のって出る」ことなどありえなかった。そこで鮮于は、9月7日の社説「当局に望むわれらの衷情――決断は早ければ早いほどよい」を奇襲的に新聞に挿しこんだ。韓国の政府はこの事件に関知するところがないと白を切っているときであった。それに対して鮮于はその「当局」に、真相を明らかにしてこれ以上日韓関係と「韓国国民自身の人間的権威」「道徳的誇り」を傷つけることのないようにと訴えた。

この事件とともに通信は、随時掲載という方針から73年10月号から88年３月号まで１か月も欠かさず続けられることになる。韓国の新聞が朴正熙政権への民衆の抵抗をほとんど伝えなくなると、この通信がようやくコミュニケーションの唯一の媒体となって、日本そして世界へと韓国の反政府運動の情報を伝えるのである。

朴正熙のいわゆる維新体制が日に日に強化されていくとき、そして新聞もこの独裁政権への協力を余儀なくされているなかで、ほとんど最初の抵抗というべきものは、朴炯圭牧師などが引きおこした復活祭事件であったといえよう。ソウル市の南山公園の野外音楽堂に８万の信者がイースターの祈りに集まっているなかに、朴炯圭など10名ほどのキリスト者たちが、「神よ、愚かなる王様を憐れんで下さい」などと書かれた４００枚ほどの政府批判のビラをまき散らすのである。彼らは集会に集まった人びとを扇動して、中央放送局や中央庁を占拠しようとしたといって、逮捕、投獄されたのである。

これは朴正熙がいかに強硬な政策をとろうと、韓国国民がそれで沈黙することはないであろうという歴史を予告するものであった。そしてそれからの韓国の民主化運動は、具体的に金大中と結ばれざるをえないようになった。

韓国の民主化運動は、直接政治的な勢力と協力しそれと連合しているものとみられることを、長いこと忌避してきた。現実政治にたずさわっている勢力はいつ豹変するかわからないということもあったが、何よりもその動機の純粋性を守るためであった。政治的利害からではなく、ひたすら愛国的な動機によるものであろうとしたわけである。しかし金大中が海外から拉致され、国内の政治勢力との関係を断ち切られると、彼と非政治的な勢力との接近または連合の可能性が生まれてきたといえた。そこで通信は、『世界』73年12月号に寄せた文章をつぎのように書きはじめたのであった。

「ソウルの自宅に軟禁されている金大中氏こそ、この頃韓国で起こっているすべてのトラブルの焦点でありシンボルであるといっても決して言い過ぎではあるまい」

殉教の時代

暴力的な体制は、基本的にその暴力を歴史とともに軽減していくのではなく、それをますます強化してついには爆発点までエスカレートしてしまうものであるといっていいであろう。このような過程が朴正熙政権、全斗煥政権と続く、１９６１年から87年までの26年間の韓国現代史であったといえよう。韓国の民衆はこれに屈服しようとはしなかった。抑えられ、投獄され、追放されては一時沈黙するかのように見えるが、漸次その抵抗の波は大きく増大しながら広がっていった。

金大中を拉致してから新しい大きなうねりが起こってくるのにそれほど長い時間はかからなかった。１９７３年10月2日、ソウル大学の学生たちが決起した。３００余名の文理学部の学生たちが、「今日われらは全国民大衆の生存権に脅威を与えるこの残酷な現実をこれ以上座視することができないために、自らの良心の命令に従って、今までの無言の抵抗を打ち切り憤然と立ち上がった……」と叫んだ。

情報政治の廃棄、対日隷属化の中止、金大中事件の真相解明、既成政治人、言論人の覚醒などを叫ぶのであるが、これは朴正熙政権の崩壊、軍部支配の終焉まで続く叫びであった。それとともに、その当時、抵抗的な若い人びとのなかにある朴正熙と金大中の対立したイメージはつぎのようなものであったということは特筆すべきことなのかもしれない。

「一体朴正熙ってどんな人です。韓国の言論、キリスト教、知識人と学生、これは愛国の最大シンボルです。この人々が日帝下で苦しむ時、彼は何をしたのです。満洲で何をしたのです。李承晩の下で民主主義のための戦いをした時、彼は何をしたのです。彼は反共を口にしますが、それもこれらの人々がしたことです。彼は共産主義団体に入り危険が自分に及ぶと多くの同志たちを裏切って組織をばらし死の密告をしたじゃないですか。人間的に頽廃しすぎています。彼がこの愛国のシンボルをぶちこわしているのです……」（『世界』74年1月号）

そうかと思うと、『世界』に載った同じ通信において、金大中に対しては「苦難の中であれほど築き上げられた人を失ってはいけない。失えば韓国の民主主義へのたたかいは難しくなる」といってつぎのように続けたのであった。

「わが国民は今心の中で金大中氏をとても大切にしていますよ。彼がいなくなっては大変だとね。彼が勝利すればこれは多分韓国人が統治者にたいして始めてもつようになる特殊な感情かもしれない」

朴正熙、金大中両人に対するこのような発想というのは、通信が終わるまでほとんど変わることがなかったといえるであろう。ある意味では革命的状況がエスカレートするにつれて、このような考え方も倍音化していったにちがいない。

維新体制が続くにつれて学生勢力、民主人士たちの抵抗は日に日に激しくなった。それに対して朴正煕政権は維新憲法によって可能にした緊急措置を発動しはじめた。もともとそれは維新憲法においてすら天災地変、戦時などのときにのみ行使できるものであったが、朴正煕はこれを制限なしに発動しはじめた。第1号が発布されたのは１９７４年1月8日であり、第9号は75年5月であったが、この緊急措置の時代は、79年彼の死によって政権が崩壊するまで続くのである。それは憲法も政治もなく、治安のみの無法の時代が4年7か月も続いたことを意味した。

「大韓民国憲法を否定、反対、歪曲または誹謗する一切の行為を禁じる」。これが緊急措置第1号の第1条である。その憲法の改正を論じてはならない。流言蜚語を流布してはならない。このような行動を伝えることもできない。抵触すれば「法官の令状なしに逮捕、拘束、押収、捜査」して「15年以下の懲役に処する」とともに、「15年以下の資格停止」を「併科」するというものであった。この法を犯したものは軍法会議で裁かれる。この緊急措置はますますエスカレートして、文教部長官に大学を閉鎖する権限まで与えるという、それは実に暴力的な措置であった。

それでも抵抗は続き、ますます烈しくなる。緊急措置の通りに限りなく逮捕していけば、かえって抵抗の動きに油をそそぐことになる。ここで逮捕と釈放がくり返されるようになった。これと戦う抵抗のことばもますます激しくエスカレートする。74年4月3日、ソウル大学、成均館大学、梨花女子大学などで、「全国民主青年学生総連盟」の名で一斉に火を吹いた「民衆・民族・民主宣言」は、かつて見られなかった激しいものであった。

見よ！　自由を剥奪し奴隷状態を強要する彼ら暴力輩集団を！
見よ！　豪華・放蕩をこととして民衆の肉と骨をしゃぶって肥えたあの盗賊の群れを！

見よ！　この地を新植民主義者にいけにえとして捧げたあの売国奴らを！

このように抵抗の行動と言語はますます激しいものになってきた。その日の夜10時に発動された緊急措置第4号は、このような抵抗の動きにいかなる意味でも同調した者は厳罰に処するというものであり、文教部長官は彼らのいる大学を廃校処分にすることもできるというのであった。

朴正煕は特別談話文を発表して、これに共産主義者の嫌疑をかけた。「私は昨今わが社会の一角で共産主義者たちが常套的に展開する赤化統一のためのいわゆる統一戦線の初期段階的不法活動様相が台頭しているのに鑑み……」といいだしたのであった。

こうして反政府的だと見なすと、死刑に処することも廃校にすることも可能にする大統領緊急措置第4号が発布されたのであるが、これに対する韓国の新聞の姿勢について通信はつぎのように記した。

「ところで、緊急措置4号以来、主要新聞は政府発表をそのまま伝えているだけである。解説も社説も書かない。これが彼らにできうる最大の抵抗かもしれない」

そしてこのように「大衆的な動きがほんとうに封鎖されてしまうならば、テロと殉教が二つの可能性として残るかもしれない」と通信は伝えたのであった。「ゲリラ戦法から殉教的戦法への移行」といえるかもしれないといいながら、74年6月の『世界』に「殉教の時代」という通信を寄せて、その文章をつぎのようにしめくくったのであった。

「韓国の冬は厳しく長いかもしれない。勿論こんな意識が韓国の春を期待しない敗北感であってはいけない。かえってそれはわれらの戦いに対する不退転の意志を強固ならしめるものでなければならない」

こういう時代のなかで1974年8月15日、日本の支配からの解放を祝う解放記念式場において、大統領夫人陸英修《ユクヨンス》が在日の文世光《ムンセグァン》によって殺害されるという事件が起こった。この事件も朴正熙統治下においてその正体が知られないまま迷宮に落ちてしまった事件の一つである。朴正熙は北の仕業だと主張したが、その証拠はどこにもない。死を決してこのような行動をしたはずの文世光の正体はまったく知られていない。彼は処刑されたといわれるが、ほんとうにどのように処置されたかを確言できる人はいない。

この事件によって、文世光が在日だということで日本が北の工作基地だと騒がれるが、通信は「悲しいこと」というサブタイトルの8月17日の通信において、つぎのように発言せざるをえなかった。「この事件は刑事事件として捜査されるのではなく、ますます政治化され、結局は、金大中事件とは異なった意味をもちながらも、同じような迷宮に入り込んでしまうのではなかろうか。また北を持ち出すであろう。日本との関係に利用するであろう。金大中氏あたりにもひっかけようとするかもしれない。いまでも女学生に当たった弾は誰の発射したものであるかをいおうとしない。この事件において憐れにも失われた生命のことを考えるよりは、ただ朴政権延命の手段に動員しようとするであろう。それでいつまでうまくゆくであろうか。国民はこんな政府の操作には冷淡である」(『世界』74年10月号)

朴正熙はこの事件を大々的に反日・反共運動に利用するのであるが、通信は「極悪な朴の性格」は変わることなく、「あの調子では朴にはいつか悲劇的な最後が訪れてくる」であろうと展望したのであった。そしてそれは「狂気の支配」(『世界』74年11月号)であるといって、その下では「憎しみが非論理的に、事実を確認しないで」ひたすら「上御一人」の目を意識して躍っているに過ぎないといったのであった。

こういうなかで反政府運動の人びとは、彼らの抵抗運動を記事にすることのできない言論、とくに新聞に対しては長いこと批判し、現場に現れる記者に対しては侮辱のことばさえ口にしたほどであった。そこについに74年10月24日、東亜日報から２００名の記者による「自由言論実践宣言」が発表されるようになる。それは「言論界の外で言論の自由回復が主張され、言論人の覚醒が促されている事実に対して、骨身にしみる恥辱を覚える」といって、つぎのような決議をなしたのであった。

1　新聞、放送、雑誌に対するいかなる外部の干渉も、われわれの一致した団結で厳しく排除する。

1　機関員の出入りを厳しく拒否する。

1　言論人の不法連行を一切拒否する。万一、どのような名目にせよ、不法連行が続けられた場合は、彼が帰社するまで退社しない。

このような東亜日報の動きは朝鮮日報、韓国日報などと続き、73年11月30日にすでに言論の自由を求めてこの戦いの先駆となっていた中央日報も「言論自由守護第２宣言」をだして、言論に対する権力の干渉を排除しようとした。この動きはほとんどすべての言論におよんでいくのであるが、そのなかに民主化運動、とくにキリスト教側の反政府運動との連帯のきざしが出はじめたことは特筆されねばならなかった。

たとえば、東亜日報はすでに11月11日、「政治と宗教人の人権運動」という意味深い社説を掲載した。これは金鐘泌総理が「政府の機能に挑戦またはその転覆を企てる者」には「審き」を与え、駐韓外国人宣教師もこれに同調する傾向を示せばそれ相応の処罰を受けるであろうと示唆したことへの批判を展開したものであった。

社説は、韓国のキリスト教が伝統的に「民族を愛し、同族の将来を憂えた情熱」を伝承してきたことを思いだし、外国人宣教師の「〈汎人類的〉信仰の良心」をたたえてやまなかった。こうして1974年11月12日のカトリック教会の人権回復と拘束者釈放を求める祈祷会の記事をめぐって、東亜日報では具体的な抵抗が爆発した。「7面中間トップ4段に写真とともに報道する」という編集局長の方針に、記者たちは「7面トップまたは1面トップとして取り扱うこと」を要求して、ついに12日の新聞は休刊となるまでに至った。

東亜日報におけるこの戦いを「通信」は詳しく報告した（『世界』75年1月号「冬来りなば」）。こうして政府によって東亜日報への企業の広告が全面的に差し止められると、民主化を叫ぶ個人、または団体がこの白紙広告欄を埋めるように殺到した。

正義！　それはわれらの生命――S大の一歴史学科教授と家族
生活費を節約して東亜に！　――家庭主婦ユン・ミラン
学生たちの東亜激励運動を抑圧せざるをえないこの哀しさで……――Y高校教師
3000万同族の自由の息を止める者たちよ、神と民族の恐ろしい審きが恐くないか
――西ドイツ1000メートル地下にてチャン・ヘンギル(1)

こういうなかで東亜日報が報道した「拷問事実」の記事のタイトルだけを拾ってみても、つぎのよ

うなものであった。

「裸にして72時間、眠らせないで全身殴打」

「憲兵隊で着物脱がして殴打、失神すると水をかけてまた殴打」

「逆さに吊るして水をかけ失神、恥辱と拷問で自殺企図」

「裸にして手足を縛り、木棒をはさんで逆さに吊るして鼻と口に水」

「気をとり戻すと裸で縛られて、妻も連行されあらゆる辱めを受けて」（以上『世界』75年5月号「来るべき戦線──韓国からの通信」から）

この通信の「〈東亜〉の事態」というサブタイトルのなかに書かれてあるかなり長い一節を引用すれば、つぎのようなものであった。

「いなかでは東亜日報は見られない。見たら圧力で温めるべき一束の薪もとりいれることができない。いなかの人々は都市にでてきて東亜日報の白紙広告欄を見て目をみはるという状況である。東亜日報を売っていた大学生たちが寄付金募集違反、道路交通法違反で拘束される。『東亜』に広告を出した出版社は税務査察のために閉店してしまった。その出版社の製本を担当していた製本屋まで税務査察を強行するというので戦々兢々としているというのが『東亜』に宛てられた読者の声である。『東亜』に広告を出した女学生たちが殴打され退学願いの提出を強要される。いったいこのような状態において東亜日報に記者の大量解雇の旋風が吹いたとしたら、韓国の民衆はその真相をどういうものだと解釈するであろうか」

（1）西ドイツの炭鉱に出稼ぎに行っている鉱夫からの広告。

通信はこれに続けて、「早朝、3時すぎに、会社側は棍棒とハンマー、酸素溶接機をもった酒に酔った暴力輩を200名から300名動員、2階の工務局の鉄門を打ち破って乱入して」「5日間の断食で弱り果てていた記者たち」を追いだしたことを伝えた。すさまじい暴力の現場であった。

そこで通信は、「実際、国民は『東亜』がどれくらい長く戦えるのかと不安な気持であった。6か月くらい頑張ってくれれば最高であろうと思ったが、3か月くらいで倒れるのだと嘆いている」と伝えたのであった。

敵・味方という戦場的状況。支配する側の暴力、そして支配される側の殉教者的姿勢はますますエスカレートした。1975年6月の通信のタイトルは「残酷な季節」というものであった。そのなかで4月15日の発信として通信は、「慟哭の死刑」というサブタイトルでつぎのように書きだした。

「まさかこんなことができるとは思わなかった。朴政権に対する見方がこんなにも甘かったのだ。われらは暴力政権だというくらいにしか思っていなかったといえよう。しかし、それは殺人政権であった。われらは大統領はまだ人間だと思っていた。夫人を失った悲しみを彼は知っているはずだと思っていた。だが、もはや、彼こそがその夫人の死の謎の背後にいる人だと国民の間にあった噂をふり返ってみなければならないのかもしれない」

このように「彼はもはや獣になってしまったのであろうか」と書かざるをえなかったのは、4月8日の午前10時、「人革党」事件の被告8人に対する大法院の上告審判決公判を10分間で終えて、被告全員を誰にも会わせず、その翌日10時半に処刑にしたというラジオニュースが流れたからであった。彼らは拷問ですでに死亡していて大法院の法廷に現れることもなかったといわれた。それで通信は、「CIAの残忍性は絶頂に達した。それは朴正熙の狂気のせいだ。彼は狂犬だよ。誰にでもかみつく」

と人びとはひそかにささやきあっている、と伝えたのであった。

その暴力への抵抗はますます殉教者的色合いをおびて現れざるをえなかった。4月11日、ソウル大学農学部の金相鎮《キムサンジン》は「良心宣言」においてつぎのように叫んで散っていった（『世界』75年7月号「恐ろしい証言の歴史」参照）。

「……聞け、同志よ！……　われわれは維新憲法の残忍な暴力性を告発する……われわれはいま、自由と平等の民主社会に向かう決断の旗を掲げて、一切の政治的自由を窒息せしめる恐怖の兵営国家が到来したことを民族と歴史の前に告発しようとする……あの地下にて、私の魂は目ざめたまま満足の笑みをもって皆さんの進撃を見守るであろう。その偉大な勝利が到来する日！　声なき熱い喝采を満天下に響くように送るであろう」

75年4月に南ベトナムが崩壊したことは、朴正熙にとってはその体制を強化すべき絶好の機会に思えた。「全高校、大学に学徒護国団組織」へと進み、それこそ「兵営国家」を目ざすのである。「大韓救国宣教団」を組織してはキリスト教会の一部にすら3日間の兵営生活を強いて、その名誉総裁に朴正熙の娘朴槿恵《パククネ》を迎えたといった。そして「17歳から50歳までの男」で民防衛隊を組織することにした（『世界』75年8月号「敗北への統治」参照）。

このような状況について通信は、「〈幽霊国会〉であるよりは〈狂人国会〉である。否、この国全体が一人の狂人の下で〈狂人国家〉になっているかもしれない」と書かざるをえなかった。そして、いまや朴正熙の死以外にこの国を正常な状態に戻す道はないと思いながらも、国がその後も民主化の正常の道を行くことはむずかしいだろうと、つぎのように書いたものであった。

「朴の死または追放の後にも困難な状況は簡単に解消されえないのかもしれない。国民は彼の死によってホッとするだろう。しかし権力を奪回して国民にかえすためにはそれだけの民衆の力、抵抗の組織、その思想と実践がなければならない」（『世界』75年9月号「声なき民」）

　南ベトナムが崩壊して、朴正熙は「選挙も新聞もない体制」（『世界』75年11月号「静かな戦線」参照）をつくって一時安泰であるかのように見えた。しかしそれは実に不安な中休みに過ぎなかった。1976年3月1日、明洞カトリック大聖堂における新旧キリスト教信徒700名の合同祈祷会では、「民主救国宣言」が読みあげられた。咸錫憲《ハムソクホン》、尹潽善《ユンボソン》、鄭一亨《チョンイリョン》、金大中など12名による宣言であった。

　「今日でもってわれらは3・1節57回を迎える。1919年3月1日、全世界に響き渡った民族の喊声、自由独立を叫んだその叫びが高らかに響いてくるのに、このまま坐っていることは、救国先烈の血を地に埋めてしまう罪になるような気がして、ここにわれらの心を合わして民主救国宣言を国内外に宣布しようとする」

　これがその冒頭のことばである。そして、「この国は民主主義の基盤の上に立たねばならない」「経済立国の構想と姿勢が根本的に再検討されねばならない」「民族統一はこの民族が担わねばならない至上の課業である」と見出しは続いた。通信はこの事件を伝えながら、「この真実なしかも温和な発言に、なぜあの権力はそれほどいきり立たねばならないのか」と問うて、「朴政権は、一枚の宣言書にその運命がかかるほど傷だらけであり、不正だらけである」からだと伝えたが、検察は「春を期して民衆扇動による国家変動を画策した」といきり立った。

　この当時の韓国のジャーナリズムがどのような状態にあったかは、朝鮮日報の「一国民の考え・1976年――3・1節にあった政府転覆扇動事件に寄せて」という社説の一節をあげただけでも十分説明できるのではなかろうか。

「汗を流して働いた後、睡りを必要とする時、数学問題を解こうと神経をたかぶらせている時、乳をのませて赤子を眠りにさそおうとする時、ベートーベンの絶妙なシンフォニーはかえって妨害の騒音になるのであるが、いわんや安保と発展に秩序と安定が必要な場において、突然起ったそのような政治的事件がいかに受け取られるかについては二言を要しないのではないか」

この社説は、「この社会の秩序と安定をどんなに変えたいというのか、変えてどうしようというのか、またそれが可能であると考えるのか」と、政府に命じられるままにそのことばを代弁した（『世界』76年5月号「王朝の時代」参照）。「目では何も見えない時代、マスコミは何も語らない時代である」。そこで、ある修道女が「追放された東亜日報の記者」たちへ、「ああ、風よ」という詩を送ってつぎのように口ずさみはじめたと通信は伝えた。

目では何も見ることができない
声だけでも
ああ風よ
聞くことができたら
ドアを開けねばなるまい

この事件が明洞聖堂の集会で起こったので、カトリックの司祭たちも連行された。そのために「3月15日の夜、再び明洞聖堂」では、「3・1節祈祷会事件によって立件された司祭たちのためのミサ」が行われた。「２００余名の司祭と２０００余名の信徒」が集まったが、金寿煥《キムスファン》枢機卿はつぎのように語った。

「キリストは民を扇動したという罪名で十字架によって処刑されました。われらの司祭たちも民を扇動したという罪名で国のきびしい審きをうけるようになりました。われらも彼らに同じような濡衣を着せるべきでありましょうか……」

このようなことを知らせながら通信は、「暴力的統治は、その極端を走って、巨大な抵抗につきあたってみずから爆破するまで、とどまるところを知らないのであろうか」と憂えたのであった（『世界』76年6月号「この心の悶えを」参照）。それは、朴正熙政権が自ら爆発する時点へとつき進んでいくことを展望せざるをえなかったからであった。そして、その後の事態に対して民衆が無力であることをくり返して嘆いたのであった。

希望の底流

民主救国宣言事件について書こうとすればきりがない。通信も数か月にわたってこの裁判について報告を続けた。1976年10月号の『世界』に掲載された通信は、8月5日の法廷において最終陳述の時間を与えられたが、ほとんどが弁護士のいない法廷で被告たちが陳述することを拒否したなかで、李兌栄《イテヨン》のみが陳述を続けたと報告した。彼女は「この国最初の女性弁護士として、女性の人権のためにこの老いた身を引きずって走り廻っている私を、投獄してどうしようというのか」といって、つぎのように語り続けたのであった。

「……検事は論告の中で、われわれが口先だけの愛国者だといった。そうなのか。何度も独立運動のかどで投獄されてもそうなのか。この愛国者たちが日帝時代に獄中にいた時に、あなたたちはどこにいたのか。現在の政府の権力を握っている人々は、どこで何をしていたのか。満州でこのような愛国者を拷問するために銃をとっていた者はいないか。愛国者たちが独立運動の戦線をつくって戦っていた時、何をしていたというのか」

この裁判の結果は、18名の被告に8年、5年、3年、2年と懲役刑を言い渡したが、被告たちは誰もこれは笑うべきことであると一顧だにしようとは思わなかった。何よりも朴正熙政権の死は迫っており、国民皆その臨終の日を待っているといえたからであった。

その年を騒がせた異常な出来事、実にこっけいなことの一つとして、石油噴出の騒ぎがあったことをあげておく必要があるかもしれない。東海岸迎日湾から石油が吹きあがるようになったと、5月に大統領が談話を発表したのであった。それで、「国のためにあれほど〈労心焦思〉しているから、神が憐れんで石油までくれるではないか」といわれたのであった。しかしそれは流言蜚語であった。それでも、それは緊急措置にひっかかることもなかった。その年の暮れには、石油発掘の幻の夢に代わって、10パーセントの原油価引きあげを発表せざるをえなかった（『世界』76年4月号「勇気ある転換」参照）。

このことが示すように、まったくこっけいなほど国民欺瞞の時代であった。どうしてそのようなことが可能であると思ったのか。独裁者の最終段階における異状なメンタリティということ以外に答が見当たらない。通信はくり返し、「独裁者とはそういったものであろうか。確かに異常性格の持主のように思えてならない」(『世界』77年1月号「暗愚な時代」参照)と書いた。それで彼はついに彼の側近によって暗殺されるようになったのではなかろうか。

1976年11月、アメリカではカーターが大統領に当選した。それで朴正熙政権は失望し、民主化勢力は大きく鼓舞されたといえた。77年3月22日、3・1民主救国宣言事件に対する大法院判決が言い渡されたが、18人の被告のなかで、金大中、尹潽善、文益煥《ムンイクファン》、咸錫憲に対する量刑は懲役5年であった。そのなかで尹潽善、咸錫憲は高齢のため不拘束であったが、その日、新たにこれらの人びとによる「民主救国憲章」が発表された。それもまた「維新憲法と緊急措置の撤廃と無効宣言」を含むものであった。

これを伝えながら通信は、朴正熙の「不治のサディズムのためにこの民衆の苦しみは、いったい、いつまで続くのであろうか」と憂えざるをえなかった。「東亜、朝鮮の両新聞から追放された記者たち」が、「3・1民主救国宣言事件の家族」など民主化運動の人びとと民主化を祈る会合を共にした。それについて知らせながら通信は、「この共同の魂によって朴政権の暴力もいつかは倒れるであろうと私は信じている」と書いたのであった(『世界』77年6月号「4月宣言」参照)。

朴正熙夫人の死の後、その頃たびたびファースト・レディの身代わりとして政治の表舞台に現れるようになった朴正熙の長女朴槿恵について、ここで通信が伝えたことに少し言及することにしたい。朴正熙の息子朴志晩《パクジマン》が、高校の卒業式で一般的に首席優等生が代表して受けることになっている卒業証書を受けとるかと思うと、「この式場では破格的に朴正熙氏の令嬢が父兄を代表して祝辞を述べた」。「国家のために力強く働く若者になってほしい」と。そこで通信はつぎのように伝えたのであった。

「朴正熙がその令嬢をテレビに出して自分のイメージアップをしようとする努力が最近とみに増え

てきた。〈いまやわが国は誇ることのできる国になった〉〈しかし経済成長には精神の成長が伴わねばならない〉――このような〈教え〉もあるが、父、または妻を失った夫としての朴正熙氏の倫理的な人間関係を讃える言葉が尽きない。〈新しい建設など立派なことがなされた時には、父は、母がいたならばと思うのです。母の励ましがもっとも必要なことでした〉〈父は貧しい家庭で育ったので、ただ富強な国をつくることを夢にも忘れないようです〉〈父の枕もとには常にメモがありますが、そこで父が国を思う一つの姿を見るような気がします〉〈父は黙っていてもいつも何かを考えているように見えます〉

彼女の素朴な〈忠孝道義〉は、庶民の間で何かの効果をあげていると思っているのだろうか。それとも、あの高校の卒業式の時と同じように、ただ上御一人の御満足のための一幕のドラマであろうか。ただ恥ずかしい思いを反芻するばかりである」（『世界』77年3月号「3・1法廷の語録」参照）

「この頃は忠孝を掲げて〈セマウムカツキ（新しい心を持て）〉運動を始めた。全国的に国民を動員しては〈セマウムカツキ〉大会をやるのである。そして朴正熙氏の年若き令嬢が〈セマウムカツキ運動はわが民族精神の基本であった忠孝思想を今日にあうように再び生かして精神的な真の価値と確固とした道徳観をわが社会に植えつける基盤を作るという特徴をもっています〉と訓示をするのである」（『世界』77年7月号「流言の日々」参照）

こういうなかにおいて、朴正熙暗殺の試みがあったことを通信は知らせはじめた。そしてそういう噂がおこることは避けられないものだと、つぎのように書くのである。

「このような噂が飛ぶのも、絶望したあげく、民衆の間では、彼を暗殺する外に方法はないとひそかに語られているためであろう。暴力の弾圧の下で民心も暴力化するのではないかと、実に恐ろしい

気持である」(『世界』77年8月号「死して生きよう」参照)

1977年頃から対米関係が激しく動き、1963年から69年まで韓国中央情報部長を勤めた金炯旭《キムヒョンウク》がアメリカに亡命し、朴東宣《パクドンソン》や金相根《キムサングン》、李漢祚《イハンゾ》などの贈賄による対アメリカ工作がアメリカで暴露されるなど、朴正熙政権の延命をゆるがすような事件が続くのであるが、それがどこでなにを意図したものであったかは韓国の一般国民は知るよしもないことであった。『世界』の「〈ドキュメント〉金大中氏拉致事件」は、それを追究してかなり詳しく報道した。それは韓国国民にとってほとんど知られていない内容であった。このような国際的スキャンダルも国内における民主化運動も、韓国のマスコミにおいてはほとんど「削除された歴史」(『世界』78年1月号)であったといわざるをえない。その背後にいかなる政治的意図があるかなど知るよしもなかった。これに対する朴正熙の防御的姿勢ははっきりしていた。その方向に韓国のマスコミは全面的に操作されていた。ここでは「削除された歴史」の記述を少しだけ引用することにとどめたい。

「新聞がこのような権力に協力している姿は、その極限に達している。一例をあげただけで十分であろう。アメリカ下院公聴会に現れた、前駐米韓国大使館参事官金相根氏の証言などは、ほとんど内容が知らされていない。金氏は駐米大使館に勤務した時に、米議員買収の白雪作戦に参加した。いまはアメリカ政府から毎月910ドルの生活費に、医療と英語学習の補助を受けている――これが新聞報道の全部である。証言の内容は全くなく、アメリカ政府に彼が雇われているという印象だけを与えようとする報道である。そして朴東宣については、朴氏の事務室で発見されたという、ソウルに送られた長文の文書について長々と報道されている。そして朴氏は、〈アメリカ政界と幅広い接触をもち、独身者であるために多くの活動時間を割くことができて、上流社会に燦然たる説得力と好い印象を植えつける人〉であったと暗に〈激讃〉しているのである。それではそのような優れた〈愛国者〉を使うことのできた朴正熙氏も〈激讃〉してよいはずではないか。事実が削除され、虚構がデッチあげられる。その上に朴政権は立っている。その虚構を国民に信じこませようと、この政権は狂気の沙汰である」

ここで学生たちの抵抗はまた大きく火を吹くようになる。10月7日にソウル大学事件が起ったかと思うと、10月25日には延世大学で５０００余名の「〈維新体制〉５年、最大の学生抵抗」が起こった。その声明はタイトルからして従来のものよりは悲愴なもの、「77延世民主守護決死闘争宣言」というものであった。「77」とは77年のことであり、それは実に激しいものであった。「いまや窒息しそうな既成独裁の最後的あがきは、全国民の生命と自由を脅かしている」といって、朴東宣事件についてつぎのように糾弾した。

「国民の膏血をしぼった税金で政権維持のために外国人の単なる政治客にまで賄賂を使ったというが、これが国民の代表がなすべきことであるのか。コリアという言葉が嫌悪の対象になるようにしたこの事件について、その真相を国民に明らかにせず、回避し続けて政権安保のために奇妙な国民感情を助長する悪辣な手法を使うことが、国民の代表としての政府がなすべきことなのか？　われわれは現政権を否定する」

そして「われわれの決意」として、つぎのように主張した。

1　維新憲法撤廃のために戦う。
2　朴東宣事件を解明せよ。

3　労働者の人権を保障せよ。
4　学園の自律を侵害するな。総学生会を復活させよ。
5　このすべてのことの元凶である独裁政権打倒のために戦う。

これはまさに「革命の時代の開幕」といえた。1977年10月31日には梨花女子大で2800名が講堂で籠城抵抗した。11月7日にはソウル大学で5000名以上の学生のデモが続いた。そこで通信は、「来年の春に向かって韓国の政局は決して無事であるとは思えない。すでに新たな流血の抵抗が始まっている」と書いたのであった。

このように学生たちの抵抗はますます大きくエスカレートしていった。それに78年7月6日には、朴正熙は6年任期の統一主体国民会議という傀儡機関によって、もう一度大統領に選出されたと発表した。このことについて通信はつぎのように伝えた。

「7月6日、朴正熙は単独立候補して、自分が議長として司会したいわゆる統一主体国民会議で大統領に選出されたと宣言した。2578名の代議員が集まった中で、1票の無効票を除いた2577票の賛成を得たというのである。1票の無効票は『自由投票』を装うショーであったのであろう。しかしソウルにはいま、それは朴正熙氏の名前を間違って『朴正浩』と書いたためであったという流言蜚語が流れている。それは民衆の声である。それがいおうとしているのは、その代議員たちというのは朴正熙氏の名前もろくに書けない常識以下の無責任な連中であるということである」（『世界』78年9月号「希望の底流」）

任期6年のもう一つの選挙、国会議員選挙が12月12日に行われた。この選挙の結果などは常に与党の圧倒的勝利に決まっていた。大統領任命の３分の１の維新国会議員が別に存在している。しかし、ここにイランにおけるパーレビ政権の崩壊のニュースが伝えられた。そこで通信は、韓国においても反米的傾向が強く台頭していることを伝えながら、「朴正煕氏は６年の執権を夢見るかもしれないが、２年続くことはあるまいという推測」を示した（『世界』79年３月号「大赦という詐欺」参照）。

12月27日、朴正煕が執権23年を目ざして６年任期の大統領に就任するというので、良心犯が一部釈放されたが、そのなかには金大中が含まれていた。２年９か月ぶりの釈放であった。しかし翌79年３月になると、３・１運動60周年を迎えながら、尹潽善、咸錫憲、金大中の３人の名義で再び「３・１運動60周年に際しての民主救国宣言」が発表されることになる。それは、朴正煕政権がいわゆる「維新体制」なしには政権を維持しえなくなっていることを指摘しながら、はっきりとつぎのように言明したのであった。

「われわれ民衆は、いわゆる維新体制を拒否する。一方的な与件の下で行われた昨年の国会議員選挙においてすら、現政権は敗北したのである」（『世界』79年５月号「破れた還暦」）

そこで朴正煕政権は、国民を弾圧する度合をいっそう強めざるをえなかった。こういうなかで政局を大きく転回させたのは、79年５月30日の野党新民党全党大会における金泳三の勝利であった。金泳三が過半数を２票上回る得票で当選した。「行政機関、警察そしてＣＩＡ」の圧力にもかかわらずである。権力周辺では民主主義は死してもう存在していないといわれるのにもかかわらず、新民党は政府の暴圧に屈しないで、民主主義的プロセスを通して「私の党首挑戦は、政権に屈服することができないというところから出発した」と言明した金泳三を党首として選んだ。

麻浦区にある新民党の党舎を囲んだ３０００名の民衆が「金泳三万歳」を叫び、金泳三は金大中の自宅にかけつけて彼と抱擁した。金大中はつぎのように感動的に語ったと通信は伝えた。

「全党大会の消息は放送で聞いていた。金総裁は必要な時にはいつも援軍をえて勝利してきた。麻浦時代はいまや金総裁と共に開幕した」

代議員の何人かは泣きながら投票したといわれた。いままでの苦しい野党生活を思い、民主主義の再生を願う心からであった。それに金泳三はつぎのように答えたのであった。

「民主主義は開花し始めた。暁がきたのだ。新民党と在野の大きな力の間にもう爪先ほどの間隙もない。私も人間であるがためにいままでのすべてが正しかったとはいわない。許しをお願いしたい。金泳三は今日から新しい金泳三として出発する」

実は金大中は、自分に近い代議員たちに金泳三に投票するように秘かに強くすすめたのであった。そして投票日の前夜金泳三を支持する「民権の夜」に出席しては、7年ぶりに金泳三の手を握り、1時間の演説を行った。金大中は、「こんどの全党大会は、金泳三、李哲承《イチョルスン》両氏の戦いではなく、親維新と反維新、反民主と親民主の戦いである」と力説し、金泳三は、「民主回復のその日まで同志として団結して戦う」と誓ったのであった。この背後には尹潽善、咸錫憲をはじめとした民主勢力の強力な支援があった。そのためにこの日は、「政治勢力と抵抗の知識人と民衆」が一つになったといえた。

これは一般的知識人が野党の政治的姿勢に常に疑念をもっていて、それと一つになることを避けてきた韓国史上においては実に珍しいことであった。通信は「イラン革命の前夜のように、官権の腐敗とインフレ、そして近代化の破産」のときであるといい、これからも続く朴正熙政権の「暴力」と「計略」を警戒しながら、つぎのように書いたのであった。

「この多難な前途に金泳三氏に幸あれと祈ろう。新民党にもまた在野の民主勢力にも。そして、何よりも高齢の尹潽善前大統領と金大中氏に。韓国民衆はついに勝利するであろうと、心に誓いながら。今日はもっと多くのことを報告しなければならないが、私もこの一つの勝利に酔いしれたのか、急に疲れをおぼえた」（『世界』79年8月号「ひとつの前進」）

79年10月号に掲載された通信「限界に立つ権力」は8月13日の発信となっているが、そこには多少の変化のきざしが見えていたというべきかもしれない。6月の終りにあったアメリカのカーター大統領の訪韓ということも、そこに何らかの影響をもたらしたのかもしれない。何よりも国内状況の変化と多少関連があるといえそうである。この10月号の通信では、珍しくも「戦う新民党」というサブタイトルを掲げ、新民党が金泳三総裁とともに戦っているもようを伝えた。党の機関誌『民主前線』を当局によって削除された白い面だらけで発行し、それを街頭で販売するという勇気を示した。その「穴だらけの新聞」では、「民主回復のために最後まで闘争」「民衆の政党として新しい歴史創造」などのことばが白い面の上に浮き立っていた。一般新聞も限界につき当っているのであろうか。通信はつぎのように伝えたのであった。

「……新聞もこれ以上は沈黙していられなくなったようである。緊急措置下にもかかわらず新聞が徐々に動きを示したことは、新民党の動きと共に注目すべきことかもしれない」

新聞にも数々の事件が起こりはじめたことを通信は伝えたが、ここでは、通信が触れている朝鮮日報の場合をあげることにしよう。6月14日からこの新聞は、「新しい農政を展開すべきである」という10回予定の農村問題のシリーズをはじめた。通信はこの特別企画についてかなり詳しく伝えた。

「その第1回が〈さすらう農村〉というもので、サブタイトルには〈家畜飼料になってしまう麦〉〈大豊作のにんにくなど道端に放置〉〈崩れた畜産基盤〉〈工団周辺農土は公害で荒れ〉〈離農は離農を呼び、農家ごとに老いた働き手のみ往来〉と言葉が並んだ。このサブタイトルだけでも、その記事の方向、農村の現状を語ってあまりあるであろう」

しかもこの1面のトップ記事とともに、右手の大統領コーナーといわれるところには、「青瓦台でバトミントンを楽しむ朴正熙氏の颯爽たる姿」をのせたのであった。もちろん農村問題記事は中断させられた。「そして4名の編集局記者と8名の地方新聞記者が連行されて、2、3日間の牢屋くらしをさせられ、きびしい調査を受けた。社長と編集局長も一時連行されたほどであった」。このように通信は伝えながらも、それは新聞の「大変な勇気」ある行動ではあっても、新聞が「政府との癒着を非難されて読者を失いつつある」からその名誉を回復するためであったと、かなり冷淡であった。

通信は続けて新聞や放送の抵抗を伝え、かつらと縫製品の輸出企業ＹＨ貿易などにおける労働者の戦いについて伝えた。ＹＨ貿易では一人の女子労働者が死亡したほどであった。さすがの新聞もこの事件は大きく報道した（『世界』１９７９年10月号「限界に立つ権力」参照）。

１９７９年10月15日発信の通信は、「暁は遠くない」というものであった（『世界』79年12月号掲載）。それは9月16日付ニューヨーク・タイムズに金泳三のインタビュー記事が掲載され、10月4日、ついに彼が国会から追放されたことを記したものであった。「……私は一時を生きるために永遠に死ぬ道をとらないで、一時は死ぬようにみえても永遠に生きる道を選択した……」と彼はいった。ここで通信は、これを韓国の国会における初の「除名第1号」として伝えながら、つぎのようにしめくくった。

「金総裁は涙を見せなかった。夫人も〈あなた、かえってよかったですよ。あなたの決断は正しかったのです〉と励ましたという。しかし、かつて彼が秘書として政治に足を踏み入れるようにしてくれた故張沢相《チャンテクサン》氏の夫人を訪ねて秋夕のあいさつをした時には、さすがに眼頭を熱くしたと新聞は伝えた。夫人が〈あまりにもひどかった〉と泣き崩れたからであった。しかし金総裁はついにそこでも涙を見せずに、かえって張沢相夫人を慰めたそうである。彼は〈死ぬのは一度きりだ。二度死ぬことはないではないか〉と記者に反問しては〈しかし、わが国民が気の毒でたまらない〉と呟いていたそうである。しかしわれわれは彼とともに〈民主主義の暁は遠くない〉と信じて、敗北のかげで国民の民主主義に向けての力と魂が成長していることを確認しながら、勇気を失うまいと思う。滅び行く権力の暴力にまどわされてはならない。それは滅亡の前夜には最後の力をふりしぼってあがくために、もっとも極大化されるのではないか」

　こうして79年10月26日の夕方、朴正熙は倒れるのである。「韓国からの通信」は11月２日、11月８日、11月17日の発信をまとめて「革命への道」として『世界』（80年1月号）にのせた。そしてリードとしてつぎのようなことばを掲げた。そのことが、この事態に対する簡潔な評価としてもっとも適切であったといえるであろう。

「独裁者の死が、民衆の完全な勝利の結果ではないだけに、古い体制の残り者たちがまだ道を阻んでいる。そして、彼らは去って行った独裁者と同じ口ぶりで秩序維持……と誇張して繰り返している。しかし、前進しだした民衆の歩みは決してとどまるところを知らないであろう。11月２日」

「アメリカＣＩＡの干与が取沙汰されている。アメリカ軍の将軍たちは韓国軍の将軍たちと、それこそ刎頸の交りを結んでいる……またアメリカのＣＩＡは四方八方に手をつけた。一方では金載圭《キムジェギュ》を動かし、他方では金桂元《キムケウォン》にも働きかけた。正規陸士1期生を中心とした中堅将軍たちとも語りあった。11月８日」

「戒厳令にもかかわらず抵抗が拡大して行くかもしれない。そしてそれはまだ少数の動きではあっても、以前よりもっと早い速度で国民のあいだに行きわたるかもしれない。国民は、あの腐敗した残党の支配が続くとなると、また振るい立つかもしれない。11月17日」

このときに地を覆っていた混迷はたとえようのないものであった。1979年10月4日に金泳三氏が国会から追放されてから、アメリカ側の動きも活発になった。「駐韓アメリカ大使が召還された。10月20日にはアメリカのブラウン国防長官が韓米安保会議を終えて、韓国防衛に対するアメリカの支援を声を大きくして確言した。そして空軍の防衛力を大きく増加させるというのであった」

このようなアメリカの動きに対して通信は、朴正熙殺害の裏にはアメリカが何らかの形で関与したと見た。そして軍部はつぎの権力を目ざしてめまぐるしく動き、その動きのなかで保安軍司令官全斗煥《チョンドゥファン》が登場したと解釈した。

彼は、朴正熙なき後も軍部の支配を続けるために数々の工作を続けた。朴正熙を「民族中興、祖国の近代化のために身命を捧げた」「20世紀世界史にその類例がない」指導者にして葬ることに決め、金載圭を政治的野心のために恐ろしい罪悪を犯した者にする。そして国民の民主化の願望は抑え、金大中、金泳三の民主主義政治のための活動も極力抑える。

そこで通信は、釜山の市民蜂起「デモ群衆は20万人をこえ」「市民は拍手でこれに応え、コーラや果物を運び、屋上では警察に向けて瓶や鉢植を投げつけた」と伝えた。そして、10月15日からはじまっていた戦いのもようを伝えながら、暗い歴史を展望せざるをえなかった。「朴正熙は偉大な領導者という神話がつくられ、金載圭氏は極悪無道の元凶云々といわれるようになったことには、歴史の歪曲がある。それは密室の政治の陰謀だ」と書き、イランでも見た通りアメリカが韓国でもまた失敗した工作をくり返すであろうと憂えたのであった。

「密室の宮廷政治では、この不安が国民の心からなくならないであろう。この国民心理を無視して国民には武力を突きつけて、小細工を弄することがどんなに恐しいことかを、密室の人々はいま知っているのだろうか。国民を信じ、開放的態度をとることこそが、新しい歴史の始まりであるべきなのに、とり返しのつかない過ちを彼らはくり返すような気がしてならない」

朴正熙なき後の軍部支配勢力、すなわち72年の維新体制が崩れた79年10月26日以降登場してきた、それこそ第3のクーデター勢力がどのようなものであるかを明確に確認するようになったのは、11月24日のいわゆる「明洞ＹＷＣＡ事件」によってであったといっていいだろう。

集会が禁止されている戒厳令下で、結婚式と称して1000名以上の人びとが明洞ＹＷＣＡに集まって、「統代阻止のための国民宣言」を発表したのであった。これは、軍部が朴正熙の永久執権の手先機関であった統一主体国民会議というのを再召集して大統領を選ぶという、見せかけの行事を行おうとしていることを未然に防ごうとしたものであった。それに「想像に絶するほど残忍な」暴力を加えた勢力は、「全斗煥少将が率いる陸軍保安司令部」が中核をなした軍部勢力であった。このような経験で民主化勢力は、朴正熙なき後の軍部に対するはっきりとした認識をもつようになった。通信はつぎのように書いたのであった。

「民主化勢力にとってはこんどのこのような事件によって、民族の敵、民衆の敵が誰であるかをはっきりみきわめることができたといえよう。軍への期待は去ってしまった。それはお面をつけた狼であった。いままで彼らは、故意に、すべてがよくなるから安心してほしいと噂を流していた。しかし民主勢力は決して分裂しないであろう。また決して屈服しないであろう。彼らの暴力が強化されると民主勢力はまた強硬路線に一致してくるだろう。……マスコミの沈黙の中でも徐々に受難の物語は民衆に知られるであろう。そして国民はまた憤りを示すであろう。それはあまりにも辛いことであるが、その道しかわれわれには与えられていないように思えてならない」

「少数の受難の決意が悪しき権力を残忍なオーバー・アクションに押しやる。そしてそれが、暴力の愚かな権力がとうてい予期できなかった事態を引きおこす」と、通信はいままでの歴史を想起しながら今後の歴史をそれに重ねたのであった。そして彼らはみな「小朴正熙」として「矢尽き刀折れるまで、決してその座を退かないであろう」と展望した（『世界』80年2月号「反動の嵐吹けども」）。

その後に展開された状況は、このような通信の憂慮を現実化してくれたものであった。79年12月12日、戒厳司令官鄭昇和《チョンスンファ》陸軍参謀総長が全斗煥保安司令官によって逮捕されるかと思うと、首都警備司令官、憲兵司令官など15名の将軍がつぎつぎと逮捕され、全斗煥と盧《ノ》泰《テ》愚《ウ》第9師団長がクーデターの中心に立った。そして金載圭は、その発言もその家族の傍聴も不自由な法廷で死に追いやられる。通信は12月4日発信の「反動の嵐吹けども」に、法廷における彼の発言を3頁以上も費やして長々と伝えた。その最後のことばは、「どうか私を強盗のように取り扱わないでほしい。苦しくてたまらない。いくら物力が流れを止めても、自由民主主義は必ず花咲くものだと信ずる」というものであった。

10・26の後、韓国国民の心のなかでは期待と不安が激しく交錯した。１９８０年2月29日、政府は687名の公民権が復活したと発表した。それは約２０００名を数える政治犯のなかでその3分の1程度の復権であったが、金大中がそれに含まれているために話題を呼んだ。金大中は3月1日に内外記者団と会見して、「7年ぶりに国民のみなさんに対面して」という声明を発表したが、何よりも「政治報復の終息」を語り、彼の拉致事件に対してもこれ以上問題にせず、「ただ当事者たちが誰であろうと自ら謙遜に悔い改めること」を願っているといった。

しかし通信は、それが実権を握っている「軍部の全斗煥系」に対するメッセージであるといえるが、彼らから彼自身が「毛嫌いされている」事実が問題であるとつけくわえざるをえなかった（『世界』80年5月号「ソウルの春」参照）。

革命を思う心は詩的であるが、現実はどこまでも散文的であるというべきなのか。80年6月の通信「黒色の窓は除かれて」は、まさにそのような葛藤の渦巻きを記したといえるかもしれない。4月17日発信であったこの通信のまっ先におかれたつぎのようなリードは、まさにそういった状況の反映であるといえよう。

「いままで疎外されていた人々の歴史参加が実現されなければ、それは果てしない反動の継続であるといってよいであろう」

「復権教授(2)の教室は学生で溢れている。その教授たちが学園の和解のために努力している」

「しかし前途は暗いという心情である。戒厳令が長びいているのが無気味である。維新の幽霊がまだ漂っていると思っている」

こういう不安な事態が急転直下、80年5月18日の真夜中、零時を期して全国に戒厳令が布告され、再び軍部支配下の世の中になってしまった。金大中をはじめ民主化運動をしてきた人びとは「一網打尽」であった（『世界』80年7月号「乱動軍の支配」参照）。この「乱動軍の支配」という文章の最初のサブタイトルは、「深夜の戒厳令」（80年5月18日発信）となっているが、そのなかで通信はつぎのように嘆くのである。

（2）朴正熙の死後学園に戻ることを許された、追放されていた大学教授。

「ついにこの国の軍人は、このように無謀、残忍になったのであろうか。解放後いままで左右の対立の中で同族を敵と思い、殲滅しようとしてきたことから、このような残虐性が培われたのかもしれない。朴政権18年でそのような憎悪の統治は絶頂に達した。この悲劇がその最大の悪遺産を残しているところが、韓国の軍部かもしれない。軍は国民を守る存在ではなく、まず国民を襲う狼であると思える。軍部の民族化、民主化なしには、この国の市民は安心して寝ることができない。その軍部にたたりがないようにと国民は慎重にしてきたが、ついに彼らは乱動を起してしまった。これからどのような悲劇が起こってくるのであろうか。戦慄すべき日々を考えながら、このペンは鈍るばかりである」

朴正熙政権の残忍性を「いま、軍部の全斗煥一派」は「国民が民主化へと盛りあがっている中で」継承しようとしているのだと、通信は激しいことばを使った。そして、「この残忍な軍隊は、国民を鎮圧はできても決して統治はできない」といいきったのであった。「韓国の歴史以来最大の軍人の暴虐である」と書かざるをえなかった暴力が、ソウルでも光州でも続いた。こうしてこの通信は「光州緊急レポート」（80年5月25日発信）という見出しで光州にくり広げられた凄惨な状況を伝えた。この報告からただ一か所だけをここに引用することにしよう。

「光州キリスト教病院では、銃剣で重傷を負わされた学生たちを治療して縫合している時に、軍隊が乱入してきて、銃で医師や看護婦を殴り、追い散らし、手術中の重傷者を2階から下に投げ捨てたという。医師たちは、戦争よりもひどい、敵と交戦中でも病院を襲うことはない、と嘆き憤っていたという。抵抗した女性たちが裸にされ、木にくくりつけられ、突き刺された。市民たちを脅迫し恐怖にさらすためにそうしたのであろう。しかし市民たちは激昂して、事件が拡大した」

そして通信は、日本政府の冷淡な姿勢とアメリカの加担を憂えねばならなかった。何よりも「ウィッカム駐韓アメリカ軍司令官は米韓合同司令官」として全斗煥の「暴徒的行動」を許可したと見なければならないといっては、つぎのように書いたのであった。

「アメリカというのはもう少しましだと思っていたが、全くだめだ。……これからは民主化運動は反米運動の道を行くのではないかと恐れる」「このように誰もが北を意識しながらも、反日、反米の峻しい道を行かねばならないのだろうか」と。

５月27日、軍が再侵入して、その後は勝者として敗者を裁くことが続くのであるが、ここでは通信が引用したカトリック教会側の記録（５月22日午後４時現在）「証言Ｉ」から一節を引用することにしたい。

「無差別虐殺をした軍人たちは、丸１日食を与えられず、何か薬を入れた酒を飲まされてきたと自白した。１個中隊の兵力が学生たちの手によって武装解除されたのは、彼らが酒からさめて、自分たちが犯した惨劇に驚いたからであった。彼らの半数以上が下士官であった。彼らはひもじいと訴え、市民から十分な食事が与えられた」（『世界』80年８月号「暗闇の記録」参照）

通信が引用した「民主守護全南道民総決起文」（５月21日）の一節を引用すれば、この光州事件がいかに凄絶なものであったかを思い浮かべることができるだろう。

「道民よ、この痛ましい血のにじんだ光州市民の憤怒を知っているか？　３０００万愛国同胞よ、この怨めしい死の声が聞こえるか？　民主軍隊よ、語れ！　あの吸血鬼、殺人魔全斗煥と維新残党の奴らを殺すか？　でなければ、民主を叫ぶ淳朴な愛国市民を殺すのか？……」

通信は「暗闇の記録」にこのように記録して、６月18日発信の記録では光州事件を「アメリカのアフガニスタン」であるといったのであった。そこから一言だけを引用することにしよう。

「……グライスティン大使は5月23日、韓国の国会議員たちを前にして、いま北は《飢えた虎》のような状態にあると語ったという。このすべてが北に対する警告であるよりは、南の韓国における民衆の抵抗を抑えて軍部独裁を支援するための、あの陰謀的な政治発言ではなかったか」

この光州事件を前にして80年5月24日、尹潽善、咸錫憲両議長と投獄された金大中の代理、夫人李《イ》姫鎬《ヒホ》の名前で「民主主義と民族統一のための国民連合」の時局宣言が発表された。この宣言でもひそかにアメリカを批判せざるをえなかった。

「国民連合は伝統的な友邦であるアメリカに対してわが国民が信頼を失うことを深く憂える。なぜ全斗煥を助けて無実の良民を殺傷させるのか。なぜイランにおいて無惨な結果を生んだ政策の失敗を韓国でくり返そうとするのか」

アメリカの対韓政策に対する批判から反米にまで進むことが、韓国の現代史においてこのときほとんど決定的になったといえるであろう。通信はここで、1945年解放を迎えたとき民衆のあいだではやったことばを思い起こさざるをえなかった。

「ソ連に欺されるな。アメリカ、信じるな。日本、起ち上がる。朝鮮よ、気を付けよ」

韓国人の現代史認識とでもいおうか。ここで地下に出廻っている「全国民主青年学生の声」というビラに記されたことばを通信は引用した。

「アメリカに通告する。原状を回復させよ。全斗煥の国民殺戮作戦にアメリカは同意し、神経ガス弾が使われた事実を重視する。燃えあがる憤怒と敵愾心をもって警告する。現政策を継続する限り、この国においてアメリカ人の生命と財産は保証されないであろう」

そして、「聞け全斗煥よ、野蛮と破廉恥でいろどられた殺人魔よ。……死を待っていろ」と叫んだのであった（「暗闇の記録」のなかの「死から死へと」から）。しかし、全斗煥一派の暴力による突破の姿勢は変わることがなかった。そこで通信はつぎのように報告したのであった。

「5月24日、光州事件のさ中において、金載圭氏とその部下4人を処刑した。朴正熙を暗殺した彼らに、死で報いたのであった。光州事件の中でそれは国民的関心にならなかった。そしてまた光州事件のさ中に、金大中氏は共産主義者であり、内乱と政府転覆の陰謀を企んだと、いわゆる〈金大中捜査中間発表〉というものをなした。光州事件もまた忘れてくれなければ困る。公務員の粛正を大々的に発表したことも、それと無関係ではあるまい」（『世界』80年9月号「沈黙の都市の中で」）

金大中事件、光州事件について語ろうとすれば限りがない。ただここでは通信が、「日本の親韓派」（『世界』80年10月号「運命の人・宿命の人」参照）という記事のなかで伝えたことを少し思い起こしていただきたい。光州事件という悲惨な事態のなかで、日本の親韓派はどうしてあのように全斗煥を讃えたのだろうか。たとえば金丸信は、「全斗煥将軍、指導者資質溢れる」と洩らすのである。そのため日本で金大中の運命を憂える市民の良識の声は、よけい韓国に伝わらなかった。それで通信は、「多くの善意の日本人のことが知られないままに、いま韓国の人々は、日本人とは昔もいまも変らないそのような人々であると決めこんでしまいがちである」と憂えたのであった。

8月5日、全斗煥は陸軍大将を自称し、8月16日には崔圭夏《チェギュハ》を追放した。そして9月1日、自らを大統領につけた。アメリカはこれを支持した。そこで韓国における民主勢力のアメリカとの決裂は決定的になった。このなかで軍事法廷は、9月17日に金大中に死刑を宣告し、彼とともに逮捕された民主化運動の人びと23人に、おのおの2年から20年に至る懲役刑を宣告した。そこで通信（『世界』

80年11月号「敗北の日」参照）はその冒頭で、「無法と暴力が良識と良心を敗北させた」と書かざるをえなかった。

しかしこのような恐しい状況のなかでも、学生たちの抵抗は続けざまに大きく吹きだすのであった。光州事件の悲劇は、静かに学生のあいだにネメシスを呼び起こすようであった。ここでは通信によって詳しく報道された１９８０年11月18日、延世大学で爆発した数千の学生による抵抗のアピールに少し触れてみたい（『世界』81年2月号「頽れゆく権力」参照）。その一つ「祖国の民主化のために」はつぎのようにはじめられていた。

「全斗煥ファッショ一党は退け！　われわれは要求する。全斗煥一党は即刻退陣せよ。今日われわれは祖国の前途を遮っているファシスト権力の断末魔的身悶えに直面して新しい次元の民主化運動を提唱し、学友諸君に訴える」

そこに示された「アメリカと日本に告げる」という1節はつぎのように訴えていた。

「われわれはアメリカと日本に質ねる。あなたたちは果たしてわれわれの友であるのか。そうだとすればその証拠をみせてくれたまえ。われわれはあなたたちにわれわれの自由を乞食しようとは思わない。ただ、われわれの敵である全斗煥一党の友ではないことを証明してくれたまえ。敵の友はわれわれの友になりえないことは、あまりにも自明であるからである。われわれは米・日両国の国家的良心でもって、あなたたちが韓半島において利己的目的のみを追求する外勢ではなく、わが民衆の真の友になることができることを希望する」

もう一つの「1万延世学友に」というアピールの最初の2節は、つぎのように訴えていた。

「ああ凍てついたキャンパスよ！　あなたは忘れたか、5月の自由を！　ああ言葉のない学友よ、あなたは忘れたか、光州の鮮血を。５月の太陽の下、血を流しながら倒れていった自由の魂が行ったところはどこであろうか？　そこは遠くて遠い冥府の暗黒か、またはタンクも戒厳令もない永遠なる自由の世界であろうか？

学友よ、１万延世学友よ！　耳を傾けてみ給え。聞こえてくるではないか。兄弟たちの悲鳴が。聞こえてこないか、５月の喊声が。いつまでおまえの家の殻の中にとどまっているというのか。見よ、祖国の現実を」

全斗煥はいかなる正当性ももたない暴力である。アメリカはそれを幇助する大国に過ぎない。11月10日、淑明女子大学の大々的なデモでもこのことがはっきりといわれた。韓国における反米的心情、反米的運動が若い人びとの心に明白な座を占めるようになったことは、今後の韓国を理解する上においてとても重要なことになったといわねばなるまい。南北分断の現状において、アメリカが南を防衛したと思うよりは、南北分断そのものを生産し続けたということを強調するようになるわけである。そこで通信もつぎのように書くようになった。

「アメリカに対するナイーブな期待から、その力の正体を見つめてそれに迫るまでになったことは、この民族の大きな成長であるといえるであろう。しかし、そのためになお苦しい運命は続くにちがいない」

こういうなかで、81年１月23日の新聞は「全大統領　28日訪米」と発表した。それで翌24日の24時を期して戒厳令を解除すると発表し、その前日、大法院が金大中に死刑を宣告するや、それを無期に減刑するというのであった。全斗煥のアメリカ訪問と金大中の減刑が交換されたようなものであった。民主化運動の人びとは「レーガンにとっては金大中氏の生命が問題ではない。さすがのレーガンも金大中氏を殺すようでは全と公然と手が握れないというだけのことだった」(『世界』81年4月号「朝の静けさの国」参照)と冷ややかであった。アメリカは韓国を軍事的観点からのみ見てきたが、この頃は経済的観点からもながめつつあるというのであった。

通信はこうして、全斗煥の1981年1月28日から「10泊11日」の「アメリカ詣で」に対する民主化勢力のあいだにおける反応をつぎのように伝えた。

「アメリカの武器ですべての良心的な人、権威ある人々を殺害し、排除して血塗られている全の手を握って会心の微笑を浮かべているレーガンの姿に、民主勢力の人びとはアメリカの末路を見るような気がしたとさえいうのであった」

そして、そのような姿勢を示す民主化運動の人のことばをつぎのように伝えた。

「私はこの民族があの全一派の犯罪を決して許さないと信じている。長い抗争の歴史があるではないか。アメリカがあのような堕落した存在であると早く見切りをつけることが、この民族のこれからの長い歴史にとっては、かえってプラスであるかもしれない」

全斗煥は81年3月3日、それまで臨時大統領であった称号を捨てて、5278名の「大統領選挙人」による選挙で正式の大統領に就任したと発表した。ここでも81年1月の通信(『世界』3月号「冬空寒々と」)をしめくくったことばを引用せざるをえないのかもしれない。

「この国の歴史は今日においてもまた決定的な時に、われわれが愚かであるために、特に愚かで貪欲な人間どもが権力を握っているがために、最悪の道を行かざるをえないのだろうか。温突《オンドル》の上でも、寒さがひとしお身にしみる夜である」

誰が来る春を止められよう

通信は「反米の論理」(『世界』81年5月号「拭いえない恨」)について書いた。韓国における反体制の人びとは、「全斗煥の登場は韓米両軍の共同作戦の結果だとさえ思っている」というのが現状であると指摘した。

「反米の風土、反米の論理は一層深まってゆくに違いない。武器の前で素手の民主主義がどうして可能であろうか。民主主義を叫んで死んでいかざるをえないのは、アメリカのせいである。こういうことが民衆の声になりつつある」

これは、全斗煥政権と光州事件によって決定づけられた若い批判的な人びとの意識であるといってもいいのかもしれない。通信は全斗煥の大統領就任について語りながら、「悪魔とは汚れ切った口でもっとも美しい言葉をいう存在かもしれない」といっては、しかし、「巨大な民衆の力は権力を発狂させるのかもしれない」と書いた。全斗煥も、その権力集団も、管理され踊らされている言論もそうである。

朝鮮日報は、日本の反韓的風土恐るべしと、金大中が処刑されれば「日本居住の韓国人の10パーセントがテロの対象」となるはずであり、「その名簿さえ準備されているという」とさえ書いたのであった(『世界』81年5月号「拭いえない恨」のなかの「狂的な権力」参照)。

こういう状況のなかで、若い人たちの戦いはいっそう急進化したといえた。1981年3月19日のソウル大学の戦いから、3月31日の成均館大学の戦いへと移っていった。それらの戦いでは、明確に「反ファッショ民主闘争宣言」「反ファッショ民主闘争綱領」などと同一内容の宣言書が打ちだされていた。

「さあ！　燃える熱い胸であの極悪無道のファッショ独裁集団を潰滅させる隊列にいで立て！　いますぐ、われわれはファッショ独裁の悲鳴の声を聞くであろう」

これが成均館大学の「反ファッショ民主闘争綱領」の一節である。全斗煥政権はこのような抵抗に向かって、慶尚北道の山中、青松郡に86万坪を買い入れて保護監護所を造るという。「不良輩」4万6117名を醇化《じゅんか》教育という名で逮捕しては、矯正訓練を受けさせるというのであった。

1981年4月15日発信の「高まるファシズム」（『世界』81年6月号に掲載）には、金大中の「獄中からの書簡」から美しいことばが引用されている。3月19日付の夫人への手紙から、ただ一言再引用することにしたい。

「私は去る9日の面会の後、心を新たにしていっさいの期待を振り捨て、この試練を勝ち抜こうと祈っていますから、あまり心配しないで下さい」

これは死刑から無期に減刑されてからの手紙であった。これに対して通信は、「一人の政治家がいわれなき逆境を信仰で乗り越えようと戦う姿は、実に凄絶である。頭を下げ、涙ぐまざるをえない。このような犠牲を強いる体制は、没落の道をたどらざるをえまい」と書いた。しかしその通信を「一日一日と、全一派の無謀なファシズムの企みは、エスカレートするばかりである」と結ばざるをえなかった。

全斗煥の支配は朴正熙の支配よりもはるかに苛酷であった。また、それだけ国民の抵抗も激しくなったといわねばなるまい。にもかかわらず通信は革命後の状態を念頭におきながら、つぎのように書かざるをえなかった。

「この長老は戦う若い学生たちに感動しながらも、邪悪な力と長い間戦っていて、その崇高な精神を守りうるのはただ少数においてのみ可能であるというのであった。それだから偉大な革命運動家といわれた人々が、革命の勝利の後に権力についた時、しばしば盲目的、非人間的な暴力に転落してきたではないかと彼はいうのであった」

しかしいまは革命のとき、たとえ失敗しても、それは勝利の日には、その大きな勝利への過程における小さな勝利であったと見るべきものであった。そこで「キャンパス抵抗日誌」（『世界』81年7月号「占領軍の時代」参照）を綴りながら、通信は3月31日にあった成均館大学の「民主救国宣言文」の一節を引用した。

「ああ！　民主学友よ、見たか、教練服を着たわれわれと同じ学友たちが死体になって数限りなく街に散らばっていたあの惨酷な場面を。ああ、学友よ、空輸部隊員たちが若い婦女子と赤児まで銃で打ち殺した。数えられないほど並んでいた死体の棺にはい上がって父母を捜す赤児の悲惨な姿の写真を見よ。……

学友よ！　殺せばわれわれの恨みははれるというのか。数千名の善良な国民を残虐無道にも虐殺して厚かましくも国民の前に現れた獣にも劣るあの殺人魔、吸血鬼……全斗煥を……」

全斗煥は光州事件を通して権力を手にしたが、戦う側は光州事件を通して、権力と戦う理念と情熱を手にしたといえた。それで通信は次のように書かざるをえなかった。

「彼らは自分らの戦いを、反植民地闘争から独裁との戦いを経てきた歴史的な解放闘争に位置づけている。そして、１９４５年の解放以後の権力を収奪の権力として規定している。彼らには彼らの歴史認識がある。そしてその戦いは〈殺人魔全斗煥を引き裂いて殺せ〉というところまで激烈になっている。これを一体、革命史的にどう評価したらいいのだろうか」

全斗煥政権は多分、１９４５年の解放後、経験も想像もできなかった権力だったといわざるをえない。その一例として、通信が引用している「逃避の時代」（『世界』81年10月号）に書かれている「醇化《じゅんか》教育手記」をあげることができるかもしれない。

１９８０年8月、「新しい時代、新しい国民、新しい憲法を叫びながら」、前科のある者、不良な者として1万５０００名を逮捕して1年以上の監護処分にし、最前線の軍部に委託して醇化教育というものを実施したという。「三清という名目で、体と心と精神を清潔にする」というのであった。

「護送されたトラックから降りた瞬間から、われわれは人間としては想像もつかない殴打にさらされた。何重にもめぐらされた鉄柵に閉じこめられたまま、ＬＭＧ機関銃、機関短銃、M16自動小銃で完全武装された軍人の厳重な警戒の下で人間以下、犬や豚のような取り扱いを受けた。軍靴で踏みにじられ、棍棒に打たれ、頭が裂け骨が折れる阿鼻叫喚の凄絶な光景がくりひろげられた。どこからかスピーカーを通じて〈殺してもかまわない。殺してもかまわない〉という命令が流れ、われわれは文字通り生きた屍になってしまった」

これはその教育に廻された収容者の１人が、入隊中に秘かに伝えてくれた手記からの引用である。「刑法に触れる罪も犯していないのに」「零下20度が普通であり、ひどい時には零下30度もこえる酷寒」のなかで重労働をさせられ、「残忍な殴打の棍棒で」多くの人が生命を奪われたのであった。

81年1月24日に戒厳令が解除された後にも、この強制収容所は続けられた。多分これは、全斗煥政権の支配の正体をもっともあらわに示した光景であったといわねばならないだろう。全斗煥政権は朴正煕政権を継承して、その暴悪さをはるかにエスカレートさせたものであったといわねばならない。それで通信は、そのさなかで「ソウル点描」（『世界』81年11月号）を書き、その冒頭をつぎのように書きはじめねばならなかった。

「よく日帝36年といわれたが、解放36年のソウルはかつての日帝36年に比べられるような銃剣の支配の下にある。これからの36年はどうなるだろうか」

1981年は解放の年、1945年から36の年である。こうして「この国の歴史は常に逆行しているように思えてならない。近代化ではなく古代化であるといえるかもしれない。こんな風土の中で、どうして急進主義が現れないでいられようか」とさえいったのであった。そして、虐げられている「友人の嗚咽」のなかで死にゆく人びとのことを語りながら、歴史とはひっきょうするに「強い者同士のなれあいの歴史」にすぎないではないかと、全斗煥政権をアメリカも日本も露骨に支持することを嘆いたのであった。

人間とは限りなく愚かなものであろうか。それでもこの全斗煥の残酷な体制に対する若い人たちの抵抗は続くのである。各大学におけるいのちがけのデモのなかで、9月29日には外国語大学において1000名の学生がデモをくり広げた。全斗煥を「全頭換」にした大きなプラカードまで掲げて戦った。そしてその翌日、延世大学では「日本と北とソ連に警告を発しながら〈ヤンキー・ゴーホム〉」を叫んだのであった。こうして若い人たちの抵抗は全国的に拡散していった。9月17日のソウル大学の声明は、つぎのように激烈なものであった（『世界』81年12月号「大いなる拒否」参照）。

「学友よ、血湧き躍る民主学友よ！　見たか、あのファッショの悪辣な蛮行を！　聞いたか、あの民主の呻きを！　感じたか、あの血のにじむ大学の怨恨を！　忘れたか、光州の同族大虐殺を！　いまやこの地の民主主義は死にゆきつつあり、民衆はいたるところで倒れている。あの悪辣な反民衆的・反民族的・反民主的な全斗煥ファッショ集団の極悪無道な弾圧は、日に日に高度化され、その反歴史性はいっそう深められている！」

こうしたなかで、アメリカに対する批判がまた非常に高まってきたことは特筆されねばならないかもしれない。１９８１年10月1日、良心犯家族がアメリカのレーガン大統領宛に送った書簡は、だいぶ主張を抑えたものであっても、アメリカ批判の姿勢は歴然としていた。全政権は駐韓アメリカ軍の支援によって権力を握ったのであるが、ウィッカム駐韓アメリカ軍司令官は、韓国人はその指揮者が誰であろうと列をなして追いかける「移行ねずみ」（lemmings）であると発言したではないか、とつめよったのであった。そしてつぎのように続けた。

「われわれが貴殿に実に何よりもはっきりさせたいことは、わが国民が貴殿と貴殿の政府が考えているると思えるほどに愚かな人びとではないということです。われわれは長い歴史を通して多くの困難に直面してきた国民であります。われわれの課題や状況がいかに難しくとも、われわれは常にそれを賢明に乗りこえてきた国民であります。

もしも貴殿または貴殿の政府がこの点を見逃すならば、そしてこれからもいままでと同じようにわが国民を評価し続け、現在行っているのと同じような政策を続けるならば、韓米関係に関する限り、とり戻すことのできない過ちをおかすことになるでありましょう」

これはアメリカに向かって「不道徳な政府を支援する不道徳な政府」であることをいさめようとしたものであったが、通信もまた、アメリカの姿勢に対しては実に悲観的であった。「レーガン政府はもちろん馬耳東風であろう。ペンタゴンは駐韓アメリカ軍とともに全政権に、より強い弾圧でより効果的な統治ができないものかと不満をこぼすだろう」と考えたのであった。そのために、この時代を思い起こすとき、それが今日の韓国におよぼしている影響を思わざるをえない。いま「３８６世代」ということばがあるが、それは年齢的には30代で、80年代に大学に入学し、60年代に生まれた世代のことである。今日では40代になっているが、彼らがあまりにも反米的であるといわれるのは、彼らが若くしてまさにこの時代に大学に学び悩みながら戦いに参加してきた世代であることに、その大半の理由があるといわざるをえない。若い作家宋基元《ソンギウォン》は、彼の出獄を待ちかねて生命をなくした母親のことを知っては、その許婚にトルストイの『戦争と平和』にあるつぎのようなことばを書き送ったのであった。

「もっとも困難で、もっとも大きな幸福は苦痛の中で、罪なくして経験する自分の生を愛することである」（81年10月8日）

このように、81年10月17日の通信「大いなる拒否」（『世界』81年12月号）のなかで「獄中書簡」は続くのであるが、文益煥牧師は夫人宛の手紙のなかで、「福音書は暗闇の言語、絶望の中の言語として読まねばなりません」といっては、そこで「私の小さな器に神の熱い心が突然満ち溢れるのを感ずるようになりました」（9月17日）と伝えた。金大中も「主の一生が私に与えて下さった慰めと光」について語り、「トインビーの挑戦と応戦の関係から把握した歴史哲学」に深く教えられている（7月29日）と夫人に向けて書いたのであった。

通信を通してみた光州事件後の全斗煥体制下の韓国といえば、その政権に抵抗すればすべて「左傾」した「容共」学生と烙印を押された時代であったといっていいであろう。そこで戦っている学生たちは、この政権を可能にしているのはアメリカと日本だと見なして、反米・反日であるというのであった。教育当局文教部が、「文教部学生思想研究班」という名をつけた「対外秘」の文書、「大学左傾事件の捜査及び公判過程を通してみた不純理念組織と容共学生の実相」という文書を作成してアカ攻撃をくり広げた。それはその当時の法廷でもそのまま認めることをためらうほどに、左傾攻撃に満ちているものであった（『世界』82年2月号「光は消えない」参照）。この通信には駐韓アメリカ大使についてつぎのように書かれているが、これはこの時期の民主化運動の人びとの心情を理解する上においても重要なことではなかろうかと思われる。

「10月上旬に良心犯の家族たちが駐韓アメリカ大使に会った。終始一貫大使は、アメリカは韓国政府に対して影響力を持たないと弁明していたそうだ。光州虐殺をアメリカが容認したといい、その時、光州市民のアメリカ政府へのアピールをアメリカ大使館側が黙殺し、軍の攻撃を認めたではないか、とつめよると、その時は自分がいなかったからと逃腰であったが、さすがにそれに対しては顔を赤らめて怒っていたという。ヤンキー・ゴー・ホームの声は聞きたくないというのだが、もう避けられなくなったね」

韓国における反米思想の原点は、このあたりで明確になったといわざるをえない。80年光州事件を原点とする反米的傾向によって、韓国の現代史は大きくゆさぶられたといわざるをえない。そして韓国の現代史における反日的傾向も、1965年の日韓条約によって解消されることなく続いてきたことも想起する必要があるだろう。通信は81年の暮れ、ポーランドにおいても自由労組を弾圧するヤルゼルスキ首相の軍政がはじまったことを伝えながら、それを韓国における法廷とパラレルをなすものとしてとらえ、つぎのようなコメントを加えたのであった。

「いま、このような闇の法廷がワルシャワでも続いているに違いない。ソウルではアメリカの支配の下で行われているように、そこではソ連の支配の下で行われるのだろう。しかしそこでもソ連は、ソウルにおけるアメリカと同じように内政干渉などはしていないとしらを切っているに違いない。そしてソ連軍は韓国のアメリカ軍と同じような口ぶりで、ポーランドにいるのはただポーランドの安保のためであるとくり返しているであろう」（『世界』82年3月号「ワルシャワとソウル」）

ここにアメリカの対韓姿勢、または対韓政策を明らかにするような事件が起こった。それは駐韓米大使がアメリカで、韓国の反体制人士たちは「甘ったれの餓鬼ども（spoiled brats）である」と発言したというのであった。

「ウォーカー氏は去る2月1日、南カロライナ州コロンビアにおける『ステイト』紙の記者とのインタビューで、全斗煥政権は韓国国民の絶対的信頼をえており、経済も発展し、労働者もその仕事に熱中しているが、全に対する批判は、学生と知識人そしてアメリカに住んでいる韓国人たちからくるものであると語った。しかし労働者は反体制的な人びと〈甘ったれの餓鬼ども〉にはふり向きもしない、とつけ加えた。このことはアメリカ軍の新聞『スターズ・アンド・ストライプス』にも報道された」

現職の駐韓アメリカ大使が公的な場所においてこのような発言をしたことは初めてであった。彼は南カロライナ大学国際政治学教授として韓国における国際政治学セミナーの「お得意招請教授」であったことも暴露され、つぎのように批判された。

「彼はまるで植民地の総督が、原住民酋長の原住民に対する統制能力を讃えるように、またはマフィアの頭目がその支部の小頭目をおだてるように、赤裸々な言葉で全斗煥を支持した」

ここで通信は、「韓米関係は、外交でも、貿易でも、企業の労使関係でも、問題が一斉に噴き出したという気がしてならない」と書いたのであった。そこに1982年4月15日の彼の誕生日を祝うために、4月8日にはソウル大学で彼に名誉博士号が授与されることになった。ここで通信はつぎのように書かざるをえなかった。

「いったいこのような無神経を何にたとえていいのだろうか。没落前夜のアメリカの現象とでもいおうか。将来あの国にレーガンに代わってもう少しリベラルな傾向がまた現れるかもしれないが、強硬と柔軟の両極を往来しながらやっぱり沈下してゆくのかもしれない。韓国でも反米の気運は高まりつづける」（以上『世界』82年5月号「レーガン氏と反米の嵐」と「ソウルからの地下報告——民主勢力がみる韓国の現状」参照）

光州事件以後、韓国人の対米意識は大きく変わった。「ここでアメリカは韓国人に対する恩人であり、常に民主主義を支持する国であるというイメージが崩れた」のであった。「反米即アカ」ではない。「アメリカは大国のくせに小国を餌食にして手先の独裁者を推し立てるのだ」と考える。そこで通信はつぎのように伝えたのであった。

「この前の3月10日の労働節に東大門聖堂につめかけた2000名の労働者の熱気は恐ろしいものであった。ミサは池学淳《チハクスン》司教が執典し、朴炯圭牧師が説教をしたが、一触即発の雰囲気であった。この状況を尻目にしながら、ウォーカーは平気で、労働者は全をこぞって支持しているといってまわるのだ。このようなウソつきどもこそ野ねずみであり、甘ったれな小僧どもではないかと思う」

「こういう空気の中で3月18日、ついに釜山文化院に対する放火事件が起こってしまった」。カトリック教会がこれに加担したといわれたが、「金寿煥枢機卿は時代悪を教会に着せるならば、カトリック教会は犠牲の小羊になることをいとわないと宣言するに至った」。こうして「アメリカに対する幻滅」はますます増加し、「アメリカは全と結んで〈反米人士狩り〉を行っているのだ」と噂されることになった（『世界』82年6月号「滅びゆく者たち」参照）。

こういうなかで「反ファッショ反米闘争万歳！」のような叫びが起こった。これは82年4月22日、江原道春川で起こった「江原大学民主化闘争宣言」において火を噴いた。２０００名がデモに参加し、公然と「ヤンキー・ゴー・ホーム」が叫ばれ、星条旗が焼かれた。「ファッショ体制を打倒せよ」「言論機関は自爆せよ」とまでいわれた。4月26日、ソウル大学の民主学友の名で発表された声明は、「アメリカは光州市民の虐殺に責任がある」というものであった。

そこで通信もつぎのように憂えたのであった。

「反米はエスカレートする。この急進主義をどうするかは、反体制的な人びとの課題でもある。彼らとの対話ができなければ、民主化後にも体制の立て直しができないであろう。それほど危機的だ。彼らの目に反動的と映っては、誰でも影響力を失うであろう。いま、反体制側がもっとも一致している対米認識は、レーガン政権とはただ戦うのみであるということだ。ブッシュ副大統領に会った人びとはいっている。カーター政権と違ってレーガン政権は、ゼスチュアとしての人権政策も持っていないというと、彼は怒りを発した。そんな単純な政治家でいいのだろうか」（『世界』82年7月号「民衆の語録」参照）

このようにアメリカに支えられた政権として、全斗煥政権はあまりにも無茶で無理を重ねるのであった。一つだけあげても、ＫＣＩＡの後進である国家安全企画部次長の李哲熙《イチョルヒ》夫婦と全斗煥の弟など、彼の一家のからんだ７０００億ウォン融資事件で全国が湧き立っているのに、全斗煥は大統領の座を占めて、「政治的弾圧からの解放」「貧困からの解放」「正義社会の具現」を叫ぶという異常な事態に国民が承服するはずがなかった。あらゆる暴力で国民を弾圧しながら、恐ろしい不正と収奪を働く。アメリカはその権力を支えている。こうした構図を少なくとも多くの国民は頭に描いている。そこで通信はつぎのように書いたのであった。

「かつてわれわれは、わが国民の力などないのだから、アメリカのおかげで軍人の独裁が完璧なまでに恐ろしいものにはならないですんでいると考えた。しかしいまは、国民のこの巨大な力を抑えて、あの愚かな連中が暴力を振るうことができるのは、アメリカのせいだ、と考える。これだけ変わったのだ。全斗煥が崩れるとたいへんだと思うのは、ただアメリカだけだ。張女人（張玲子《チャンヨンジャ》・李哲熙夫人）事件などで日本政府すら慎重になったようにみえる。それは幸いなことだ。日本はアメリカのようになってはならない」（『世界』82年8月号「国を憂える」）

このために通信は、１９８２年９月号の「転落の日々」の冒頭を「この時代は全く狂気の時代であろうか」と書きはじめざるをえなかった。そしてフォークランドのことでは、アルゼンチンもイギリスもアメリカの友邦国でありながら、イギリスがアメリカの支持をえてアルゼンチンが敗北したことをあげてつぎのように書いたのであった。

「そして今度はイスラエルの暴力、レバノン侵攻である。それはアメリカの支持と支援によるものであるという。アメリカはかつてインディアンを虐殺したような時代のメンタリティにでも後ずさりしているのかもしれない。そこに今度はイランとイラクの衝突である」

フォークランドの勝利に熱狂するイギリス人は、「帝国主義時代のイギリス人そっくりではないか」と通信は書いた。そして続けて「民衆が踊らされる。これがファシズムの正体ではなかったか」といいながらつぎのように嘆いたのであった。

「文明国がかえって野蛮になり、富んでいる者がかえって狂気に走るという皮肉だ。こうしてある時代の文明に終焉がくるのかもしれない。しかし貧乏で無力な者はかえって醒めた目でそれが眺められる」

レーガン政権が「レバノンへのイスラエルの侵攻」を支援することと、それがまた「全斗煥一派をサポートしていることは、少しも不思議ではない」。アメリカにおける民主主義的指揮官が韓国にきては、民主主義的な戦いをしている韓国人に向かって「移行ねずみ」といい、韓国で国民を弾圧し国民の流血を強いる者が、「アメリカに行っては民主主義者顔をする」、この「不道徳な権力の国際的結託」をどうすべきか。通信は全斗煥の軍事支配を、「アメリカの姿であると二重写しに見なければならない」と書かざるをえなかった。

全斗煥統治というのは、実に学生デモに明け暮れた日々であったといわざるをえない。82年10月18日の発信「嵐また吹き荒ぶか」（『世界』82年12月号）は、「キャンバスの嵐」として9月21日の延世大学からはじまった大々的な反政府デモが、檀国大学、梨花女子大学、成均館大学、ソウル大学、西江大学などと続き、「10月13日から15日までの3日間は光州の全南大学において大きな街頭デモにまで発展した」と報告した。その主張のなかでは「現全斗煥買弁ファッショ政権」の退陣からはじまって、日本の「教科書歪曲」「韓国安保経協」に反対するとともに、国内における「ファッショ制度言論」を批判し、アメリカの「現ファッショ独裁政権に対する支持の撤回」と「妄言をした大使」の「即刻召還」を求めた。

通信は「学生たちは激しくなっている。レーガン氏の全氏支援で、彼らはいままで興味を示さなかった北の放送にまで耳を傾けるようになったとさえいわれる」と書かざるをえなかった。軍隊と警察の機動隊のあたり構わない殴打によって気絶、入院をくり返しながらも、学生たちの示威、その激しい抵抗は止まろうとしなかった。

「全に対する憎しみが絶頂に達した。それはほとんど全国民の一致した気持ちである。その顔も見たくないという。あんな人間でオリンピックをやるというのか。軍人ではいけない。あんな名分もなしに銃剣で権力を奪取した者ではいけない」

キャンパスには「機関員」が横行して、少しでも異常だと見るとつかまえては、「軍隊に行くか牢屋に行くかと迫る」。そうすると、学生は入隊を選ぶが、「教授たちはこれを対岸の火事のように眺めながら、保身に汲々である」というのであった。そういうなかで、1982年10月13日から15日まで3日間、光州市にまた大々的なデモが起こった。「2年5か月前の光州事件を彷彿とさせるものであった」といわれた。それはとくに、光州事件当時全南大学総学生会会長であった朴寛賢《パククァンヒョン》の獄中死(10月12日の午前2時頃)――その拷問と死亡に対する抵抗であった。「朴寛賢烈士の死は光州の死だ、光州の市民は総決起せよ!」と叫ぶのであるが、この声明はつぎのように訴えた。

「学友よ! 全政権の欺瞞と暴力に対抗して戦おう。5・18(1980年の光州事件)英霊たちの怨みの泣き叫びがこもっている血に染まったこの都市の学友よ、進もう! 殺人魔全斗煥を打倒しよう!」

通信はこのような新たな光州事態を伝えながら、「光州は革命の原点」、決してその抵抗は鎮まることがなく、全斗煥政権はそれによって崩れてしまうであろうと展望した。そしてつぎのようにつけ加えたのであった。

「……この国の前途は実に多難であるといえるかもしれない。しかしそれは没落への道ではなく、たとえ苦しみは多くとも解放への道であると、われわれはあえて思っている」

　このような危機的な状況のなかで、アメリカもついに何か新しい方向を模索せざるをえなくなった。韓国の事態に対して憂慮し、全斗煥の統治に疑問をいだきはじめたというべきであった。新しく着任してきたアメリカ軍司令官は、ウィッカム前司令官とはちがってあまり全斗煥に近寄ろうとしなかった。アメリカ大使館でも、ウォーカー大使ではなく韓国事情に詳しい副大使が政策をとりしきっているといわれだした。

　そうかと思うと82年12月17日の夕刊は、「金大中訪米治療許容」と報道した。そうしたほうが韓国の危機的状況にとって助けになると、韓米合意に達したといわねばならなかった。何よりも、これでつぎの年の春の危機を免れるのではなかろうかと、韓国とアメリカの当局は判断したといえた。そのとき通信は、金大中について「私は彼がどちらかの勢力による革命のシンボルとしてよりは、国民の一致のシンボルとして、イメージがつくりあげられてゆくことを願っている」と書いた。そして、「訪れる春を遮られる者、歴史の歩みをさし止めることのできる者は、この地上にはいない」と結んだのであった（『世界』83年2月号「誰が来る春を止められよう」参照）。

　しかし、光州事件による市民の虐殺をものともしなかった全斗煥軍部勢力は、簡単に退くものではなかった。重要大学には５００名以上のニセ学生を投入して、女子学生に対するレイプ事件までも起こした（『世界』83年6月号「許せない人びと」参照）。通信は「国家的レイプ行為の中で暴力化した男の仕業か。それとも大学に対する脅迫として計画的なことか」と問題を提起した。83年の3月、4月にも各大学における抵抗が続いた。そしてそれがほとんど反米的になったことはいうまでもない。３月7日付、ソウル大学民主学生一同の「釜山事件は米国の独裁政権支援に対する抗拒であった」という声明文は、釜山米広報院放火事件を支持するものであったが、その一節をあげればつぎのようなものであった。

「彼らはなぜ火をつけたか。自分たちの経済的、軍事的利益のために韓国の独裁政権を支援してきたアメリカに対して警告を発するためであった。それは光州事件に対して責任のある米軍に対する韓民族としての正当な膺懲であった。わが国民の民族的自覚を訴え、米国民に韓国国民の立場を知らすために、また韓国の支配を夢見る日本勢力に対して、間接的な警告を発するためであった」

梨花女子大に広くばらまかれた1983年4月7日付の「民主化闘争のための序言」も、緊迫した状況に対してつぎのように記したのであった。

「周囲を見廻してみよう。いつも干渉してくる教授さんたち、校門から図書館まで目を光らせている門衛さんたち、教室ビルの前で昨日も今日も待っている機関員さんたち、講義室やトイレなどを清掃するおばあちゃんたち、大学生に化けた女機関員たち、このみんながわれわれを監視している。それにいまや単位成績の競争（30パーセントの学生を成績不良で強制追放する制度）で学友たちはどうしてもたがいに警戒している実情である」

それで通信は、「大学のキャンパスは戦場さながらである」と伝えたのであった。そこでアメリカには批判的になり、北と対話すべきだという急進的な傾向まで現れたのであった。状況が変わらないから、激しい抵抗は広がる一方、その言語、その戦略・戦術がいっそう急進化していった。革命に成功するその日まで、抵抗のことばは不可避的に同語反復に聞こえるものといわねばなるまい。そこで通信は、83年5月16日の「怒り燃えあがる」（『世界』83年7月号）をつぎのように結んだ。

「あの道徳的な怒り、そして国民的な拒否が、やはり、いまの暴力の現状を打ち破るであろう。それはついには、二度と軍人の暴力的支配を許さないという国民的決意と行動に実るであろう。それが岩をも砕く水のしずくであることは疑わない」

こういう状況のなかで学生の抵抗はエスカレートし、通信のことばもいっそう激しくなった。83年6月19日発信の「時代を担う人々」（『世界』83年8月号）という通信は、「暴力のエスカレーション」というサブタイトルの下につぎのようにはじめられたのであった。

「雨は降らず、初夏なのに炎熱続きの毎日である。この蒸し風呂のような中で暴力が日に日にエスカレートしていくのを、こみあげる憤りをこらえてじっと見つめていなければならない」

陸軍参謀総長が、後方に「軍官民合同機動隊を置き」、ソウルには「特に野性と覇気に溢れる攻撃気質の精鋭要員」を配置して、「首都防衛体制を完備した」と誇って、それこそ抵抗する国民に脅迫をかけた。通信はこれを伝えながら、「生き生きとした言葉があれば、人間は協調しあえるものだ。しかし、このような暴力の言葉が乱舞すれば、人間はただ戦慄するだけである」といって、韓国の言論はこの「権力の暴力的言語を拡大流布」するに大わらわであると攻撃した。そして、いまの政治勢力は、いままでそのような露骨な暴力はできるだけ大学のキャンパスに限ろうとしたが、これからは全面的に国民に向けようとしていると宣言したと指摘した。それは、その暴力がその最終段階に迫ってきているからではないか。そこで通信は、つぎのようにその決意を示さなければならなかった。

「このような権力と戦うことは、単なる反権力の戦いではない。いまやそれはただ民主化のための政治的な戦いでもない。強盗、殺人者に対する良心の戦いであり、自己防御のための避けられない戦いである。それで悪と対決しているという自負心、道徳的な誇りがあり、国民はわれわれの側であるという確信がある」

長い民主化闘争のなかで、苦しさ、貧しさに耐えられず脱落する者が続いた。しかし、新しく若い者たちが大学の門をくぐる。高校時代の圧迫から自己脱皮をとげるには時間がかかる。それに大学では入学者の30パーセントを卒業までに振り落とすという。ここで従来の「1、2年生のときはデモをし、3、4年生のときには勉強をし、大学の門を出てはこの社会に順応して」いくという「エリートコース」ではなく、そこに学んでそこで自覚した3、4年生など上級生が、自覚的にこの体制を全面的に是正しようと立ち上った。彼らの急進的な姿勢を支える時代認識というものは、つぎのようなものであった。

「こういった権力が存続しうるのは、その背後に軍があり、またその背後にはアメリカがあり、そのアメリカによって動かされているいわゆる〈自由陣営〉なるものがあるというのが、若い人々や知識人たちの状況認識である」

だから全斗煥政権はこのような自由陣営によって支えられ、全斗煥はイギリスもフランスも西ドイツも訪問する。そうすれば、「かつて駐韓米軍司令官が不用意にも洩らした〈移行ねずみ〉のようなこの国の国民を操る」ことができるというのである。そこで通信は、「もっとも賢明な手段としてそんなことぐらいしか考えられないとすれば、彼らも同じように全く愚かなる者といえるのではなかろうか」といって、「その意味でも人間の歴史はつまるところ愚者の宴といえるかもしれない」と書いたのであった。そこで「アメリカの規範から抜け出せない限り祖国の未来はないのだと思うのも、無理のないことといわねばならない」といいながら、「革命派的発想が優位を占めつつある」と通信は続けられざるをえなかった。

こうして、学生の抵抗が街のなかにまで進出してますます強くなっていると、つぎのように書いた。

「抵抗の人々は、アメリカと韓国の軍部との連合と戦うことは決して容易ではないことを知っている。しかし、戦う以外に道はないと思うのだ。彼らはこの戦いはいまの世代で終わるのではなく、つぎの世代にまで及ぶかもしれないと思う。そして自らは栄光ある苦難の時代を生きるのだと心に決めている」

この1983年6月19日発信の通信「時代を担う人々」（『世界』83年8月号）は、いままで自宅軟禁にされていた「金泳三氏の戦い」についても知らせた。彼は「光州事件3周忌」の83年5月18日、ついに決死のハンストをはじめた。強烈に民主化を求めた「断食に臨んで」という声明の最後の一節はつぎのようなものであった。

「私に対するいかなる消息が聞こえてきても、それにはこだわらず、それを悲しまず、ただ民主化に対するわれわれ国民の熱情と確固たる決意を示してくださるようお願いいたします。それが私の訴えであり、念願であります」

彼は強制的にソウル大学病院に移され、23日ぶりに断食を中断するようになるが、全一派の権力は、彼の自宅軟禁の解除、政治活動被規制者解禁のための臨時国会の開会などを約束せざるをえなかった。彼がそれに先立って5月2日にひそかに発表した「国民に捧げる書」には、アメリカ政府に対して深い憂慮を現していた。

「私は、最近学生たちの反政府デモにおいて反米口号（スローガン）が少なからず出てきていると聞いて、深く憂慮せざるをえないのですが、そのおもな原因が独裁権力に対するアメリカ政府の支援にあるということを、アメリカ政府ははっきりと認識するよう促す次第であります」

このことは韓国の国内の新聞では1行も伝えられなかった。そこで通信は、このように金泳三の戦いを伝えながら、国内には金泳三、国外には金大中、このあいだに連帯が成立するようにと祈り、このような「時代を担う人々が、自分を抑えながら美しい協力を生み出すことができるならば、勝利はわれわれのものとなるであろう」といった。そしてつぎのように通信を結んだのであるが、それはやがて訪れる民主化の日々が、韓国においては、そうなってくれそうもないという予感がしてならなかったからであった。

「そのような意味でいま、韓国の国民は全斗煥一派の軍部にだけではなく、反体制の指導者たちも権力第一と考えてはならない、民主化第一、祖国第一と考えてください、と訴えている。しばしば人間社会は決定的な時期に人々が協力できなかったために滅んでいったことを、ゆめ忘れてはならない」

このような通信の希望、いや国民の念願に応えたといおうか。1983年8・15、解放記念日に、ソウルの金泳三とワシントンの金大中は「民主化闘争は民族の独立と解放のための闘争」であるという「8・15メッセージ」を共同で発表してくれた。国内の「官報化した新聞」はまったくこれに沈黙したが、通信は、この2人の協力が没落を運命づけられている全斗煥軍部独裁後の民主主義の時代を国民とともに切り開いていくであろうと楽観した。そして、この楽観によって彼らが励まされることを望んだのであった。

しかし1987年、やはり彼らも平凡な政治家、ある意味では自分の野望を優先させる愚かな政治家に終わるであろうこと、そして韓国国民の心、韓国の政治風土をかき乱してしまうであろうという韓国現代史の悲劇を予想することはできなかった。彼らが経験してきた長い苦難の歴史からして、そのような愚劣な歴史、韓国国民への反逆が可能であろうと思うことができなかったといってもいいのかもしれない。ただここでは、この「失われた解放」（『世界』83年10月号）のなかに書き入れられている日本に関連した一文を取りだして考えてみることにしたい。

「19世紀末の朝鮮における戦いは反封建・反外勢であった。1世紀後、韓国における戦いは反独裁・反外勢である。その100年間において日本は主要外勢であることに変わりはない。その意味では歴史は反復しているといえるかもしれない。それよりは近代帝国主義の時代がいまだに終わらず、従って反帝国主義の戦いもまだ終わっていないことを意味するといえはしないか」

この文章は83年、いまから34年前の文章である。2017年の今日においては日韓関係をどう考えるべきか。韓国は国内においても対外的にも同じ戦いをなしているのであろうか。日韓関係はそのときのように「反独裁・反外勢」でとらえるべきものとして今日においても続いているというべきであろうか。あるいはそれまでの歴史とは変わった新たな関係図式が現れているので、新しい対応が求められているとはいえないだろうか。いまはこの問題を提起しておいて、また通信の先を追っていかねばなるまい。

通信はときが進むにつれて、ますますアメリカ批判に傾いた。これは当時において、韓国における反体制運動の人びとがそのような傾向をたどっていたからであった。

「この頃、韓国において意識ある人びとにとっては、アメリカはほんとうにアグリ・イメージである。日本に対するイメージはその多くが過去の不幸に彩られたものであり、今では経済的不満に彩られたものである。アメリカのイメージはより政治的なものであり、軍事的なもので直接的である」（『世界』83年11月号「狂気の時代」）

83年の秋もまた、キャンパスにおいて烈しい抵抗が起こり続けた。それで通信は、「狂気の時代」

と名づけてその最後をつぎのように結んだ。

「こういう中で狂気の人はいっそう猛り狂うであろう。いやありったけの正気を狂気の方向に向けて動員しようとするというべきである。レーガン氏の訪韓もその一つなのかもしれない。それを若い人たちは没落する闇の力の最後のあがきだと解釈しようとするのである。それが革命的認識というものであろうか」

国内状況はほんとうに革命前夜、崩壊前夜の気がしてならなかった。1983年9月1日は、アメリカ行きの大韓航空機がアラスカから飛びだしてソ連領空を侵犯したというので、ソ連軍によって撃墜された。10月9日には、全斗煥一行がビルマに行き、閣僚17人が北の工作員といわれるものに暗殺された。張玲子事件をはじめ、不正事件が後を絶たなかった。それで「無限独裁」に「無限不正」ということばがはやった（『世界』83年12月号「ラングーン事件」参照）。

こうしたなかで、9月30日には「民主化運動青年連合」が結成された。これは70年代から民主化運動で大学を追放された学生たちを中心にした運動体であった。彼らは80年5月の「光州市民大虐殺」を想起しながら、全斗煥統治の3年間に「骨の痛むような自己反省と沈潜の中で、拡大された視野と内的な成熟をえた」といえるかもしれないが、その一方で「小市民的感傷と敗北主義の沼でさまよってきた」と告白した（発起文「われわれはこれ以上滞ることができないではないか?」）。そして現実を「外勢とこれに便乗している暴力的少数権力集団によって強制されている民族分断状況である、と規定する」といった（創立宣言文「民主、民衆、民族統一をわれわれすべてに」から）。

ここで明確になったのは、政治的にいえば、民族統一のための民主政治というものといえた。これはその後の政治的動きはもちろんのこと、今日2010年代の韓国の政治を理解するうえにおいても意味深きことといわねばなるまい。

一方、「ラングーン事件」という通信は、全斗煥統治下で続けざまに起こった数々の金融不正事件をあげ、光州事件からラングーン事件に至るまでの血なまぐさい事件を数え立てながら、全斗煥についてソウル市民のあいだに流布している「彼は血を呼ぶ男、血を呼び集めてくる男だ」という噂を伝えた。そして彼の統治には多分にアメリカの工作もからんでいるのではなかろうかと考えて、つぎのようなことばでその通信をしめくくった。

「操作と工作の渦の中にある現代史の事件は、あまりにも謎に包まれている。しかし、その多くのものが健全な時代のしるしではなく、ある時代の没落を意味する不吉なサインであることには間違いはない。こういった時代の中で動乱のアジアは、いまその緒についたといえるかもしれない。このアジアがこれからも韓半島において最も尖鋭な形で噴出するのではなかろうか」

時代の闇を超えて

ラングーン事件後１か月あまりにして、１９８３年11月12日、レーガンアメリカ大統領がソウルを訪ねた。彼の訪韓を前にして噴きだした学生の抵抗は、もっとも激しいものであった。全斗煥政権に対するアメリカ政府の支援というのが、何よりも明白なものになったからであった。通信は、「また冬のさ中で」（『世界』84年1月号）と書き、「レーガン氏の来韓」について強く批判した。２泊３日のソウル訪問を終えて帰国する直前に発表された「韓米サミット共同宣言」の第13項には、つぎのように記されていた。

「全大統領とレーガン大統領は多方面にわたってすでに最上の状態にある両国関係を維持し深化させるために、安保、政治、経済、科学、文化のすべての分野において共同議題に関する会合と協議を継続してゆくことを確かめた」

「最上の状態」というのは、何よりもラングーン事件による韓国国民の不安をやわらげるためであり、韓国の民衆のアメリカ批判的なムードに対する配慮からであっただろう。実際このときのアメリカ大統領の発言とその姿勢は、全斗煥治世下にある韓国に対する最良最大の内政干渉だったといっていいであろう。レーガンは国会演説のなかで、「われわれは1988年に合憲的に政権移譲をなすために全大統領が見せている遠大な計画を歓迎します」と明言した。詳細をのべることは避けて、通信からつぎのような一節を引用することにとどめよう。

「アメリカ側はそれを保障するというジェスチャーをなし、武器を買わせ、もっとアメリカの商品を買わせる。そして沿道150万、200万と動員されたという人の波を、アメリカのテレビに流して、韓国に反米ムードはなく、あるとすればそれはただ一握りのアカの仕業であるという」(3)

ここで通信は、このような政治的ショーがあればあるほど抵抗が高まってくる国内状況を知らせるために、「11月、また死の抵抗」というサブタイトルで、全羅南道にある朝鮮大学のビラに載っているつぎのような詩を引用した。

愛も名誉も名も残すことなく
一生を戦おうと熱い誓い
いま、同志はいずこ、旗のみがひらめく
新しいその日までゆらいではならない
歳月は流れても山河は知っている
目ざめては叫ぶ果てしなき喊声
先にたって進む、山河よ、続け
先にたって進む、山河よ、続け

1983年11月2日の成均館大学民主学生一同の声明文「学友よ！　独裁打倒の旗をあげよう」のなかでは、「数千光州市民を無惨にも殺害した殺人魔がまだわれわれの目の前にひるみもせずに生きている」と声を発していた。また高麗大学では、「全斗煥ファッショ政権」は「アジア太平洋沿岸においてレーガン行政府の東アジア搾取を容易にするような役割を遂行し、韓・米・日の政治・経済・軍事的癒着と相互依存を通して彼らから自身の政権に対する認定をかちえようとしているのだ」（11月7日の「反ファッショ民主化闘争宣言文」から）と叫んでいた。

こういう戦いのなかで11月8日、ソウル大学工学部建築工学科4年の黄政夏《ファンジョンハ》は、攻めてきた戦警

（3）全斗煥の7年任期。

隊に押されて図書館のベランダから落ち、数日後に死亡するという事件が起きた。通信は、それはソウル大学における「金相鎮、金泰《キムテ》勲《フン》の両君の死につぐ3度目の殉国であった」といった。ソウル大学の学生たちの声明はつぎのように嘆いた。

「死んでいるのはわれわれであり、生きているのは政夏兄ではないか。政夏兄は死をかけて歴史の輝く生に参与したが、今は兄はなく、独りはためいている旗の下にわれわれは集まることすら忌み嫌っているのではなかろうか。それならば死んだのはまさにわれわれなのだ」

通信はこのような悲劇には目もくれないマスコミを批判した。そして、「それもあのレーガン氏のショーを支え、それにのみ興味を持っているためだろうか」と問うた。そして、「日本のマスコミはどうであったか。アメリカのマスコミはどうであったか。見ようともしない目に、見えてくるはずがないではないか」と書いた。韓国のマスコミは全斗煥の暴力に加担しているのであるが。そこで通信は何よりもアメリカに批判のほこ先を向けねばならないと、「また冬のさ中で」（『世界』84年1月号）を次のような嘆きのことばで結んだのであった。

「レーガン氏よ、アメリカよ、いつまでその利己的な残忍な偽善の装いを続けようとするのか。屠られた人々の血の声が今や天にまでとどこうとしているのに」

通信は、『世界』（84年2月号）に「10年歳月が流れて」を深い感慨をこめて書いた。通信を72年11月から書きはじめて、その第1信を73年5月号に寄せたことを思い起こしてであった。72年11月のいわゆる「維新体制」からはじまった独裁体制が流れてきた年月を思った。民衆のあいだでは「順斗腐《スンドゥブ》」ということばがはやっていた。順は、全斗煥の妻の李順子《イスンジャ》のことであり、斗は全斗煥自身のことであるが、それが共に腐りはてているということであった。スンドゥブとは、豆腐ができ上がる前のドロドロした状態をいうことばでもある。そのあいだいかに多くの人びとがその人生を犠牲にしたことであろう。しかし、彼らはその過去を後悔しようとはしないと、通信はつぎのように書いたのであった。

「……彼らはこの長い年月、無に流されたように見える彼らの青春を悔いはしない。彼らも民族全体も成長したと思うのである。……腐敗した独裁が長ければ長いほど暗闇は深くなるであろう。しかし彼らは、その時間が長ければ長いほど、完全な革命への準備が整うのだと思う。いままでの民衆蜂起がすべて失敗に帰したのは、それらがみな未熟であったからである。成熟した革命のためには時間が必要である」

革命的楽観論といおうか。彼らは、独裁政権がこれまでいかに多くの「革命の可能性」を生みだしてくれたかを思った。「追放された知識人」がこれほど多くなったではないか。５年も前であったなら「アメリカに対するいまのような拒否の意識と思想があったであろうか」、そして戦う勢力のなかにこんなにも心情的、思想的「一致」が生まれてきたではないかと思った。そこで、「歴史とは皮肉なものである。滅びゆくものが新しい力を生み育ててくれる」といったのであった。

その背後には、何よりも全斗煥支配下で展開された韓米関係というものがあった。それがその後の韓国の政局に大きな影響を与えたことはいうまでもない。通信は、レーガンは韓国を訪問して「八方美人のようにふるまった」と書いた。「韓国の安全にアメリカは最大の保障を与えるといった。韓国経済の発展をたたえ、全一派に最大の支持を与えた」。それは、「韓国の民主的発展」を希望するといいながら「アメリカの企業の助けになるようなことは抜け目なくかち取る」というものであった。「武器市場として」韓国を確保しながら、「韓国の商品、例えば繊維製品などのアメリカへの輸出はかつての半分に」減らし、「32品目のアメリカ製品に対する市場開放」を求めて勝ちとった。全斗煥政権が国民的支持の基盤をなくしていることを利用して、アメリカのサポートを最高のみやげとして与え、いまや韓米関係は「史上最高」であり、それを「一層強化」していくというのであった。

ここにアメリカの対韓姿勢は明白になり、韓国の抵抗勢力の反米は譲ることのできないものになってしまった。そこで全斗煥に対する戦いは、アメリカに対する戦いと一線上にあるように見えた。そのために通信は、「こういった状況の中でそれでも良心を捨て切れずにいる若い人々がいっそう急進化することはやむをえない」と書かざるをえなかった。

１９８４年になると、全斗煥政権はあまりにもむきだしの暴力政権であるがために、国民は冷笑的になり、「追放された学生たちは恐れるよりは、軽蔑し、せせら笑っている」と通信は書かざるをえなかった。それは国民もそうであるが、学生たちが「かつての学生たちより理念的に、組織的に、そして倫理的に大きく成長している」からであるとも書いた（『世界』84年4月号「お母さん、お父さんへ」参照）。

そこで通信は、民衆の風刺、すなわち支配層が忌み嫌って弾圧している「流言蜚語」としてはやっている「2桁数字のＩＱ」「9時タレント」などということばを伝えた。それは、全斗煥をＩＱが低いといったのであるが、「9時タレント」といったのは、夜9時のテレビニュースには彼が必ず最初に顔を出すからであった。そしてもっと面白いことは、人びとが彼を「顔立ちも面白おかしな喜劇俳優」と比べるということであった。「全斗煥と李周一《イジュイル》における共通点と差異点をのべよ」といわれれば、つぎのように答えるというのである。

「共通点……2人とも頭がはげている。2人ともタレントである。そして2人ともわれわれを笑わせる。

差異点……1人は悪者であり、もう1人は善人である。1人については、馬鹿といえば捕らえられ、天才といえば流言蜚語になる。もう1人については、馬鹿といっても構わないし、天才といえば決して流言蜚語ではない。そして1人は自分の分を知らないが、もう1人は自分の分を知っている」(『世界』84年5月号「政治の季節また来る」)

このように民衆のあいだにはやっている流言を紹介して、通信は「民衆の流言が真実を語る。民心は天心である。民心と天心に逆らってこの不義の権力を守ってやろうとするのが、外勢であろう。そのために全一派のアメリカと日本に対する傾斜はクライマックスに達している」と書いたのであった。

こういうなかで84年の3月、4月と春になると、学生たちの抵抗とこれに対する政府のあの手、この手の弾圧について通信は報告した。とくに、懲罰のための軍隊への召集入隊という弾圧手段が使われていることについて書いた。

「83年頃から対外イメージをよくするというので投獄された政治犯の数を減らして、この強制徴集という弾圧手段が大々的に用いられた。肝炎や肋膜などの患者、視力不良の者、体重45キロ未満のもの、年齢に満たないものはもちろん、小児麻痺、てんかんの人までも無差別の入営であった」(『世界』84年6月号「答えよ、あの死について」)

入隊させては、監視はもちろんのこと拷問を加え、休暇を与えてはかつての同僚の動きに対して密告するようにと命じた。84年4月10日、キリスト教人権委員会創設10周年の記念礼拝のなかで公開された一つの証言は、人間はこれほどまでに残忍になりうるだろうかと思えるものであった。その報告書によれば、召集された15名の学生のなかで6人が死亡したというのであった。それは目を覆うほどの実に悲惨な物語であった。「嵐のキャンパス」という項目の冒頭は次のように記された。

「軍で死亡した若い人びとの死体を前にして、家族は〈あれほど面会に来ることを待っていたのに、死んでしまってからようやく会えたのか〉と絶叫した。これらの〈怨めしい死の行列は断じてたち切られねばならない〉とも」

仕方なく全斗煥は、キャンパス内のデモは取り締まらないといってみたが、そうすると毎日の如くキャンパスは荒れに荒れた。新聞はこのことを報道することもできないのに、記者と称する者がこの模様を写真に収めるという。しかしそれは他日、学生たちを一網打尽にするための安全企画部の行動かもしれないと、学生たちはこれに抵抗せざるをえなかった。このことについて通信はつぎのように書いた。

「しかしそういうことでもあると、新聞では記事はもちろんのこと、社説まで動員して、取材の自由を叫び、学生たちの〈過激な行動〉を非難することにしている。そこで学生たちは今日の言論を罵るのである。権力の暴力、取材の自由に対するその全面的な干渉に対しては一言もいわないで、あるいは言えないくせに、学生たちの全く取るに足らない抗議には〈過激な行動〉だと一斉に口火を切るのである」

このように市井の言論に対する行動的な学生たちの批判は高まったのであった。これは暴力的な政治下における「まったくこっけいな」状況といわねばならなかった。全斗煥統治というものは、国民と統治勢力との対立を、このように国民どうしの対立と抵抗に分散させようとしたといえるかもしれない。軍人には、異質な人びとともに対話を交わしながら和を築き上げるという発想はない。しかし、それでもまた新しい弾圧があるといっても、「それは長い目で見れば、権力の没落の一段階であって、決して永久なる延命に連なるものではない」と通信は書いた。

そして「答えよ、あの死について」のなかで、「政治の気流」というサブタイトルを掲げて、「出来事が思想を決定してくれたのだ」「革命路線に民衆を大々的に動員できないとすれば、テロしかないではないか」とさえ書かざるをえなかった。そのときの絶望的状況での意識の高揚だったといえるかもしれない。それが今日の韓国の現状とどのように関係しているかを検討することも、重要な課題であろう。韓国の現在にも影響をおよぼしているラディカリズムの起源は、そこまでたどれるのかもしれない。

全斗煥統治下の状況は悪化することはあっても、改まる気配はまったく見えなかった。１９８４年5月16日、４年前光州事件が起こったこの日に、咸錫憲、洪南淳《ホンナムスン》、李文永《イムニョン》、宋建鎬《ソンゴンホ》、高銀《コウン》など23人による「今日の民主国民宣言」が発表された。その冒頭は次のようにはじまっていた。

「われわれは今日の諸般の事項を省みる時、70年代の維新体制を継承した現政権下において、いわゆる5・17事態以来4年を迎えたが、依然として非民主化による蔓延した矛盾と、分断固着による民族生命の麻痺状態をいっそう体験している」

まずこの声明は「現政権は暴力を行使している」といっては、暴力事態を告発しているが、一例をあげれば、この4年間軍に強制的に入隊させられている４６５名のうち「最少６名の学生が疑問の死をとげている」といった。それは同僚学生たちに対するスパイ活動を彼らに強要したからではないか。現政権すなわち「暴力政権は反民族、反民主・反民衆、反平和的政権」である。「しかし、われわれの戦いは非暴力的抵抗である」（『世界』84年7月号「暴力とカリカチュア」参照）。

このような戦いのなかで、たとえば１９８４年5月19日の夜、旧ソウル大学のキャンパスにある興士団本部における集会「〈光州義挙〉４周年の記念追悼会」に集まった１０００余名の帰路を機動隊が襲い、1人の妊婦が殴打されて流産した事件を通信は伝えた。彼女も81年の学園デモで大学を追放された身分であったが、またこのような目にあい、つぎのように公開手紙のなかで訴えたのであった。

「2度とこの地にそのような痛みがないように、どこまでも先鋒に立って倒れるまで、おまえの兄ちゃんサンウクもともに戦うであろう。決して忘れるな。名もなきわがいとしい娘よ、おまえの額には必ず白い鉢巻をしておくれ。〈民主主義万歳〉という鉢巻を。いつかわれわれは〈民主主義万歳〉を叫びながら、おまえを訪ねよう。そうだ、赤ちゃんよ、おまえの名を〈民主主義万歳〉とつけよう。〈民主主義万歳よ、民主主義万歳〉」(『世界』84年8月号「それでも希望を歌う」)

こういう暴力の日常化のなかで通信は、アメリカがその暴力を最大限支持しようとし、「日本もこの構造に一層献身的に参加しようとする」といって、日・米・韓のいびつな協力体制を批判した。そして韓国の政府系中央テレビKBSの醜悪な姿について、「あなたたちは周辺の条件によって強要されたのではなく、周辺の条件を口実に身を売り渡した堕落者である」と非難した(『世界』84年8月号「それでも希望を歌う」参照)。

こうしているうちに、前年にフィリピンにおいてアキノ上院議員が殺害されたことで、17年間も執権してきたマルコスの権力に危機が訪れたことが伝えられるようになった。「マルコス政権の残命」について、アメリカの国務省は2か月、国防省は2年と異見があることも伝えられた。そこでアメリカの韓国における全斗煥支持も同じ運命をたどるであろうと見られた。

「全斗煥が権力を奪取するのを支援し画策したアメリカの政策について、その責任を問う時がきた。そのとき駐韓アメリカ軍司令官であったウィッカム氏があれほど公然と支持したのだから、全氏一派のクーデターを支持しそれを進めたのはペンタゴンか。またはCIAか。あるいはレーガン行政府か。

またはそれは経済界の工作によるものであったか」（『世界』84年12月号「崩れ行く軍の支配」）

　このような認識の下に「生ぬるい民主化の道という幻想よりも、統一へ向けてまっしぐらに突進すべきではないか」という急進的な方向へと、運動が急旋回しているように見えると通信は書いた。そして9月19日の午後、清渓川平和市場前においてくり広げられた2000名の激しいデモのもようを伝えた。警察は催涙ガス弾を過剰に打ち放って市民のデモに対する嫌悪感を誘い出そうとした。また、各大学では学徒護国団を否認して、学生たちの自由選挙によって総学生会長を選出した。これがソウル市内の数多くの大学に波及し、反体制側の強硬派が学生たちの先頭に立つようになった。そして、いままでの新旧キリスト教を背景とする抵抗は穏便なものとして後に追いやられた。そこで通信はつぎのように書かざるをえなかった。

「だからこんな動きに比べれば、金芝河《キムジハ》などもなんでもないことになる。そこで禁書になっていた『大説、南』も解禁になった。……急進派にとっては、金大中氏すらも原則的な民主化を唱えるくらいの、余りにも穏健な政治家であると考えられている。彼らが思っているのは革命行動である。金大中氏の帰国も穏健派の運動におけるイニシアティヴを回復するためには、遅すぎたといえるのではなかろうか。アメリカはそのような穏健派を排除して独裁政権を支持してきたのだが、それではいけないと思って、そのような穏健派に目を向けるときには、時すでに遅いということになる」

　84年11月17日発信の「危機日々深まる」（『世界』85年1月号に掲載）が伝える「警察か？　強姦犯か？——警察の蛮行を告発する」という韓国キリスト教学生会総連盟の11月13日付の声明は、急進化する学生運動に対して、全斗煥政権がいかに残忍な無法天下を容認していたかを示してあまりあるであろう。この声明に現れている具体的な事件をここにあげることは差し控えねばなるまい。この声明の終りには、「野蛮的醜行行為に抗議して電話をかけましょう」ということばとともに、「清涼里警察署長」「西大門警察署長」「内務部長官室」の電話番号まで記されている。あらゆる「蛮行」までそそのかして国民を抑えようと、それほど全斗煥政権は非人間的であった。このことは、韓国キリスト教協議会人権委員会が発行する「人権消息」(11月15日付)にもつぎのように報道された。

「数多くの国民を殺害して銃剣で権力を掌握した政権は常に不正腐敗の主役でありました。それがいまや女性たちに対する強制醜行までも民主化運動弾圧の武器に利用しています。……」

通信は、各大学の反独裁民主化闘争委員会が寄せた「11・3学園暴力事態の事例調査――個人陳述書及調査内容」のなかからいくつかの事例を紹介した。そこには、抵抗的な学生たちが教員の集団に暴行を加えられているいくつかの事例が記されていた。民主化を要求する学生たちに教員が暴行を振るったことはかつてないことだった。それに対して通信は、つぎのようにコメントを加えたということだけをここではつけ加えることにしよう。

「想像を絶する情景である。暴力政権の下では暴力を振わねば生き残れないというのであろうか。彼らは学生たちを〈没知覚の者〉と呼んでいるが、彼ら自身は〈没知覚の者〉以下である。なんと呼べばいいのだろうか。この異常な時代がどこまで続くというのだろう。こういう暴力事態の中でマスコミは官の暴力には口をつぐみ、学生たちの暴力についてのみ報道している」

それにもかかわらず、いやそのために「学生たちの抵抗は、全国的にいっそう高まっている」。それは「不屈、不退転」であり、「組織的」「戦略・戦術的」である。「権力側が学生にふり廻されている感じ」であった。「投獄すれば一般囚までだきこんで獄中抵抗をくり広げる」。大学に戻ると「統一戦線」を形成し、また労働者とも「統一戦線」を組む。教員はいかなる方法を使ってもこれを破壊することを命じられ、マスコミは、これを「一部、少数、極烈、左傾」と報道するよう命じられた。学生たちは、また軍に強制徴集されては「監獄ならぬ兵営」で苦しまねばならなかった。この国は「全一派」の「私物」なのかと問いかけながら、この「ファシズムは国民の血みどろの抵抗なくしては差し止めることができないと考えざるをえなくなった」といえた。

84年10月24日、ソウル大学では中間試験ボイコットの戦術が使われた。試験に応じない者は０点で処理するようにと命じられたが、80パーセントを超えたボイコットの学生をどうすることもできなかった。学生たちは市内の街々でゲリラ戦法を使った。６５００名の戦闘警察はなすすべを失ってうろたえた。

11月３日は１９２９年の学生抗日抵抗を記念する日。延世大学で全国42大学が参加した「民主化闘争学生連合」が結成された。「現政権を退陣させねばならないという歴史的召命」によってこの学生連合は誕生するのだといった創立宣言文「降ろすことのできない旗よ！　民主化闘争よ！」から一節だけを引用させていただきたい。

「われわれは今日の現実を、外勢とこれに便乗したごく少数軍部独裁集団によって強制されている反民族的・反民衆的民衆分断の状況であると規定する。見よ！　この地の６０００万民族にあらゆる不正と悲劇をもたらしている分断の現実を。韓半島は米ソ強大国の核の人質に転落し、民族の運命は百尺竿頭に立ってしまった」

そして全斗煥勢力は「米・日独占資本」に奉仕していると告発したのであった。全政権は「買弁的親日政権」であり、「この時代」は「反民族的」「反民主的」「反民衆的」時代であると規定せざるをえないというのであった。11月14日の午後には、２６４名が一斉に「全一派の政党、民正党にそれこそ〈乱入〉し、「われわれの主張」14か条を提起して強く民主化を要求した。こうして全員が連行され、そのほとんどが拘束されたことはいうまでもない。

このような戦いにひるんで、だいたい84年の春頃から全斗煥勢力はやや柔軟な政策をとりはじめたといえるであろう。「牢屋を政治犯で満たし、数千名にのぼるほどの学生たちをキャンパスから追放することは、革命軍を増加させるようなものであった」（『世界』85年3月号「春を待つ政局」）

このように追放された学生たちは、牢屋に入れば一般犯罪人と連携するようになる。それに全政権は、米・日との三角関係に気を使わねばならなかった。それで通信は、「その見せかけの宥和」についてつぎのように書いた。

「それで若い人たちは彼ら特有のことばで今を〈宥和局面〉と名づけ、そしていつでも恐ろしい強硬策に戻りうるというので〈準反動局面〉とも呼んでいる。しかもこの〈宥和局面〉は88年のソウル・オリンピックまで続くかもしれない。ここで若い人たちはこの〈宥和局面〉を最大限利用して戦うことを決意しながら、これを〈相対的宥和局面〉であるとも規定している」

この機会を最大限利用しなければならない。「われわれはなぜ民主争取運動に起ちあがらねばならないか」という地下文書によれば、抵抗勢力のこういった意識は実に明確なものであった。12年間もこの国民は大統領を自らの手で選ぶことができなかった。そこで「買弁軍部と権力の傀儡になっている者を除いたすべての勢力を民主化運動に包みこむことのできる抱擁性」が、戦う人びとには求められた。とくにこれは、85年2月12日の総選挙に向かって抵抗勢力がとった姿勢であった。

このときは「宥和局面」、または「準反動局面」のせいで抵抗戦線が大幅に拡大した。10月16日に組織された民主・統一国民会議の議長に推薦された文益煥のつぎのようなことばは、この時代を象徴してあまりあるであろう。

「〈お前は何も特別な才能を持っていないから旗でも持っていろ〉という民族史の命令に逆らうことができず、旗手となりました。われわれがみな民主・統一の高地に登りつめるまで、私はこの旗を生命を捧げて守るつもりです。ぼうっと目の前に浮かび始めたあの高地に至ってこの〈民主・統一〉の旗を立て、その前に倒れて死ぬことができれば、これ以上願うことが何がありましょうか」

この85年1月17日発信の通信においても、アメリカ批判ははっきりと現れていた。反共の名において全斗煥を選んだことで、「韓国内でもかえって左派を台頭せしめたこと」を指摘した。何よりも彼ら軍人政治家たちは、「民間政治家としては想像もつかないような食言をして」「勝利者顔」をすることを思いだした。そして「苦しいかもしれないが、アメリカに対する片恋から脱して、反米的になったこと――これは80年代の戦いにおける最大の収穫の一つである」とまでいったのであった。

そして通信はそのつぎの号で、彼らはその「戦略戦術そしてその思想と使命感において」「旧世代は及びもよらない」20代、30代であるといって、「乱世が思想を生み人物を生んだといおうか」と書いたのであった」（『世界』85年4月号「金大中氏の帰国」参照）。

全斗煥一派が軍部出身をその体制のあらゆる領域に浸透させようとすると、それは「軍部支配だけではなく」、彼らが金科玉条のように掲げる「反共すらも拒否しようとする心を若い人びとの間に、国民の間に呼び起す」という歴史の皮肉を経験せざるをえなくなった。また、「それがアメリカに対するリアリスティックな批判をもひき起こした」のであった。それに目を据えて、帰国を前にした金大中はつぎのようにいった。

「長期間の独裁、政府の腐敗、経済的、社会的不正そして米日の独裁に対する支持という強い印象のために、わが国民の幾分かが、とりわけ若い人びとが、非常な怒りを発するようになった」

1985年2月8日午前11時30分、金大中は2年半ぶりに、恐ろしい暴力のどまんなかに帰国した。禁止と弾圧とにもかかわらず、飛行場から市内に入る金浦街道には50万から100万の群衆がひしめいたといわれた。その日、ソウル大学総学生会は、「民主回復の燦然たる炎であることを――在野の政治指導者金大中氏の帰国に際して」を発表した。それは「学生を先頭にした労働者、知識人、宗教人、一般民主市民など韓国内の進歩勢力のますます増大する民主化熱気、ますます高まる全政権に対する対政府批判とまた対米不満感情に対して」、アメリカも全斗煥政権も譲らざるをえなかったといった。そして、「このたびの帰国が民主回復の燦然たる炎に点火すること」を祈ったのであった。

こうして2月12日、金大中や金泳三など重要な政治家を出馬禁止にしたまま、それこそ制度そのものからして「凍土の選挙」といわれた総選挙が行われた。国民のこの選挙に対する熱気は大変なものであったが、選挙制度も、それが行われた実際も、不正に満ちたものであった。開票参観人は12人で6人ずつ交替で勤めた。候補が指名した人は1度に1人という状況であった。92選挙区のなかで、議員の1人は与党民正党が占め、残りの1人を多数の野党が争うという仕組みであった。そして比例代表は92名であるが、与党がその3分の2を占めることになっていた。

こういうなかで、独裁打倒を掲げて新民党が50議席をえて全国区から17議席をえたというのは、圧倒的な勝利といえた。与党民正党は、87議席をえて比例代表として61議席を占めたのであるが、全斗煥軍部勢力は、政治的将来に対してますます不安をいだかざるをえなかった。

この選挙後、全斗煥政権は没落の道を急ぐようになるのであるが、そのとき通信が伝えた日韓関係にかんすることばをここに1か所だけ引用することにしたい。日本はこの「国民虐殺の張本人として攻撃されている」全斗煥と「新日韓時代」を高らかに謳って半年足らずであったが、その権力の基礎が揺れていると、つぎのように続けたのであった。

「日本人の間にはいかなる権力も永遠であるという権力絶対主義が根づいているのであろうか。韓国人は権力は実にはかないものだと思ってきた。……反日の嵐が吹くのも決して遠くはないと思えてならない。〈新韓日時代〉〈成熟した韓日パートナーシップ〉それも歴史の激流の中で、実にはかないものに終わるであろう」（『世界』85年5月号「民主化前夜」）

この選挙における若い人びとの貢献は忘れることのできないことであった。韓国の政治史における新しい現象といえるかもしれない。そのために通信は、この若い人たちと、とくに韓国の政治に関与するアメリカについて考えざるをえなかった。「アメリカの対外政策はペンタゴンと資本からくるのだろう」「アメリカ外交の不道徳性をどうみるべきか」などと、アメリカによる「世界政治の腐敗」と、これからの韓国の若い人びとの良心とのあいだにかもしだされる葛藤のようなものを深く憂えたのであった。

そして85年6月号の『世界』において通信「疾風吹き巻く日々」は、その冒頭に「解放後40年の歴史のなかで、このように烈しく揺れた時代があっただろうか」と書いた。すべてが驀進しているような歴史のなかで、「今までの40年の歴史の軌道を否定」しているようだと考えた。「反共、安定、近代化、発展、親米すべてが間違った道ではなかったか」と問うているように見えた。そして、ある文学評論家の文章を引いた。「われわれのアメリカ人に対する今までの理解と信頼は果たして正しいのであるか……」

この評論家は、朝鮮戦争のとき黄海に消えていく韓国人ゲリラ部隊を放置したアメリカ軍将校の話「波よ、波よ」と、韓国人アメリカ移民の話「帰ろう、わがねぐらに」と、「ハロー・アイ・ラブ・ユー」の三つの作品をとりあげた。こういう雰囲気のなかで１９８５年4月には「民衆文化運動協議会」が生まれたことを伝えて、その発起文から引用した。今日この社会には「奴隷化の文化」が横行している。「第三世界の高級文学は買弁的であり、独占的な性格を担っている」などと、その協議会の『民衆文化』から引用しながら、通信は「今日の世界に対するトータルな否定である。その文化を含めてである」と書いた。そしてそれは、「植民地知識人の振舞い」を拒む「生の痛切な叫びである」とも紹介したのであった。

検閲当局と出版物のせりあいも、この時代を象徴するものであった。出版物が競って批判的、または反体制的なものを出す。検閲の終了を待ちながら、その一方で地下において売りさばいてしまう。検閲当局も、だんだんと恨みを買うほど厳しくしたくはないと思うようになる。こうして、いわばし上がってくる民衆の力に権力側は少しずつ譲ってしまうのであった。

そこでついに、東亜日報の月刊誌『新東亜』や朝鮮日報の『朝鮮』などがその4月号に、おのおの金大中、金泳三両氏とのインタビューをのせた。大新聞の出版物はこのように機を見るのに敏であるといわざるをえない。与党１４８席に対して野党が１０３席と肉迫する政治状況になったからであった。それで通信は、「今の国民の抵抗を無視して暴力的延命を図ろうとすれば、必ず破局がくる」と書き、日本の言論に対して、「流れる水のような」いま韓国に芽吹いている「民心」に逆らうことのないようにとすすめたのであった（『世界』85年6月号「疾風吹き巻く日々」参照）。

総選挙後のソウルの状況は、すでに全斗煥政権の統制のおよばないものになっていた。85年の4・19革命記念日に、民主化運動青年連合人権委員会や韓国良心犯赦免推進委員会など民主化運動の諸団体がだした「獄中で呻吟している愛国志士、民主人士を救出して、強奪されたわれわれの勝利を争取しよう」という声明は、新聞などが「ソウルの春」を云々しているのは、全斗煥政権の謀略または国民操作の一つであると批判するほどであった。

「この〈ソウルの春〉ということばは、民衆のたぎる抗拒に恐れをなして、買弁的独裁集団が、彼らの永久執権計画を偽装し、熱火のような民衆の政治的指弾を避け、民衆を分裂させるための糊塗策である。いわゆる対話とか春とかいう美辞麗句をつくろい、優れた官製マスコミを総動員してけたたましく騒ぎたてているだけである」（『世界』85年7月号「里程標を振り返る」）

こういう状況は、全斗煥政権の終末が近づいたことを示しているようであった。「内務部当局の発表でも3月から5月22日まで、大学生の示威は延べ995回、参加人員27万人に上る」というのであった（『世界』85年8月号「民族の十字架よ！」参照）。

光州の民主抗争から5年、85年5月12日から27日までを、民主化勢力は「5月光州民衆抗争記念期間」と定めた。民主化運動青年連合が発行した『民衆新聞』（第9号）は、全斗煥勢力は「米国、日本などの外勢に対する政治・経済・社会・文化・軍事的隷従をもって自らを強化した」とはっきりい い、「光州虐殺の責任を取り全斗煥は退陣せよ」と公然と叫ぶようになった。そして大学のキャンパスのなかではどこでも「米帝国主義打倒」と謳うようになった。

5月17日に発表された民主・統一民衆運動連合の「光州虐殺の元兇たちは退陣せよ」という声明は、つぎのような5か条を含んでいた。

1　光州虐殺の元兇集団である軍事独裁政権は退陣せよ！

2　光州虐殺の元兇たちと下手人たちを国民の名で断罪しよう！
3　米国は光州虐殺を幇助したことを謝罪して軍事独裁政権をこれ以上支援しないようにせよ！
4　全国民は光州虐殺の真相を明らかにすることに共に立ちあがり、軍事独裁政権の罪悪を暴露しよう！
5　光州抗争犠牲者たちの遺族を助け、彼らが正当な補償を受けるように運動を展開しよう！

このように光州事件を中心に「反米主義というもの」が強くなってくると、光州事件当時の駐韓米大使ウィリアム・グライスティンは、朝日新聞とのインタビュー（5月16日付）を通して、アメリカは韓国軍の光州出動には合意したが、「韓国側が米政府の度重なる警告と自制要請を無視して武力鎮圧を決行した」と発表した。これに対して通信は5月18日、民主・統一・民衆運動連合が発表した「米国は光州虐殺の責任を回避してはならない――前駐韓米国大使グライスティンの記者会見を見て」という声明の全文を引用した。グライスティンの発言をいちいち反駁したこの長い声明をここにそのまま引用することはできないが、ただ駐韓米軍司令官ウィッカムについて言及しているところだけを引用することにしたい。

「ウィッカムは80年8月7日の記者会見において〈政治弾圧政策と政権に対する国民の支持がない状態が続いても、米国は全斗煥将軍を支持するであろう〉といいながら〈韓国国民の国民性は移行ねずみと同じで、誰が指導者になっても、その指導者について行くはず〉だといったではないか？　米国が虐殺に反対したというならば、ウィッカムはいかなる理由で虐殺の元兇が首班になる政権を支持すると公言したのか？」

通信はそのとき、アメリカ側が「われわれは、内政干渉はできない」「韓国は独立した国である」「影響力に限界がある」などとしらを切ると、韓国の知識人は日本人の朝鮮植民地支配を思い出すといった。

「１９１０年の韓国併合の日まで、日本もちょうど同じような口調で、日本は韓国の独立を保全し、東洋平和を守るのだとくり返したものだった。歴史はくり返すというのか」

こうして通信は、79年10月の朴正煕の暗殺から展開された「韓国の状況は全くアメリカの軍部とCIAの手中に握られておりその工作の結果である」といった。そして「そのような工作」が世界至るところで失敗してきたといっては、「全斗煥を押し立て、光州の残虐を企て、民主勢力を粉砕したのはアメリカである」とまでいった。そして、「もうアメリカ人といえば、誰でも軽蔑したくなる。成り上がりの傲慢と無知と愚鈍と言おうか。あの厚顔無恥な欺瞞と偽善」と続けた。

アメリカに対するこのような感情と認識は、多くの韓国人、とくに全斗煥政権と戦う人びとにとっては共通したものであった。こうして「5月23日から3日間、女子学生20名を含めた73名の学生たちがソウルのアメリカ文化院を占拠した」事件が起こった。通信は「それはまさに起こるべくして起こった事件である」と書かざるをえなかった。

この73名の要求は、「光州虐殺承認」に対する「謝罪」、「韓国国民に不利益をもたらすすべての経済的措置」と「現軍事政権に対する支援」の「撤回」を求めるものであった。彼らは全国学生総連合所属の民族・民衆・民主を掲げて戦う三民闘争委員会の学生たちであった。その声明「われわれはなぜ米文化院に入らねばならなかったのか」から一節を引用してみよう。

「それまで(4)韓国国民は米国を永遠なる友邦であると考えてきた。このことは日帝の暴圧からの解放と、自由民主主義の守護のために共産系列と戦った戦争において確認されたと信じていた。しかし今や韓国国民は光州虐殺に対する米国の支援に対して、濃い疑惑を持っており、光州虐殺に対する責任を米国も取らねばならないということを認識するに至った」

通信は、73名の「米文化院籠城事件」を伝えながら、彼らがとりあげている例のウィッカムの「移行ねずみ」という発言についてもう一度言及しなければならなかった。「韓国国民の抵抗精神を知っていて全一派を支援するために」そう言ったのか。アメリカ人以外はすべて「移行ねずみ」だと思っているのか。いや軍人の目には、「人間とは武器の前での〈移行ねずみ〉」としか見えないのであろうと書いた。

彼らは4日目の5月27日に籠城を解いたが、国民のあいだでは彼らを非難する声はほとんど聞こえなかった。「この事件によってアメリカのレーガン政府の対韓政策、ペンタゴンの世界政策がいかに残忍なものであるかが、少なくとも韓国国民の多くには深く印象づけられた」といえた。１９８５年5月28日、当局は73名中25名を拘束したと発表した。

このような若い人たちの急進化というのは、恐ろしいものであったといえた。彼らは数百冊の本を読んでいて、大学では教師たちも彼らの前ではたじたじであるといわれた。これまで就職などを問題にしないで、大学生がこのように「自主的に学問に励んだことがあったであろうか」と通信は問うた。「彼らはすべての読書をこの悲劇的な時代、自分たちの痛切な経験を解釈理解し、それを思想化するためになすのである」

この革命勢力の前で「権力はできるだけその新しい時代が到来するのをくい止めて遅らせておいて、その間収奪の限りを尽くしては逃げて行こうとするのかも知れない」(『世界』85年10月号「時代の暗闇を越えて」）と通信は書いた。実際、今日においてすら問題になっている全斗煥政権はそのようなものであった。

　こういう時代のなかで通信は、「連行、暴行、そして死」（『世界』85年11月号）と書いて、韓国の状況を告発しなければならなかった。支配の暴力に対して、抵抗する民衆の力はまったくの非暴力であった。通信は「無名青年の死」というサブタイトルで、光州で起こった洪起日《ホンギイル》の死についてつぎのように記した。

「洪さんは25歳の労働者であった。80年5月〈光州民衆抗争〉の時は〈市民軍〉の1人として参加し、重症を負い治療を受けた。そして彼はその時から生き残った事を重荷のように引きずっていた。彼は石油に火をつけて炎に包まれながらも〈光州市民よ、沈黙から目ざめよ〉〈学園安定法[5]反対闘争に死を決して参加しよう〉と叫びながら50メートルもデモ行進した。それは5年前の光州事件の時、戦いと悲劇の中心であった道庁前、噴水台の所で起こったもう一つの死であった」

　彼の死のときの模様など通信には詳しく記されている。金大中・金泳三両氏や李敏雨《イミヌ》新民党総裁などの痛切な弔辞などもここに書き写す余裕はない。ただ、このような事件に対する通信のコメントの一節だけを引用することにしよう。

「焼身の死が起こるということは、時代が非常事態に入り、最悪の状況になったことのサインであ

（4）光州事件まで。

（5）大学のすべての学生団体を解体、大学に問題があればいつでも警察力を導入、不穏な学生は隔離収容して、洗脳教育を施行する。

る。地元の新聞、光州日報は洪さんの願いに逆らってこの事件について一言も報道しなかった。ソウルの大新聞もただ数行小さくその死を知らせただけであった。光州事件の悲劇はこのように今日も続くのである。光州の恨《ハン》が晴れる日、その解放の日までそれはうずき続けるであろう。新しい歴史が始まるまでは」

こういう悲劇が起こると、全斗煥の暴力体制はいっそうその暴力を強める。また、抵抗勢力は後退するのではなく、毎日の如くデモを強化する。そのデモの先頭に立った指揮者は、石油をかぶって警察が近寄ると焼身自殺するとおどし、集会が終われば縛《ばく》に就《つ》く。そのつぎの集会には、地下にもぐっていた新しいリーダーがまたそのような姿で現れるというやり方であった。その一方で、焼身自殺の戦いも続く。通信は9月17日、ソウルで学生宋光永《ソングァンヨン》がそのような戦いを続けて、いま余命いくばくもないと知らせながら、つぎのように問うては答えざるをえなかった。

「この全く正当性も有効性も持たない暴力権力を支えるのは誰か。軍部か、資本家か、アメリカか、日本か。それは世界を支配する総資本であろう。自分たちの富のためにあらゆる政治支配を計画しているのだ」(『世界』85年12月号「断腸の再会・政治の壁」)

こういう状況のなかで、このときの通信につぎのような一節まで現れるようになったことは、韓国の反体制運動が80年の光州事件以来、急激に急進化していることを示したものであるというべきであろう。

「南において今までになく民族統一の声が高まっているが、三民闘委(注、民族・民衆・民生闘争委員会)の場合のように、彼らはもっともひどい暴力の仕打を受けている。彼らは解放後のいわば右派の歴史観を否定して、共産主義的抵抗も今や民族的抵抗として再評価しようとしている。今まで共産主義暴動として歴史的に正しい評価を試みようともしなかった1946年のいわゆる〈大邱10・1暴動事件〉も1948年の〈済州島暴動〉も、彼らは民族的抵抗として捉えようとしているようである」

これは「1950年の戦争（朝鮮戦争）以来、考えられないような動き」であるが、北はこれを利用して非現実的な北の体制の優位を宣伝しようとしているようであった。そうすると、南はこれに引きずられて、南北家族再会に応じながらも、全力をあげて反共宣伝をしようとした。通信は、「テレビは北からの芸術団の公演は時たま一こまずつ流しながら……解説という名の非難ばかりをくり返し……南からの芸術団の公演は延々と時間をかけてその全部を流した」と批判せざるをえなかった。

南北の政治は、ともに民族の分断など感じることのできない硬直した無神経なものと思わなければならなかった。そのために通信は、「この民族は伝統的に政治は国民を極度に収奪するものであると考えてきた。それが今度の南北訪問によって一層痛感されたかも知れない」と書かねばならなかった。このなかで三民闘委などの若い人びとは、分断に激しく抵抗するようになった。しかし、それは「ラディカルなアカだと宣伝」されるだけであった。通信は、民主政権の下で「政治的に悪用しない南北の対話」が可能な日をただ夢見るだけであった。それは南北の政治勢力も、「米・日の現在の政治権力」も、実は望まないことであるとしながらも。

通信をめくりながら、原稿用紙1万枚にもなる内容を300余枚にまとめあげようとして多くの内容を割愛してきた。ここでは『世界』86年1月号の「アメリカは友邦か」という通信から少し引用してみたい。それは民主言論運動協議会がだしている雑誌『マル』（言葉）85年3月号に掲載されている「座談・拘束学生の両親はこのように語る——なぜ彼らが悪い、偉いことをしたのに……」であるが、投獄学生の家族が語ったことばである。数多くの感動的なことばから一つだけをここに書き写すことにしたい。姉が獄中にいる弟について語ったことばである。

「シミン（ソウル大経済学科3年）は最近も〈お姉さん、泰平な世の中であれば、学校の先生にでもなりたかったのに……読んだ本について心ゆくまで子どもたちに話してやりたい……〉というのでした。

幼い頃、夜遅くまでカーテンをおろして本を読みながら、泣いているのを何度か見かけました。あまりにも感受性が清く、よく感動する子でした。幼い時、いつも殴られて帰ってくるので〈阿呆みたいに、女の子にも殴られてくるの〉と叱ると〈私がその子を殴れば痛いだろう〉と答えるのです。

入試のために勉強に熱中していた高校3年の頃、母が生計を助けるために小さな店を始めました。朝お弁当を2つ包んで学校に行って、夜12時になると、30分もかかる夜道を歩いて店にやってきては店の鎧戸を閉めてくれました。そして母が寝床に入って休んでからまた勉強に出かけるほど、母に対してはほんとうにいい子でした。

学校までは50分もかかる遠い道のりでした。自転車を買ってくれとねだることもできずにいたが、私が買ってやった時、それをどんなに喜んでくれたか、その姿が目に浮かんできます」

もっと書きつらねる余裕はないが、一つだけ彼らの獄中からの便りを引用することにしよう。「白い壁に囲まれた24時間燃える白熱灯という拷問部屋からの便り」である。

「われわれを温かく助けて下さる方々の消息に接する時、人と人との間の関心と愛情について淡々と考えるようになります。この社会がすべての人に愛情と関心を施すことのできる地に変化することが、われわれの願いであるとすれば、そのことはまさに身に余るほどの関心と愛を受けたわれわれがなして行かねばならないことではないかと考えます」

このような文章を読みながら涙ぐみつつ、通信は「獄中の人びと」という項目をつぎのように結んだのであった。

「彼らは虐げられているのではなく愛されているというのである。抑圧の下でかえって清い友愛が生まれる。それで、その暖かさであの火の気のない酷寒の冬を耐えて行こうとするのであろうか。今年も暮れて行く。怒り狂うべき85年を、こうして送らねばならないのか。

彼らの思想と人間は、このように彼らの行動と苦しみから芽生え、その運命を耐えて戦うことができるようにしてくれるものであろう。健康であれ、美しくあれ」

この通信はまた、「拷問と死」というサブタイトルで、恐ろしい拷問と抵抗の死についても伝えた。それにもめげず戦う若い人びとについて語りながら、「この正統性も合理性も有効性も持たない暴力機構を支えているとは、アメリカと日本はどうしたことか」と問わざるをえなかった。85年11月には駐韓アメリカ商工会議所、セマウル本部などと抵抗学生の占拠事件が続いた。彼らは韓国の不幸の背後にはアメリカがあると信じていた。また、全斗煥政権が北との対話でもあれば権力が続くのかと思っているのに気づいては、北に対して盛んに警告を発した。ここで通信は「韓国の不幸を経済的、社会的要因によって説明しようとした歴史学または社会科学は終わったのではなかろうか」といっては、それを「一次的に政治特に悪しき政治をなした人間の問題として捉えようとする」のだと書いた。そして、はっきりと全斗煥政権後の社会について憂えた。

「抵抗する側には美しい人間精神、その間にすばらしい友情などが生まれるかもしれない。しかしそれが苦しみの終わった時代に、必ずしもよき政治力となるとは限らない。愛国志士の政治はかえって失敗してきたのではなかろうか。それはしばしば分派主義の犠牲になってしまった」

こういって1945年の解放後の政治における失敗と、1960年の4・19革命後の失敗をあげた。そして「占領した高地を2度と失うことのないように固めねばならない」と強調した。また「政治とは愛国志士の仕事ではなく別の種類の人びとの仕事なのかも知れない」と不安な未来を憂えた。多くの犠牲を通してついに「暗い夜は明けくる」にちがいないと思ってはいたけれども。

1986年2月号の『世界』に掲載された通信は、前年の12月13日発信のものであったが、その題は「おお、大韓民国よ」というものであった。ここでは崩壊前夜の全斗煥政権の姿がはっきりとくみとられていたといっていいであろう。11月20日の東亜日報のコラムも「おお……大韓民国」という題でつぎのように書くようになったというのであった。

「思想の危機、政治の危機、経済の危機によってわれわれは断崖に立たされています。おお大韓民国よ、どちらに向かっていますか。神よ、この国を救って下さい。この地の生命どもを守って下さい」

国会では与党の議員だけが別室に集まってわずか2分間で86年度の予算案を通した。野党新民党議員はそれで「断食籠城」に入った。9名の学生が光州アメリカ文化院を占拠して逮捕された。こういう悲しい事実を列ねては、通信はつぎのように書いた。

「朴政権下では政治犯の数が最高になった時でも430名程度であった。今は800名である。彼らは法廷に立たされると、思ったことを堂々とのべるだけではなく、検事を判事を軽蔑して笑うのである」

12月3日、4日間の座りこみと24時間の断食闘争をした野党議員たちは、「憲法改正」「単独採決無効」のプラカードを掲げて街のなかをカー・パレードした。警察は事態の悪化を恐れて手を拱いていたし、市民は拍手とVサインで答えた。民主勢力を結集した民主・統一民衆運動連合民主憲法争取委員会は、12月2日、「進もう！　民主憲法争取のために！　民憲争取第一次実践大会に際して」という声明のなかで軍事独裁政権に退陣を迫った。

「民主化の日はわれわれを待っているのではない。統一の日はわれわれを待っているのではない。ただわれわれは、荘厳な戦いを通してその日に向かって進んで行くだけである。戦おう！　軍事独裁政権退陣のために！　進もう！　民主憲法争取のために！」

ここに若い人たちは「民衆民主憲法闘争」を掲げ、それは「民族・民主・民衆」という「三民理念」に基づく「三民憲法」に向けての戦いであるべきだと主張した。そこでは「韓国民衆を圧殺するアメリカ資本は退け」「韓半島から追い出さねばならない時代の逆賊たち――三民を踏みにじる2人の兄弟――全斗煥と全敬煥《チョンギョンファン》[6]、1人は暴力で、もう1人は不正腐敗で」のようなことばが躍っていた。

それでまた政府のアカ攻撃がはじまったが、それに対して抵抗側からは「民衆のためを思うことがアカか……では民衆を収奪するおまえらは何か……」「独裁政権は〈アカ〉を造りだす自動販売機であるか」ということばが帰ってきた。全社会がゆれ、全斗煥政権は右往左往する日々が続いた。通信「おお、大韓民国よ」はその終わりで、かつて全斗煥のクーデターに、韓国国民は「移行ねずみ」のように列をなして権力者について行くものだと全面的な支持を表明した「駐韓アメリカ軍司令官」、いま「栄華をきわめている」「アメリカの陸軍参謀総長」ウィッカムに、全斗煥に全面的に迫っている今日の韓国はどこへ向かうと思うのか、と皮肉をこめて問うたのであった。

1986年3月号に掲載された「国民のこの絶望はどこへ」（86年1月17日発信）という記事から一

（6）全斗煥の弟で利権屋。

節を引用してみたい。それはその頃「ソウル地方法院南部支院前庭」で起こった暴力事件について報告したものであるが、全斗煥政権末期に一般市民に加えられる「警察の集団暴行」に関して告発したものであった。

「〈この野郎、われわれが誰か知らないのか。目玉を引き抜いてしまえ〉罵る声とともに皮の手袋をはめた指が梁氏の目を突きさした。それから私服刑事たちは梁氏がしていたマフラーを取って首を締め、梁氏を地面に倒して軍靴で踏みにじりはじめた。梁氏の手首にはいつのまにか手錠がはめられていた。周囲では何人かが見守っていたが、刑事被疑者を逮捕する〈公務執行〉と思ったのか、引き止めようとする人はいなかった。〈私服〉たちの集団暴行は何分かの後、刑事班長があらわれて梁氏が彼らが追っている手配されている者ではないということがわかって、あっけなく終わった」

このことがこの時代を象徴する事件であることはいうまでもない。通信は、梁氏は入院治療を受けているが「このような暴力は全一派によって公認されている暴力である」といった。そしてこうした暴力が「政治犯、良心犯に対しても荒れ狂う」日々であるといったのであった。

このことからはじまって通信は、保安司令部などで行われている拷問とそれによる死などを詳細に記した。そしてまた、それにもめげないで戦っている獄中の人びとの話を伝えた。いま読みかえしてみるとこの通信には、法廷で「検事の制止にもかかわらず」語り続けた被告、金槿泰《キムグンテ》の話が載っている。それはほとんど人間であることに絶望したくなるほどのものであった。ここではただ85年9月25日に屈服してしまったと語った、彼のほとんど最後のことばを引用することにしたい。

「その日、彼らは集団暴行を加えてから、本人に裸のまま床を這いながら助けてくれと哀願せよと命じました。私は彼らが要求するとおりにせざるをえなかったし、彼らが命ずるとおりに調書内容を肯定するほかありませんでした」

　人間はその限界にまで押していけば、誰もが屈服せざるをえない。そうなれば全斗煥統治は続くのだという考えを、徹底的に実行に移した時代であった。通信はただそのことを韓国の外の世界に伝え、人間の尊厳のための世界的共闘を訴える以外に残された道はないと思ったのであった。そしてフィリピンにおいてマルコスが崩壊すると、「フィリピンの民主主義よ、永遠であれ！」と感動した（『世界』86年5月号通信「滅び行く者たち」参照）。

「フィリピンの事態と韓国の事態とはパラレルをなしている。マルコスとイメルダといえば、韓国では全斗煥と李順子である。全一派の腐敗には、李順子女史とその一族がからんでいるのは周知の事実である。マルコスの弟が問題になれば、全氏の弟、セマウル（新しい村）運動中央本部会長の全敬煥が問題になるといった具合にである。そして政治の大きな枠組から見れば、両方ともアメリカの不正な力によって支えられてきた権力である。両国はともにアメリカの支配またはその巨大な影響下にあって、いわばその周縁において苦しんでいる国である」

　通信はこのように書いて、「マルコス崩壊のとき、フィリピンにおける政治犯の数は４００名であった。いま、韓国では１０００名をとうに越えている」と続けた。こうして通信は、韓国の民主化の日を望みながら、ひそかに「同志愛」は「分派主義的なもの」であることを憂えながら、革命後は「敵とも共同の場をつくり」うる「高度な政治、そのパワー」を夢見たのであった。１９４５年の解放後の韓国で、抵抗の時代における「多くの美しい同志愛とその力」が「解体し、醜いものになり、分派の争いに転落していったこと」を心苦しく追想しながら。

　全斗煥がフィリピンの事態によって学んだことは、国民抑圧をもっと強化しなければ、自分も崩壊するのだという恐怖心と残酷さであった。しかし、フィリピンの民主的勝利によって励まされた韓国国民をおさえることは不可能であった。そこで通信は全斗煥についてつぎのように書いたのであった。「全斗煥のように国民の支持をまったく失っている権力者はかつてなかった。官吏すら彼を支持しない。彼は人にあえば1人でしゃべりまくる。狂的だという人すらいる。国民の抵抗によって権力の正当性は失われた。そのために全一派は国民の目から見れば、なにか勘ちがいをしている人びとである。不安におびえているように見える。阿呆のようにも見え、まったく情報にうといようにも見える」

暴力はエスカレートしていても、「権力の全面的後退」のしるしははっきりと見てとれた。「国民の民主精神は日に日に高まっている。権力は光州事件で犯した罪悪のためにも権力を手放すことができない」。それでは国民は反米的になり、若い人たちの南北統一への叫びは強くなる。何よりも民主的発展と軍部統治は相入れないと、国民がはっきりした自覚に到達したことは歴史的にとても重要なことであった。通信は民主化の勝利は近いと書きながら、「その意味ではこの報告はいつもより希望に満ちているものである」と続けた。そして「滅び行く者たち」というタイトルのこの通信をつぎのようなことばで結んだ。

「政治的報復はない。といっても国民を殺戮した犯罪、国民の財産を掠奪した犯罪は、正式に法にかけられ裁かれねばなるまい」

解放と勝利の日は必ずくる。この日にどうあるべきかという問題について通信は憂えねばならなかった。そのことについては、1986年2月15日発信の「対決と陰謀の政治」(『世界』86年4月号掲載)の最後の部分を引用せざるをえない。韓国の民主化は、「アメリカの意思に反して勝ち取られ」、アメリカをして追認せざるをえないものにしたと考える。それは、若い人たちと共感しあいながら、韓国国民によって勝ちとられたものである。それは、「解放40年のアメリカ支配の歴史」「拷問を受け、民族どうしが殺しあい、ほんとうに血を流しながらかちえた教訓だ」といえそうであると書いたのであった。

そのために革命的行動派は、「ゲトー的人生」を決断してきた群であり、その生き方は継承されていく。通信は彼らの勝利を疑わないし、それがこの国における希望であるけれども、その一方で、それに対する深い憂いをいだかざるをえないと書いた。戦いによって「強靭な力」は鍛えられる。しかしその力は寛容性を欠くものであることをどうすべきか。それは「分派的」になり「誰でも参加しうる広場を築くことはできない」。そこでつぎのように結んだのであった。

「民主化の日は来るであろう。しかしそれは、まだまだ4面を反動勢力によって包囲されたなかに、かすかに息づく民主主義、薄氷を踏むような自由であろう。それを生き抜く知恵を同時にかちえなければならない。それは両手をあげて歓呼できる日であるよりは、新しい不安を反芻しながら、その日その日の無事と、目にははっきりと見えないようなかすかな前進を喜ぶことのできる忍耐と慎重さと謙虚さを必要とする歴史の日であるであろう」

実際86年の新学期がはじまると、民主化の戦いが「沈黙の共和国」の壁を破りはじめたことがはっきりしてきた（以下『世界』86年7月号「戒厳令か、二元執政劇か」参照）。4・19革命26周年記念日があり、5月18日は光州事件6周年の日であった。野党の新民党が憲法改正を叫んで忠清南道大田に集まると、20万の市民が雲集して「民主改憲」「独裁打倒」を叫んだ。学生たちが5泊6日の前線入隊訓練に反対して「ヤンキーの傭兵教育、前方入所決死反対」「反戦反核、ヤンキー・ゴー・ホーム」などを叫んだ。「アメリカの世界支配欲、その国家利益、その資本の国際的な収奪のために、この国は分断され、兇悪な全一派の支配に苦しまねばならない」のだという。「ヤンキー・ゴー・ホーム」

という長いことタブーにされていたことばがでまわるほど「隔世の感がある」ともいえる状況になった。これが「反米自主化反ファッショ民主化闘争委員会」「反戦反核平和擁護闘争委員会」の戦いというものであった。「民族統一を遮る米帝国主義を追い出そう」などのスローガンが叫ばれた。

1986年7月号の通信は、このように全斗煥体制を破ろうとする抵抗、とくに若い人たちの抵抗の記事に満ちているものであった。そこにはソウル大学の李載虎《イゼホ》と金世鎮《キムセジン》が、投入された警察に抵抗して「石油をかぶり焼身自殺」を図ったこと、そして、ついに金世鎮が5月3日の午後、息を引きとったことが報告された。戦闘警官がデモ学生たちの投石によって死亡したとも伝えられた。新聞もこれらのことをかなり詳しく報道するようになった。なきがらは警察に奪われたまま、「大型大極旗（国旗）でおおわれた模擬棺」を前にして葬儀が行われた、金世鎮のソウル大学における「民族葬」の模様を伝えた東亜日報の記事は、まさに涙の記録であった。その文章はつぎのように結ばれていた。

「祭壇の上には詩と花が捧げられ、式は2時間で終わった。学生たちは10名から20名とスクラムを組んで校内〈沈黙追悼示威〉に入った。影幀と模擬棺が先頭に立ち、黒い挽章とこの日の葬礼の護喪である総学生会長がその後を追った。学生たちは挽歌を歌い出した。〈民主烈士、金世鎮は……オイ、オホヤ、オホヤ、オオホ……〉。数百メートルと続いた学生たちの行列は〈先駆者〉〈焼けつく渇きで〉〈朝露〉などの歌を静かに合唱しながら、図書館と社会大の前を一周して校門めがけて徐々に歩いて行った……」（5月7日付『東亜日報』から）

通信は若い人たちの「内戦が毎日のごとくくり広げられている」と報告した。「警察側も学生側もともに権力によって殺されている下層の人びと」というこの現実が長く続くはずがないと思っているといいながら。通信は、金世鎮の祭礼において学生たちによって歌われた弔歌の数節を写した。一つだけをここに引用してみよう。

暗い死の時代、わが友は
太い涙、赤い血を流して
歴史が叫ぶ、遠く遠い険しき道を
太鼓の音を響かせ去り行く
友は遠く去り行きいまは、いなくとも
その瞳は、星の光の中で輝く
わが心に魂となり生きて生きて
この闇を燃えつくすだろう　（「親友」から）

このような戦いのなかで通信は、「１９８６年はこの国の歴史において、その解放闘争において、画期的な年と記されるようになるであろう」といった。学生・労働者たちは5月1日のメーデーを廃止し3月10日を労働節としたことに抵抗して、この年は5月1日のメーデーを記念しその戦いを展開した。

ソウル大学では4月16日、総学生会の下に「前方入所訓練拒否及び韓半島米帝軍事基地化決死阻止のための特別委員会」をおいて「米帝国主義を追放しよう」と叫ぶようになった。この反米勢力の活動を詳細に紹介することはできないが、この運動体がガリ版刷りで配布した、「前方入所に対する85の拒否決議書」という85年度入学の２年生の入営訓練に抵抗する声明書の一節をここに引用することにしよう。

「韓国の近現代史は韓半島を血の色に染めてきた野獣的な帝国主義とこれに抗拒するこの国の民衆の闘争の歴史であった。韓半島の腰が断ち切られてからは、われわれの〈友邦〉という仮面の下に隠れていた彼らの本質を確認してきたではないか！　米帝国主義者によって恣行されたリビア爆撃は何を意味するか。彼らは自身の利益のためなら人類の滅亡をも辞さない集団であることを確認してきたではないか！」

こうして、4月12日付のソウル大学民族解放闘士一同名義の「警告状──狂人レーガンに」という文章まで現れる。その冒頭には、「沈没して行く船の船長のように滅亡して行く帝国主義を再び建て直そうと〈偉大なるアメリカ〉という挑発的なスローガンを掲げて東奔西走している西部活劇の主人公レーガン大統領閣下に」という激烈なことばが使われるようになる。そして「韓国は昨日の韓国ではない」とつぎのようなことばでこの文章をしめくくったのであった。

「最後まで信じていた韓半島でも反米の口号（スローガン）が民族の活火山となって爆発してくるので夜もろくに眠られないでいるはずのレーガン閣下、あなたの過ちを悔い改めなさい。滅亡がさし迫っています」

このような戦いの先頭に立っていかなる弾圧も恐れない、信念に徹した団体は、「民民闘」（反帝反ファッショ民族・民主闘争委員会）と「自民闘」（反米自由化反ファッショ民主化闘争委員会）であるが、通信は、2つの団体は一心同体で、敵の目をくらますためにときには名称を異にしているといった。彼らは「都市武装蜂起」も辞さないと急進化してきた。そこで、「歴史は断崖にまでつき進んできたといえるかも知れない」といって、アメリカはその国家利益のために韓国を「保守的民主主義の枠組」にとどめようとするであろうが、それでは収まらない状況にまで韓国はきてしまったのかもしれないと書いたのであった。

「自民闘」と「民民闘」は、金大中、金泳三などの旧民主化勢力に対して、公開質疑書を送ったが、そのなかには「韓米関係は〈伝統的な友好関係〉ではなく〈帝国主義と植民地の関係〉ではありませんか」「国軍作戦指揮権がヤンキーにあるのにどうして傭兵ではありませんか」「光州虐殺をそそのかしたアメリカをどうして許せますか」などの項目が入っていた。そして彼らは、「既成世代や名のある人は連行されてもすぐに釈放される。流血と死、そして拷問と投獄の犠牲は、学生と労働者たちだけに強要されている」といって、これら「体制内の反対者」に抵抗しだしたのであった。

こういうなかで「仁川蜂起」という事態が起こった。1986年5月3日、仁川朱安一洞市民会館で、憲法改正推進委仁川・京畿支部結成のための大会が催される予定であったが、警察がこれを妨害して一大衝突事件が起こった。15万ほどの人波が押し寄せ、若い人たち1万名は、夜10時頃まで仁川の各駅周辺で激烈なデモをくり広げた。「軍部独裁打倒」「退けヤンキー奴」などのシュプレヒコールが満ち溢れた。「反共と親米は反民族・反民衆の体制を支える虚構である」。この若い人たちは1950年の朝鮮戦争も知らない世代である。5月7日と8日に韓国を訪問するアメリカのシュルツ国務長官に向かって選択を強いるようなものであった。韓国の若い人たちの反米は、米国人に対する軽蔑と憎悪に燃えていると通信も書かざるをえなかった。

戦いは全国に広がっていった。5月20日、ソウル大学では、「五月祭」途中にまた焼身自殺事件が起こった。金世鎮、李載虎の死につぐ、第三の死、李東洙《イドンス》が石油をかぶって火をつけた。彼は「いわゆる〈運動圏の学生〉でもなく、音楽や盆栽や建築写真を楽しむおとなしい人柄であった」が、「全斗煥は退け、米帝は退け、警察は退け」などと叫んで死んでいった（『世界』86年8月号「民衆は断じて死なない」参照）。

こうして焼身自殺は続き、抵抗は全国に広がっていくのであった。抵抗の隊列は多くの領域で進められていくのであるが、6月2日に発表された全国23大学の教授265名による声明「われわれの意志をもう一度明らかにする」においても、いまや「アメリカは正義の国としてわれわれの味方であり、アメリカの行動は正当であるという安易で誤導された思考方式」は改めねばならないといわれたのであった。とくにこの頃アメリカは、「間接選挙」「保守大連合」などを公然とすすめていた。

この声明は、「焼身自殺の学生を悼むこともしらない文教部」を批判し、大学の自律を当局の指示に関係なく回復、実現していくことを誓った。いまや、教授たちを大学から追放できる当局はありえなくなった。そこで通信は、「こうして各分野の自律化が進み、宙に浮いた形で政治権力のみが残る。そうするとある日突然それは、崩れ落ちるであろう。根のない草が太陽がのぼると、しおれてしまうように」と結んだのであった。

それでも崩れていく権力はそのあがきを続けた。このなかで数知れぬほど起こっている事件を通信はつぎつぎと発信し続けたのであるが、ついに7月5日には、9人の弁護士が権仁淑《クォンインスク》のことについて、「権某嬢（ソウル大4年、除籍・労働者）に対する富川警察署刑事文貴童《ムンクィドン》の性拷問を告発する」という告発状を提出したと報告しなければならなかった（『世界』86年9月号通信「霧の中の政局」および10月号通信「民主化という陰謀」参照）。そして10月号には、82年の日本の歴史教科書問題を契機にして全国募金ではじめられた独立記念館が、その完成を前にして8月4日の夜、火を噴いて「本館全館が見るかげもなく焼け落ちてしまった」と報告した。そしてこの時代についで通信はつぎのように憂えたのであった。

「……民主化の動きは方々で燃えあがり、全一派の力では収拾がつかなくなっている。それにもかかわらず全一派は権力を握りつづけようとする。国民の民主精神の上に浮いた孤島のような腐敗した独裁権力である。アメリカはベトナムにおいてと同じようにそれを支える。足元が一つも残らず崩れてある日、総崩れがくるよ」

危機意識が全国に満ちてきたといわねばならなかった。９月７日には「全国僧侶大会決議文」が発表され、これに続いて牧師たちの「韓米関係に関する全国牧会者正義平和実践協議会の声明」が発表された。このような「反米的・アメリカ非難」の声明など、かつては考えられなかったことであった。後者は、明確に「われわれは米国を帝国主義に捉われたサタンと規定する」「われわれは米国の経済テロ行為に警告する」「われわれは米国の政治的影響力の行使を拒否する」といって、「米国は覚醒した韓国民族と民衆の憤怒と正義の叫び、そして平和の示威を阻むことができないであろう」と叫んだのであった。それで通信は、「隔世の感がある。これが韓国の教会の姿勢であろうかと目を疑いたくなる」と書いたのであった（『世界』86年11月号「戒厳下のアジア競技大会」参照）。

こうして全斗煥の統治が窮地に押しこまれると、恐ろしい事件がつぎつぎと起こった。８月４日の独立記念館火災事件が迷路に落ちこんだかと思うと、８月下旬、暴力団どうしの衝突で襲撃された側に４名の死者が出た。そして９月14日には「アジア競技大会」を妨害するための動きといわれた金浦空港における「時限爆弾」の爆発による「５名死亡30名重軽傷」という事件が起きたと発表された。ただちに新聞は、「当局、北傀の所行として推定」と発表したが、北は「証拠もなしに断罪できる被告」にすぎなかった。通信はある記者のことばとしてつぎのように伝えた。

「われわれ記者の触覚ではヒトラーが1933年、選挙戦のさなかで起こしたベルリンの国会議事堂の火災事件や、日本軍の柳条湖の鉄道爆破事件と似たものを感ずるのだ。軍部ファシストはどこでも、いつでも同じだ。今度の爆発事件に使われた火薬は軍にしかないものだともいわれる。盛りあがる学生運動を非常に恐れたのだ」

こういうなかで、9月16日から16日間アジア競技大会が行われたが、何よりもそれは久しぶりに国民を熱狂させた。「国民はその力を意識した」といえた。そして「この国民の潜在力を抑えて、軍人が理不尽な独裁を続けることには怒りを感じる」。それは政権の思惑とはちがって、国民に「自信と夢を植えつけた」といえた。これは、この大会を計画した政権の思惑を超えたこと、ある意味ではそれに反したことであった。大会は韓国の民主化を避けられないものにしたといえよう（『世界』86年12月号「破局への希望というもの」参照）。

その一方で、国会では「金鉉圭《キムヒョンギュ》・兪成煥《ユソンファン》両議員事件」が起こった。

「……本議員は現政権がもしも野党の提議を拒否して合意改憲に失敗するならば、野党はこの国の全民主勢力と連帯して、軍事政権の終息のために、また現政権の執権延長陰謀を粉砕するために戦いに出て立たざるをえないと考えます」（金鉉圭の10月13日の発言から）

「金浦国際空港の一発の爆発が国家の対外威信をどれほど失墜させたか、アジア競技大会の好況を期待していた業界にどれほど大きな打撃を与えたかご存じですか。爆発前日までも警察は鉄桶のような準備ができているなどと虚張声勢だけをあげていました。警察はいまだに犯人の輪郭すらも知らないし、爆薬の精密な成分も搬入経路もわからないでいます」（兪成煥の10月14日の発言から）

こうして2人の野党議員は、国会開会中であるにもかかわらず逮捕された。左派の北を利する発言であるというのであった。通信は、左派イデオロギーの問題ではなく、それは「理性と良心と勇気」の発言であると伝えた。そして全斗煥の民正党は、民主勢力や国会の野党、新民党が不正腐敗を指摘すれば「自己防衛」に逃げまわるだけで、抵抗する者はすべてアカであると逃げ口上をくり返すだけであった。

拷問と不明の死が続いた。10月７日、法廷に立たされた民主統一民衆運動連合会議長文益煥牧師は、つぎのようにのべなければならなかった。

「今監獄はどこでも嘆き声で満ちています。私にとっては今度が４度目の投獄ですがこの度の監獄は監獄ではなく拷問場です。学生たちが便を垂らしています。これを見ながら、国を非民主、反民主くらいではなく野蛮国に引っぱって行くのに、若い人たちは民衆決起に満足しないことは当然だと思いました。民衆蜂起を検討すべき段階に明らかにきています」

この法廷では、「拘束者を釈放せよ」「所内暴力を中断せよ」などと書かれた鉢巻が分けられ、それをした人びとが「軍事独裁打倒せよ」「全斗煥を追い出そう」「文貴童を探し出して殺そう」[7]と叫んだ。そして「民主主義万歳」「民主統一万歳」が叫ばれた。

こういう状況のなかで、全斗煥執権６年を支えるアメリカに対する国民の反米感情が大きく前進した。「１９５０年の韓国動乱から30年も培ってきた反共・親米の思想が一挙に崩れた」といえた。学生たちのデモでは、ひっきりなしに「親米軍事独裁を打倒して民族民主政府を樹立しよう」「米帝国主義を追い出そう」というシュプレヒコールが聞こえた。そこで通信は、「今度離任したウォーカー

（７）権仁淑性的拷問事件の加害者の刑事。

駐韓アメリカ大使は9月末〈ロサンゼルス・タイムズ〉とのインタビューで、初めて全一派の権力は正統性に欠けていると発言した」（『世界』87年1月号「歴史の悶え・時代のしるし」参照）と伝えた。

学生勢力は「民族解放民衆民主主義革命論」を唱え、「反外勢・反独裁愛国学生闘争連合」を組織したといわれた。１９８６年10月28日の建国大学における抵抗は、学生運動の急進化を示す実にすさまじいものであった。その「闘争宣言文」は強烈に反米的な色彩をおびたものであった。「米帝の植民地統治下においてその手先全斗煥一党の抑圧と搾取によって覆われているこの韓半島！」「米帝とその手先の群たちは無慮40年間もわが祖国、わが民族を抑圧、搾取してきました」といって、「全国反外勢反独裁愛国学生連合の旗の下に総結集せよ！」と叫び、「韓半島基地化」の悲劇を羅列したものであった。そして、「闘争目標」として、何よりも「米帝の植民地統治の粉砕と全斗煥軍部独裁の打倒」を掲げた。彼らは「米帝国主義と民衆の間」には、「決して和解することのできない対立と闘争」があるのみだと考えたのであった。

「反共イデオロギー」は「民族を分裂させ、分断を永久化する分断のイデオロギー」「米帝の奴らの植民地支配を正当化するイデオロギー」と、公然といわれた。これを励ましながら、釜山産業大学では11月5日、秦聖一《ジンソンイル》が焼身自殺をとげた。通信はこれに対して、「彼らは、彼らが憂え反省しているように孤立している前衛ではない。特にその倫理的精神と犠牲的行動において民衆の共感をえている」と書いたのであった。彼らが急進的に流れるようになったのは、「今の韓・米・日の結びつき、南北対立という枠組の中でよりよい祖国の未来があるだろう」とは思わなくなってきたからであった。

それは、80年の光州事件とそれに続いた全斗煥の支配が、良心的な若い人たちの心に刻みこんだ意識というものであった。通信はそれを「親米から反米へ、反共から統一へ」と戦後思想史が歩んできた「一大転換」の過程と考え、その戦いを「第三世界の解放に連なる世界革命の一環」として捉えて、革命への意識的高揚であると伝えた。そしてこのような発想は、「何よりも反統一の統治権力に対する否定……その権力によって植えつけられているわれわれ個々の意識における民族分裂に抵抗する」ことであると解釈した。これは、いままでの権力が唱えてきたタブーや価値に対する「全面的否認」であった。そこには「新しい歴史を創造するという自負心、精神的高揚がある」ともいえた。そしてそれは「拷問から生まれた思想」であるといえるかもしれないと思った。

この頃は実に恐ろしい日々であった。反体制側に政府のプラクチ（スパイ）が入って抵抗をそそのかすかと思うと、10月28日の建国大事件の場合は、2000名の学生を数日間放置するかに見せて事態を悪化させては、これに対して警察が8000名という恐ろしい暴力で襲撃を敢行した。このような嵐に耐えかねて、「11月5日、突然、金大中氏は大統領直接選挙憲法改正を受け入れるならば、赦免・復権されても大統領選に出馬しない」という宣言を発表するようになった。

良心囚3000名を数えるという前代未聞の事態であった。86年は、以前とはちがって政治犯の特別赦免もない苛酷な1年であった。獄中拷問も日常茶飯事のようになっていた。それは前年の秋にだされた法務部長官の訓示と矯導局長の指示によるものであるといわれた。「矯導所内の事件はその緒戦において鎮圧せよ。事後の問題は私が責任を負う」というのであった。そこで民主化を主張して逮捕されれば、新聞には調査を行う前にも「容共組織摘発」「暴力革命企図」「労働者を包摂　金日成主体思想学習　容共利敵油印刷物撒布」などと発表された。それでも法廷の判決は2年か3年であった。まったく無法天下であった。そのなかで投獄された人びとの叫びのみが美しく輝く。「12月4日、1年6か月の刑を宣告された性拷問事件の権仁淑嬢が語った最終陳述」は、尊い人間愛に貫かれたものであった。「青い軍服を着た者どもが監房に突入してきて、相手かまわず加える暴行」に直面しながら、彼女はつぎのように考えたというのであった。

「そうして私は、私に向かって何を欲したでありましょうか。多くの問題をかかえているこの社会で、人間らしく生きていく唯一の道が労働者として生きていくことだと考えました。圧迫されている多くの人びとの現実に胸を痛め、彼らのために私もともに参加して生きていくことが、どうして間違ったことなのですか。いくら頭をかかえて考えても他の道はありませんでした。家族のために心を痛めながらも、この道以外に生きるべき道はありませんでした。人間らしく生きる唯一の道はこれしかありませんでした」(『世界』87年3月号「拷問の中の〈民主化〉」)

通信は1月14日、治安本部反共捜査室で拷問にあって死んだ21歳のソウル大学生朴鍾哲《パクジョンチョル》の死を伝えた。新聞もこれは詳しく伝えざるをえなかった。そこで通信は、国民の「全一派に対する全面的拒否」は避けられないであろうと、「妥協はない。革命の道のみである。春とともに若い人びとの決断は天を衝くであろう」と結んだのであった。実際それは、全斗煥政権の息を止めた「決定的な偶然」といえた。こうして2月7日を朴鍾哲国民追悼の日として抵抗は高まっていった(『世界』87年4月号「拷問政局・追悼政局」参照)。

通信は1987年3月18日に発信した「収容所群島物語」(『世界』87年5月号)において、静かに全斗煥後、革命後の韓国について考えなければならなかった。そのとき起こっていた「国民の軍部執権全面拒否の姿勢は、軍部支配26年がもたらした最大の政治的遺産」であるといえた。輸出は半年に「340億ドル」「世界11位」といわれる。海外留学生の数はアメリカを中心に3万名。軍部統治はもう時代遅れであり、そのために起こったラディカルな抵抗思想も時代に合わないといえる。民主主義の下では彼らとも対話ができなければならない。彼らがもたらした最大の思想的転換は「自分の民族を敵とみなして戦った……南北がともに犯した罪悪」に対する自己反省の姿勢といえるかもしれない。「自らを尊ばない民族を誰が、どの国が尊ぶというのか」、そして政治犯３０００名を投獄している現実を顧みながら通信はつぎのように書いた。

「光州事件は今までの思惟を切断してしまったともいえよう。反米にならざるをえない。この国は統一されねばならない。このような民族的悲劇をまともに取りあげようとしないのは民族反逆であり、その中における拷問の苦しみに目を向けないいかなる思想、いかなる行動も不道徳である」

通信は「政治的リアリズム」を考えながら「二度とリベラルな民主主義者と民衆革命論者が破壊的な対立をしてはならない」として、革命後の時代についてつぎのようにつけ加えたのであった。

「ただ悲しくなることがあるとすれば、歴史において苦しんで戦った人がその果実をもぎ取ることが少ないという歴史の皮肉とでもいうべきものかなあ」

このように民主化の日のことを考えても、それはまだ遠い道のりであった。全斗煥は責任内閣制への憲法改正によって権力を維持しようとした。87年4月2日、これに抵抗して金大中、金泳三は、電撃的にいままでの野党新民党を後にして統一民主党の旗上げをした。新民党国会議員90名のうちで新党に参加することにしたのは74名であった。この新党の動きを民主化運動の23団体が支持し、「大統領直選制」を旗印として掲げた。

このような動きはアメリカの工作に反するものと見られた。そこで民主化勢力の出版物などはますます反米的になった。「リリ駐韓米大使を〈ＣＩＡで27年間働いた諜報・クーデター専門家〉であると詳しく紹介し」、「リリよ、肝に銘ずるがよい。民衆の偉大な痛駁（激しく反駁すること）はそのいかなる欺きにも屈しない」と言明するほどであった。こうして通信は、民主化運動の指導者のことばとして、韓国の民主化運動とアメリカとの亀裂を伝えながらつぎのようにいった。

「前のウィッカム駐韓米軍司令官は、韓国人は移行ねずみでどんな権力者にもよくついて行くのだといったが、今度のリリ大使は、韓国国民は偉大であるから自ら賢明に政治の方向を決定するはずだという。いずれにせよ、同じようにバカにした言い方だ。背後で自分らがみんな工作をしておいてね。彼ら自身どうしではその発言を取り上げてにやにや笑っているだろう。……」（『世界』87年6月号「クーデターからクーデターへ」）

4月14日に発表された全国牧会者正義平和実践協議会の「現政権が即刻退陣することのみが民主化を成就しうる道である――永久政権のための4・13発言に対するキリスト教聖職者の立場」は、整然とアメリカ批判を展開した。「われわれはこの地の歴史の中で犯した米国の罪悪を徹底的に記憶している」といって、日本の朝鮮支配を容認したタフト・桂密約（注：１９０５年）から光州事件まで厳しくアメリカを批判したのであった。

「われわれは米国が反民主的な勢力を支援するかぎり、韓半島内における反米主張はいっそう加熱されるであろうし、正常な外交関係に重大な支障が現れるようになることを警告しようとする」（『世界』87年7月号「末期症状の日々」）

通信は、キリスト教関係者は「民主主義者であり、民族主義右派」といえるかもしれないのに、このようなアメリカ批判は80年の光州事件以来のことであると考えた。そして、リリアメリカ大使がアメリカに帰国しているのは、「対韓政策の第二弾を準備」するためではなかろうかと巷の噂を伝えた。いまや、アメリカの軍事政権支援は韓国の多くの人びとにとっては自明なこととなった。学生たちの声明は、１９４５年は日本の支配から解放された日というよりは、祖国が南北に分断された日であるという意味で「分断42年4月19日」などと表現しては、「軍部独裁を支援しているアメリカ野郎どもよ、退け」と叫んだ。

警察の暴力は「削髪断食」している牧師たちも襲った。それでも、４月13日に全斗煥が改憲論議の中断を発表したことに対する抵抗は続いた。大学教授、文学者、高校教師、芸術家たちと各界の人びとがこれに加わった。銀行員などの金融労組も戦うかと思うと、獄中における戦いなど全国的に広がっていった。彼らの声明のなかには、「軍事独裁政権を支援し、長期政権を幇組する米国は現政治状況をつくった共犯である」という主張が続いて現れた。

これに対して全斗煥は、裸の暴力をあますことなく動員した。「地上の天国、全斗煥天国、君らは不老草を捜し当てて食べた秦の始皇帝の後裔か、ナチスの化身か……」という叫びのなかで、金大中、金泳三の統一民主党は発足した。暴力が乱舞するあいだをぬって５月１日、「今日はこの国において明瞭に民主化闘争の新しい紀元が設定される日であります」（創党宣言文から）と宣言したのであった。金大中は軟禁されたままそこにも姿を現すことができなかった。それは「金泳三と金大中の共闘」であった。社会状況はほんとうに末期的様相を呈していた。警察は朴鐘哲を拷問死させた主犯２人を隠しておいたまま、２人の別人を犯人に仕立てて逮捕させた。そのことが87年５月18日、ソウル明洞聖堂のミサにおいて暴露された。ソウル教育大では、鉄格子の部屋に学生たちを押しこんで審問を行った。ついに延世大学では、経営学科２年生の李《イ》韓烈《ハニョル》（７月５日、延世大病院で絶命）が６月９日、デモ最中に催涙弾に当たってたおれた。ここで民主化のための抵抗の波は「滔々たる歴史の大勢」となった。国民の一大連合、民主憲法争取国民運動本部の発起文は、つぎのようにはじめられていた。

「国民のみなさん！　この国の主人は誰ですか？　腐りきった独裁権力ですか？　同じく腐敗した独占財閥ですか？　拷問殺人を偽装、隠蔽する暴力警察ですか？　そんなことはありません。決して彼らはこの国の主人ではありません！……」

この「激動」を伝えた6月17日の烈しい通信は、「恨の爆発・革命前夜」（『世界』87年8月号）という題目のものであった。それはつぎのように結ばれていた。

「革命前夜である。勝利の革命にいたるのか。また未完の革命に終わるのか。しかしたとえ未完の革命に終わっても、それは間もなくやってくる、ある日の完全な勝利のために、踏んでゆかねばならない一段階にすぎないであろう。この民族は苦難には決してめげないのである。この民族の歴史はいつになったら、このような革命なしに正常な発展の道をゆくようになるのだろうか」

87年9月号の通信は「6月革命の勝利、その行方」（87年7月16日発信）と名づけられた。まずそれは、国民がどこでも全斗煥を公然と罵るようになったといいながら、映画館などで、いわゆる6月10日の「体育館選挙」で盧泰愚を「大統領候補にするニュースが流れると、あざ笑いと罵りと怒りの声」でどよめくほどであったといった。「全一派の暴力がますます催涙弾の発射に力を集中すればするほど……抵抗はエスカレートした」。新聞のタイトルは、「大学生示威全国でいっそう激烈、都心籠城等状況深刻」「ソウル・釜山・大田等で激烈示威、派出所燃え……京釜線止め、警察車・装備燃える」のようなものであった。警察が学生たちに包囲されて武装解除され、各地で「交番、民正党舎、国営KBS地方放送局など」が「火災」に包まれた。

戦警に近づいては、拘束者父母の会会員50余名が「催涙弾を撃たないようにしましょう」と話しかけると、彼らは手を振って「すみません」と応じた。ほとんどすべての車輌が、鐘路5街の交差点では警笛を鳴らしながら通った。6月10日の街の風景であった。

「とりわけ催涙弾を撃ちはじめると、いたるところで市民たちが〈撃つな〉〈撃つな〉と絶叫に近い口号を叫ぶので、ついに撃つことをやめて、道をあけてやり市民から拍手喝采を受ける場合もあった。これを目撃した外信記者たちが〈ワンダフル〉の声を連発した」

通信が伝える感動的な場面は続いた。その多くはついに立ち上がった新聞が伝えたものであった。6月26日の国民平和大行進には、「非番の戦闘警察の幹部が何人も参加したという噂が流れているほど」であった。27日の朝現在、全国で１３０万８３００名が参加したといわれた。

そこで6月29日、民生党盧泰愚代表委員はついに、「直選制年内改憲」と「金大中氏の赦免復権、拘束者の釈放、年内の大統領選挙」などを発表せざるをえなかった。「……民衆革命を取り消して、民主化を暴力輩たちが与える形にして、全一派は延命する道を選んだ」わけであった。通信は「アメリカはリリ大使などがほのめかすように、民主化という装いの中で盧泰愚が選挙によっていわゆる正統性なるものをかちえて、権力の座につけばと願っている」といった。通信は、これを「愚かな考えだ」と見て、「両金氏と民主勢力と国民が」それを受け入れることはあるまいと考えた。この6月革命を未完の革命として終わらしめてはならないと考えたわけであった。この戦いのなかで死んでいった延世大の李韓烈の死を思いながら、彼の死を前にした苦悩の詩と、「１９４５年、福岡の刑務所で27歳の生涯を閉じた尹東柱《ユンドンジュ》の抒情」とを比較してから、通信はつぎのように書いた。

「しかし、その民衆民主主義はまだまだ遠い道のりであろう。全一派は国民欺瞞で生き延びた権力である。盧泰愚をして微笑を浮かべさせて、その背後では陰謀を企んでいる。それはアメリカと合作しているものである」

民族美術協議会、自由実践文人協議会などの文化団体で組織されている民主憲法争取文化人共同委員会は、この未完の革命を前にして、1987年7月8日の声明のなかで「われわれの主張」としてつぎのように叫んだ。

光州虐殺の元兇全斗煥、盧泰愚を処断しよう！
韓烈の意を受けついで軍事独裁を打倒しよう！
軍事独裁打倒して民主政府樹立しよう！
独裁を操縦し、内政に干渉する米国を追い出そう！

実際、6月抗争において全斗煥政権が生き残ったというのは、その欺瞞策が功を奏したからであるといわねばならなかった。まだ暴力行為が続くのである。2000名の政治犯のなかで釈放された者は500名程度であった。それで通信は「革命の力または暴力によって支配勢力にとどめをさすことなしに、民主化をおこなうというのは至難の業といわねばならない」と書かざるをえなかった。大統領選挙において民主化勢力が勝利するとしても、朴正熙以来4半世紀以上培われてきた「軍部の息のかかっている体制をどうすればいいのか」が、大きな問題であるといわねばならなかった。

民主化は「争取」されたものであるにもかかわらず、「許与」されるという。釈放するといっても仮釈放・刑執行停止であり、彼らの公民権は回復されない。しかも、左傾かどうか審査して釈放するという。6月革命の行方はまだ不明であるといわねばならなかった。全斗煥一派は、内閣改造をするといっては軍人強硬内閣にしてしまった。しかし、民主化の道をさえぎることは不可能なことであった。7月9日の李韓烈の葬儀に集まった150万人(8)の熱気に恐れをなしているのは、「アメリカと韓国の軍部」のなかの「反動勢力」であると通信は考えた。

それは、7月21日に集まった31大学527名の教授が加入している「民主化のための全国教授協議会」が発表した声明「社会と学園の民主化を強力に促しながら」を見ても明らかであった。それはまず、80年5月の光州事態においてとったアメリカの姿勢を批判した。そして全斗煥の「4・13措置に対して米国政府が（一時的に）示した黙示的承認」についても批判した。それは「反共と米国の利益のためならば、隣りの国の民主主義が犠牲にされてもよいというような発想として」理解されるからであるといった。

「われわれは米国が彼ら中心の国際的構図のもとで、われわれの政治と経済を左右し従属させねばならないという戦略を、これからもつづけるとすれば、これは民族自主的で経済自立的なわれわれの民主化推進過程において、実に大きな批判にでくわさざるをえないということを明らかにしておきたい」（『世界』87年10月号「革命と反動の交錯の中で」）

87年6月の民衆革命以降も全斗煥政権がまだ踏みとどまっていたということは、これが未完の革命であり、まだその革命の力を希釈しようとした謀略に国民が巻きこまれていったということを意味していた。その後の歴史は、革命と反動のせめぎあいであり、革命の力を希釈させる日々であった。労働運動に対する武力弾圧は続き、8月22日、大宇造船の労働者李錫圭《イソクギュ》が警察の催涙ガス弾の直撃で

（8）このような人数は新聞と通信の場合にはやや相違するであろう。通信の場合は、参加した民衆による数字であった。

命を失った。通信は、「全一派による計画的な殺人であろう。それは暴力を再編成して権力の維持を図ろうとする彼らの決意」を示すものであると報じた。

全斗煥はその前日に記者会見をして、「〈民主化運動を装う左傾利敵団体の核心幹部〉は断じて放置しない」といって、「まだ獄中にいる1000名に余る政治犯」は、こういった「ほとんど左傾幹部」であるので、釈放できないと断じた（『世界』87年11月号「どこまでの民主化か」参照）。

それで8月31日、「民主憲法争取国民運動釜山本部」が発表した宣言文は、「6・29宣言は8・21全斗煥夏季記者会見によって完全に白紙化されてしまった」と言明した。李錫圭の葬式も暴力で鎮圧したほどであった。そこで通信は、「全一派の暴力がよみがえった」と書き、「まだその暴力とその暴力的構造は無傷のまま健在である」と続けた。

こういうなかで、通信はすこしずつ金大中と金泳三の対立を伝えざるをえなかった。金大中は9月8日、28年ぶりに故郷全羅南道の木浦荷衣島《ハイド》と16年ぶりに光州を訪ねた。通信は、光州では50万から100万、9月12日忠清南道大田では10万から30万の人波が押し寄せたと伝えた[9]。

ここで金大中と金泳三の対立ははじまるのであった。大衆的人気は金大中のほうが高いが、彼は長いこと政治活動を許されなかったために野党民主党内での力は弱い。アメリカも軍部勢力も金大中を急進的と見なして、北との関係まで云々しながら彼を排除しようとしている。9月に盧泰愚は、アメリカと日本を訪問してレーガン大統領と中曽根首相の支持を確認した。ここで高永根《コヨングン》牧師をはじめ、発起人1051名のキリスト教教職者たちは、「声明書、米国政府の不義で奸悪な対韓政策を糾弾する」（9月12日付）を発表した。それは、「米国は盧泰愚政権を樹立しようとする不義で奸悪な政策をただちに是正することを願う」「米国は盧泰愚を呼んできて大統領に任命（？）しようとする野卑な工作政治をただちに是正することを促す」といった。

アメリカの一部言論は、盧泰愚を「民主化の英雄」とまで呼んでいる。アメリカは「盧泰愚を呼んできて浮上させ実質的に大統領任命式（?）をあげ、日本政府の認准（?）を受けさせようとする野卑な工作政治」を行っているではないか。それで「万一悔い改めなければ神の裁きを免れえないことを厳重に警告する」というのであった。

キリスト教関係者たちも、これほどアメリカに対して信頼をおいていないのである。盧泰愚軍部勢力が大権を握れば、「民主化運動の決定的な敗北」である。「軍とアメリカの圧力、その陰謀から抜け出すこと、これがすなわち民主化の道である」と通信は書いたのであるが、状況は暗かった。87年10月17日発信の通信を「第2の革命へ進むのか」（『世界』87年12月号）としたほどであった。そこにはつぎのように書かれていた。

「反米的センチメントがほんとうに広まっている。盧泰愚をアメリカに呼んだこと、そして彼が日本に寄ったことで、若い人たちは米日両国の政治干渉に憤っている。そしていつまで大国の事大主義かと、苦々しく思うのである。このようなことに対して日本は多少警戒しているのだろうか。アメリカはまったく無神経であると考えられている」（『世界』87年12月号「第2の革命へと進むのか」）

反米的なセンチメントの若い人たちは、「全一派の下で行われる大統領選挙などまったく欺瞞だ」といって、「憲法改正の国民投票」まで拒否しようと、投獄されながらも戦い続けた。「すべてが〈米帝の安定的支配〉〈新植民地支配秩序〉の樹立のためのアメリカの工作」であるといった。彼らは

（9）この数字も東亜日報の場合とは多少差があるといえよう。

「26年間の軍部独裁が生み出した急進派」であるといえた。彼らの間では緑豆《ノクドゥ》出版社の『山』という詩集が好んで読まれた。1948年まだアメリカ軍政下で起こった済州島の反乱、4・3事件を悼んで詠んだ長編叙事詩である。慟哭の詩といえるその一節を引用してみよう。

この地はアメリカの一つの州
彼らの兵営で獣のように飼育されてきた数多い日々
その数多くの呻きの夜を
誰が忘れようか
誰が忘れろというのか
1948年4月3日
〈第二のモスクワ〉
夜ごと先立っていった同志たちの血を埋め、肉を埋め、骨を埋めた
酷寒の漢拏山《ハルラサン》

（『世界』88年1月号通信「選挙革命か〈保守大連合か〉」）

こうして通信も、全斗煥政権とアメリカ、そしてそのとき起こっているノース・ウエストの労使問題を重ねながら、つぎのように書かれたのであった。

「いずれにせよ、大統領直接選挙ぐらいで韓国人特に若い人たちの反米感情が鎮まるようには見えない。彼らはすでにアメリカ支配の問題を歴史的に掘り出しては、客観的に問題にしている。それに

もかかわらずアメリカという政治力とリアリステックに対応しなくてはならない。反米感情について対話を交わしながら、アメリカの現実的な在り方と政治的に対話しうる政治勢力がこれから成長しうるであろうか」

16年ぶりに復活した大統領直接選挙が、全斗煥政権の下で87年12月16日に実施された。軍事政権の弾圧の下で金大中、金泳三の２人によって度々公言された野党側の単一候補はついに実現しなかった。軍事政権は、あらゆる不正をしでかして勝利した。両金氏は、54パーセントの票を集めながらも、35・９パーセントの得票をした軍事政権の候補盧泰愚に敗れた。通信は、数々の不正投票の例を報告しているが、野党勢力の分裂による敗北という国民の失望感を収拾できる道はなかった。それは軍事政権の計算であり、工作の結果であったとしても。

またそれが一大不正選挙であったといっても、韓国の民主化は実質的にはじまった。しかし金大中、金泳三両人は、国民のあいだにおいてまったくカリスマを失ってしまったといわねばならない。彼らは単なる政治家になり、国民は冷静に彼らの政治的行方を見つめるようになった。こうして１９８７年の６月革命は、色あせたものになったといわねばなるまい。その革命も、そうして失敗した革命として記されるようになったといえるかもしれない。通信がこのとき書き残したつぎのような一節は、その後の韓国史を理解するために必要なものといえるのではなかろうか。

「しかもそれは米国と全・盧一派の合作の産物であった……。米国が協力しそれを指導していることを、抵抗する側の人びとはあまりにもよく知っている。反米感情、反米主義はいっそう高まらざるをえない」（『世界』88年2月号「類例なき不正選挙」）

通信は、選挙における敗北を前にして、自らを慰める形で多くの読者の心を慰めざるをえなかった。

「プラハの春はおし殺されたように見えたが、その事件にこめられていた歴史の流れは、その春を追放した者どもも押し殺すことができなかった。革命とは戦った者は死に追いやり、思いもよらなかった形で実を結ぶものなのかもしれない。歴史の継承とはそんなものだろうか。歴史はそしてやはり緩やかに流れて行くのだろうか」

16年ぶりに軍事政権の下で実施された選挙。不正選挙に対する抗議は続き、それが軍事政権の暴力で抑えられたことはもちろんである。しかし両金氏が野党候補として対立して戦ったことによって、すなわち国民が同意しない政治的自利を目指した彼らの行為によって、その抗議は力をもつことができなかった。国民は、直接選挙を回復したというその形式だけをもっても、国民の勝利の一端であると自らを慰めたのかもしれない。国民はそれ以上の戦いを遂行する余力をもちあわせていなかったともいえよう。ソウル周辺での不正選挙を証明する１９８７年12月27日付の「民主争取国民運動公正選挙監視九老支部」発行の文書がある。警察や白骨団などの暴力が乱舞した。不正投票箱、不正投票用紙などが見つかった。その詳細をここに書き移すことはできないが、一つだけ戦闘警察の暴行の現場、その凄絶なもようを伝えた記述を通信から引用しておこう。

「私が人間であるという事実がむしろ恥ずかしかった。私は虫けらであり彼らは獣であった。それほどわれわれは死の恐怖にとらわれていた。ここで引きずり出されると死ぬと考えた。おばさん、おじさんがオイオイと泣きながら、〈どうしよう。これで死ぬんだ〉〈光州市民をどんなに殺したかがわかる。われらも彼らのように死んで行くだろう〉と叫ぶほどだった。殴打されるとき、人間的な恥辱感がむらむらと煮えたぎるのであった。いっそのこと飛び降りたかった。幼い声の女学生の１人は打たれるとき、恐怖感に駆られて〈許してください〉と泣き叫んだが殴りつづけるのであった」（『世界』

88年3月号「17年の歳月が流れて」）

「リレー投票と代理投票、投票用紙と投票箱替え」などが大仕掛けに恣行される現場の情景であった。「現軍部独裁政権は開票所において野党参観人と傍聴人を追い出し、武装兵力を動員して威圧的なものものしい恐怖雰囲気を造成しながら開票結果をMBC、KBSテレビ等を通して、1、2、3番の票差までデッチ上げて発表した」。それを国民は信じるはずがない。それは軍事政権による「コンピューター・クーデター」といえた（12月17日の民主統一民主運動連合の声明「不正・暴力・デッチ上げ選挙を糾弾し国民の力で民主政府を樹立しよう」から）。

「17日の朝7時にばらまかれたソウル新聞（注：政府系新聞）号外には、開票が半分も進行していないのに、もう〈盧候補810万2450票をえて当選確定圏に進入し、金泳三候補を201万1230票という圧倒的な票差で抑えている〉」となっていた。そして「17日の正午12時58分現在、中央選管委集計発表が54パーセント開票と集計」となっているのに、テレビは「ほとんど90パーセント」開票と放映するなどの狼狽ぶりであった（仁川地区労働者、青年、学生の諸団体の12月20日付声明「軍事独裁の破廉恥な不正選挙蛮行を絶対認めることができない」から）。

そしてこのような選挙工作は、全斗煥の軍部とアメリカ政府の合作だというのであった。それを証拠立てるが如く、アメリカからやってきた民間参観人団は、「若干の不正があるかもしれないが、決定的な根拠は確保されなかった」といい、シグール次官補も「大勢を覆すような組織された不正はなかった」と報告した。

反体制側は厳しく不正選挙を糾弾しながらも、両金氏をつぎのように批判せざるをえなかった。「われわれは候補単一化をなしとげられず、盧泰愚に不正選挙を正当化する名分を与えたことに対して、明らかに責任を痛感いたします。このように両金氏は全国民に与えた挫折と敗北に対して、明白に責任をおわねばなりません」（87年12月22日の韓国女性団体連合会の声明「12・16不正選挙は無効であることを宣言します」）

この選挙において軍部の大々的な不正があったとしても、在野勢力の金大中、金泳三が、軍部の立候補した一人と対決するといいながらも、分裂して戦ったことは許されないことであった。何よりも、そのような軍部の計略にもてあそばれた愚かさ、軍事独裁を前にした不誠実性は許されないものであった。彼らにとってもやはり民主回復という大義よりは、個人の政治的野望が優先した。彼らのカリスマは急激に衰えて跡かたもなくなるようになった。そこで、盧泰愚は民主選挙で勝利したと自認しながら、不安定な政権をなんとか支えようと努力するようになる。

通信は、これをもってついに民主化のはじまりという歴史を韓国は歩みはじめたと認めて、その長い記録を閉じることにした。「お別れのことば」をつぎのようにはじめた。

「1972年11月からのことですから、ほんとうに長い年月がたちました。勝利を念じて働きましたが、いま私は、戦いに傷ついて小高い丘の上に寝かされたまま、まだ凄惨な戦いがつづいている下の方を眺めているように感じています」

そしてそのような現実政治からは離れることを思って、通信をつぎのようなことばでしめくくった。

「思想家は絶対的価値を求めるとすれば、現実政治においては相対的なものを求める」

第3章　『朝日新聞』が伝えたこと

維新体制をながめる憂いの眼

1972年10月、朴正熙《パクチョンヒ》は、夫人とともに11月13日から18日まで日本を訪問すると発表されていた。日本の新聞は、「韓国の国家元首が公式に日本を訪問するのは実に今度が初めてである」と報道した(1)(『朝日新聞』72年10月6日付、以下『朝日新聞』の場合は日付のみを記す)。米中、日中の新しい動きのなかで、日韓関係は一層強化されるべきであるといわれた。

しかし10月17日午後7時、韓国では非常戒厳令が発令された。国会は解散、政治活動は禁止された。戒厳司令官の布告9項目のなかで、第1項はつぎのようなものであった。

「すべての政治活動を目的とする屋内外の集会及び示威を禁ずる。政治活動の目的でない屋内集会は許可を受けねばならない。冠婚葬祭と儀礼的な非政治宗教行事は例外とする」

ここですでに朝日は、これは「朴4選」をねらった措置であろうと書いた。憲法を改正して前年の春、3選で大統領の座を占めた朴正熙が、「永久政権」に近いものをねらっているのではないかというのであった(10月18日付)。19日に朝日は、「韓国の民主制度はどうなるのか」という社説を掲げ、この成り行きに憂いを表した。10月27日までに憲法改正案の発表、その1か月後の11月末までに憲法改正案に対する国民投票と、大統領と国会議員の選出となる。朴正熙政権は、1961年5月16日の軍事クーデターで政治権力を手にしてから、62年2月には大統領制憲法改正を行い、69年10月には大統領3選禁止条項をなくして、朴正煕は3選の大統領となった。それに3年後にはまた憲法改正である。「一切の政治活動が停止され、言論、報道が統制された状況」での憲法改正である。そこで、つぎのようなことばでこの社説は結ばれたのであった。

「韓国の民主主義はどうなるのか。その将来をうらなうためにも、こんどの憲法改正のなりゆきを注目しなければなるまい」

朝日はこの日、訪日中の金大中《キムデジュン》がだした抗議声明書の内容を伝えた。それは、非常戒厳令と改憲云々ということは、「憲法違反行為であり、祖国統一を成就しようとする国民の念願を踏みにじるものだ」という内容であった。朝日はその最後の一節をつぎのように伝えた。

「私は朴大統領の行為が、世界の世論からきびしい批判を受けると同時に、民主的自由を熱望し、李承晩《イスンマン》独裁政権を打倒した歴史をもつ偉大なる韓国民の力によって、必ずや完全なる失敗に帰するであろうことを確信するものである」

10月27日の午前、「現憲法を全面的に書き直した憲法改正案」が公告されたと、朝日新聞は報道した（10月27日付）。それは、これまでの大統領直接選挙制を廃止して、「代議員2000ないし5000人の統一主体国民会議という機構の間接選挙」による大統領選挙なるものを施行するというものであった。大統領の任期は6年にして、「重任事項をあえて設けず、見方によっては〈永久政権〉を可能にし」、そして、「国政全般」にわたって「司法的審査の対象にならぬ緊急措置」をとりうることにしたのがとくに目につくと、朝日は報道した。「言論、出版、集会、結社の自由は、法律によって制

（1）1972年2月ニクソン大統領訪中、9月日中国交正常化の流れ。

限され、勤労者の団結権、団体交渉権、団体行動権は、法律に定める範囲内で保障される」というのであった。

10月28日朝日は、韓国の新聞は政府のＰＲ資料を「フル」に流し、「朴大統領の特別談話文など」を発表して、「そろって官報的」といえると報道した。このような朴正熙のいう、いわゆる「韓国的民主主義」をうたい上げる維新憲法に対して、東京に滞在中の金大中はつぎのように攻撃したと朝日は伝えた。

「改憲案は、直接選挙ではもはや勝利の可能性がなくなった朴大統領が、一種の総統制をねらった措置であり、議会民主主義と三権分立を否定し、北の共産唯一体制への大幅な接近を現わすものだ。私はこの行為に対して、できうる限りの闘争を続ける決意である」

一方、韓国における改憲とともに、北朝鮮も改憲を急ぐという。１９７２年11月２日、平壌で南北調整委員会の第２回共同委員長会議が開かれた。その結果によって、「11日午前零時から、相手側に対する宣伝放送と、宣伝パンフレットやビラの送り込みは全面的に中止する」と発表された（11月11日付）。そして21日の国民投票では、有権者の91・９％の投票率で、過去最高の91・５％の支持を獲得したと発表された。このため、11月23日朝日の社説「注目される改憲後の韓国政権」は、まずつぎのように書きだされた。

「韓国では、21日に行われた憲法改正に関する国民投票の結果、朴大統領の指導性が思いのまま発揮できる強力な政治体制が確立した」

非常戒厳令下での国民投票であっても、これは驚くべき結果ではないかという論調であった。しかしこの社説は、パキスタンの「基本的民主主義」、インドネシアの「指導された民主主義」の例をあげながら、「韓国的民主主義」に対しても疑問を提起し、「こんご数か月の韓国の政治が注目される」と結んだ。

ここで戒厳司令部は、28日を期して、「10月17日以来全国の大学に下していた休校令を42日ぶりに解除した」。そして、主要大学に進駐していた首都警備司令部の降下部隊などの戒厳軍も撤収させ、12月14日午前零時を期して戒厳令も解除した。しかし、集会・デモは禁止であるというのであった。

朝日は、韓国国民は「一方的な政権ペースで進む新体制移行に圧迫、無力感を示しており、こんどの〈統一主体国民会議〉代議員選挙への関心は低下している」と報じ、それで政府は「非常戒厳令の持つ暗いイメージをぬぐい去ろうと努力している」と報道した。

朴正煕は12月27日に新たに大統領として就任したが、北朝鮮もその日第5期第1回最高人民会議で、「新しい社会主義革命と社会主義建設で偉大な成果をかちとった」と強調しながら、新憲法を採択した。「主体《ジュチェ》」を掲げて、改めて金日成《キムイルソン》が国家主席の座を占めたのであった。朝日は、新憲法の骨子しかまだ知られていないとしながら、「27日に公布された韓国の新憲法と対照してみるとき、南北体制の差異は、ますます広がったとの印象が深い」（12月28日付）とコメントした。南北対話、そして南北統一まで掲げながら、実際はこのように南北は離れていくのであった。

翌年の73年2月19日の朝日の記事は、米上院外交委員会（フルブライト委員長）が、前年の11月に韓国を訪問した報告書において、「現在、行われている北朝鮮との統一の話し合いも、どれほど真剣味があるか疑わしい」といって、「米国が従来とってきた政策は、戦争の際、自動的に米国をそれに巻き込む危険があるとして、政策の転換を提言」したと伝えた。そして、朴正煕政権については、「経験の多い一外国人観測者は、李承晩大統領時代以来、市民に対する弾圧は最も強まったと述べている」と記して、つぎのようにコメントをつけ加えた。

「このような背景から、朴大統領は辞任するか、死亡するか、革命が起こる以外にその地位をはずされることはない、と説明されている」

朝日はこういう状況で、たまたま病気の治療のために日本に来ていた金大中が、渡米してアメリカで2、3か月滞在しながら、ケネディ議員やライシャワー教授などに会って、「米国の対韓政策変更を訴える」ことにしていると伝えた。米上院の外交委員会の韓国にかんする報告書が、朴政権を独裁制と決めつけているから、「自分の訴えはかなり理解されるはず」と金大中は展望しているというのであった（73年3月11日付）。

そして金大中は、25日の渡米に先立って3月24日、東京の外国人記者クラブで記者会見をして、「南北の本当の和解と統一は、民主政権ができぬかぎり無理で、われわれがそれをつくれば、平和共存体制の確立、平和交流の推進を通じ平和統一の実現に努める」という声明を発表した。ここで彼は、「南北朝鮮の国連同時加入」「徹底的な戦争抑止措置の断行」「外交・軍事・内政の独自性を維持した〝ゆるい連邦制〟の創設」などを提案した。

金大中は、「朴政権が直面している内外情勢を分析し、韓国民の民主主義回復への熱望と闘争が遠からず勝つだろうと述べた」。朴政権は国際的に孤立した。今度の国会議員選挙における与党の得票率は、「前回の52%から38%に急落」し、権力の内部は安定せず、経済的安定もないと批判し、「このような状態は、反民主的、反国民的である独裁政権の当然の結果であると強調した」のであった（3月24日付）。ここに、金大中の海外における反政府的行動の輪郭は明白に示されたといえよう。

それは何よりも金大中が、いわゆる維新体制へと転換して一人独裁の半永久的体制へと踏みきった朴正煕支配体制に対して、海外において大きく抵抗運動をくり広げることを宣言したことであった。海外における民主化運動は、ここに明白な一歩を踏みだしたわけであった。

金大中拉致事件と日韓関係

1973年8月8日の白昼、金大中が東京のホテル・グランドパレスから拉致されたというのは、1965年から正式にはじまった日韓両国関係がどのようなものであったかを象徴してあまりあるものだったといえよう。朝日新聞は、8月15日には金大中が日比谷公会堂で「韓国民主国民会議」を在日韓国人とともに発足させ、日本の政治家たちと「日韓民主親善協会」を発足させることになっていたと報じながら、つぎのように書いた。

「朴正煕大統領の強力統治体制がかたまったあと、韓国内外の関係者から〝韓国民主主義の拠点〟といわれ、大きな注目と関心、期待を寄せられていた金大中氏が、たまたま滞在中の日本で白昼堂々と誘拐されるという事件は、日本の治安問題だけでなく、金氏を誘拐した犯人らが特定された場合、深刻な国際問題に発展する懸念が強い」（73年8月9日付夕刊）

このように金大中は誘拐されたが、日本政府と韓国政府はまったく日韓両国民の心情、または心証とは関係のない虚空の世界をさまよっているような状況が続いた。8日当日夜から日本政府は、韓国政府に向かって「何か情報をもっていないか」とたずねたが、「韓国政府は、今度の事件を全然知らず、韓国の官憲は事件を関知していない」ということばが帰ってくるだけであった（73年8月10日付）。それで朝日新聞は、「金大中誘拐事件の究明を急げ」という社説を掲げ、つぎのようなことばで結んだのであった。

「だが、もしも犯人の意図が、暴力で金大中氏の主張を封じ、あるいは同氏を消し去ることで、その主張を葬ろうとしたとするならば、それは許すべからざる、戦りつすべき非道な行為と考える。われわれは、金大中氏が一刻も早く救出されることを祈り、事件の早急な解決のために、警察当局に重ねて最大限の努力を要請する」（8月10日付）

金大中が、梁一東《ヤンイルドン》韓国民主統一党党首と金敬仁《キムギョンイン》韓国国会議員をホテル・グランドパレスに訪ねて拉致された事件は、日本政府と韓国の朴正熙政権とのあいだで大きな問題となった。韓国では9日未明にこの報道が解禁となったが、韓国の政府はこれに関与していないとしらを切ることになっていた（8月9日付）。こうして、日本のマスコミと捜査当局と韓国当局とのあいだで演じられる推理小説的なさぐりあいが続くことになった。

金大中は8月13日午後10時20分、ソウルの自宅に「救国同盟行動隊」と自称するグループによって帰された。朝日新聞は、8月14日の新聞にはっきりとつぎのように書いた。

「……一般には現体制下で、政府当局の知らぬところで〝政府が歓迎しない客〟がはいり込むすきはないと思われている。失踪のあと、金氏が韓国へ帰国するまでのいきさつについて、韓国政府はまったくのつんぼさじきに置かれたと信ずるには、あまりに無理が多いといわなければならない」

このような世論を前にして、韓国の検事総長は「金大中氏を誘拐した犯人は必ず逮捕し、いわゆる救国同盟行動隊という団体の中身をあばく考えである」と断言し、「必要なら日本に捜査協力を依頼したい」とも語った（8月13日の記事参照）。しかしそのような韓国政府の意思が具体化されることはまったくなかった。朝日新聞が提起したつぎのような疑問は、この事件が韓国内と日本内のある勢力が結んで行われたことをほのめかしたものといっていいだろう。

「金大中氏は、日本のどこかの港からボートに乗り、さらに大型船に乗り移ったらしい。犯人たちは、日本の沿岸はもちろん、韓国の沿岸警備がきびしいことは十分承知のはず。そこを堂々と乗り切って、ともかく金氏は韓国入りした。単なる密航者と違って、日本も韓国も警察が警戒中のはずなのに、なぜ発見できなかったのか」（8月14日付）

こうして金大中事件に対する日韓両国政府、そして世論のあいだで、対立と駆け引きが続くわけであるが、この事件における最大のなぞは、日本政府と韓国政府がどのような駆け引きをし、その背後において、アメリカの姿勢はどういうものであったかということであろう。「殺害覚悟した監禁の6日間」という8月13日の夜、拉致されてから初めての記者会見のとき、金大中は、拉致船上における意外な出来事としてつぎのように語った。

「船のエンジンが狂ったように動き出したとき、〈飛行機！〉という声が聞こえた。あるいは海上自衛機か米軍機かと思った。気のせいかもしれないが、赤いチカチカした灯が空に見えた。このあとから、私を殺すという雰囲気がなくなり、私は死地を脱したと思った」（8月14日付）

海中に彼を投げ落とす準備がすべてできていたのに、こうして金大中は九死に一生をえたわけである。誰が、どの国が飛行機を飛ばして、このように彼の救出を命令したのか。日本か、アメリカであるはずだが、どちらにその可能性があるというべきか。どうしてその秘密はいままで30年以上も保たれているのか。彼の生命を救うことが、韓国とのあいだにおいてその国の利益を保つことになるとすれば、どの国の場合を想定しうるのであろうか。そのような秘密工作を政府が常になしているとすれば、どの国といえるのか。

韓国ではこの事件が起こるやいなや、だれもがそれは韓国のCIAの工作にちがいないと考えた。そして、これに関連してソウル市警に捜査本部を設置し、「救国隊員」の正体を明かすだろうと検事総長が大言壮語したのにもかかわらず、何一つ捜査結果が発表されないことで、これには韓国政府が深くかかわっていると思わざるをえなかった。

韓国国民は、誰の指示によってこのような計画が進められたのかを考えてみなければならなかった。誰も犯人が現れないということは、その行為は最高権力者によって指示されたので、誰も犯人を糾明することができないからであるといわねばならない。そのために、その計画を中断させたのは、彼らをそうさせることのできる国際的な力だと考えねばならなかった。このような推理と判断は、当時の韓国国民としてはあたり前であったといっていいのではなかろうか。

こうして1年以上も、韓国国内の政治も日韓関係も、またある意味では日本の国内政治もゆれ続けるわけである。現代政治におけるもっとも重大なことがらや事件はヴェールに隠されているといわれるように、この事件も、日韓両国においてひた隠しに隠され続けたといわねばならない。すでに韓国の各政党は「真相を満天下に詳しく知らさねばならない」と、与党の民主共和党や維新政友会も発言していたが、その後、その発言とはちがって、この事件を隠蔽することに政府と歩調を同じくした。

この事件に党首梁一東が関与したと推測されている民主統一党の発言は、実にあいまいなものであった。それは、「金氏が帰ったことは何よりのことだが、事件の背後関係と真相が明らかにされていない以上、論評する段階ではない」というものであった。これに対して、朴正熙の維新体制下でもようやく命脈を維持しているという新民党の論評は、つぎのようなものであった。

「この誘かい事件は、単なるギャングの仕業とは思われない。ある勢力の保護のもとに行われたという背後関係が重要である。これは、日本警察当局の捜査が傍観的であったことからも、容易に推測できる。この事件は、今も納得のゆかないナゾだらけである。わが党としては、国会の与野党が同数の委員を出し合って、真相調査委員会のようなものをつくりたいと考えている。必要なら国会を招集したい」（73年8月14日付）

このような状況の下で、朝日新聞は8月15日に「金大中事件の〈真の解決〉とは何か」という社説を掲載した。日本側の厳戒にもかかわらず、「犯人は金氏を自動車で運び出し、船に乗せて韓国に連れ去った」。実際、この事件には大々的な人員が動員されていた。「実行グループ」「海上グループ」「韓国内グループ」「偽装グループ」「準備、支援グループ」（8月15日付）などと大々的に動いた。韓国内は、「北からのゲリラ侵入にそなえて、常時、厳重な警戒体制」下にあるにもかかわらず、犯人たちは自由に行動し、目隠しをさせたまま金大中をその自宅まで届けた。しかも、これには韓国政府は関知していないという。日本側にこれに関連した人もまたいない。

「つまり、犯人たちは、わが国と韓国で、密出国、密入国という違法行為を堂々とやってのけたわけである。この犯行が、極めて大がかりな組織により、周到な計画のもとに行われたことを示すものといってよかろう」

このために「韓国の国家機関、つまり、韓国ＣＩＡが関係した事件ではないかと見る説」が多いと、この社説は指摘した。あえていえば、このような犯行に日本人は関与しなかったといえるだろうかと私は思うのである。この社説は、いわゆる「救国同盟行動隊」の行動に対し、韓国政府は関与していないといっているが、韓国は、かつて韓国CIAが西ドイツで多数の韓国人を拉致して裁判にかけ、西ドイツ政府と摩擦を起こしたこともあるではないかといった。それに、韓国の検察総長が「犯人は必ず逮捕し、救国行動隊なるものの中身をあばく」といったが、その結果に期待するともいった。そして、社説はその信じるところをつぎのようにのべた。

「昨年、韓国の非常戒厳令発動の直前に出国した金氏は、日米両国の有識者や政治家と幅広く接触し、韓国の政治状況を民主化することが、朝鮮半島、ひいてはアジアの平和にとって不可欠とする政治信条を、精力的に訴えた。それが、日米の政界と世論に厚い共感を呼びさますとともに、政見の違いを理由に流浪せざるを得ない金氏への支持を深めた。犯人が同氏を釈放したのも、事件を闇に葬ることで引き起こされる、国際的反響の重大さを知ったからであろう」

そして社説は、民主主義を強調しながら、「真の日韓友好、アジアの安定」のために、「良識ある解決」を求めたのであった。この社説は、たしかにこの時点において、正鵠を射たすぐれた社説であったといえよう。その日の夕刊は、「ソウル地検特捜本部は、15日正午現在、犯行の端緒もつかめず、捜査に進展はない、と明らかにした」と伝えた。しかし、同じ1面のコラム「今日の問題」のなかでは、「ムグンハよ永遠に」というタイトルで、つぎのように書きだされていた。

「金大中氏をめぐる今回の事件によって、はからずも、われわれ日本人は隣邦について、また隣邦との関係について、深く考えることを迫られている」

これは、金大中が「独裁と私の闘争」という本のタイトルを「無窮花《ムグンハ》よ永遠に」としたかったといって、「九死に一生をえたのは、日本やアメリカの友邦国の影響だ」と語ったことを伝えて、つぎのように結んだ。「朝鮮半島の未来を決するのは、朝鮮人自身である。しかし、われわれもまた、ムグンハのもとに隣邦の人々が、自由に生きることを念願する」。この小さな一文に、日本における良識の人びとが、韓国との関係を金大中事件の後にどのように考えるようになったかが、端的に示されているといえるかもしれない。

日本は、韓国という「隣邦との関係について、深く考える」ようになった。それは戦後の歴史のなかで、日本が新しい意味においてアジアへの回帰を果たさねばならないと考えはじめたことを意味するといえるかもしれない。しかも戦前とはちがって、「隣邦の人々が自由に生きること」を「念願」としてである。これは、20世紀末から21世紀にかけて繁栄する北東アジアという共同のイメージが芽生えつつあったことを意味する。北東アジアのおのおのの国が、自身の道を行きながらも協力しあうという、新しい北東アジアを期待してである。そのような立場に立つとすれば、金大中事件などは、このような北東アジアに向かう以前、その前史ともいうべき時代のことと記されていいのではなかろうか。それは、北東アジアの現代史において、前史的な性格を濃くおびるものであり、ある意味では、歴史の転換点を記録したものといえるかもしれない。

この事件に対して、韓国政府はまったく関与していないといいながらも、韓国捜査当局はその大言壮語にもかかわらず、救国行動隊の正体を明らかにすることができなかった。そして何よりも、8月16日になると、金大中は監禁状態に置かれた。朝日新聞は、「韓国、金氏を〝監禁〟自宅に隔離　逮捕の恐れも」（73年8月17日付）というタイトルの下に、つぎのように報じはじめた。

「金大中氏は16日、完全に外部からしゃ断され、事実上の自宅監禁状態に置かれた。この日昼前から、同氏宅周辺は韓国当局によって立ち入り禁止区域にされたのに続いて、昼すぎには同氏への電話も通じなくなった」

そして、8月21日の新聞には、ワシントン発20日の報道として、ロジャーズ米国務長官が記者会見で、「金大中事件について、韓国政府に対してワシントンとソウルでの両方で、〈米側の憂慮〉を表明したことを明らかにした」と報道された。長官は、「金氏が誰によって捕らえられたかは知らない」といいながらも、「金氏の安全」がそのような圧力によって可能になったことを示唆したのであった。「金氏が殺害を免れたのは、〈日米両政府の韓国政府に対する強い圧力が主因〉だとするニューヨーク・タイムズ紙などの報道を、この長官発言は側面から裏付けた格好となっている」

こうして、日韓両国政府のあいだには駆け引きが続くのであるが、1973年8月24日、読売新聞のソウル支局が閉鎖され、「特派員3人」が「国外退去」を命じられることとなった事態は、この事件と日韓の駆け引きが頂点に達したことを示しているといえるであろう。日韓政府のあいだはつぎのようなものであった。

「〈日韓の警察は身内同士〉という意識が、警察では強いそうだ。警察だけではない。〈日韓の政府間はツウツウでやっている〉という言い方もよく聞く。そうした体質が、意識的にか無意識的にか、第一線の捜査にまで及んでいるのだろう。この腐敗菌は、かなり奥深いところに巣くっている。自由化だ、自主規制だと、そういうお金の話だけで国の外交が成り立つとカン違いしてきたフシがある。みるべき理念も姿勢もない外交だった。〈困った。困った。〉を連発する政府をみていると、エコノミック・アニマル外交の報いがきたという感がする」（8月24日付「天声人語」から）

これは金大中事件のまっ最中にいわれたことばである。金大中事件を前にして日韓閣僚会議は延期されることになるが、韓国側が、「昨年の1億7500万ドルを上回る2億ドル以上の経済援助を取りつけること」にした日韓のあいだがらであった。しかし、「韓国政府筋は22日、金大中事件に韓国中央情報部（ＫＣＩＡ）機関員が関係していた事実を初めて認めた」という記事を書いたため、24日、「読売の支局閉鎖　特派員３人は国外退去」を命ずるという事態が起こった。こういう状況のなかで、朝日もつぎのような疑問を提起したのであった。

「常識的には韓国情報機関の犯行という見方が多いなかで、警察捜査のその方面に対するエンジンのかかり方が鈍く、犯行の背景の見方についてもなんとなく歯ぎれが悪い裏には、韓国への〝政治的配慮〟が感じられ、そのムードが捜査陣の馬力を鈍くしている、というのは誤解であろうか」

なぜ金大中事件は起こり、日韓のあいだにこのような茶番劇がくり返されるのであろうか。日本と韓国のあいだに正常的な国際関係は不可能であるというのか。いままでの不正常な関係を是正しなければ、「日本民族と朝鮮民族の永遠の友好」はありえない。そのために、朝日の社説は「対韓経済協力の根本的再検討を」（８月28日付）と訴えざるをえなかった。

「この事件で日本国民が大きな教訓をえたのに、対韓政策に対するきびしい反省をおこたり、従来どおり朴政権テコ入れのための経済協力を積み上げていけば、日韓関係はますますゆがんだものになり、やがて韓国国民の対日不満が爆発する日がこないとは断言できない。政府、与野党とも、この際、事件の真相究明と金氏の自由回復、日本の主権擁護に全力をつくすのはもちろん、長期的な視点から、日韓関係、とくにその柱である経済協力を根本的に再検討し、真の意味での民主国家同士の友好関係を築くよう、切に要望したいと思う」

そしてこの社説は、日本の野党が北朝鮮との関係に傾いていたことも批判した。しかし、韓国と「民主国家同士の友好関係」を築きうるのかということに対しては、韓国政治の問題であるために、あえて問わなかったといえるであろう。金大中事件が起こらざるをえない韓国の状況が、根底的に問題であり、そのような状況であるにもかかわらず日韓癒着といわれる関係を維持してきたことに、金大中事件が起こらざるをえない温床があったといわねばならない。そのために韓国において日韓関係は批判の対象になったのであり、その温床のなかから金大中事件は醸しだされたと見たのであった。それは、起こるべくして起こった事件であり、日韓の癒着によって起こされたといっても過言ではなかった。

こういうなかで、日本の後宮駐韓大使が、１９７３年8月28日の午後に金大中と会い、「20分間自由に話す」ことができたと報道された（8月29日付）。それはどのような意味をもつのであろうか。日本の世論への配慮という点で日韓政府が合意したからだといわねばならなかった。

「問題は、今度の面会実現が、金大中氏の釈放―再来日につながらず、沸騰した日本の世論を一時的にさまそうとするものであったとしたら、日本の世論は、背後に日韓両国政府の秘密取引を感じとり、前よりも双方の政府に対する不信と攻撃を強めるかも知れない」

この記事はとくに日本政府に向けて筋を通すようにと強く迫るものであったといえるが、駐韓大使の金大中訪問は、実際はその日本の世論への対処というほどの意味をもつものではなかった。ほんとうにそれは、大使の言葉通りに「見舞い」という「たてまえ」以上の意味をもってはいなかった。

しかし現実には、日本大使の金大中面会の後、日本では金大中来日への世論が高まった。「金大中氏来日　外務当局が折衝中?」（8月30日付）とまで報道されるほどであった。実際、朝日のその日の社説「金大中氏の来日実現へ」も、「金大中氏の安否確認だけで終わるならば、政府不信はいっそう燃えあがり、日韓友好の足元は弱まるであろう。われわれは、それを心配するのである」と書いたのであった。

金大中事件に韓国政府は一切関与していないといいながらも、事態はそのような方向には進まなかった。「日本政界の深部と韓国政界の深部が、どこかでドッキングしているのではないか」（8月30日付）と疑問を投げかけられても、韓国政府は金大中を国外に出そうとはしなかった。

そこで日本政府は、「日韓関係をこわさず育てる」という姿勢と、「世論が納得する筋の通った解決」という二つの方針のあいだで苦しまざるをえなかった。それは日本の国益のためであった。日韓関係の現状維持、または発展というのは、日本の韓国経済との関係、そして対米関係を考えても必要であった。「世論の沈静化」と「日韓間の感情的対立や不信を必要以上にひろげること」にならないこと。この二つが日本政府の望むことであった。それを新聞は、「〈友好〉と〈解決〉の板ばさみ」と表現したのであった（9月2日付）。そこに人道的配慮などが入る余地はほとんどなかったといわねばなるまい。

そこで日本政府が打ちだしたのは、「解決を急いで無原則的ななれ合いをするようなことは避け、あくまで筋を通す」ということと、「日韓関係に傷を及ぼさないよう十分配慮する」という「二点」であった（9月3日付）。おそらく、第一点に関して日本政府がその姿勢を明らかにしたことは、9月5日に金大中事件の警視庁特別捜査本部が、金東雲《キムドンウン》一等書記官がこの事件の重要容疑者であると発表したことであろう。事件現場の「ホテル・グランドパレスの2210号室から採取された遺留指紋のなかに、同書記官の指紋と一致するものがあった」といい、またエレベーターに乗りあわせていた日本人2人の証言もあるというのであった。

こうして日本政府は、金東雲をはじめ、その他の韓国領事館職員などの来日を名ざしで求めた。朝日新聞の報道は、「韓国の新聞、ラジオ、テレビは、六日朝になっても〈在日韓国大使館の書記官が金大中事件に関与〉とのニュースは報じていない」（73年9月6日付）と伝えた。そしてその翌日、朝日は「韓国政府は6日、当の金東雲一等書記官がいま韓国にいることを認めたうえ、同書記官が事件にまったく関係していないとし、日本政府が求めている任意出頭に応じられないとの立場を明らかにした」と報道した。朝日はその一方で、この事件に関連したほかの5人の正体も明らかになったと発表した。

こうして日韓のあいだにくり広げられるやりとりを延々とくり返すよりは、ここではただ2つの記事の切れっ端ともいうべきものをとりあげることにしたい。それがこのような状況についてより多くのことを語っているような気がするからである。

「三井、三菱が韓国に巨大投資の申請。日韓経済の〈一体化〉にひそむ危険をいう声がある」（9月7日付「素粒子」）

「事件の原因は、日韓条約以後の対朝鮮政策の誤りと、日米安保条約下の朴政権と自民党政府の無原則なゆ着にあると思う。対韓経済援助は、3分の1が実質援助で、残りは日韓両国政財界のリベートになって両国関係を腐敗させており、事件の直接の原因はここにある」（9月8日付衆院本会議「金大中事件の緊急質問」における社会党議員米田東吾の発言）

こういうやりとりがくり返されるなかで、韓国の朝鮮日報に載った、9月7日の主筆鮮于煇《ソヌフィ》の不意をついた社説「当局に望むわれわれの衷情——決断は早ければ早いほどよい」が、9日の朝日に掲載されたことに触れねばなるまい。それは、金大中事件は朴正煕政権がしでかしたことは誰でも知っているのに、これを隠し立ててどこまで事態を引っぱっていこうとするのかと、韓国政府を非難したのであった。明白な事件をしでかしておいてそれを隠し立てする韓国政府を批判するのであるが、これを抽象的なことばでおおい隠しながら、嘆息をついたのであった。これは、ま夜中に一人居残って主筆として差し替えた社説だが、その一節だけをここに引用することにしたい。

「……この事件を徹底的に洗い出すべきだというのは、友邦米国と日本の対韓感情とか対韓措置という配慮よりは、わが韓国民自身の人間的権威の回復と道徳的きょう持の高揚のために貴重な作業であるからである」

そして、「重大なこの事件で懇望したいことは、為政当局高位層の次元の高い断固とした決断である」といって、最後のことばをつぎのように結んだ。

「……今新穀でモチをつくり、祖先の霊前にささげなければならないこの国民の胸に忍び寄る不安は何のゆえか。なぜ罪のない善良な国民は、これほど胸を締めつけられなければならないのか。神よ！　この国民にお許しと祝福を！」

この日の「天声人語」は、「韓国の有力紙〈朝鮮日報〉が7日、大きな社説を掲載した。〈最近のわれわれは、知りたくとも知り得ず、言いたくとも言えない状態で憂うつだ。それほど知りたがり、言いたがっている問題とは金大中事件である〉という、ずばりとした書き出しで」書いたと伝えた。そして、「〈どこかの国で金大中事件のような事件が起こったとしたら、これを意に介せず、笑って見過ごす国がどこにあるだろう〉といって、日本人の感情を理解しようとする」と続けた。そして、「天声人語」は次のようにのべた。「その主張は力強く、さわやかである。その静かな勇気が読む者の心をうつ。人間の誇りを訴えるその心情の高さが、感動をさえ誘う」。そしてこのコラムは、この事件で、「日本人には〈韓国にバカにされた〉といった感じ方が、まったくないだろうか」といって、つぎのように結んだのであった。

「この社説を読むときに、そうした反発の仕方がいかに卑小にみえることか」

不幸な事態のなかに芽生えた美しいヒューマニズムである。このような交流から見ると、政治的なやりとりがいかに見苦しく見えることか。しかし、この事件そのものを解明するための日韓の協力はありえなかった。９月11日の新聞に載った、「続々　不審の帰国　在日韓国公館員ら」というタイトルの記事にはつぎのように記された。

「10日までの調べで、大使館員ら公館員と準政府機関員ら13人が、続々と韓国へ帰国していることをつきとめた。大使館員らはほとんど再入国手続きをとらず、また家族も後を追うようにして帰国しているケースが多いが、このなかには、同本部が事件の関連について事情聴取しないと考えていた人もおり、相次ぐ帰国に強い疑惑を抱いている」

こうして、この13名の名前が翌日の新聞に公表された。そして朝日はその日、「何よりも金大中氏に自由を」という社説を掲げた。これは、鮮干煇の朝鮮日報の社説「当局に望むわれわれの衷情――決断は早ければ早いほどよい」に応えたといいうる社説である。政治の場における姿勢がいかに日韓関係、すなわち政治的な意味での両国関係を保つために沸騰している世論を静めるかということにあったとすれば、それは「人間の基本的権利と民族友好の重み」を提起しようとしたものであった。現実の事態について社説は、つぎのように記したのであった。

「金大中事件が、韓国政府関係者も加わった組織的手段で仕組まれた疑いは、極めて濃い。それにもかかわらず韓国政府は、一方的に否定するだけで、事実の究明にまったくといっていいほど協力しようとしない。それが一因で、わが国の主権に対する韓国政府の侵害を糾弾する声が、高揚してゆく」

ここで「単に国の威信をふりかざした危険なナショナリズム」で終わってはならないと、鮮干煇の社説をあげ、日本の「朝鮮統治」が「朝鮮半島分断や経済、民生の立ち遅れといった深い傷跡」を残したことを指摘しながら、金大中の自由を求めた。これもまた格調の高い社説であった。しかし現実の政治は、そのような精神と相入れるものではなかった。

これに対する韓国側の反応としては、政府の統制下にあった東亜日報が掲げた、1973年8月22日の「日本言論の自重を望む」という社説であるといえるであろう。「韓国人の自尊心を傷つけており、侮りがたいと見れば度外れに迎合し、相手が弱いと見れば見下す、というのが日本の言論の本性である」とまで言い返したのであった（『東亜日報』9月29日）。

このような論調は韓国の他の新聞でも同じくくり返された。韓国政府の立場は、金東雲の「指紋」は疑問という立場を強引に貫き、韓国政府は関与せずという立場を貫徹しようとしたものであった。事件は起こっているが、犯罪人に対する証拠をいくらつきつけても韓国側は否定するという立場であった。それは犯罪人本人が、韓国政府そのものであったからであった。

そこで、韓国国会内で異常な事件まで起こるようになった。新民党の国会議員鄭一亨《チョンイリョン》が9月26日、代表質問において「金大中事件は中央情報部の仕業」（9月27日付）ではないかとつめよったのであった。これで国会議事堂内は騒然となり、鄭議員は国会から追放された。鄭一亨の発言についてもう少しつけ加えておこう。「韓国からの通信」（『世界』73年12月号参照）からの引用である。

「直接間接に質問をしないようにという忠告と脅迫があったが、国が難局に至っているのに黙って見てるだけでいられないので、70歳の老軀をたずさえて壇上にのぼってきた」

こう啖呵を切ったかと思うと、「ヨボ金総理」とやりだし、「私には嘘の答弁は必要でないから、無理なことを言う考えをやめて、私の言うことを聞くだけにしなさい」といった。そして、金大中拉致を働いた朴正熙政権をせめ立てたのであるが、朝日新聞はその内容について、「〈ＫＣＩＡの仕業では……〉韓国国会で〝爆弾宣言〟」としながらも、それほど詳細には伝えず、論評も加えなかった。ただ、鄭一亨のことばの一部をつぎのように伝えた。

「日本の捜査当局は科学的な証拠を突きつけている。それを否定するのなら、わが方はなぜ反証をあげないのか。三尺童子（幼子）だって言っていることだが、（国民は）今度の事件は中央情報部の仕業だと断定、もしくは疑っている」（73年9月27日付）

「韓国からの通信」は、続けて鄭議員の発言についてつぎのようなコメントを加えた。

「そこには憤りと軽蔑そして悲しみがあふれていた。政権の維持のみを考えて無茶をし、でたらめなことをいう。そして国全体を虚偽のるつぼにしてしまおうとする。国内的にも朴政権の権威は地に落ちている。その欺瞞性が国際的に証明されている。しかしこの政権とともに韓国とその国民が同じように転落の道を急いでいるのをどうしようか」

鄭一亨発言の頃になると、日本における金大中事件に対する新聞記事は、その分量においてだんだんと下り坂になっていたといっていいであろう。そこに、韓国では10月2日、ソウル大学文理学部学生たちが、「今日、われわれは全国国民大衆の生存権を脅かすむごい現実をこれ以上見るに忍びず、自らの良心の命令に従い、憤然と立ち上がった」と叫んだ。１９７２年年10月の維新後、初めての決起であった。「自由民主体制」の回復、「対日隷属化」の中止、「中央情報部」の「解体」と、「金大中事件の真相」の解明、そして「既成の政治家、言論人」の反省を求めたのであった（73年10月2、3日付）。

このように、ソウル大文理学部でデモがはじまると、4日には法学部と高麗大と延世大のデモ、また5日にはソウル大商学部の同盟休学と、その抵抗の火は乗り移った。

こういうなかで10月26日、ついに金大中は軟禁を解かれ、71日ぶりに記者会見に臨むようになった。朝日の記事の見出しは、「政治活動は考えない　再訪日　論じられぬ」というものであった（73年10月26日付）。無事帰国できたことに感謝する。海外での活動で、国家に本意ならず累をおよぼした。無事帰国を幸せに思うが、「現在の状況のもとでは、政治活動をしたいという考えはない」と内外記者団に発表したのであった。そのことを報道した朝日は、「無事でよかった　だが……」とタイトルをつけ、とにかく、いまは身の安全を守ることが大切。「いつか、あの人に光が戻るさ」というソウル市民の声を伝えながら「同氏の〝屈服〟への怒りや憤まんはそこにはない」と、ソウル市民の表情を伝えた。

朝日新聞は、金大中の軟禁解除を大々的に報道した。そして10月27日には金大中と「電話対談」をして、彼が「個人として訪日望む」というタイトルを掲げた。

「私の信念はこれまでとすこしも変わりない。韓日両国のほんとうの友好親善を願っている。おたがいに尊敬、信頼しあう関係を築くのに力をつくしたい。民主主義と統一のために努力することによって、日本にとってのよい隣邦をつくるのにつとめたい」

「日本の各階層の人々が心配してくれたことを心からありがたく思っている。その好意に対して、いずれ個人として、捜査の問題とは別に、都合がつけば訪日し、感謝のごあいさつをしたい」

金大中のこの一時的な軟禁の解除は、金大中拉致事件以来、3か月近くももみあった末のことであり、朴正熙政権と日本政府の妥協を予告するものにすぎなかった。10月31日、日韓外相会談は金大中事件を金東雲書記官の「個人的犯行」にし、「公権力介入なし」として、金大中の「原状回復」は考慮しないことにした。これによって金大中事件は、日韓両国政府の手で闇に葬られることになったのであった。このことに対して朝日は、「宙に浮いた〈原状回復〉」といって、「壁破れぬ主権侵害論」

と嘆かざるをえなかった。そして、「大きな犯行の組織・資金〈個人〉では解けないナゾ」「厚い政治・外交の壁」（73年11月1日付）などと「政治決着」を嘆いた。そして、ただちに対韓経済援助が動き出すというのであった（11月2日付）。

こうして金大中事件は、日韓のあいだの「〝なれあい〟の疑惑」として、歴史のなかに消えていくように見えた。ここでは、朝日新聞の社説「金大中事件とは何であったか」（11月2日付）の終わりの数節、「真の日韓友好とは何か」を通して、この不幸な事件が日韓両国民に投げかけたこと、とくに、それが日本の世論に与えた影響について考えてみたい。

「韓国がアジアにおける安定した政治勢力となり、それを背景として南北統一を実現するためには、韓国がより民主主義的体質に変革されねばならない。そう金大中氏は主張してきた。われわれも、そう考える。

かりに日本政府がそうした視点に立つならば、金大中という一人の政治家は、日本にとって荷厄介な人物などではなく、新しい存在意義を持つに違いない。そうした対朝鮮観への転換が、いままさに日本に求められているのである」

とくに11月中旬に迫った「国連における朝鮮問題の討議」のことを考えると、このような解決であっても、金大中事件の決着は日韓両国にとって幸いであると新聞は論評した。この1973年には、北朝鮮が初めて国連の討議に参加することになっていた（11月2日付）。

いずれにせよこのような妥協は政治的配慮の結果であった。朝日は、「日米両国がやきもきしたあげく、今度の収拾は朴政権の立場を十二分に考慮した妥協の産物である」（11月5日付）と書きながら、「金大中事件が残したもの」というシリーズのなかに、つぎのようなことばを書き入れた。

「朴政権は、こうした日本との友好関係を補強するため、さきごろ高校の第２外国語に日本語を加えて、若い世代の日本語学習を解禁したほか、最近は日本の企業に広い土地と、安く優秀な労働力を提供する〈工業団地〉を国内各地につくって、日本企業大歓迎のサインを送ってきている」

政治的弾圧に対する国際的批判

73年11月5日、金在俊《キムジェジュン》、趙香禄《チョヒャンノク》、池学淳《チハクスン》、李浩哲《イホチョル》、それに金芝河《キムジハ》など、15人の知識人が発表した「民主回復を求める時局宣言文」を報道した朝日の記事は、「朴政権に早くも強敵」というタイトルであった。その宣言文全文が報道されているが、それはつぎのような一節ではじめられていた。
「現政権の独裁政治と恐怖政治は、国民の良心と日常生活を極度に委縮させ、友邦諸国との信頼親善関係は失墜し、大韓民国は内外ともに最悪の状態に直面している」

こうしてこの声明は、「昨年10月、戒厳令以後の非正常な事態」の発展は、「集会、言論、学園、宗教の自由などの息を」とめて「独裁体制を築きあげ」、学生を弾圧し、「国際的な孤立」を招いた政権に向かって「民主体制を根底から築きあげる」ことを要求した。そして、「現政権のこうした破局への道は、国民だれもが座視すまい」といって、国民の「決起闘争」を呼びかけたのであった。これはまた、ソウル大工学部などの抵抗を呼びおこした。このような動きは、慶尚北道大邱の慶北大、嶺南大の抵抗へと連なっていった。この動きは16日になると、高麗大、中央大、淑明大などにも飛び火した。そして11月28日には、梨花女子大で礼拝に集まった４０００人の学生が立ちあがった。その後も、このようなデモがソウルで間欠的に続いたが、11月28日の夜には、韓国キリスト教教会連合会人権問題協議会の「人権宣言」が発表された。それは、「学園における人権」「婦人の人権」「労働者の人権」「言論人の人権」を挙げて、それらが今日どれほど蹂躙されているかを示して、そのために戦うことを誓いながらつぎのように明言した。

「いま、韓国の現実は人権が無残にじゅうりんされている。政治的には国民が主権を奪われ、民主主義は格好だけ。すべての自由は留保された。信仰の自由すら奪われている現状で、教会はこれまでの消極的で傍観的な態度を痛く反省しながら、人権の確立は自由の奪取から始めるべきとして、決意を新たにする」

こうして、韓国新聞編集人協会の「言論の自由を守る」という声明を朝日は伝えた（73年12月6日付）。これは、「最近、一線記者らが行った言論自由守護の決議は当然、かつ純粋なもので、これを支持する」といったものであった。そして政府に対して、「これまでのような無謀な言論統制を自律にまかせるよう要求」した。これに続いて朝日は12月14日、「平和的交代へ道を　韓国元大統領ら政府批判」というタイトルで、尹潽善《ユンボソン》、兪鎮午《ユジノ》、白楽濬《ペクナクジュン》、金寿煥《キムスファン》など在野の指導者10余人が、「時局懇談会」を開き、「民主主義体制の確立」「総選挙によって平和的な政権交代の道を開くべきだ」という決議をなしたと発表した（73年12月14日付）。

こうして、在野の指導者たちと学生の反政府運動はその軌を一つにすることになったが、続けて新旧キリスト教各教派は12月16日、「人権を守るための合同礼拝」をソウルのＹＭＣＡで催すことになった。朝日はその翌日17日にこのことを伝えながら、「この集会は早くから政府当局が神経をとがらせていたものだが、予想された通りに反政府色の強い催しとなり、４３０万人を数えるキリスト教徒を今後の措置でどう納得させるかが、朴政権の最大の、しかも緊急な課題になってきた」といった。

そして、カトリックを代表した金寿煥枢機卿の発言をつぎのように報道した。

「政府は〝維新〟の名で国民の人権を政治・経済の道具にまでおとしめている。国民が政府を信じないのは当然だ。……一人に集中している権力構造を根本的に刷新すべきで、憲法を改正して主権在民の正しい民主体制に戻らなければならない」

この会合に参加した、プロテスタント側を代表した韓国キリスト教教会協議会総務金観錫《キムクァンソク》牧師の訴えを、朝日はつぎのように伝えた。

「良心の叫びを封じ込めることは民主主義に逆行する行為である。自由を円やドル、ＧＮＰでかえるわけにはいかない。われわれが戦争（朝鮮戦争）や革命（李承晩独裁政権を倒した１９６０年４月の学生革命）で血を流したのは何のためだったのか」

そしてその翌日の朝、金泳三新民党副総裁は、在ソウルの外国人記者団を前にして、独裁憲法の改正、中央情報部（ＫＣＩＡ）の解体などを主張した（12月17日付）。これは、国民の民主化運動に政治勢力が勇気をもって参加しようという決意を表明したものであり、彼は金大中の出国の「自由と政治活動の自由」も保障されるべきだと主張した。このような声に対する朴正熙の対応は、いつもと変わらぬつぎのようなものであった。

「社会不安を助長する言動、経済成長を阻害する言動はやめなければならないし、北朝鮮の危害要因が除去されるまでは西欧的民主体制は困る。あくまで現体制は守らなければならない」（12月21日付）

これは19日の夕、共和党、維新政友会議員たちに向けて大統領官邸青瓦台で語られたことばであった。こういうなかで、22日には日本大使館に学生が乱入する事件まで起こった。それは、「日本の資本侵略」、韓国への「売春観光」に反対するためであった（73年12月23日付）。それは日韓のあいだでは金大中事件は収拾されたものとして、12月26日に再び定期閣僚会議が開かれることになり、「150億円までの商品借款と、62億円までの輸出産業育成計画借款」が決まったからであった（12月24日付）。日本のこのような経済的なテコ入れによって朴正熙政権は延命しているというのが、反体制側の状況認識であった。

この頃の反体制運動は、「民主主義の回復求め、百万人署名運動」に結集していたといえるであろう（12月24日付）。それは、かつて月刊雑誌『思想界』を通して国民啓蒙と民主主義運動の先頭に立っていた張俊河《チャンジュナ》が、民主化運動の人びとと共に展開した運動であった。それは憲法改正の「発議権」が「大統領だけに」あって国民が疎外されているのを批判して、国民が「現行憲法の改正」を要求する運動であった。

やがて朴正熙はこれに対して特別談話を発表して、「維新を否定し、体制を覆そうとする一切の不穏な言動をただちにやめるよう、厳重に警告する」といった（12月30日付）。しかし、これに対して尹潽善元大統領など在野の長老たちは、民主体制を回復しないと「重大な危機」に見舞われるであろうと警告しながら、民主回復を強く訴えた請願書を朴正熙宛に送った（74年1月1日付）。

そして朝日は、これに署名した人が「30万人を突破」したために、朴正熙は「彼らの主張は無責任な安逸主義」であり、「民主回復」を求めるといって、実は「民主敗北」を招こうとしているのだと非難したが、これは「強硬措置を取る前ぶれではないかとささやいている」と市井の声を伝えた（1月4日付）。やがて野党新民党が、「憲法改正案を作成するための憲法制度審議特別委員会を設立することを決定した」と報道した（1月8日付）。

ここでついに1974年1月8日午後5時、大統領緊急措置第1号が発表されたと朝日も報道した。こうして、1979年に朴正熙が倒れるまで続く緊急措置による統治の時代がはじまったのであった。「憲法を否定、反対、わい曲またはひぼうするいっさいの行為」を禁じ、これらの行為を他人にすすめても非常軍法会議に廻され、15年以下の懲役とともに、15年以下の資格停止をあわせて科するというものであった。

朝日は、「昨年12月下旬に発足した憲法改正請願運動本部による署名運動がすでに40万人台に迫り、目標達成は時間の問題」といわれるほどになったと報道した（1月9日付）。そして、その翌日の新聞では、文化公報部から「外国人も国内法の適用を受けるので留意されたい」といわれたことを報じた。これを受けてその日の新聞に、「強権発動と韓国の民主主義」（1月10日付）という社説を掲げた。

この社説は、韓国のマスコミが沈黙に陥っているときにそれを代弁したといえるほど、友情に満ちているものであった。そして「維新憲法」についても説明した。それは、「大統領への権力集中であり、西欧的民主主義の否定であり、国会の権限の制限であり、大統領の連任制限の撤廃などである」、「朴大統領は、憲法改正を主張する人たちを、一部市民とか不純分子と呼んだ」。しかし、社説は、いままでの状況を見ると「西欧的民主主義を回復する主張が、決して韓国世論の小さな一部だけを代弁したものと断ずることは出来ないのではないか」といった。その勢力が大きいからこそ、そのような弾圧に踏み切らざるをえなかった。しかも韓国国民は、李承晩時代から「長期政権に本能的な不安感」をもっている。それにもかかわらず、「朴大統領は69年の改憲で3選を実現し、一昨年の改憲により4選を実現した」。そしていまは、半永久執権であるがために、国民の抵抗が絶えることがない。

「今度の措置で、改憲運動が沈黙してしまうのか、あるいはかえって激発するのか、まだ予測はできない」。こういって、この社説をつぎのように結んだのである。

「だが、強権発動だけで民主化の措置が取られない限り、政権不安の原因は絶えまい、ということは出来よう。韓国に対する国際的な支持も、政権自体の基盤強化も、すべてこの点にかかっていると思われるのである」


この社説にあたかも抵抗するかのように、その1月10日の午後、韓国の文化公報部が、「日本人記者に警告、体制批判は処罰」と言明したというのであった。ここには韓南錫《ハンナムソク》海外公報館長が、ソウル駐在の日本人記者特派員11人を招いて発表した談話から、朝日が報道したその一部を引用したい。

「最近、一部日本の言論が、わが国の政治体制に対するひぼうとか、内政干渉的な論評をし、あげくは国家元首をぼうとくするまでになっている」


こうして彼は、8日の大統領緊急措置についてつぎのように説明した。

「憲法の基本と公共の秩序を守るためにとられたまったく合憲的なものであり、その規制範囲は、韓国民はもちろん、韓国内に滞留している外国人にも適用される」


そして、日本人特派員も「維新体制をひぼうし、流言蜚語を報道しているが」、緊急措置違反として「処理」されるというのであった。もちろん日本人特派員たちはこれに反発したが、これに対する朴政権の対応は一歩も退かず厳しいものであった。文化公報部代弁人は、韓国記者たちに向けてつぎのようなことばまでつけ加えてこの反発に答えた。

「日本言論は、機会あるごとにわれわれの主権を侵害してきた。彼らは北朝鮮、中国などに対しては無批判、一辺倒の偏向した報道で一貫しているのに、わが国に対しては、事あるごとに悪意をもっ

て報道している」（74年1月12日付）

たしかに金大中事件後、下火になりつつあった日本のマスコミの韓国報道も、この緊急措置によってだいぶ弱まってきたことはいうまでもあるまい。1月16日には朝日は改憲運動をしてきた張俊河、白基琓《ペクキワン》両人が、その前日、緊急措置の「初適用」で逮捕されたことを伝えたが、韓国の新聞は検察部発表を報じるだけで、「一切の説明抜き」であったと解説したのにとどまった。

ついに緊急措置第1号違反として、印名鎮《インミョンジン》牧師など11名が1月17日に逮捕された。それは緊急措置の撤廃と維新体制の廃止を求めた、緊急措置後初めての勇気ある抵抗であった。朝日は22日に「ソウル21日」発として彼らの逮捕を報道しながら、彼らが「緊急措置第1号のどの条項に違反したかも明らかでない」と伝えた。それは、彼らが属している「韓国都市産業宣教委員会」が、御用労働組合の新聞広告で「善良な組合員をあおり……混乱と副作用の火だねをまいている」と攻撃された直後のことであった。

こうして大統領緊急措置違反として、非常軍法会議において求刑、判決が濫発されるわけであるが、一例として「懲役15年を宣言」されたと伝えられた張俊河、白基琓両人の場合を見ると、判決理由として言い渡されたものはつぎのようなものであると、朝日は報道した（2月2日付）。

「激変する国際情勢のもとで北朝鮮の南侵の野望を防ぎ、国民総和による政治、経済、社会的な安定が要求されているにもかかわらず、被告らは、大統領緊急措置の宣布後も憲法改正にかこつけて国論を分裂させ、社会不安を助長、国家の安全保障と公共の秩序に重大な脅威を加えた。これはとうてい許されるところでなく、国民の名でこらしめられるべきである」

こういう最低の良識にも反した執権行為ともいうべきことが続いたのであった。実際は、74年4月

9日、張俊河は病気保釈になる。こういう状況の下で2月4日には、「朝日新聞が韓国に対し、内政干渉はもちろん、不当なひぼうを行ったため、4日付で同紙の国内輸入許可を取り消した」と韓国政府が通告してきたことを、朝日は報道した。それは、1月30日付の夕刊に、鄭敬謨《チョンギョンモ》の「韓国の改憲運動と緊急措置」という寄稿があったからというのであった。

そして2月5日には小説家李浩哲、前東亜日報主筆千寛宇《チョンクァンウ》ら5人を逮捕し、6日には都市産業宣教会牧師6人に10年から15年の刑を言い渡した。このような緊急措置下における投獄、または「北朝鮮スパイ団」などという反共法による投獄が続くのであった。朝日は多くの場合、その詳細を調べることも取材することもできず、ただ非常軍法会議などの発表のまま、小さく報道するだけであった。

こういうなかで、ついに74年4月3日、ソウル大医学部、延世大、韓国神学大、慶北大、西江大など5つの大学で、「全国民主青年学生総連盟」(民青学連)の名によって「学生運動再燃」となったと、朝日は伝えた。その主張の内容を伝えることはできないまま、政府がその夜臨時閣議で強硬策を決定して、朴正煕が「昨今、わが社会の一角では共産主義者らの赤化統一のための、いわゆる統一戦線の不法な活動が、台頭している」云々の特別談話を発表したことにのみ触れた。

そして4月5日の新聞には、韓国政府が緊急措置第4号を通して学生たちの自粛をすすめていること、そして京郷新聞が4日の夕刊で、「緊急措置第4号の内容が発表された後、治安当局に自首する学生がひきもきらない」と報じていることを小さく伝えながら、つぎのような奇妙なコメントをつけ加えた。「政府寄りの色彩が強いといわれる同紙だけに見られたものだが」、20歳前後の青年1人が、「私は学生総連に同調した」といってきたと。それから記事はつぎのように続けられた。

「なお、この日、ソウル市内の主だった大学には、完全装備の機動隊が出勤、終日、学園内の警備にあたった。学生らには変わった動きはなく、授業は正常に行われた」

　そして7日になって、再び小さな記事で、韓国内務部治安局が6日、34人が自首したと発表したことを報じた。そのうえ、全国民主青年学生総連盟が「激烈な現政権批判」を展開しながら、つぎのような主張をしたと韓国の夕刊新聞が報道したことを、時事通信から引用した。

「①中央情報部を解体せよ　②買弁資本と日本資本の進出を排撃せよ　③労働悪法を撤廃し、労働運動の自由を保障せよ、などの要求を打ち出していたという」

　4月9日の夕刊には、「ソウルで焼身自殺」という「時事」の記事が現れた。永楽教会を訪ねての「金スンジュ氏」（この報道は4月11日に「金学道」と訂正され、「自殺の原因は恋人に結婚を断られたため」と警察当局は発表したと伝えた。しかしその21日、朝日は、再び韓国問題キリスト者緊急会議が「自殺した信者は、多数の信者の前で現体制の廃止と朴政権の退陣を要求して死んだ」と発表したと報道した）の焼身自殺の報道であるが、その詳細は知られていないといいながら、「殉教的悲壮感　国民に影響か」という解説記事をつけた。そして、いま民主化運動は「殉教的悲壮感」をおびているとしながら、つぎのように結んだのであった。

「いずれにせよ、緊急措置が発動されているなかで初めての焼身自殺だけに、一般の国民に与える影響はかなりのものがあろう」

　緊急措置によってソウルの特派員からの報道が思うようにいかなくなると、たとえば日本キリスト教協議会にある「韓国問題キリスト者緊急会議」が、代わって東京で韓国の状況について、または声明書内容などについて発表することになった。4月11日、こうして朝日新聞には、全国民主青年学生連盟の声明文が1週間遅れて発表された。それは、いままでの声明より一層ラディカルなものであったが、その冒頭はつぎのようにはじまっていた。

「ごく少数の特権層は、国民経済が破たんするや、まるでその原因が国際的原資材の暴騰にあるかのごとく責任を転嫁した……低賃金で酷使されている勤労大衆と、封建的搾取下でうめいている農民、そして拡大されていくスラム——これが（朴政権）13年にわたる祖国近代化の業績なのか」

こうして反政府運動の学生たちと交流のあった早川嘉春、太刀川正樹の2人の日本人留学生も、4月5日に逮捕されることになった。「学生と共謀　内乱扇動」（74年5月27日付）といって、全国民主青年学生総連盟の被告、金芝河ら54人とともに法廷に立たされることになった。朝日新聞の報道は、当分この2人の事件に集中していた。2人は、朝鮮総連秘密組織と連絡して韓国学生たちの暴力ほう起を扇動し、活動資金まで提供したというのであった（5月27日の新聞参照）。

こうしたなかで、金大中にソウル地裁から6月5日に出頭せよという召喚状がとどいた。67年度の大統領選挙で尹潽善候補を支持して虚偽事実を流布したが、その年の国会議員選挙でも71年度の彼自身の大統領選挙でも同じような違反をしたというのであった。6月5日に出頭せよと命じられたと報道しながら、朝日は「朴政権と民主勢力の対決は極限段階」に達したと報道した（6月2日付）。これに対して金大中が5日午前10時、日本人記者らに語った多くの内容のなかから、「71年大統領選違反」「総統制発言」というところだけをここに引用することにしよう（6月4日付）。

「〈いま大統領が交代しなければ、もう国民の前で再び選挙が行われることはないだろう。三権分立が失われるかもしれないし、総統制のような方向に国の政治が行く恐れもある〉と私は演説し、民主主義の危機を警告したのだ。事実、あれ以来、大統領の直接選挙はなくなってしまった。信念に基づく判断であれば、それを国民の前に披瀝するのは政治家としては当然ではないか。私は法廷に出ても、このことは自分の所信としてきちんと述べるつもりでいる」

ここで朝日は、「深刻さを増した金大中事件」という社説（6月4日付）のなかで、金大中事件に対する日本政府の安易な「政治解決」を手厳しく批判した。そして、「韓国政府は金大中氏が自由になったことを繰り返して言明したはずである」と断言して、つぎのようにしめくくった。

「金大中氏の問題は根が深く、日韓関係にも大きな影響を及ぼすことはすでに指摘した。われわれはいま、日韓関係が最悪の事態に進むのではないかと憂慮する。金大中事件を日韓両国民の納得のゆく形で早急に解決すること、これこそ現在の日韓関係の急務ではなかろうか」

たしかに朝日は、緊急措置以来の慎重でややひかえ目であった姿勢を硬化させたといえた。駐韓日本大使が、韓国に「警告」を伝達したことを大きく報道し、「〈日韓維持〉に強気の朴政権」と、「金大中事件のため悪化した日韓関係のなかで、日本人学生の軍法会議への起訴、金大中氏の裁判開始といった韓国政府の強硬姿勢が、日本の世論を当惑、混乱させている」と強硬な発言をした（6月5日付）。

こうして朝日は再び韓国とのことで大きく報道するようになったといえた。日本人2人の逮捕と金大中の法廷、そこにクリスチャン・サイエンス・モニターの女性記者エリザベス・ポンドの韓国入国ビザの拒否（6月6日付）などと大きな記事が続いた。2人の日本人については、「日本人学生　韓国反共法も適用」「首謀者格の扱い　重刑科される恐れ」（6月9日付）、「南北朝鮮情勢」の「渦中に落ちた2人」（6月14日付）とその見出しが大きくなった。そのなかで、日本の外務省が韓国政府と交渉する経過については、「日韓関係はなお静観　外務省方針を首相了承」（6月11日付）などと慎重な姿勢であると報道を続けた。

ついに2人の学生のこと、彼らの軍事法廷について、6月15日からの朝日の報道は大々的なものとなった。早川と太刀川は、観光ビザで入国して抵抗運動のリーダーたちにあって取材し、デモを扇動した。早川は共産党員として韓国の反政府勢力を扇動して共産化を計ったなどと、朝日は韓国政府の発表を報道したのであった。この事件と、金大中のいわゆる選挙法違反事件がほとんど重なって進行していたために、朝日新聞はいっそう韓国の暗い記事に満ちているように見えた。

それにニューヨーク発の記事として74年6月24日には、「米国世論　厳しさ増す朴批判　対韓援助見直し要望　日本政府の役割に期待」のような大きな記事が載った。アメリカでは「まだ第1面に大見出しのつく記事にはならないが、韓国に対する報道、評論の九割以上が、〈独裁制非難〉に集中し、現体制を弁護する声がほとんど聞かれない点、かつての〈台湾〉〈ベトナム〉とはきわだった違いを見せている」というのであった。この記事の冒頭にはつぎのように書かれていた。

「極東問題に特に関心のない米国の一般知識人の目を韓国に向けたのは、さる5月28日付ニューヨーク・タイムス紙に載ったコーエン・ハーバード大東アジア法律研究所長、ヘンダーソン・フレッチャー法律外交大学院教授連名の投書だといわれる。〈今日の韓国は民主主義国家でないだけではない。その法令はソ連以上に民衆に対して容赦のない、非民主的なものである。米国の影響力はもう過去のものとなった。金大中氏を釈放することさえできないのだ。にもかかわらず、政府は援助を2億5280万ドルに増やそうとしている。われわれは世界で最も危険な泥沼地帯に足を踏み入れる前にストップすべきだ。議会は韓国に対する公聴会を開け――〉」

こういう記事が異常なほど大きく報道された。それは朝日新聞の報道が、韓国内では緊急措置のために極度に制限されているためであったといえた。それに2人の日本人が逮捕されているだけでなく、日本に帰化した人を韓国大使館に呼びだして取り調べるなど、韓国が見境なくその力を振るっているように見えたからであった。

それにまた、金大中に対する「選挙法違反事件」という政治裁判が続いているのであった。６月29日の第４回公判は、尹潽善前大統領も証人席に座を占めるなど、「まるで野党勢力のそろいぶみ」であり、「金大中氏の裁判官忌避申し立てという事態で、むしろ裁く側が逆襲を受けた形」であったと朝日は伝えた。そして金大中がつぎのように語って「裁判官忌避の手続きをとる」と言明したというのであった。

「私は誘かいされた者である。自宅は機関員が守り、外出の時は尾行する。自由に外部の者と接触することもできない。こうした状況では自由に証人も得られない。被告の正当な権利を保障する条件ではない。録音検証の際も、検証場所には機関員が３人も出て取り囲んだ。こうした環境で公正な裁判が期待できるだろうか……民主主義を愛し、人権擁護のために戦ったものを一堂に集めて裁く、これを裁判官は後世の人々にどう説明するつもりか。私が公正だと認められるまで、本意ではないが、この裁判部全員に忌避を申し立てたい」

このように６月29日の夕刊で伝えた朝日新聞は、翌日の30日にも「裁判官忌避の金大中氏　厳しさ募る身辺」というタイトルで、この法廷についてまた伝えた。そこに法廷における一つの風景としてつけ加えられた「民主主義を守るためなら……尹前大統領も出廷」というタイトルの記事は、実に美しいものであった。

「尹前大統領はこの朝９時55分に入廷、76歳の身をステッキでかばいながら、黒背広の尹氏が姿を見せると、約５００人の傍聴人のほとんどが、起立して迎えた。その５分後、被告の金大中、梁一東《ヤンイルドン》両氏が法廷にはいったが、証人席の最前列にすわっていた尹氏をみかけると、２人とも深々と頭を下げ、尹氏もこれにこたえた」

尹氏は、「〈私は民主主義を守るためなら、どこへでも出向く〉とあっさり応じたという。閉廷後は受刑者の服を着た金相賢《キムサンヒョン》、趙尹衡《チョユニョン》前国会議員のあいさつを受け、〈苦労だね。苦労だね〉とねぎらい、2人の肩を抱き寄せるようにして握手した。

結局、証人としての発言をする機会はなかったが、野党政治家としての気概を示した尹氏の出廷だった」

この記事とともに、7月3日の英タイムス紙にヘイゼルハースト記者が寄せた「反体制宗教人の咸錫憲氏　弾圧に屈せず闘い抜く」という文章を、その翌日、朝日は翻訳転載して発表した。その要旨の一部をここに引用することも意味のあることかもしれない。朝日は、大統領特別措置以来「韓国の反体制知識人が公然と朴政権を非難したのはこれが初めてといってよい」と書いた。咸錫憲は、彼の電話が盗聴され、彼が中央情報部員によって監視されているといいながら、韓国の現状について臆することもなく語ったが、その最後の一節をここに引用したい。

「私は朴大統領を哀れむ。なぜなら彼は解放前、日本軍に参加し、日本帝国主義思想のもとでその人格を形成したからだ。彼は満州（現中国東北地方）で、日本帝国主義者（の軍隊）に自発的に参加した。その彼が、今でも当時と同じ精神状態を保っていることは不思議ではない」

1974年7月8日の非常普通軍法会議は、いわゆる人民革命党グループという21人の被告に対して、7人には死刑、8人に無期、残りには懲役20年を求刑した。その翌日、民青学連事件関連32名の被告に対しては、学生リーダー李哲《イチョル》と詩人金芝河には死刑、7人には無期、残り18人には懲役15年から20年の求刑となった。そこで、7月10日の朝日新聞には鶴見俊輔らの救援運動が伝えられ、とくに

2人の日本人逮捕者に対する日韓の外交折衝が大きく、ときには1面トップで報道されるようになった。日韓両国がたがいに大使を召還して対策を論じるという騒ぎであった。そこで朝日は、「外務省遅すぎる対韓関係洗い直し」「甘すぎた解決構想」などと書き（7月12日付）、日本のいわゆる「経済協力」というものも、「生活向上にならぬ援助」としてつぎのように批判した。

「その経済協力では、しばしば〈民間主導〉の行き過ぎがあった。プラント類について、まず企業が韓国政府と計画を練り、民間の日韓協力委員会などロビイストの活動によって調整がつけられ、政府はそれを追認するだけ。このため国際価格を上回る価格が双方によって設定され、実際の価格との差が政治資金となって動いたとの指摘もある」

こうして朝日は、「遅すぎる対韓関係」として日本政府の立場を批判した。実際、そのときの韓国の軍事法廷について朝日は、「早川・太刀川氏に20年求刑」（7月12日付夕刊）と報道しなければならなかった。その翌日の新聞は、実に感動的であった。「韓国人弁護士　勇気ある弁論」「罪名の適用に誤り」「胸打たれる被告・家族」と見出しがつけられた。咸正鎬《ハムジョンホ》、太《テ》倫基《ユンギ》両弁護士の弁論であったが、ここには太弁護士にかんする記事を引用することにしたい。

「軍法務官出身の太弁護士の弁論も威厳と自信にみちたものだったようだ。初めにまず自分のことから切り出した。〈私は戦前、抗日運動に身をささげたものだ。裁判長、その私が、こうして日本人の弁護に立っている意味をよく考えていただきたい。日韓友好のために博愛の心が必要だ〉太さんはさらに、太刀川被告の韓国内での行動がすべてジャーナリストとしての使命に燃えたものであることを力説した。〈日本では、言論の自由は絶対のものだ。被告はその国から来た人間である〉ともいった。そして、太さんもまた〈刑罰不遡及の原則〉〈不告知罪適用の矛盾〉をするどくついた」

韓国の厳しい軍事法廷は、1974年7月13日「金芝河氏ら7人に死刑」を宣告し、16日の法廷には、朴炯圭《パクヒョンギュ》牧師、金燦国《キムチャングク》、金東吉《キムドンギル》両教授と共に、尹潽善前大統領も法廷に立つことになると報道された。55人におよぶ民青学連事件の被告としてである。朝日は尹潽善のことばとしてつぎのように伝えた（7月14日付）。

「私は裁判官のためではなく、捕まった学生やキリスト者のために出廷する（尹氏は熱心なイエス長老派教会の信者）。牧師までを共産党だなんて、そんな乱暴なことがあっていいわけはない。カネ？　ああ、渡した。40万ウォンだったと思う。独裁反対のために闘う学生たちを激励してやりたかったからだ。それを国家転覆などといっているようだが、国家が40万ウォンで倒れるものかね。今は、私たちのような老骨こそ、若い人たちのために責任を果たさなければならぬ。私は共産主義を憎み、民主主義を尊ぶ純真な愛国者たちが共産党員だと決めつけられ、死刑だの、無期だのになるのは見てはおれない」

このような厳しい状況のなかで、7月15日、韓国の非常普通軍法会議は国防省特設法廷で早川嘉春、太刀川正樹に、内乱予備陰謀罪、内乱扇動罪、反共法違反などで懲役20年、資格停止15年を言い渡したのであった。こうして朝日はこれを大々的に問題にし、また民青学連事件についても大きく報道し続けた。そして鶴見俊輔、青地晨、小田実らの「金芝河氏らをたすける会」の抗議行動などを「各地で〈金芝河氏ら救え〉」のタイトルで「東京では1000人が集会」（7月20日付）などと大きく伝えた。また7月21日には、「金芝河氏ら無期に減刑」と伝えながら、「国際世論を配慮か」とコメントを加えた。とくに、7月23日の朝日に掲載された22日付のニューヨーク・タイムスの「韓国における弾圧」という社説は、韓国のこのような政治的弾圧が大きく国際的な批判にさらされていることを明らかにした。それは「日米共同で警告せよ」と促しながら、つぎのような文章で締めくくられたものであった。

「このような韓国の状況は、これまで4半世紀にわたって同国のために血を流し、財貨を費やしてきた米国の大義を中傷する。

いま必要なことは、ワシントンと東京による共同の対韓政策転換であり、北朝鮮とますます見分けがつかなくなるような韓国の独裁強化が続けば、在韓米軍の長期駐留は期待できないとの警告を与えることである」

こういう状況の下で、韓国内の人びとと外の世界とのあいだにおいての情報のギャップがますます大きく広がってきたことを指摘せざるをえない。たとえば、海外における「一連の韓国の政治犯裁判援助に悪影響も　米が非公式に懸念伝達」（ニューヨークタイムス報道）のような朝日の記事（7月24日付）は、韓国の報道には現れなかった。また、池学淳司教が連行される前に「居合わせた記者数人」に渡された「良心宣言」も、日本の新聞には現れても、韓国には現れなかった。

「私は共産主義的団体に金を渡したとして起訴されたようだが、実際は、キリスト教を信ずる青年たちに社会正義、愛の運動をせよと贈ったものだ。

私は決して自分の意思では軍法会議に出向かない。もし私が法廷に出たとしたら、それは他意による出廷であることをここに明らかにしておく」（7月24日付）

朝日には、池学淳司教に対するこのような韓国では報道されない記事が紹介されただけではない。たとえば、民青学連事件と称し、「共産革命を企図した」として起訴された55人のなかの15人に死刑、無期、懲役20年から15年が言い渡された7月13日の法廷について、傍聴者たちが記憶をたどって綴ったメモなどが発表された。「民青学連という名称は、３月ごろ、ビラ作成時に下端を白紙にはできなかったので、その場で考えてつけた」と被告の一人はいった。金芝河は、発言停止と裁判長に命じられながらも、つぎのように発言したというのであった。

「維新独裁打倒のみが、この民族を救う道である。学生だけが希望である。（私が）この場に、このように縛られて立っているのも抵抗である」（74年7月24日付）

こういうなかで朝日は、30日に「米下院外交小委」の「対韓政策の再検討を目指す公聴会」が開始されたことを報道した。フレイザー委員長は、「援助は中止か縮小を」と主張しているのに対して、アメリカの国防省側は、朴政権支持の理由付けとして、韓国が「日本の安全保障と不可分の関係にあるからだ」と主張したといわれた。

そうかと思うと、韓国問題が日本のペンクラブにまで飛び火したことが伝えられた。藤島泰輔が訪韓から帰国して「金芝河氏有罪は弾圧とはいえない」と発言したことに対して、有吉佐和子が脱会届をだし、安岡章太郎と司馬遼太郎がこれに続いた（7月31日付）。また、瀬戸内寂聴、黒岩重吾など（8月1日付）が続くのであるが、これはすでに１９７０年の松岡洋子、大江健三郎の脱会から続いている流れであった。そしてこのことが、日本のペンクラブにかなりの波瀾を引き起こすことになった（8月3日付）。

韓国の大統領緊急措置体制による抑圧、これにどのように対応すべきかを日本において苦悩したということとは、北東アジアの歴史においてどのような意味をもったのであろうか。それは、日韓あるいは日朝の長い関係において、初めてのことなのかもしれない。それが北東アジアの今後の歴史とはどのように関連するのであろうか。朝日の社説「対韓外交を阻む障壁」（8月3日付）におけるつぎのような一節は、それに答えようとしたものであるといえるかもしれない。

「昨年、日韓閣僚会議で対韓援助額を合意した直後、韓国の対内、対外姿勢が硬化したことは、決して偶然ではない。民主化を切望する韓国の知識人や学生が、日本の対韓援助に対して、内心の怒りを燃やしている現実を見落としてはなるまい」

朝日は厳しい状況のなかで、ジャーナリズムのなしうることを最大限求めていたような気がしてならない。8月6日の夕刊には、誘拐1年という「祖国での自由なき1年」について、金大中をインタビューした為田特派員の記事が大きく掲載されている。金大中は、彼が置かれている状況について、「軟禁状態ではないにしても、国民との接触はほとんど不可能だ。外出の際、といっても日曜日に自宅から800メートルほど離れた教会へ行く程度だが、奇妙な車が2台も私のあとをつけてくる」といった。そして彼は、彼が出国できて自由が回復できることについて、こう語った。

「これは人間の世界での原則だ。多くの人たちがその原則を貫こうとこれほど努力していてくれるというときに、当の私が勝手に原則を投げ捨ててしまうことは出来ません」

そして最後に、日米の世論についてはつぎのように語った。

「日米の世論と摩擦を起こさぬことは、実のところ、政府がモットーとする〈反共〉〈韓国の安全死守〉にとって最も必要なことなのだ。私はいまこれを一番心配している」

こうして朝日新聞は、「日韓を見直す　金大中事件2年目へ」（8月6日から9日まで）というシリーズを4回も続けた。それは、日韓関係が感情的なことばのやりとりをはらんだ困難なものであることを浮き彫りにしたといえるかもしれない。朴正熙政権は、日韓の感情的なもつれを解きほぐすべく努めるというよりは、それを利用しているとさえいえるのであった。たとえば、民青学連事件で2人の日本人が捕らえられているのに対して、「どうして控訴したことを知らせないのか。なぜ面会させぬのか」と日本側が不満でもらすと、韓国側はつぎのように答えるというのである（8月9日付）。「日本はふたこと目には援助、援助というが、われわれからみればいずれ利子をつけて返さねばならぬ借金だ。恩着せがましくいうな」「主権の侵害を持ち出すなら、われわれの主権を踏みにじって36年間も植民地にしていたのは一体どこの国か」

韓国には、「賊反荷杖（泥棒がかえって鞭をふりあげる）」ということばがある。このような開き直りが日韓関係に存在し、いまもそれが清算されたとはいえないところがあるといえよう。

こういうなかで、金大中事件1周年を迎えて、日本では活発な動きが続いていた。拉致されてちょうど1年、1974年8月8日には、金大中が拉致された場所、ホテル・グランドパレスで、社会、公明、共産の3党の委員長、そして「金芝河らを助ける会」代表小田実と、「日韓連帯連絡会議」代表の青地晨とが集まって、「韓国問題で共同行動」をとることを、「3野党と市民運動」の形で「共同の訴え」として提起した（8月9日付）。

そうかと思うと、韓国から聞こえてくる消息はいっそう暗いものであった。9日の韓国の非常普通軍法会議は、民青学連指導部に資金を与えたとして、尹潽善元大統領と池学淳司教に、懲役15年を求刑したのであった。それに対し尹潽善は、「学生らにもし過ちがあるとすれば、私が代わって罰を受ける。民主主義を熱望することが罪だというのなら、私は死刑場に出向いたってよい」と最終陳述を行ったというのであった（8月10日付）。12日の判決公判で、池学淳には15年刑が、尹潽善には「かつては大統領として国家に寄与したこともあり、しかも高齢である」というので、懲役3年執行猶予5年という判決がおりた（8月13日付）。

朝日はこういう状況のなか、8月12日の夕刊で、「英有力紙タイムス」が12日「ヘーゼルハースト東京特派員の長文の記事と〈韓国での不当な抑圧〉と題する社説」を同時に掲載したことを報道した。そしてそれは、「日本や欧米のジャーナリズム」による朴正煕政権に対する批判として、「おそらく最も厳しいものの一つである」と朝日はいったのであった。

「ヘーゼルハースト記者の記事はまず、21年前の朝鮮戦争で３３００人余りの英国兵士が、〈自由と民主主義を守るために〉犠牲となったにもかかわらず、今日の韓国の現実は、彼らの犠牲が全くのムダだったことを示している、と述べている」

この記事は、北の脅威に対抗し経済力を強めるためには西欧式民主主義は不可能であるという朴正煕の主張が、いかに「非現実的で、説得力に欠ける口実である」かを具体的に例示し、「朴政権の反政府勢力弾圧の記録は、西側世界ではかつて例がない最悪のものである」といって、尹潽善、池学淳、金芝河などに対する弾圧をあげたのであった。実に朴正煕政権は、まったく自由世界から孤立するようになったわけであった。

これに対して朴正煕は、ただ開き直ること以外のいかなる方策ももっていなかったといっていいのかもしれない。そこで、8月15日の光復節を前にして、「金大中事件捜査打ち切り」を通告し、調査した結果、「金東雲らはシロ」と勝手に主張したのであった。朝日は、「野党、政府の弱腰追及」「国民感情逆なで」などと大々的に報道したが、15日、朴正煕狙撃事件が起こることによって、金大中事件云々の問題は、後ろに追いやられたといわざるをえなくなった。

国立中央劇場で光復節での式辞をのべている朴正煕を狙撃したのであるが、夫人陸英修《ユクヨンス》と一人の女子高校生が巻きぞえにあって死去した（8月15日付）。そして、その狙撃犯が在日朝鮮人文世光《ムンセグァン》であると判明したのだが、それから多くの情報が交錯する事態になった。文世光の旅券は日本人名のものであり、拳銃は大阪市内の派出所から盗まれたものであった。彼は厳戒中の会場で、独立功労者席に座を占めていたと報道された。それからソウルでは、「日本首相は朴大統領に謝罪せよ」「日本にある北朝鮮スパイ基地を全面撤去せよ」「日本の言論は偏向した態度を捨てよ」などのシュプレヒコールのデモが続いた（74年8月22日付参照）。

この事件をきっかけに朴政権は、「国民が反共意識で団結し、政府支持の姿勢を固めたと判断した」。そこで8月23日、緊急措置1号と4号を解除すると発表した（8月23日付）。第1号は改憲運動を禁止したものであり、第4号は民青学連運動関連者に厳罰を課するというものであった。しかしこの事件によって朴正熙政権に対する国民の抵抗が弱まるだろうと予測したのは、安易な考え方であった。この事件によって、反日デモに自由を与えたことに対して、朴正熙政権もただちに不安を感じはじめるようになる。野党の動きも、この悲劇によってその抵抗の手綱を弛めるというものではなかった。時間とともに独裁権力への抵抗は一層強く隆起してくるのであった。

8月23日の野党新民党総裁公選で総裁に就任した金泳三は、8月15日の事件とは関係なく、維新憲法なるものを改正して民主主義体制を回復せよ、と叫んだ。大統領緊急措置で逮捕され、服役中の人びとは釈放されねばならない。金大中には政治活動の自由、出国の自由を。そして何よりも、中央情報部は解体されねばならないと主張したのであった。それは8月15日の事件などには、政治臭の強いものとして一顧だにしようとしないように見えた。

このことは、8月15日の大統領夫人陸英修の死について、韓国の反体制側は関知するつもりはないことを意味した。それも五里霧中に葬られてしまうであろうと決めつけているように見えた。そこにも金大中事件をしでかしたと同じ系列の何者かが動いているのであろうと、心のなかでは思っているようであった。韓国と日本にまたがってである。

そしてこの事件に関して、「朴大統領　強い対日不満　後宮大使呼び表明」（８月31日付）といわれたのは、実は朴正煕が自分の体制そのものに対する強い脅威が日本に存在していると意識していたことを意味したのであろう。つぎのようなことばは、単に文世光といわゆる彼をめぐる左翼集団以上のことを示唆しようとしたものとみられる。

「今度の事件がうやむやに片付けられると、犯罪集団が日本を聖域視し、再発の危険がなくならない。韓国に対し破壊活動を行おうとする犯罪集団の基地が、日本から撤去されることが必要である。この危険が解消されることが、日韓両国の友好関係の維持の基礎である」

そのような危険を解消すべく、１年前は韓国政府自ら金大中を拉致したのだが、それが不成功に終わったことに対する不満がそこに含まれていたのであろう。これに対して日本が積極的な反応を見せないというので、９月６日には反日デモがソウル駐在の日本大使館に乱入する事件まで起こった。

こうした文世光事件によって引き起こされた多くのことがらについて、ここに詳細に述べることはできない。それが日韓両国のあいだにおいて不明に終わったということは、その当時の日韓関係を象徴して余りあることといわなければならない。

多くの複雑なからみあいをへて、１か月後の９月15日に、韓国の外相と日本の駐韓大使のあいだで「田中首相親書を携行する椎名特使訪韓」が決まった（９月16日付）。アメリカがかなりの調停的な役割をはたしたといえた。そして９月19日に、椎名悦三郎が田中親書と補足説明の「メモ」を朴正煕に手渡した。親書とメモのなかから１か所ずつとりあげてみることにしよう。

「朴大統領そ撃事件の捜査事実から事前準備が日本国内で行われており、日本政府として道義的責任を感じている」（田中親書）

「日本政府としては、朴大統領そ撃事件犯人が日本国旅券を入手し、また日本警察からけん銃を盗むなど、犯行の準備が日本国内で行われたことで、日本政府は、それなりの責任を感ずるものであり、遺憾の意を表する」（特使の口頭説明）

こうして8月15日の文世光事件のほとぼりが冷めるかと思うと、9月26日と27日、学生たちの「反政府デモ」が再燃した。前者はカトリック教会を中心として「政治犯の釈放」を要求したものであり、後者は何よりも「警察官は学園から引き揚げよ」と叫んで、韓国神学大で「断食闘争」をくり広げたものであった。そして10月10日には、高麗大学でまた２０００人が集まって、「救国宣言」を採択した。この動きは、全面的に波及するように見えた。それで10月15日、デモの激化を恐れ13の大学が休校を決め、新民党は「国を救う道は改憲しかない」と、犠牲を覚悟のうえ憲法改正へと踏み切ることにしたと、政務会議の結果を公にした（74年10月16日付）。

その翌日には、ソウル大法学部と文理学部、そして崇田大が、「維新憲法の全面的改定」などを叫んでまた休校を命じられた。そして19日になると、休校32校を数えるようになった（10月20日付）。こうしてデモは一層拡大し、これを報道しようとした新聞社の幹部が連行されるという状況が続いた。

そしてついに10月24日には、東亜日報の「自由言論実践宣言」の発表となった。その一節では、「われわれは教会と大学など、言論界の外で言論の自由回復が主張され、言論人の覚醒が促されている事実に対し、骨身にしみる恥辱を覚える」といわれた（10月24日付）。

この宣言はいまだかつてなかったことであるが、それを新聞に掲載することを会社側は約２００人の記者たちに約束せざるをえなかった。そのために24日の夕刊が半日遅れ、25日の未明に発行される破目に陥った。また一方では、韓国日報において握りつぶされた社説の掲載を求めて、論説委員たちが社説の執筆を拒否する事態に入った（10月27日）。

朝日は、ほとんど全国的に広がる学生デモを報道しながら、これは11月下旬のフォード米大統領の訪韓を前にして、韓国政府が強硬措置に踏み切ることを避けているからだとした（10月29日付）。そして、「苦難続く金大中氏」（10月31日付）といって、彼がカトリック教会のミサに出席した状況などを詳細に伝えた。

「警察当局は、金大中氏が参加したこともあって厳戒態勢を敷き、繁華街の明洞地区の交通をしゃ断、武装した機動隊による検問所を数か所つくり、大聖堂への通行を禁止した。主催者団体の一人は、〈警察の規制がなかったら、祈とう会に参加した一般市民は５０００人を越えただろう〉と話している」（11月12日付）

こうして11月27日に、在野の指導者たちは民主回復国民会議を結成するようになるのであるが、そこに金大中は「一兵卒として私も運動に参加する」といって、反体制的国民運動に参加することを決意するに至る。民主国民会議の運営に当たる7人委員会の人びとは、「ソウル大名誉教授で国語学の最高権威とされる李熙昇《イヒスン》、元新民党党首の金弘壱《キムホンイル》、前東亜日報主筆千寛宇《チョンクァンウ》、キリスト教会指導者咸錫憲、姜元竜《カンウォニョン》、元弁護士協会長の李丙璘《イビョンリン》、婦人運動家の李兌栄《イテヨン》」であった。この会議による「国民宣言」の第一項は、つぎのようなものであった（11月28日付）。

「民主共和国である大韓民国の憲法が、主権者の国民に対して民主体制を保障する基本法であるべきことは逆らえない大原則である。この大原則にもとる現行憲法は、早急に合理的手続きを経て、民主憲法へと改正されるべきである」

こうして反政府行動のために逮捕されている人びとの釈放を求め、「政府の失政を批判し、政府の退陣まで主張できる」権利を主張した。

この「国民宣言」は、朴正熙政権の維新体制と批判勢力の全面的対決が一層先鋭化してきたことを意味するといっていいであろう。一方東亜日報の記者たちの1974年10月24日に「自由言論実践宣言」をだして以来の戦いも、そのような様相を帯びたものであるといえた。しかし、東亜日報と東亜放送のほうは、12月23日頃から「陰険な外部の圧力」に直面しなければならなかった。それは、企業に圧力をかけて新聞広告を出せないようにし、銀行には融資を断るようにするという方法を通してであった（12月24日付）。

こうして74年の暮れから75年の早春にかけて、民主回復国民会議の戦いと東亜日報の自由言論の戦いが春への希望をつないでいたが、それは実に困難な戦いであった。両者に対する政府の弾圧は続いた。新聞には広告の弾圧が最大の痛手であった。民間の勇気ある激励の広告がその穴埋めになっていたが、それもまた権力によって妨害された。

朝日は75年1月20日に、「韓国東亜日報　広告断たれて1か月」という全面記事をのせて、この戦いについて、「高まる民衆の声援　後へは退けぬ持久戦へ」と詳しく報道した。「良心捨てた新聞は作らない」、「国民の声に従う」と断じた宋建鎬《ソンゴンホ》編集局長への為田特派員によるインタビューから少しばかり引用することにしたい。

——この広告取り消しは、いつまで続くだろう。

「わからない。が、私たちがいえるただ一つのことは、今の姿勢はあくまで貫くということだけだ。良心を捨てた新聞は作らない」

――支援活動が広がっているようだが……

「名もない市民一人一人が、お金を寄せてくださる。本当にありがたい。そしてそのお金が、この人々にとってどれだけ大切なものであったかを考えると、胸が痛む。しかし、それがまた、私たちにとっては、何よりの励ましなのです。新聞は読者あってのものだ。読者がこれほどまでに東亜を愛してくれていたかと思うと、私は言葉を失ってしまう。新聞人として、これ以上に幸せなことがあるだろうか」

こういう状況の下で、朴正熙政権はたとえようのない不安に陥ったのであろうか。朴正熙は1月22日に重大発表をすると報じた。72年11月21日に維新憲法に対する国民投票で91・5パーセントで支持されたといったが、2年3か月ぶりにまた信任を問うというのであった。「現行憲法、維新体制を支持するか、どうか」を問うというのである。翌日の特別談話で朴正熙は、国民がこの体制を支持しなければ大統領職から退くといった。批判勢力は、この自由のないところではそれは「政権延長のための偽装行為である」と一斉に反発した。国民投票法には、「なんびとといえども、国民投票の対象となる事項に、賛成または反対のための行為をしてはならない」となっていた（75年1月22日付）。

国民投票云々に対して政府系のソウル新聞は、「大統領の特別談話を聞き、その愛国の思いに感嘆せざるを得なかった」と書き、京郷新聞は、それは「民族の指導者としての賢明な決断」と書いた（1月22日付）。これに対して、白紙広告で抵抗していた東亜日報のみが「改正すべき国民投票法」と題する社説で堂々と「いま起きている憲法改正要求について、その良し悪しを問うための国民投票であるなら、何にも先がけて国民投票法そのものを変えなければならない」と書いた。賛否を論じてはならないという現在の国民投票法の下では国民投票の意味などない、という発言であった（75年1月23日付）。

野党は動きがとれないでいたが、在野の「民主回復国民会議」のみが、「いたずらに国費を浪費して賛成の結果が出ても、国民の不信は一層深まることになる」と反対意見をのべた（1月23日付）。

このときの朝日新聞の「韓国の民主化運動と国民投票」（1月24日付）という社説は、この国民投票がいかにまちがった選択であるかを詳細に説明して、つぎのような結論に至った。

「朴大統領のこんどの措置は、インフレ高進と倒産、失業の増大による社会不安も考慮されたという。だが政治不安、社会不安の一掃のためには、何よりもまず拘束学生の釈放や言論統制緩和など、自由化への方針転換こそが必要なのではあるまいか」

これは韓国における世論を代弁したものであるといってもいいだろう。朝日はその日、韓国の民主回復国民会議が「国民投票ボイコット」をしたと記しながら、東亜の戦いと新民党の国民投票ボイコットについて報道した。

そしてその翌日の1月25日の夕刊には、金大中がその日の午前、自宅で内外記者と会見して、「今度の国民投票は、決して事態の解決に結びつかず、弾圧の口実に悪用される恐れが強い」と発言した内容を詳しく伝えた。「国民投票はこれまで、しばしば独裁者たちが愛用する芝居になっていた」と政府を激しく批判しながら、「私はいま国民投票の中止を要求したのだ、私は国民投票を当然、ボイコットし、民主回復のための在野指導者らと協議して、行動をともにする」とはっきり主張した。

新民党総裁金泳三は、アメリカからの帰国途中東京に寄って、「帰国後、直ちに国民投票拒否運動を展開する」と発表した（1月27日付）。このことを1月30日、新民党は金泳三を中心に拡大幹部会を開き、正式に決定した。

国民投票問題を中心に、在野勢力は協力体制を一層強化したといわねばならない。東亜日報は2月6日付の「国民投票は実施すべきなのか」という社説で、「正々堂々とはいえそうにない方法に頼る国民投票にばく大な金をかけたとして、それが難局打開に役立つとはとうてい思えない」という内容を説いた。カトリックの正義具現司祭団は祈祷会を開いてボイコット闘争を宣言し、金大中は朴正熙に「在野の人々との対話」を呼びかけた（2月7日付）。そしてその翌日、金大中と金泳三は、「国民投票が維新体制支持を取り付ける形式にすぎず、国民と世界を欺こうとする」との意見に一致を見て、共同声明を発表した。

国民投票の日は2月12日であった。2月8日の朝日新聞夕刊は、「韓国国民投票反対　全野党が行動綱領」というタイトルの下に、国民投票反対運動について詳しく伝えた。

「元大統領候補の金大中氏や金泳三新民党総裁、尹潽善前大統領ら韓国野党勢力の最高指導者らは、8日朝、〈国民投票ボイコットのための行動綱領〉を発表、これに同調するよう全国民に呼びかけた。投票日の12日、野党各党に対しては、投票所に足を運ばずに討論集会を、新旧５００万人の信者を持つキリスト教会には、民主主義の死を悼む弔鐘を鳴らしながら祈とう会を開くよう、それぞれ具体的な提案を盛っており、この運動の組織化が成功した場合、韓国内には政府支持、反政府の両勢力が激しくぶつかり合い、混乱も免れないと予想される」

こうして、在野勢力と政府とのあいだにおける複雑な攻防が続き、朝日は2月13日の夕刊において、「賛成率は73％」「ソウルは賛成58％」などと発表して、野党は「〈無効〉へ訴訟の構え」を見せていると報道した。

政府は、過半数の支持をえたので「穏便路線」をとるであろうとも予測されたが、朝日は、「朴体制批判の鎮静は困難」としながら、東亜日報と東亜放送が「連日、精力的に不正投票の事実を掘り起こし、国民の目と耳を吸いつけている」と報道した。

このような状況を踏まえて朝日新聞が2月14日に掲載した社説「国民投票と韓国の国論統一」は、もう一つの優れた社説として記憶されねばならない。書きだしは次のような言葉であった。

「朴大統領の〈維新体制〉に対する賛否が問われた韓国の国民投票は、投票率79・84％、賛成率73・1％という結果に終わった」

しかしソウルでの投票率は、「旧正月で帰郷した人が多かったとはいえ、60％をわずかに超しただけだった」。そうすると、ソウルで賛成が58％といえば、「ソウル市の有権者100人のうち64人が、棄権か反対ということになる」。そして全国的には、「投票率約80％、賛成率73％」という数字であれば、「有権者の6割が賛成票を投じた」ということになる。これが、「賛否の運動」を禁じ、「政府側の宣伝だけが大量に流されるといった状況」の下における結果であるとすれば、いっそう深刻である。

それで社説は、つぎのように結ばれたのであった。

「もともと現在の韓国世論の分裂は、大統領の独裁的権限を盛った現行憲法の実施が原因で、こんどの国民投票も、現行憲法を支持するか否かが争点だった。従って、朴大統領が真に国論の統一を求めるならば、憲法改正について前向きの態度を表明する以外に、根本的な解決策は見当たらないといってよいのではあるまいか」

しかし幸いなことに、国民投票の直後の2月15日の午前、「大統領赦免権を発動」して、10か月ぶりに民青学連事件に関与したとして懲役20年を宣告され投獄されていた早川嘉春と太刀川正樹の特赦が発表された。そして池学淳、金芝河、李哲など、死刑など重刑に処せられた者も釈放されることになった。147人に対する「刑の執行停止」であった。死刑から20年の刑に処せられた者も、10か月の監房生活で釈放されるのである。それでは一体この国における法とか刑罰とはどういう意味をもつものなのかと問わざるをえなくなった。この措置に対する朝日の社説「韓国の大統領特赦に続くもの」（75年2月16日付）もまた、りっぱな社説であった。その一節をここに引用してみたい。

「国民投票はすんだといっても、韓国の政情はいまだに不安定な要素を多くはらんでいる。野党や在野の知識人たちは民主回復、憲法改正の運動をますます強化すると声明しているし、学生運動も新学期の再開とともに激化が予想されているという。また経済情勢も困難さを増しているし、東亜日報の事件もまだ解決されていない。特赦に続いてどのような政策が打ち出されるか。これこそ韓国民ばかりでなく、国際的にも注目されている点である」

朝日はこの社説とともに、「韓国の政治犯釈放――ソウルに聞く」を掲載した。そして、「米国、一応は歓迎」といって、この釈放にアメリカの圧力があったことをほのめかしながら、アメリカの「議会　民主化を今後も監視」と書いて、アメリカの圧力が今後も続くであろうと展望した。

また東亜日報が、釈放された民青学連事件の学生たちが拷問された事実を明らかにしたと、朝日は報道した。たとえば「金日成万歳」を書くようにと強要され、「拒否すると、足の裏を棒でめった打ちされたうえ」「水拷問」にかけられた。そのためにある学生は、「〈人間を動物のように扱うこの地で、生きて何をしようというのか〉とやけっぱちな気分になり、当局の言うなりになってしまったと打ち明けた」とも書かれた（2月18日付）。

こうして出獄者たちは、捜査や投獄中に受けた拷問について告白し、朝日新聞はその詳細をできるだけ掲載した。こういう状況のなかで、2月28日には金大中、金泳三など13人の野党政治家が、野党議員などに加えられた拷問に対して、「拷問政治終息のための宣言」を発表した。「裸にされ、両ももの間に棒をはさんで、しばりあげられた」「角棒でめった打ちされた。拷問を加えた取調官は、〈死んだって病死と報告すればよいのだ〉と言い放っていた」拷問状況であった（75年2月28日付）。

東亜日報における白紙広告の戦いも続いていた。朝日は3月4日に、東亜日報の3日付夕刊にかつて国連代表を務めた林昌栄《イムチャンヨン》、文化放送の駐米特派員を勤めた文明子《ムンミョンジャ》など「在米韓国人107人による広告」が載ったことを伝えた。それは、「大統領に申し上げる」とした「長文の意見広告」であった。「言い回しに気をつかっているが、事実上の退陣要求」の広告であった。「われわれは決して、閣下が気にしている〈幻想的な民主主義者〉などではない。しかし、閣下が政権を担当して以来、拷問、言論弾圧などが相次ぎ、海外に住む者の韓民族としての誇りは傷つけられた」といって、最後をつぎのように結んだのであった。

「われわれ海外に住む同胞は、閣下が自らの去就を賢く、誉れ高く選択することだけが、民族の繁栄と国家の安保に貢献できる道だと確信する」

一方、74年10月24日の東亜日報の記者たちによる「自由言論実践宣言」からはじまり、政府が東亜に広告をださないようにと企業に圧力をかけた、12月24日頃からの白紙広告という事態と、それに対する市民の支援という戦いは、5か月ほどでその終焉に近づいたように見えた。75年3月8日、東亜日報は「記者ら18人解雇」を発表した。機構縮小を口実にして掲示板に名前を発表したが、そのほとんどが、東亜の言論自由の戦いの中心メンバーであった（75年3月9日付）。これを皮切りに、東亜の自由言論のための戦いは崩れていかざるをえなかった。17日の未明、暴力団を使って籠城中の記者たちを排除した。３月17日の朝日の夕刊が伝えた記事の一節をここに引用しよう。

「日がまだ昇らぬヤミのなかで、記者たちは泣きながら社外に出てきた。東亜日報前主筆で民主回復国民会議常任代表委員の千寛宇氏らが、抱きかかえるようにして迎えた。記者たちはこのあと、〈暗黒を光明のように言いかえるウソの新聞は作れない。たとえ身が東亜を離れても、自由言論のために殉ずることを国民の前に誓う〉との声明を発表した」（３月17日付）

金炳翼《キムビョンイク》記者協会会長（東亜日報文化部記者）が語ったように、それはほんとうに「民主主義の弔鐘」であった。金大中、金泳三、尹潽善などの和解工作もむだであった。その背後にある軍事政権の支配の手を差し止めることは誰もできなかった。

このどさくさのなかで詩人金芝河は、３月13日の午前、東亜日報に掲載した「苦行――１９７４」に、「〈人民革命党グループ〉の事件が拷問によるデッチ上げであることを確かめた」と書いたかどで再逮捕された。また19日の夕方国会では、「議事堂内にある議員休憩室にこっそり場所を移し、野党ぬきという変則事態のなかで」「国家冒涜の罪」を新設することを可決した。外国人団体を相手に政府機関をひぼうしたり流言を流したりしても、７年以下の懲役に処せられるというのであった（３月20日付）。

それに４月３日には、延世大学で総長の辞任に反対する６０００名のデモが起こった。朴大善《パクデソン》総長は、金東吉など追放された教授たちの復職を断行したために、政府から辞任を迫られたからであった。これと行動を共にするように、ソウル大でも西江大でも、「拷問政治の元凶を処分せよ」とデモをくり広げて大きく抵抗した（４月４日付）。

４月９日の朝日新聞は、「朴大統領が緊急措置　高麗大に休校命令　軍隊出動　反政府運動を禁止」

というタイトルで、高麗大学における約２０００名のデモについて大々的に報道した。それは、「独裁政権は退け」「維新憲法は撤廃せよ」といういままでの学生の抵抗と別に変わらないものであったが、青瓦台（大統領府）は、「この緊急の時期に国の安全を脅かす行為は許せない」と強権発動を決意した。

そこで緊急措置第7号の発布となった。この緊急措置は集会、示威を禁じて、違反者には「3年以上10年以下の懲役」を課し、「この場合10年以下の資格停止もあわせて科す」というものであった。秩序維持の名目で大学などに兵力を進駐させ、令状もなしに逮捕、拘禁などができるというのであった（75年4月9日付）。

そしてこの4月9日に、緊急措置違反として投獄されていたいわゆる北の人民革命党と関連したといわれた8人に対して、死刑を執行した。「祖国の赤化統一」を画策してきたというのであった（4月9日付）。朴正煕政権は、ベトナムにおいて解放勢力が勝利すると、北朝鮮の共産政権による南進の可能性を強調しながらこのような無謀なことを行ったのであった。実際この頃は、金日成が北京を訪問しては（4月18日）、「戦争でわれわれが失うものは軍事境界線であり、得るものは祖国の統一である」と豪語するという時分であった（6月25日付）。

朝日は、7月16日には東亜日報において大手広告が復活しはじめたと報道したが、これはその前年12月16日以来、２１０日ぶりに東亜の抵抗が屈服したからであった。こうして7月21日の朝日は、「正気なくした韓国在野勢力」というソウル特派員の記事を載せた。その冒頭はつぎのようにはじめられていた。

「韓国内で進められた民主化運動は、一時の盛り上がりがウソのように静まり重く沈んでいる。在野勢力の熱狂的な拍手を浴びながら広告弾圧に抵抗を続けた東亜日報にも、すでに当初の正気はなく、治安当局はスポンサーに青信号を出して広告を復活させた。すべてが政府ペースで進んでいる昨今だ」

これは、ベトナム解放勢力の勝利によって危機感を強くしているところに、それを口実に政府の弾圧が一層烈しくなったためであった。その一つの現れであろう。かつて『思想界』を発刊し、民主化運動のために献身してきた張俊河が、ソウル郊外の薬師峰に登山中に原因不明の死をとげたが、それは75年８月17日の午後のことであった（８月18日付）。

このような不気味な沈黙が大きくゆさぶられたのは、その翌年１９７６年の３・１節の夜、明洞聖堂の３・１節記念礼拝において、「民主救国宣言」が発表されたからであった。朝日は、「金大中氏ら12氏発表　朴政権退陣を要求　措置法撤廃し言論回復」というタイトルの下に、「この宣言は民主回復と朴政権の退陣を要求しており、反政府勢力が真正面から公然と政権批判に踏み切ったのは、去年５月の大統領措置９号発令以来初めてのことである」と報道した。

この宣言は、「①大統領緊急措置の撤廃　②投獄されている民主人士と学生らの釈放　③言論、集会、出版の自由　④維新憲法で形骸化した議会政治の回復　⑤司法権の独立」を要求しているもので、尹潽善、咸錫憲、金大中、鄭一亭、金観錫《キムクァンソク》、尹攀熊《ユンバヌン》、徐南同《ソナムドン》、殷命基《ウンミョンギ》、李文永《イムニョン》、文東煥《ムンドンファン》、安炳茂《アンビョンム》、李愚貞《イウジョン》の名前で発表された。７００余名が参席した祈祷会でのことであったが、朝日はこのことを伝える記事につぎのように書いた。

「１日の民主救国宣言は、ベトナム直後の〈北からの脅威〉ヒステリーが一応おさまったという内外情勢を背景に、〝緊急〟措置が１年近くも持続しているという異常事態への国民のあきを読み込んで、民主回復への国民的盛り上がりのきっかけをねらったものと判断される」（76年３月２日付）

こうして3日の新聞は、3・1節礼拝の司会者、説教者とともに署名者が引き続き当局に連行されたことを報道するようになる。1976年3月3日の「韓国民主化の叫び死滅せず」という朝日の優れた社説の一節をここにを引用することにしよう。

「強大な軍隊と警察力があれば、武器もない人々を制圧するのは容易である。だが自由への願望は根だやしにはできないし、終局において勝つのは、そうした根元的な人間の理念である。何が韓国の安定と国民生活の繁栄にとって肝要かを、韓国政府に十分熟慮して欲しいのである」

3月4日の朝日には、韓国の状況について「政治的緊張高まる」としながら、新聞は報道できず、野党も動けない状況で、どのような「大衆動向」が現れるのか注目しているという、優れた特派員の記事が載った。「いまの韓国では独自の情報伝達と相互扶助の組織を持った宗教界以外にはない」。それは「国際的な連絡」をもっている。「民主救国宣言」に至るまでの経緯は極秘になっている。そういいながら、朝日の小栗特派員の優れた記事はつぎのように続くのであった。

「消息筋は、〈宣言〉発表で一気に政権との力関係が逆転するといった甘い幻想はまったくなく、むしろ押さえ込まれていた民主回復運動を復活させる契機をつかみ、大衆的な運動に幅を広げるための先駆的〝突出〟行為だ、と自覚した上での行動であったとみている。〈宣言〉に対して〝連行旋風〟が吹き荒れることは、現政権の体質を知り尽くした反政府側が予想しないはずはなく、むしろ、〈計算ずみの受難〉という見方が有力である」

このような状況に対して、米国務省のスポークスマンは4日の記者会見で「宗教界指導者らを逮捕したことに触れ、〈韓国は自らの内政上の行為が米国に衝撃を与えていることを知っていると同時に、われわれが懸念を抱いていることも自覚しているはずだ〉」とコメントした。これは、朴正煕政権に対するアメリカの態度を示すものとして記憶されねばならなかった。

こういう状況のなかで、朝日の社説「韓国の事態を憂慮する」（3月10日付）は、的確に状況をとらえ、問題点を指摘して方向を示した優れた社説であったといわねばならない。それは、韓国の民主主義がいかに軍事政権によって抑圧されているかを正確に把握して提示しながら、つぎのように結んだのであった。

「われわれは、韓国において人権が危難にさらされている事態を憂慮せずにはいられない。韓国の良心を代表する人々に対する迫害に無関心ではいられない。〈民主救国宣言〉は、わが国と韓国との経済的隷属関係にもふれている。現在の日韓関係はこんどの事件と無関係ではないのである。この点からも、われわれは韓国の事態に憂慮を表明せざるを得ないのである」

こういう朝日の姿勢の表れであろう。3月9日、朝日は尹潽善前大統領が「6時間20分にわたって治安当局から受けた自宅取調べの模様など」を取材して掲載した（3月10日付）。かなり長い文章であるが、その一節だけを引用することにしたい。

「政府は維新憲法で安保を強めるというが、私はその反対である。維新憲法は安保をむしろ弱めている。いま共産主義と対決するには民主主義のほかはない。どんな解釈や口実をつけても、民主主義のほかに共産主義と対抗できるものはない。常に安保のためという政府が大きな過ちを犯していると私は思う。安保のためにこそ、民主主義を強化せねばならない」

この頃朝日が、韓国とアメリカの新聞から引用した二つの社説を、以上のような朝日の報道姿勢と比べてみることは興味あることかもしれない。一つは、「金大中事件で当局に真相究明を直言した73年9月7日付朝鮮日報社説と読み比べてみると、この国の変化の激しさがわかる」という論評つきで朝日が76年3月17日に報道した、朝鮮日報の3月14日付「韓国国民の考え・1976年――3・1節にあった政府転覆扇動事件に対して」という社説である。その一節を引用してみることにしよう。

「この事件に関連した人たちは、いまこのような事件を起こして社会の秩序と安定をどう変えようとするのか、またそれが可能だと考えているのか、われわれの常識では困惑と懐疑を感じざるをえない」

もう一方で朝日は、76年3月19日付ワシントン・ポスト紙の社説「南朝鮮の最も危険な人物」を、「腐敗した独裁政治家」というタイトルの記事のなかに引用した。朴正熙の「与党がガルフ石油からだけでも300万ドルをゆすり取った」とのべながら、社説はつぎのように続けられたと朝日は報道したのであった。

「フォード政権が韓国内における朴大統領の暴挙について沈黙を守っていることは危険であり、不名誉なことであると論じ、米政府が朴大統領を〝まとも〟にする気がないならば、同大統領を生き永らえさせている資金源を握る米議会が独自にそうすべきである」（3月20日付朝日）

朝日の記事とワシントン・ポストの社説、そして韓国国内の朝鮮日報の社説を比べてみたとき、76年3月頃、日本とアメリカと韓国はどのような政治状況におかれていたか、韓国の朴正熙政権にどのように対していたかをかいま見ることができるといえるかもしれない。とくにワシントン・ポストの社説は、韓国国内政治に対するアメリカの関与を堂々と主張したといっていいだろう。

こうして内外の重要言論が示した3・1民主救国宣言事件に対する報道姿勢を通して、その後、韓国の民主化運動はどのようにして戦われるのかが予測できるだろう。朝日は3月26日の記事において、韓国の文化公報部の海外公報館が3月18日付でだした英文資料「宗教活動の乱用の背後に隠れた事実」に触れた。それは、「北朝鮮共産集団とその同調者の動向」という項目を設けて、つぎのように海外マスメディアを批判したのであった。

「朝日新聞、読売新聞、AP、AFPなど外国のマスメディアは、今回の事件がまるで正当な民主化闘争であるかのような、偏見に満ちた報道傾向を見せている」

こうして東亜日報は、3月24日付の新聞の1面トップで、「外国言論に内政干渉傾向」という主見出しをつけてこのような内容を報道し、3月25日付の京郷新聞は「内政干渉的挑戦への警告」という社説までのせた。

ここにおいて韓国の民主化運動は、それ以後いっそう国内世論の関心からは排除され、政府の苛酷な弾圧の下で、海外のメディアによって支援されながら戦われるようになったといえよう。そういうなかで、少数のエリートの戦いがだんだんと国民的共感をかちえて、目指す目標を達成していくわけである。

深まる憎悪と分裂

韓国国内新聞が、軍事政権に強要されるままに沈黙するか事実を歪曲するかをくり返しているとき、朝日新聞は、韓国の地下において現れていることをできるだけ伝えようと努力してきた。それは反体制側の人びとにも知れわたっていたために、情報がまず朝日の人びとに伝えられたのであった。

このような状況のなかで、金明植《キムミョンシク》の「十字架研究」という風刺詩の事件も伝えられた（76年4月

3日、4月30日付)。そして8月には、光州で第2の「民主救国宣言」がだされたことも(8月12日付)。「十字架研究」は、長編詩「十章の歴史研究」が誤って伝えられたものであった。『世界』には1976年10月号に初めて現れたが、それはつぎのようにはじまるのであった。

「ごらん/時間はこんなにも過ぎたのに/骨にまで疼く記憶が甦り/記憶も病と思えば/ああのとき/あの叫びながら叫びながら/手も切られ足も折られ/胸に傷を負った友ら/みないまいずこに」

ここで、韓国の外における戦いがどのような意味をもっていたかについて、少しのべておくことが必要であろう。韓国の民主化に対して世界的支援が続いたことは、世界史的にもめずらしいことではなかろうか。とくに注目すべきこととして2点をあげたい。一つは、世界的にキリスト教会からの支援を受けたということである。そのために韓国教会は、国内の運動においてだけではなく、国際的な連帯においても重要な役割を担わねばならなかった。もう一つは、日本がその戦いを支援するために中心的役割を担ったということである。岩波書店の『世界』の役割、そして新教出版社の『福音と世界』の役割を重視しなければならない。そして、日本キリスト教協議会を中心とした「韓国問題キリスト者緊急会議」(代表中嶋正昭)の働きがその中心にあった。

『世界』には「韓国からの通信」をはじめ、韓国における民主化運動の重要資料が紹介されたのであるが、『福音と世界』にも多くの記事や資料が掲載された。また韓国問題キリスト者緊急会議は、直接的に韓国の民主化運動に対する支援活動を行った。資金を集めて犠牲者たちを支援しただけではなく、『韓国通信』(75年7月から85年12月まで)を118号まで発行して、韓国内外における運動を支援した。

そしてこのような東京における運動は、韓国内と世界を連帯させる仲介的な役割を担当したことを意味した。多くの情報が韓国からまず日本に伝えられ、また世界からの支援の多くが、日本を通して韓国に伝達されたのであった。日本では、日本国内の支援運動を支えるだけでなく、外の世界へとそれを波及させていった。運動を日本内において結集させ、それを世界へと発信したわけである。その一例として、朝日が報道した記事を一つ引用したいと思うが、この一連の日本における韓国の民主化への貢献といったことは、歴史上初めてのことであろう。朝日の76年8月12日、「朴政権の人権抑圧は世界平和おびやかす」という記事は、つぎのように報道された。

「〈朴政権による人権抑圧は、単なる韓国の内政問題ではなく、アジアと世界の平和を脅かす国際的問題であり、座視できない〉として、韓国の人権問題を初めて国際的に討議する〈韓国問題緊急国際会議〉が12日から15日まで東京で開かれる」

ここでは、「ノーベル生理学賞受賞のジョージ・ウォールド米ハーバード大教授、１９６７年に西独で起こった韓国中央情報部による韓国人留学生大量拉致事件の被害者であり、現在は西独国籍をもつ作曲家尹伊桑《ユンイサン》ら」をはじめとして、世界の「平和運動家約30人と在日韓国人、日本側呼びかけ人」が参加して、「非同盟諸国首脳会議」や「国連」に働きかけるというのであった。

世界的な参加者らとともに、日本では「評論家の青地晨氏（日韓連帯連絡会議代表）、作家の小田実氏、自民党のＡＡ研の宇都宮徳馬代議士、飛鳥田一雄横浜市長、市川房枝参院議員、住谷悦治同志社大名誉教授ら」が呼びかけ人となっていた。8月13日の朝日の記事は、「韓国の人権抑圧を告発　各国から１３０人　緊急国際会議開く」というタイトルになっていた。翌日の新聞はこの会議の詳細を伝え、韓国内の政治犯の苦境を訴えただけではなく、日米政府に対して強く抗議した。

「同時に、国際的に孤立を深めている朴政権は、政権維持のため戦争挑発を強め、韓国民だけでなくアジアと世界の平和に脅威を及ぼしており、それを許しているのが核装備をはじめとする米国の武力と日本の経済進出だとし、〈世界の良心〉が日米政府の不道徳な行為を是正させるよう行動を起こしてほしいとも訴えている」

このように朝日が、米欧の良心的な言論といっしょになって韓国の民主化を支援したことは特筆されねばならない。朝日は8月15日には、尹潽善が民主救国宣言事件で10年の求刑を受けていながらも、「これが最後になるかも知れない」といいつつ、小栗特派員に語った「政治的遺言」ともいうべきことばを大きく報道した。尹潽善は、光復節を迎えるにあたって「平和と民主主義を保障するための日米韓3国政治会談」を提案しながら6項目を掲げた。その当時はそれは、朴正熙政権と戦うための一つの戦略のように取られたと思われるが、今日においても、「まず利害と理念が同一である日米韓の3国会談」というのは、深い意味をもつものといわねばなるまい。この6項目のなかから最初の項目を引用すれば、それはつぎのようなものであった。

「南北間の平和にはまず、国民の平和が先行すべきだ。民衆の安全と平和を脅かしながら政権が南北間の平和を説いても実現しない。政権はためらうことなく、現在の反民主的政治体制と法的措置を解体すべきである」

一方でアメリカ政府は、朴正熙政権に対して明らかに批判的な姿勢をとるようになったことが明白になってきた。8月31日の朝日は、ハメル米国務省次官補が30日に駐米韓国大使を招いて、「〈米政府としては韓国内の人権問題について重大な関心を持っている〉との強い調子の外交覚書を手渡した」と報道した。それは、「国際安全保障法（対外援助法）」がアメリカの議会を通過した際、議会は60日以内に「米議会が韓国内の人権問題に重大な関心を持っていることを伝えるよう強く要請している」からであるというのであった。10月25日からまた朝日は、朴正熙の指示によって朴東宣《パクドンソン》などを通して、アメリカの政界に大々的に贈賄したことが大きく問題になりだしたと報道した（コリアゲート事件とも呼ばれた）。朝日の最初の記事の一つは、24日付のワシントン・ポストがつぎのように報じたと伝えたものであった。

「ワシントン在住の韓国実業家と韓国中央情報部（ＫＣＩＡ）工作員が、朴大統領の直接指示に基づいてこの数年間、米国の議員20人以上と政府高官に毎年総額50万ドル（1億5000万円）から100万ドル（3億円）にものぼる金品を贈り、朴政府に対する米議員の支持拡大を図ったと報じた」

その一方で、カーター次期米大統領が「当選後初めて」、12月21日、在韓米軍の撤退に言及したと発表された。朝日の記事（76年12月23日付）はつぎのようなものであった。

「在韓米軍約4万のうち陸軍約3万2000を段階的に撤収することは、カーター氏の公約を待つまでもなく、69年のニクソン・ドクトリン以来の基本姿勢といえる。ベトナム戦争のあおりで、フォード政権時代にやや不鮮明になっていた原則が、カーター次期政権で本来の姿勢を明確にするわけだ」

アメリカの対朴正熙政権への圧力は、明白になったといわなければならない。援助の削減、米軍の撤収または減縮、そして対米スキャンダル工作の暴露、これらはアメリカがいわゆる友好国に圧力をかけるときの最大の武器であるのだが、韓米関係においてもしばしば提起されてきたことであった。人権問題に対するアメリカの批判と関与ということになれば、アメリカの対韓姿勢は明白なものであったといわねばなるまい。朴正熙政権はいつまでそれに耐えられるかが問題であったといえるであろう。

76年12月31日、「苦行――1974」という東亜日報に寄せた文章によって、金芝河には懲役7年という判決が言い渡された。一方で日本では「自民議員や親韓派に、韓国政府が多額の金」と、レイナード元国務省朝鮮部長の発言で騒々しくなった（77年1月20日付）。

　こうして、朴正熙が延命のために日米で贈賄したことに対する捜査は、朴正熙政権の隠蔽工作で全貌が明らかになることはなかったとしても、韓国国民に対する影響は大きなものであったといわねばならない。朴正熙政権は、このような外国における情報が国内へ流入することを極度に抑圧されていたが、民主化運動の人びとのあいだには、アメリカや日本におけるそのような情報がひそかに絶えず伝えられていた。たとえば77年1月28日の朝日新聞の夕刊には、1月27日ワシントン発の時事通信が載っていたが、レイナードは日本の政治家に金を渡した人物として「趙KAL社長の名も」と発言していた。趙KAL（大韓航空）社長とは、趙重勲《チョジュンフン》のことであった。この記事から1か所だけ引用することにしたい。

「私は74年に国務省を退官する際、機密文書を持ち出したりはしなかった。したがって、情報報告のコピーは持っていない。しかし、私の見た情報報告に献金の相手と金額が記されていたのは事実だ。また、東京での金大中氏誘かい事件も韓国中央情報部（KCIA）のやったことである旨の極めて詳細な公文書の記録がある。

　これら情報報告はおそらく国務省が保管していると思うが、〈情報の自由〉法に基づいて公開を求めても、米政府は対外関係への影響もあるので応じないだろう」

　こうして岸信介や田中角栄などが話題にのぼった（1月29日付）。そして、カーター政府の副大統領モンデールが、欧州各国巡訪の途上韓国を訪問することは拒否して日本のみを訪問し、2月1日、日本の福田首相と会談してつぎのことを明らかにしたと報道された。

「……カーター米大統領が選挙公約で示した撤兵の目的は、〈朝鮮半島の緊張緩和〉そのものよりもむしろ〈韓国の朴政権のあり方に対する米国の国民感情への配慮〉に比重が置かれたものであり、米国内と韓国への政治的効果をねらったものと受けとめている」（２月２日付）

こういうアメリカに対する朴正熙の姿勢は、２月４日、法務部の年頭巡視をしながら彼が明らかにしたといっていいだろう。それは「一部の外部人士」「国際社会で人権うんぬんを言って歩く者」に向けられたことばであった。朴正熙は、「民族と国家の存亡がかかっている時局には個々人の自由は自制すべきだ。わが国民の大多数はこれを認識し、維新体制を支持している」「まだこれを悟らないものには仮借ない法の制裁が加えられよう」「これは３５００万が生きるための民主主義であり、生存競争である」と結んだと朝日は伝えた（２月５日付）。これは明らかに、人権を掲げるカーター政権に対する朴正熙のチャンレンジであったといっていいだろう。

この一方で朝日新聞では、朴正熙政府による対日工作や対米工作、または日韓癒着などが広く暴露された。そこには李在鉉《イジェヒョン》のような亡命外交官があり、朴東宣のような在米実業家がいた。李在鉉は、日本の親韓派は「借款２、３割ピンはね」で「リベートを折半」してきたといった（２月７日付）。彼は、「韓国の日本に対するわいろは米国に対するものより、はるかに巨額にのぼると思う」（２月８日付）といったほどであった。そこで朝日は、尹潽善は民主救国宣言事件の上告理由書のなかで「日韓ゆ着・対米工作」をまっ向からとりあげて批判していると報じた。

「尹潽善氏の上告理由書は、〈朴政権は数年間にわたって日本と米国の高位政治家、経済人、言論人に自分の独裁政権支援を頼んで巨額のわいろを貢いでいる事実が最近外国で暴かれている〉とし、①米国の一部指導者がわいろをもらって、民衆に対する朴政権の人権弾圧をかばったことに憤りを禁じ得ず、米国政府は真相を公開することを要求する　②日本の一部腐敗した勢力が朴政権と結託して、韓国民への人権弾圧に物質的基礎を与えたことは国民的憤激を巻き起こしている、と述べている」（77年2月10日付）

この上告理由書について朝日の小栗特派員は、それは「上告理由書というよりは、朴政権批判の政治的宣言ともいえる」とコメントした。このようにアメリカでも日本でも、朴正熙政権の腐敗した国際的な工作が大きく問題になったのであるが、国内では「民主救国宣言」1周年を前にして、2月28日、関連者のなかで身柄不拘束の尹潽善、咸錫憲、鄭一亨、李兌栄、李愚貞、安炳茂、金勝勲《キムスンフン》、張徳弼《チャントクピル》、李海東《イヘドン》ら9人が、「自由の闘争中断せず」とまた声明を発表した。朝日に発表されたその要旨の冒頭は、つぎのようにはじまっていた。

「3・1民主救国宣言を発表した動機と目的は、検察がいうように政権奪取や民衆決起を企てたものでないことは明白である。検察は、宣言が事実わい曲だと主張しているが、具体的な証拠はなく、宣言で主張した内容はすべて真実である。

われわれは3・1精神を引き継ぎ、国を愛し国民を愛する一念から、天賦の自由と人権を尊重すべき信仰人として、信仰良心を発露させたのであり、当然無罪である」

日本統治下において独立宣言を発表した民族代表が最高刑3年であったのに、今度の民主救国宣言事件においては最高刑5年とは、「あまりに過酷であり悲惨ではないか」、とくに今年は、全世界的に「良心犯釈放の年」ではないかとつめよったのであった（3月1日付）。そしてその翌日、3月1日の夜、3・1節記念集会がカトリックの明洞大聖堂やプロテスタントのキリスト教会館で開かれたが、軟禁など相次ぐなかで明洞のミサには1600人も集まったと、朝日は大きく報道した（3月2日付）。

この3・1節と前後して全国的に軟禁などが続いた。咸錫憲の家宅捜査によって押収された「幻の第二救国宣言」（3月6日付）といわれたものが、3月7日、東京において日韓連帯連絡会議によって発表された。咸錫憲が書いたこの宣言は、朴正煕への書簡形式をとったものであった。それは朴正煕の失政を列挙しては、最後につぎのように朴正煕の退陣を求めたのであった。

「責任を負い、勇退せよ、貴下は国家の主権をみずから強奪したものであるゆえ、責任を負うのに少しもちゅうちょしてはなりません。この際、一大勇断を下し、みずからその座からひきさがり、国民をして〈わざわいを転じて福となす〉義務を平和に遂行できる機会をもたせなければなりません」（3月8日付）

韓国の民主化運動は、カーター米大統領の就任とともに、その人権政策に見合う形で一層強力に展開されたといえるのではなかろうか。3月10日の朝日は、カーター米大統領が9日の夜「ホワイトハウスで朴東鎮《パクドンジン》韓国外相と会談し、在韓米地上軍撤退の方針を公式に伝達するとともに、韓国人権問題に対する米国の深い憂慮を力説した」と伝えた。その一方で、3月10日ソウルでは、カトリックの明洞大聖堂において1500人の集会が開かれ、「労働者人権宣言」が発表されたと報道した。そこには尹潽善も夫人とともに出席したが、そこでは労働者の人権を要求しただけではなく、何よりも「75年緊急措置9号を解除せよ」と求めたのであった。

明らかに朴正煕政権は、国内では民主化勢力との戦いを展開しなければならないとともに、アメリカとのあいだでも、カーター政権になってはその人権外交との戦いをくり広げねばならなくなったといえよう。「米上院外交委に提出された韓国の人権問題についての米国務省の報告書」の内容が伝えられると、朴正煕政権はそれを国民に知らせないまま、これに対する反発を高めていった。韓国の公報部は、「他の国の憲法上の権利および主権の行使を批判する政府は、その国に介入しているとの批判を避けることができない、というのがわれわれの立場である」と言明した。そして「大統領緊急措置第9号は、国民の絶対多数によって2回も承認された憲法に従って発令されたものである」などと釈明しながら、「米国が誤解に基づいて性急な判断を」下すことがないようにといったのであった（77年3月16日付）。ここに詳細を述べることは避けるが、朴正煕政権がアメリカ政府の批判にさらされていることははっきりしていた。

1977年3月22日、民主救国宣言事件に関して、大法院は全員の上告を棄却した。しかしその日、「政界、言論界、宗教界の元老級が名を連ねた〈民主救国憲章〉」が発表された。これは大法院の姿勢に対してまっこうから反撃したものといえた。この憲章は、「①維新憲法と緊急措置の撤廃、無効宣言　②すべての政治犯の完全な人権回復と非民主的制度や法律の廃止　③拷問や射殺など暴圧と情報政治の終息」などを要求したものであった（3月22日付）。

民主救国憲章の署名者は、尹潽善、鄭一亨、咸錫憲など3・1民主救国宣言事件によって重刑を宣告された人を含む10名であったが、そのなかには、与党の議長であった鄭求瑛《チョンクヨン》まで含まれていた。ここでは憲章の冒頭だけを引用することにとどめたい。

「われわれの発言と行動は極端に制約されている。去る76年11月以来、とくに今年2月と3月にかけて全国に厳しい査察警戒網がしかれ、多数の聖職者らをはじめ各界各層の民主市民らが、情報員と警察にら致軟禁され、民主主義のために計画した集会と発言は完全に封じ込まれている。これは、いまわれわれ民衆の間に新たに高まりつつある民主主義への情熱を表明するものであると同時に、われわれ民主化闘争に加えられている弾圧が、いかに過酷なものであるかを物語っている」

３月25日付の朝日は、この民主救国憲章に対する署名をとりつけたのは、「厳しい監視をくぐって政界、宗教界、言論界の元老の間」を走り廻った鄭琴星《チョンクムソン》、すなわち獄中詩人・金芝河の母親であると発表した。尹潽善前大統領の意志を体してのことであった。続けて３月28日には、ソウル大学で新しく「民主救国宣言」が発表され（３月29日付）、これが春の学生運動に火をつけることになった。４月１日には「良心犯」の家族らが、「権力の迫害に負けず、卑屈な態度を取らない」と声明を発表するかと思うと（４月２日付）、４月７日には韓国神学大学で「苦難宣言」が発表されるようになった（４月８日付）。こうして朝日は４月12日の早朝、ソウル大学で「４月宣言」が発表されたことを報じた（４月13日付）。

ここで朴正熙政権は、ついに強硬策に転じて「署名者ら続々連行」という方向をとった。それは、米下院視察団が４月12日に離韓すると、急にはじめた弾圧といえた。朝日は「連行拡大　７人に　救国憲章金芝河氏の母も」と報じたが、このような弾圧に対し韓国キリスト教教会協議会人権擁護委員会は、「人権弾圧が解決されなければ全国の教会を挙げて強く抵抗する」という抗議書を韓国中央情報部長に発送したと伝えた（４月15日付）。そして翌日には、抵抗勢力が「民主国民連合」を結成して民主救国憲章署名運動を全国的に展開すると発表した（４月16日付）。朝日は、「ニュースの顔」という欄を通して、「韓国の獄中詩人金芝河氏の母親　鄭琴星さん」という小栗特派員のソウルからの通信を伝えた。「息子を奪われた母親」として、法廷で「最前列に陣取って審理の切れ目ごとに大声で息子に語りかける彼女」であった（４月17日付）。

朝日の勇気ある報道は、地道であっても、韓国の民主化運動を日本に知らせる役割を決して放棄しようとはしなかったといわねばなるまい。それは、韓国国内の言論はまったくなしえないことであった。4月19日には、「18日夜、ソウル市明洞のカトリック大聖堂で約1000人が出席し、17年前に銃弾で倒れた学生たちのための特別ミサが催された」と伝え、4月21日には「頭刈られ丸坊主に」なった金大中が、韓国の南端「晋州刑務所に〝流された〟」と伝えた。そして「反政府派　秘密組織で署名拡大」などのタイトルで小栗特派員の記事を報道したが、それは国際世論に対する配慮から自己抑制をしているように見える体制側の「一種の〝弱み〟」に対して、反体制側が「労働者、学生や地方など」への浸透を図っていることだとして、つぎのように伝えた。

「……ややもすれば〈ソウルの知識人中心〉に限られていた反政府運動の幅を広げようとしている。治安当局が全面的な〈人権抑圧〉の印象を避けながら、反政府の署名運動を封じ込めることができるかどうか、阻止に失敗したとき再び昨年と同様、正面対決の強硬路線に出るかどうか――韓国の奇妙な力くらべの行方が注目されている」（77年4月23日付）

朝日は77年4月23日、ソウルからの22日のニュースとして、朴正熙が「米軍の撤退　引き止めず」と発言したことを報道した。このことは、カーター政権が「在韓米軍撤退の決意を固めている」ことに対し、それを受けて立つ決意を示したものといえた。朴正熙は1月には、「北朝鮮が南北不可侵条約に応じるなら在韓米軍撤退に反対しない」といったが、いまはその前提すらはずしているわけである。このことは、カーター政権の人権問題への関心に対して、朴正熙がそれに応じる意図がないことを表明したものといえた。

このことは反体制運動に一層弾みをつけたといわねばならない。4月24日には、「キリスト教の青年信徒約200人が〈朴政権退陣〉などを要求してデモを行った」。それはキリスト教長老会青年会ソウル連合会の青年たちによるものであった。良心犯の釈放、緊急措置の撤廃、民主憲政の回復を要求しただけでなく、現政権の退陣までも要求したのであった（４月26日付）。

ここに韓国国内における反体制運動とアメリカ、そして朴正煕政権という３者のあいだには、明らかに緊張関係ができてしまったといわねばならない。朝日は、「韓国の駐米大使に米司法省の検事が亡命を勧誘した事実が、28、29日の両日開かれた韓国国会で暴露された」と書いた。それは韓国の外相が国会で、「議員の質問への答弁で公式に認めたものだ」というのであった。

これは、「４月11日韓国を訪れた米下院視察団の随行員が、人権問題で韓国に内政干渉的な言動をしたこと」に韓国側が抗議したことを明らかにしながら、韓国外相が語ったことばであった。それは、ソルズバーガー専門委員が「民主救国宣言事件関連の政府批判派と面会して、人権問題の実情調査を行ったこと」を意味していた（４月30日付）。

こういうなかで、カーターの在韓米軍撤退に公然と反発した在韓米軍司令部ジョン・Ｋ・シングロープ陸軍少将に対する「即時本国召還」命令がおりた（５月20日付）。このことは韓国問題に対して、アメリカ政府の動きに乱れが生じたことを反映するものであったといえよう。カーターの人権政策を中心に、駐韓米軍問題でアメリカの軍部とのあいだには対立があった。シングロープは解任される。しかし、79年10月26日、朴正煕が暗殺される頃、すなわちカーター政権の後半期においては、再び韓国は駐韓米軍の強い影響下にあったといえるであろう。

77年５月24日から、在韓米軍撤退の問題をとりあげて米韓公式協議がはじまるが（５月24日、25日、27日付）、この問題においては、韓国の反体制側も「生存権脅かす撤退」（５月26日付）という立場を変えようとしなかった。北の脅威に対する大きな懸念があるだけでなく、アメリカへの配慮がなくなると、朴正煕政権の独裁的性格はいっそう露骨になることを憂えざるをえなかったからであった（５

月27日、28日、6月1日、20日付)。

このように在韓米軍の撤退問題で騒々しいなかで、民主化運動のことなどはしばらく一般的関心の中心からはずれていくように見えた。そこで朝日は、投獄されて断食をはじめてから半月もたっている民主救国宣言の起草者文益煥韓国神学大学前教授の話を掲載した(77年6月8日付)。それには、面会にきた夫人に渡された「私は死ぬ」ではじまる「最後の詩」があった。その一節を引用することにしよう。

(前略)
ある終身囚の微笑
「先生は5年と聞きました。私はあす、あさってで、もう17年になります」
私の星よ
寝つかれぬ夜、寝返りばかりうつ、夢うつつの中。水玉に映える月光のように澄み渡る鐘の音が私の耳に、もう暁のときをうつのか

1977年の物騒などよめきのなかで、それにいっそう騒々しさをつけ加えたのは、1963年から69年まで韓国中央情報部長を勤めた金炯旭《キムヒョンウク》と、朴正熙の米国内ロビイストであった朴東宣であろう。その詳細を朝日新聞からここに紹介することはできない。まず、金炯旭が、77年6月22日に米下院国際関係委の国際機関小委員会で証言した内容の一部を引用することにしたい。彼は、「李厚洛《イフラク》KCIA部長」が金大中拉致を指揮したと語りながら、つぎの5点をあげた。

「①韓国の朴正熙大統領が恐れる2つの勢力は、金大中氏と米議会であった　②事件に参画した人物のリストを持っている　③朴大統領が直接誘かい事件を指揮したとの証拠はないが、これほど重大な計画が大統領の許可なしに遂行されたとは考えられない　④米政府及び議会が朴政権の独裁に反対するのを防ぐため企てられたのが、朴東宣氏による米議会買収工作だった　⑤朴東宣氏はKCIAの金で雇われた人物ではないが、KCIAの活動に協力してきた」（6月23日付）

日本では東京の警視庁が金大中拉致事件を知っていたと、金炯旭はこの日の証言で明らかにしたが、日本の警察は否定した。また、その前年から続いている朴東宣のことがアメリカの新聞で騒がれると、彼に代わったのが在米の韓国人実業家、金漢祚《キムハンソ》であった。このようなことすべてが、6月23、24日の朝日新聞に大きく報道されたが、日本の警視庁はこれを否定することで一致していた。6月29日の朝日新聞夕刊は「28日、ニューヨーク市郊外、ニュージャージー州のレストランで」の村上特派員による金炯旭へのインタビューを報道した。「警視庁察知　改めて強調」というタイトルであった。

金炯旭の証言によって、日本政府も「金大中事件見直し」を迫られるようであったが、結局それは回避されてしまった。その頃、尹潽善前大統領が「日韓癒着」を批判した書簡を日本の福田首相に送ったことが朝日に報道された。それは自民党政権の日韓癒着を強く批判したものであった。朝日新聞が報道した書簡の前半の部分一節を引用すればつぎのようなものであった。

「韓国民衆は〈維新体制〉というファシズムの下で苦しんでいる。この体制を支えてきたのはもちろん日米両国だが、米国は朴政権の人権抑圧に遺憾の意を示すなど、若干の変化をみせ始めた。これとは対照的に、自民党は無条件、無批判に朴政権支持の姿勢を変えようとしていない」（7月5日付）

そして、この書簡に対して真摯に対応しようとしない福田首相に対する非難が続いた（7月7日付）。

一方、韓国では、このような複雑な状況に対応するためか、政治犯などの釈放が行われた（7月15、16日付）。しかし、韓国の政治状況をとりまく韓国の民主化勢力と、アメリカと日本、そして日米の言論と、そこには実に解きがたい深いもつれが続くのであった。

こういうなかで、「金炯旭氏一連の発言」（77年8月5日付）をめぐって、朝日は4年前の金大中事件に迫ろうとした。「米中央情報局は詳細な資料」をもっているが、それは金炯旭の証言を「ほぼ完全に裏付ける内容のもの」であると朝日は報道した（8月11日付）。このように、日・米・韓の政治的もつれはますます迷宮をへめぐっているように見えるなかで、1977年8月26日の紙面には、「詩人の受難去らぬ韓国」という小栗特派員発信の記事が掲載された。それは、もつれにもつれている韓国国内の事情と、日・米・韓のからみあいのなかにおける詩人の受難の話ではあっても、一条の涼風を吹きこむようであった。それはつぎのようなリードではじまる美しい記事であった。

「日本の月刊雑誌『世界』6月号に〈奴隷手帳〉と題する体制批判の長編詩を発表した梁性佑《ヤンソンウ》（34）が逮捕された。金芝河の作品らしいと日本に紹介された批判詩〈民衆の声〉の真の作者、張琪杓《チャンギピョ》氏（31）の裁判も始まった。／風刺詩〈十章の歴史研究〉の作者、金明植氏（32）は懲役3年の刑で服役中——富国強兵の既成事実の前に、学生デモの雄たけびも野党の声明も湿りがちな韓国社会。その沈黙の底で、言葉を持った詩人の受難が続く」

まず梁性佑の「奴隷手帳」から、そして、張琪杓の「民衆の声」から朝日に報じられた通りに引用することにしよう。

刃（やいば）もつものの残忍な掠奪のはてに

血管もたましいさえ
ふみにじられ
きみたちは　胸はり声あげ
この大地になにを
うたうのか

（『世界』77年6月号から、塚本勲訳）

おれたちの訴え　聞いてくれ
ひもじくて　やりきれんな
いつまで耐えながら　政治家を信じるか
低所得にもがく身
物価高で死に向かい
80年代に望みをかけたら
締めつけた腰　いまにもくだけそう

（全文訳は74年7月6日号『週刊読売』）

そしてすでに「獄中詩人、金芝河は、無期懲役の身でソウル刑務所の独房にある」。この文章のなかで記者は、「韓国社会が総体的に安定していることは否定できない」としながら、つぎのような疑問を提起したのであった。

「それが体制側の誇るように〈自主国防〉への自覚と〈経済成長〉への受益意識によるものか、あるいは反体制の主張するように〈アメとムチ〉の分断統治に強制された沈黙か」

1977年9月6日には、朴東宣が米議員などに違法献金をしたかどで起訴された。朴正熙は、彼の身柄をアメリカ側に引き渡そうとはしなかった。それで朝日は、「米韓関係　一段と緊張」（9月8日付）と報道した。これに対してワシントン・ポストは9日の社説で、「朴大統領は今はほほえんでいるようだが、米国内で本当に問題になっているのは米国民の対韓国支持そのものだということに気がつけば、笑ってはいられないだろう」と、「朴大統領に対し非難まじりの警告を表明した」と報道した（9月10日付）。

そしてその翌日、9月11日には、10日付東亜日報がこのことを1面トップの記事で報道したことを写真を掲げて論じながら、朝日は、「韓国政府としては、〝根拠のない起訴〟に基づく米国の朴東宣身柄引き渡し要求は〈大国主義的横暴〉だと、国民のナショナリズムに訴えて正面突破をねらう作戦に出たとの印象が強い」と報道した。それは「米非難作戦で　国内体制固め」と見られるのだというのであった。この記事は、「対米非難キャンペーンの効果は未知数だ。朴政権がきわどい綱渡りに踏み込んだことは間違いない」と結ばれたが、これはその当時の韓国の状況に対する優れた分析であったといわねばなるまい。実際16日の朝日にはこの問題について、日本の民社党訪米調査団に対し米副大統領が、「朴東宣調査非協力なら　米韓関係　好転望めぬ」と「警告」の姿勢を明らかにしたというのであった。

このように米韓関係が悪化してきたなかで、朴正熙はアメリカへの抵抗的姿勢を放棄することができなかったといわねばなるまい。9月27日には、「ニューヨーク地区のＫＣＩＡ最高責任者の地位にあった孫永五《ソンヨンオ》」が9月16日にアメリカに亡命して、「米官憲の厳重な保護下ですでに10日間にわたり米側の捜査に全面協力を行っている」と報道されるようなった。彼は、アメリカにおける対米工作とともに、「朴政権に反対する在米韓国人への組織的な嫌がらせや脅迫を加えてきたという」のであった（9月28日付）。こういう状況のなかで韓国は入管法の改正を急ぎ、「米人の批判規制？」を試みようとすると報道された（9月29日付）。そこに、朴東宣問題をアメリカ側が「韓国内で直接審問」することに米韓が合意することとなった（10月1日付）。こういうことで一段落したように見えるかもしれないが、朴東宣問題もアメリカが朴正熙政権を窮地に陥れるためにという一面をもっていたと見るべきではなかろうか。

一方、10月7日にはソウル大学で「大規模な反政府集会」が起こり、その日からソウル大学の7つの学部は臨時休講となった（10月8日、9日付）。すると、「延世大でも2000人集会」が起こり、無期休校となった（10月13日付）。このような学生たちの抵抗は、朴正熙のアメリアにおける議員などへの贈賄事件とほとんどどときを同じくして進められたといえるかもしれない。

10月20日と21日の朝日は、李相根《イサングン》元在米韓国大使館参事官や、李在鉉《イジェヒョン》元駐米韓国海外広報館館長の証言をとりあげて、「腐敗の実態次々――米韓汚職下院公聴会」「議員に札束渡す――元駐米大使自分で封筒につめ」などのタイトルの下に、「米下院公的行動規範委員会」（通称、倫理委）の公聴会のことなどについて詳細に伝えた。数十万ドルの贈賄について語り続けたのであった。10月21日の記事の表題は、「ばらまかれた巨額の札束」というものであり、「会場に広がるどよめき」とサブタイトルがつけてあった。金炯旭は、同じ手口で「日本でも買収工作」が続けられたと証言した（10月22日付）。

このような米下院公的行動規範委員会とはちがって、日本では贈賄のことも金大中事件のことも、とりあげようとしなかった。アメリカでは、公聴会は「韓国への圧力ねらう」ものといわれたが（10月23日付）、もちろん、日本にはそのような意志は存在しなかったといわねばなるまい。

こういうなかで、また韓国では激しい「朴退陣」を叫ぶ学生デモが展開された。朝日は１９７７年10月26日、前日に起こった延世大学のデモをかなり大きく、詳しく伝えた。「沈滞気味だった韓国の学生運動が久しぶりに大規模な高揚を見せはじめたわけで、他の大学への波及が注目されている」。このときにばらまかれた24日付「延世大全学生」の名でだされた「77年延世民主守護決死闘争宣言」は、つぎのような内容であった。ここではその頃の状況を理解するために、朝日からその全文を引用してみることにしよう。

「聞いているか。学友よ、民主主義は死につつある。国民の基本権は踏みにじられている。崇高な４・19（60年の李承晩を倒した学生革命）の精神が軍靴（61年朴正煕による軍事クーデター）に踏みにじられてから16年、この間国の現実はどうなってきたか。

10月維新（72年の体制引き締め）以来、中央情報部を筆頭とする情報政治と緊急措置は、国民を恐怖と不安のなかに陥れている。人権と基本権を保障する世界歴史の潮流にさからって、知識人と言論人、学生と労働者は継続して投獄されている。セマウル運動（新農村建設運動）と忠孝思想の宣伝で国民は愚ろうされている。息が詰まるような独裁の最後のあがきは、全国民の生命と自由を脅かしている。

どうする、学友よ。海外では国民の名に泥を塗る朴東宣事件で現体制は孤立している。国民の苦しい血をしぼった税金は政権維持のため外国人へのわいろに使われた。これが国民の代表のすることか。この事件はコリアという言葉をけん悪感の対象にまで陥れた。政権安保のため（政府は反米感情をあおり）微妙な民族感情をたきつけるような悪らつな手法を使っている。われわれは現政権を否定する。発言せよ、学友よ。経済成長政策は100億ドル輸出、1000ドル（1人当り国民）所得の美名の下で続けられている。しかし、いまや対日経済隷属は限界をはるかに越え、民族の名前に墨をぬってしまった。ダンピング輸出のため労働者は長時間、低賃金、有害環境労働により死に追いやられている。しかも、その代価は労働者には支払われず、数個の財閥と特権層の腹を肥やしている。同僚がクビになっているというのに、ひたすら現実順応主義を守る知識人と言論人は何をしているのか。

大学はいまやつつましい自由さえもじゅうりんされた。聞いているのか、学友よ。この息が詰まるような現実のもとで、われわれはこれ以上（怒りのため）逆流する血潮を抑えることができない。今日われわれは再び民族の召命を受けている。学友よ。われら皆真実の反抗の炎を高く掲げよう。外に出よう。あらゆる恐怖心をふり捨て、雄々しく前に出よう。さあ学友よ。

われわれの決意　①維新憲法撤廃のため闘う　②朴東宣事件を解明せよ　③労働者の人権を守れ　④学園自治を侵害するな、全学生会を復活せよ　⑤これらすべての事の元凶である独裁政権打倒のため闘う」

このような戦いに対する小栗特派員の記事から一節を引用することにしよう。

「朴政権の分断統治によりマスコミが沈黙し、野党が体制化している中で、かつて4・19学生革命により李承晩政権を倒した伝統を誇る学生運動もしめりがちだった。その分、朴政権の維新体制は定着化しつつあったといえる。しかし朴東宣事件による対米関係の悪化は、韓国の在野勢力に危機感と同時に使命感を吹き込んだのは事実。延世大のデモも突発的というよりは、体制を整え準備を重ねたうえでの決起といえる」

このような内容を韓国国内のマスコミは一切伝えていなかった。10月26日に、延世大は休校になった（77年10月27日付）。この27日の朝日には重要な記事が一つ載っていることを特筆する必要があるかもしれない。73年8月、金大中拉致事件について、米ハーバード大のジェローム・コーエン教授がタフツ大のヘンダーソン教授から連絡を受けて、至急キッシンジャー補佐官に救出を願い出たことである。ヘンダーソンは、当時訪日中の林昌栄元駐国連韓国大使から至急電話で拉致の事実を知ったのであった。このことも歴史における偶然の一つといえるかもしれない。

朝日は、10月28日には韓国の作家たちがついに声を一つにして、投獄されている詩人高銀《コウン》、趙泰一《チョテイル》両人の釈放を陳情したことを報じた。そして11月2日には、朴養浩《パクヤンホ》が寓話小説「狂った鳥」を書いて連行されたことを詳しく伝えた。「現在韓国の閉塞状況を痛烈に皮肉った寓話小説〈狂った鳥〉がソウルで話題を呼んでいる」。そして、「物語のあらすじ」までをかなり詳細に伝えたのであった。それから尹潽善などが、被服労働者たちのために「労働者人権対策協議会」を発足させたこと、また金大中が家族と面談ができたことなども伝えた。

そして77年の暮れまで、朝日の記事によれば、韓国は混乱の渦巻きに巻きこまれて抜けでることができないように見えた。11月11日の夜、全羅北道裡里《イリ》で停車中の「ダイナマイトと見られる化学薬品」の貨物列車が大爆発を起こした。その日の午後には、ソウル大学で大々的な学生デモが起こっていた。そのときまかれた「民主救国闘争宣言文」は、つぎのようにはじめられていた。

「熱い血潮の学友よ。大学の自由はだれによって踏みにじられ、祖国の民主主義はどのように圧殺されているのか。学園の自由を叫んだ学友は鉄ごうしの中でうめき、民主主義を願ってやまぬ民衆の熱い歓声はわれわれの勇敢な戦いを求めている」（11月12日付）

小栗特派員は、「学生運動高まる兆し　ソウル大　新たな闘争」という記事のなかでつぎのようにのべた。

「11日学生リーダーがたてこもった図書館は広いキャンパスの中央に位置し、いわば東大の安田講堂にも匹敵する大学の象徴的場所だ。この4階を5時間にわたり占拠して、機動警察隊と対峙したことは、これまでのヒット・エンド・ラン戦術の延長とは異質な〝何か〟がこの国の学生運動に芽生えつつあるという印象を与えた」

裡里の「韓国最大の惨事」といわれた「貨車爆発」は、「死傷、1000人」を超え「爆風・炎」は「半径2キロ」にもおよんだといわれたが、「失火の保安員逮捕」ということ以上に、その原因を明らかにすることができなかった（11月14日付）。この災難のあいだも大学での戦いは続き、金芝河の釈放を求める文学者たちの「第3宣言」が発表されたことを朝日は報道した（11月19日付）。

11月30日に朝日は、韓国中央情報部のアメリカ国内における不法活動に対して、米下院国際関係委国際機関小委が開いた公聴会について報じている。孫浩永《ソンホヨン》前領事が情報部の公文書を見せながら75万ドルの行方について証言したというのであった。この委員会の調査団は、続けて日本と韓国でも調査を行った（12月13日付）。そして金大中のソウル大「病院移監」のことなども報じられた（12月19日付）。

1978年は、朴東宣問題を中心にアメリカは朴正煕政権をゆさぶり続けた。そういう混乱のなかで、在野勢力は「韓国のキリスト教徒を中心」に韓国人権運動協議会を結成したと、朝日は報道した（78年1月25日付）。在野民主化勢力は、日に日にその影響力を高めていたといえるであろう。

金大中釈放の噂が飛んだが実現しなかった。アメリカ国務省人権報告書が、韓国の人権状況がやや向上したと発表すると、これを韓国の反体制側は烈しく攻撃し、尹潽善前大統領は、これを批判する書簡をカーター大統領あてに発送した（2月19日付）。2月23日、朴東宣は「米政府買収工作事件」の取り調べを受けるために出国したが、免責措置で取り調べが終われば帰国させるという保障つきの出国であった（2月24日付）。

2月24日、金大中をまだ獄中に残している民主化勢力は再び「3・1民主宣言」を発表した（78年2月25日付）。それには尹潽善、咸錫憲などの民主化運動の指導者60余人が連名して参加していた。その詳細が2月27日、東京の韓国問題キリスト者緊急会議によって発表されたが、それは2年前の「民主救国宣言の精神」を継承したものであった。「われわれはいま、社会全体が一つの監獄に変質していく現実の中に生きている。その名は維新体制である」といって、権力をもつ一人の人間によってこの社会が左右されていることを嘆いた。そして現実に当面している諸問題におよんでいるが、最後に触れている南北統一問題に対する見解は実に明白なものであった。「議会制民主主義の体制」と「経済的には労使の共同決定を制度化する産業民主主義体制」をあげながら、つぎのように結論づけていた。

「このような民族統一は必ずや民衆の民主的力量の広がりを通してのみ可能である。これを今日の北韓（北朝鮮）に期待することはできない。それゆえ〈一人独裁〉を平和的に倒し、統一のための民主的力量を育てるのが、大韓民国国民に与えられた時代の使命だと確信する」（2月28日付）

そして、韓国人権運動協議会による３・１独立記念講演会を「軟禁・連行」で妨害しようとする政府に対して抗議した（３月１日付）。実際この集会は、30人近くの指導者が連行または軟禁にされているなか、治安当局の厳戒の下で行われねばならなかった（３月２日付）。こういう状況のなかで、アメリカでは朴東宣証言が続き、３月９日には「贈った総額75万ドル」として彼の証言は終了したと報じられた（３月10日付）。こうしてしばらくのあいだ、朴東宣事件、または統一教会の活動などが韓国中央情報部との関連で朝日の紙上で問題となった（とくに３月16日、17日、23日、24日、４月４日、５日、６日付など参照）。

一方、朴正煕側は大統領間接選挙の母胎である統一主体国民会議の代議員の選挙に入った。朝日によれば、５月８日頃からソウル大、梨花女子大、韓国神学大などの抵抗が続くなかで、５月19日、定数２５８３人の代議員を選出した（５月20日付）。

６月１日には、ソウル大農学部で１週間の同盟休学を決議した学生デモが報じられたが（６月２日付）、ついに中央日報など三星財閥系のマスコミ・グループが、「編集権の独立」を要求して宣言を発表したことを伝えた（６月９日付）。その宣言「我らの主張」のなかには、「言論人としての使命感と批判意識は企業の打算の中に葬られている」と記されていた。

韓国における反体制的抵抗というのは大体このような経路をたどるものといえた。学生たちの抵抗が大きく力を発揮するが、その勢力は学生の入学と卒業によって交替するといえる。しかし学生たちを抵抗勢力として在学中に追放すれば、その勢力は革命勢力集団となる。朴正煕政権は、学生たちを追放したり投獄することによって、結果的にはこのような集団を強化してきたといえるだろう。それが新しく入ってきた学生たちと結ぶようになる。抑圧の力が強大であるときには、少数の、たとえば宗教家、または知識人が殉教者的な抵抗を試みる。これで抵抗の命脈を絶やさずに続けられるのであるが、やがてそれが大きな学生集団と一つになる。そのあいだに民衆の体制への不満が強くなる。これを背景にして、学生集団は民主的指導人士らとともに決起する。やがて、企業として沈黙を強要されていたマスコミが、これと合流するようになる。こうなると支配勢力も抗しきれず、彼らのあいだに亀裂が生ずることになる。こうして革命の勝利が近づいてくるものだといわねばなるまい。こういうときに権力の腐敗のようなものが明るみにでると、この動きを早めることになるであろう。

１９７８年から79年にかけて、このような状況が急激に進んでいったといえよう。朴東宣事件がアメリカで明るみにでたということは、このような革命的動きを早める役割をした。あるいはアメリカは、そのような事件を究明しようという試みによって、このような韓国における革命の進行を意識的に早めようとしたといえるかもしれない。

78年6月12日にはついに、ソウル大学で１０００人ほどのデモが起こった。朝日の記事はそれについて、「当局のち密な組織網と強い取締り能力の下で、反政府勢力の運動は次第に表面化しにくくなっている韓国の力関係の下では、常識を絶する大胆不敵な挑戦である」と書いた。「来たる26日夕方、ソウル中心部で政府批判集会を開くと〝予告〟した」が、その通り、予定の場所には「多数の学生が集まった」。その一方で、光州全南大学で教授たちが「国民教育憲章を批判する声明を発表した」。教授たちが反政府批判に起ちあがったのは、１９６０年の「李承晩政権を倒した4・19革命以来のことである」と朝日は書いた。彼らは、朴正熙の「国民教育憲章」は「日帝下の教育勅語を連想させる」「全体主義と復古主義の道具に化けるおそれがある」と批判したのであった（6月27日付）。教授たちのこのような動きに対して29日、学生たちはこれを支持する集会を開いた（7月1日、2日付）。

こういうなかで7月6日、朴正熙は統一主体国民会議で唯一の候補者として新たに任期6年の大統領に当選した、といって就任を宣言するようになる。1961年から17年間も執権して、またその座に居座るわけであった（7月6、7日付）。一方、朝日は「5年前の8月8日」に東京から拉致された金大中の病室について伝えた。その見出しは、「金大中氏5年目の酷暑」「厳重な監視の壁――日記もダメ、読書だけ」となっているが、「トインビーの〈歴史の研究〉（14巻もの）」を読了したなどと伝えている。そして「金大中氏、最近の心境」といって、家の周辺などの人びとから伝え聞いた話を記事にしている（8月5日付）。

「事件以来の5年間は、はたの目には苦難の連続と映るかも知れないが、私には大きな教訓だった。主（神）との対話、心の平和、良心は拘束によって縛られないという確信を得たうえ、5年間にいろいろな分野の本を読ませてもらった。失ったものより得るところが多かった」（8月2日付）

そして米軍撤退への憂慮、カーター政権と韓国のことなどを語るのであるが、アメリカ政府が「知名人士には緊急措置違反があっても見過ごし、無名の者には過酷な措置を加えている」韓国の現状を見のがすことのないようにと希望した。そして、「米国や日本が中共（中国のこと）と接近を図っているというのに、韓国政府の外交はあまりに台湾に重きを置いている」などと懸念を表明した。

こうして朝日は、彼が5年前東京から拉致された8月8日を中心に、彼について大きくとりあげた。「期待できぬ早期釈放」という「記者座談会」も設けられた。しかし8月11日には、日本政府において「210億円を供与　対韓国政府借款まとまる」と報道したのであった。

こういうなかで、8月29日ワシントン発の記事「米議員有志　朴大統領を非難」という、「米下院議員有志42人」がカーター大統領に送った書簡についての記事は、とても注目すべきことではなかったかと思われる（78年8月30日付）。これは、朴正熙政権の運命とかかわった、それを予測させるものであったといえばいい過ぎであろうか。「米国は韓国の朴正熙政権の反民主的なやり方を是認するものではないことをカーター大統領が韓国政府に明確にするよう強く勧告した」ものであった。この記事はつぎのように続けられた。

「この書簡は米下院国際関係委のフレーザー国際機関小委員会長（民主）らが発起人となって呼びかけたもので、先月の韓国大統領総選挙で朴氏が反対者を許さず、維新体制のもとで向こう6年間の大統領の地位を確保したことに強い憤りを抱き、米大統領の注意を喚起する目的で行われたという」

この書簡は、朴正熙が1978年7月6日、統一主体国民会議で唯一の候補として立候補して、ほとんど満場一致で新たに6年任期の大統領に就任したこと、このような儀礼的な仕草を通して半永久的に大統領職にとどまるようになったことに憤りを感じている、というのであった。「恐ろしいほどソ連とそっくりな方法で、再び任期6年間の大統領の地位についた」。「秘密投票で公開討論は許可されず、議会議員の3分の1は大統領の指名で自動的に」選ばれる。だが、「米国民は非民主的な政権を支援することは好まない」。「現在の韓国は軍事・経済独裁体制にある」。そこでカーター大統領につぎの如く「強く勧告」したのであった。

「韓国に代表民主制を回復することは米国の力の及ばないことかもしれないが、米国はその言葉と行動により、反民主政府に対しては民主的政府と同じに扱わないことをはっきり示すべきだ」

これに対して韓国における民主化勢力はただちに反応した。韓国民主主義国民連合（代表尹潽善）と人権問題協議会（代表咸錫憲）は9月9日、これを支持する声明を発表し、これをカーター大統領に書簡として送った。この声明の主な内容を朝日はつぎのように伝えた（9月10日付）。

「米下院議員有志の勧告書簡の中で、維新体制下の韓国の選挙を批判したことは余りに当然である。朴政権はこの米下院議員らの勧告書簡に対して、主権と民族主義を打ち出して反論しているが、朴政権は主権と民族主義をうんぬんする道徳的基盤を持たない。朴政権はこのたびの事態を機に、民族と民衆の前に謝罪して、真の民主体制確立のため自ら退陣すべきである」

　こうしてソウル大、高麗大のデモがまた起こる。その一方で、「金大中事件の全容」などと、朝日は「米情報筋　韓国情報に精通する筋　政府関係筋など多数の関係者から」新しくえた情報を発表し続けた。「沖合いにＫＣＩＡ船　尹振元《ユンジンウォン》海兵隊大佐が指揮」というかと思うと、「在沖米軍が暗号解読　梁一東氏、〈協力〉の疑い」（９月17日付）などと大きく報道された。「陽動・偽装……ら致作戦」のようなタイトルで詳しくのべられているが、ここでは「暗号」に関連した一節だけを引用することにしたい。

「この間の経緯は〈在韓国連軍のつながりで、金大中事件ではＫＣＩＡ間の連絡に国連軍と同一の無線周波と暗号が使われた。このため在日米情報筋は無線傍受でＫＣＩＡの動きを逐一察知した。ほぼ連行ルートに並行して米ＣＩＡが監視した〉というのが情報関係者の間の定説だ」

　10月13日には、「批判的な在野勢力、キリスト教関係者など約３００人」によって、「国民宣言」が発表された。78年10月17日は維新体制６周年の日であった。この宣言は、「維新憲法は現政権の永久化を図る法的措置に過ぎず、反民族、反民主、反民衆的であり、廃棄すべきだ。この憲法を振りかざして、国民をだまし、抑圧してきた現政権は退陣せよ」と訴えた（10月14日付）。

　ここで、朴東宣事件の結果について一言つけ加えなければなるまい。それはアメリカで、「現職３議員の懲戒処分で幕」という結末であった。これは単なる一つの政治的な騒ぎであったことを認めざるをえない。

３人の現職議員の懲戒処分という結果について、朝日新聞には、「米議会を巻き込んだ空前のスキャンダルと騒がれたこの事件も、〈大山鳴動してネズミ３匹〉という結末に終わることが確定した」と書かれた。そして関連者1人は、〈議長席の前に立ち、懲戒文の朗読をうける〉譴責《けんせき》」となったが、2人はそれもなく「〈戒告〉扱い」というのであった。結末を伝える朝日の記事の終わりは、つぎのような短い一文であった。

「コリアゲートの異名まで生んだ韓国の米議会工作事件は、当初〈115人の議員が関与した〉と報じられるなど、この2年、米議会を揺さぶった最大のテーマだった」（78年10月14日夕刊）

それは、朴正煕政権へのアメリカの圧力の一つであっただろう。その点ではそのフレーザー委員会が、同時に金大中事件についても調査して、「金大中事件はＫＣＩＡの犯行」と断定するに至ったのも、興味あることといえるかもしれない（10月28日付）。そして、アメリカに見放された朴正煕政権の運命というのを、いまこのように新聞を通して歴史を追跡して考えざるをえないといえば、あまりにも独断であると非難されるのだろうか。いずれにせよ、金大中事件と朴東宣スキャンダルの２つの事件にかんするニュースは同時進行的であった。

そして朴正煕政権は、金大中事件の場合と同じように、朴東宣事件に対しても韓国政府は関係ないといって、今後米韓関係は「明るく建設的に」発展させていくとコメントしたのであった。たとえ李厚洛が２００万ドルの口座を東京にもっており、１９７１年の選挙には合計８５０万ドルの献金を外国企業から巻きあげたといわれても（11月2日付）。それから朴政権は、休戦ラインで秘密トンネルが発見されたと「大規模な市民集会」（11月1日付）を催したのであった。そして日・中のあいだで「朝鮮半島に緊張はない」といわれたことには抵抗して、「北からの脅威」を強調したのである。朝日新聞はこの記事に、はっきりと「官製大集会開く」と標題をつけた。

その一方で朝日は、11月10日と11日に、9日ソウルの高麗大で小規模のデモが起こったが、大邱の慶北大では「約1000人の学生が繁華街に繰り出して警察機動隊と投石戦を展開、派出所を一時占拠して、警察車両多数を転覆させた」と報道した。このような事態に対して韓国のマスコミは、大邱の地方紙を除いてまったく沈黙を守った。朝日は「現政府に反対すれば無条件悪だという風土を植えつけた現政府に対し、責任を取って退陣せよと叫ぼう」とこのデモでは訴えたと伝えたが、このデモにつけたつぎのようなコメントは注目すべきものであった。

「大邱のあるこの慶尚北道は、李承晩政権当時、反政府運動の勢力が強かった地域として知られている。しかし、慶尚道出身の朴大統領になってからは、権力中枢など社会の上流、支配層の多くを慶尚道出身者が占め、他道出身者の間では〈慶尚道天下〉とのかげぐちも聞かれる。慶北大は国立大学としてはソウル大につぐ規模である」

こういう不安な政情の下で12月12日、国会議員選挙が行われたが、「与党民主共和党68議席、第一野党新民党61議席、民主統一党3議席、無所属22議席」となった。前回は与党が73で、新民党は52であった。大都市における野党の善戦が目立った。「得票率野党、与党を上回る」（12月14日）ということは、国会内には3分の1の維新国会議員という政府が任命した議員がいたが、民心の所在を示しているものといえた。

ここで朴正熙の維新体制第2期就任の12月27日に、金大中は釈放ということになって、朝日もこれについて大々的に報道を続けるようになる。「金大中氏の釈放第一声」（要旨）が報道されたが、彼の朴政権を批判する強い言葉のなかから、ここでは国会議員選挙の結果についての彼のコメントだけを引用することにしたい。

「先の国会議員選挙では政府与党が敗北した。弁明はいろいろあるかもしれないが、維新体制の下での初めての選挙で与党が敗れたことは、維新体制そのものの敗退を意味する。政府は今こそ国民の意思の前に謙虚に反省し、新たに出直すべきだ」

金大中は「3年間の獄中生活」について、朝日新聞に手記を寄せることができた（78年12月31日付）。彼は本を読む楽しみがあったために「退屈を感ずることはなかった」と語り、読んだ本は「全部で700冊にのぼるだろう」ともいった。彼は、「獄中での私のひとつの収穫は、いま私は誤った政治は憎んでも、人は憎まない、という程度に変わったことだ」といって、最後をつぎのように結んだ。

「銃剣で政権をとった者は結局、銃剣で支配することになるだろう。これは、わたしの歩む道とは異なる。もし、われわれの代に目的が達成できないなら、時間をかけてもよいではないか。

しかし、大変化をはらんだ黎明は、はるかかなたの地平線から見え始めてきたと、わたしは、このごろの有り様を見て感じている」

真冬の小康状態が終わったというのであろうか。1979年3月4日、尹潽善、咸錫憲、金大中は、尹潽善宅で再び「民主救国宣言」を発表して、民主化運動組織として「民主主義と民族統一のための国民連合」を発足させた。約200人がこの組織に参加しているとしながら、尹潽善が読みあげた宣言文はつぎのようにはじめられていた（79年3月5日付）。

「われわれは民衆の参与が保証される民主主義の回復だけが、民族・民主・平和の3・1精神を宣揚できる道であることを厳粛に宣言する」

そして「一人独裁」「永久執権」を攻撃し、その終息のために戦うことを言明した。また連行や「自宅軟禁」が続き、金大中は「取り調べに対して」、「民主救国宣言」は「自分が起草した」と答えた（3月7日付）。韓国キリスト教会協議会人権委員会は朴正熙に、3・1独立運動60周年に多くの人を連行、軟禁した理由と、統一議論を禁じて人びとを強制連行する理由を問う公開質問状を発表した（3月17日付）。

朝日は、尹潽善、咸錫憲、金大中に宛ててカーター大統領から「人権問題に強い関心を示した親書」が届いたことが3月23日に確認されたといった。それには、人権問題が起きたときには「随時連絡協議してほしい旨が記されてあったという」のであるが、その詳細は明らかにされなかった（3月24日付）。そこに、韓国クリスチャン・アカデミーを中心にした「大量連行事件が起こっている」と発表された（4月14日付）。また一方では、カーター訪韓説が伝えられ、朴政権はこれを歓迎し（4月20日付）、反体制側はこれに反対した（5月2日付）。

朝日は79年5月13日頃から、ワシントンからの消息として、73年の金大中事件に関して報道し続けた。5月22日の朝日には、「金大中事件は韓国中央情報部（ＫＣＩＡ）の仕わざ」とした「米秘密文書」まで公開された。5月29日の朝日新聞にはもっと詳細な秘密文書が公開されたが、そのなかにはスナイダー駐韓米大使が75年4月に国務省に送った金大中の「韓国問題の展望」という論文も入っていた。この文書のなかで金大中に対してはつぎのようにいわれていた。

「金大中は民主的制度の必要性について伝統的なリベラルな見解を示している。彼の思想は新しくも独創的でもないが、彼は上手に表現し、しかも道徳的かつ実用的な思考にたっている。彼の政治哲学は米国、韓国のインテリの思想に合致、また金大中が韓国の民衆を引きつける能力を示した遊説家としての活動にあらわれている」

これで彼はアメリカによって保護されたともいえそうである。なぜこの時点でそういうことが発表されたのであろうか。たしかに彼の釈放、あるいは朴正熙政権下における彼の生命は、アメリカのこのような配慮によって保障された。

朝日新聞は、1979年5月21日にはソウル「特派員報告」として、「〈言論の自由〉へ戦う韓国記者」という長い記事を掲げた。「国内に報道されなかったニュース」を克明に記録してパンフレットにして配ったために、「大統領緊急措置9号違反」に問われ、実刑判決を受けた元東亜日報や東亜放送の7人の記者たちの「思想と、戦いの軌跡」を大きく報道した。被告の一人は、法廷でつぎのようにのべたという。

「大統領緊急措置は、国家の緊急事態に際して発動される。だが、言論の自由は人間が人間らしく生きるための基本的権利であり、緊急措置を超えたものである。自由にものを言い、聞き、見なければ、人間は狂う。社会も言論の自由がなければ腐ってしまう」

もちろん、こういう言葉は韓国の新聞にはあらわれない。「われわれはいつの間にか、新聞に報道された内容が『起きた事実のすべて』と思わなくなった」と反体制の人びとは語った。新聞を読みながら、「どうしてこんな記事が出たか」「どうしてこんな時期にこういう事件が発表されるのか」と常に考えなければならないというのであった。

こういうなかで、野党第一党・新民党の党首に金泳三が就任し、「朴政権に〝闘争宣言〟」を宣布するようになった。朝日は、金泳三が金大中と抱きあって喜ぶ姿を報道した（5月31日付）。そしてその翌日には、2人の乗用車に機動隊員が暴行を加え、金大中は軟禁状態に置かれたと報道した。6月3

日には「金泳三新民党総裁に聞く　現政権との対決強調」という見出しで、彼の言葉を大きく伝えた。金泳三は、「現行憲法の廃止、選挙制度の改正を要求する、金大中前野党大統領候補ら反体制派とは単なる協力でなく、今後は一体となって現体制と対決していく」などと語った。こうして6月11日の午後、ソウル市の外国人記者クラブで金泳三は、「一人体制は悲劇」などと堂々と語るようになった。

彼は野党の総裁として、訪韓するカーター大統領と「単独で会って、わが国民の主張を伝えたい」と語り（6月12日付）、在野勢力は、「カーター訪韓に反対」の姿勢を崩さなかった（6月12日、13日付）。尹前大統領などは、カーター訪韓に反対して街頭デモを行うほどであった（6月24日付）。ソウル大、高麗大では、学生たちがカーター訪韓に反対するデモを行った（6月26日付）。

こういうなかを6月29日の夕方、カーターはソウルに着いた。そして在野勢力との話し合いも実現した。何よりも人権問題については、朴正熙は「韓国型民主主義」を譲らず、カーターは「韓国の経済発展に見合う人権の尊重」を強調して対立した（7月1日、2日付）。金大中は、「われわれはカーター訪韓後のこの国の人権抑圧は、改善どころかむしろ一層深刻な事態を迎えるのではないかと心配する」（7月2日付）と批判した。しかし朝日は、カーターは「米国は韓国の安全を守り抜く」と言明したと伝えながら、つぎのようにのべた。

「その一方で、カーター大統領は人権問題では率直かつ強い態度を貫いたといわれ、とくに朴政権批判を完全に封じる大統領緊急措置第9号については、〈恣意的行動の基礎を提供するもので、行き過ぎだ〉と強く批判。さらに〈いかなる人物も裁判なしに拘束されるべきではない〉〈政治活動を理由とした拘禁は不当である〉との米側の見解をはっきりと伝えた、といわれる」（7月3日付）

ここにおいて、カーター政権と韓国の状況に関して多少の推測を加えてみてもいいのではなかろうか。この年1979年10月26日の夜、朴正煕は、その腹心というべき中央情報部長金載圭《キムジェギュ》の手によって暗殺される。カーターの訪韓後、韓国の反体制運動は全国的に広がっていく。しかし朴正煕の死後、全斗煥《チョンドゥファン》はアメリカ、とくにアメリカ軍の支援の下で最も恐ろしい軍部支配をくり広げる。カーター政権の終わりのときである。

このすべてにおいてカーターはどのような役割をなしたのであろうか。アメリカの軍部、またはそれと行動を共にしたCIAとアメリカの国務省に対して、韓国問題についてカーターはどのような役割を担っていたのであろうか。レーガン政権が登場するまで、アメリカではどの部署がどのような力をもち、どのような歴史の方向に向かって韓国の政治状況に関与したのだろうか。

後ほどできるだけ検討してみたいと思うのだが、朴正煕の死と彼の死後の状況においてアメリカは、決して手をこまねいていたとは思われない。すでに任期末に至ってカーターの対韓政策は無力であったかもしれない。カーターの訪韓においても、朴正煕後に展開されるアメリカの軍部、またはタカ派的政策が徐々に動いていたかもしれない。朴正煕の死と、全斗煥の登場とその過酷な統治、そして彼の没落後に展開された民主主義をめぐる曲がりくねった韓国史を、アメリカの思惑とまったく関係のないものとしてみることは、韓国の現代史に対するあまりにもナイーヴな見方ではなかろうかという思いを消し去ることができない。

カーター訪韓後の韓国の状況について、朝日を通して続けて見ていかねばならない。野党の機関紙『民主前線』は、当局の削除で空白だらけで発行された。それを金泳三党首が、機動隊に包囲されながら2時間も街頭で販売したと報じられた（79年7月14日付）。17日の早朝、前年の6月『世界』に「奴隷手帳」を発表した詩人梁性佑など86人の政治犯が釈放された。カーター訪韓のときの米韓首脳会談では、アメリカ側から330人を超える政治犯のリストが提示されたといわれた（7月17日付）。

金泳三は、国会の代表質問で「朴正熙大統領は政権移譲の準備を始めるべきである」と発言した。緊急措置を4年以上も続けている。すべての良心犯を即時釈放すべきであるともいった（7月24日付）。

こういう報道とともに、朝日はY・H貿易という「かつら製作工場の女子従業員180人余」が、野党新民党本部にこもると、「機動隊が催涙弾を撃ち込みながら乱入」してきたと報道した。一人の女子従業員が自殺の抵抗を試みた。金泳三新民党総裁はじめ党員たちも、女子従業員たちといっしょになって戦った（8月11日付）。そこでこの戦いは、政党と労働者と、それを支援する知識人たちの抵抗へと移っていった（8月12日、15日、18日付）。それを長いこと沈黙していた韓国の新聞も大きく伝えはじめた。

それと歩みを一つにして、韓国記者協会は8月25日、「Y・H貿易事件に関する一部マスコミの偏向報道」が「金聖鎮《キムソンジン》文化広報省の要求」によるものであったと指摘し、その事実を明白にせよと、「公開質問状」を出すようになった。このようなことをキリスト教会以外のところで、たとえば言論界などが問題にしたことは初めてのことだと朝日は報道した（8月26日付）。8月28日には、Y・H「女工員」の金景淑《キムギョンスク》の追悼式が行われたが、金泳三は、このような女子労働者への弾圧は朴正熙政権の「末期的なあがき」であると公然と批判した（8月28日付）。

こうして朴正熙政権は、学生たちと教会、そして野党との対立の様相をますます深めるようになった。慶尚北道の安東のカトリック神父3人が逮捕されると、カトリックの金寿煥枢機卿は、現地で特別祈祷会を催しつぎのように語った。

「権力を握れば真実はいくらでも踏みにじれる、といったことは悲しいことである。国民は絶対に抑えつけられたままではない。抑えつければ抑えつけるほど国民の心は政府から離れ、いつかは政府に対し抵抗する。これは独裁政権が崩壊する根本の理由である」(79年8月29日付)

教会組織がこのように抵抗的姿勢を明白に示すようになったのであった。するとソウル民事裁判所は、「5月30日に行われた新民党の総裁選挙に」不正があったといって、金泳三総裁に対して「職務執行停止の仮処分」を行った(9月8日付)。そこで金泳三は、正式に朴正熙政権打倒を国民に訴え、「軍にも呼びかけ」た(9月10日付)。朝日は、「強力な組織」もなしに、金総裁は「反朴宣言」で「苦難の道」をたどるであろうと書いたが(9月11日付)、このことは軍部による事態への介入を金泳三が訴えたものとして特別な意味をもつものといえるかもしれない。

このような動きを金大中も支持した。これとときを同じくして学生デモも全国的に拡大して、ソウル大のデモ(9月12日付)、高麗大のデモ(9月19日付)などと続いた。金泳三は、9月16日付のニューヨーク・タイムズ紙とのインタビューのなかで、カーター訪韓は失敗だとしながら、「国民から次第に遠ざかる独裁政権を選ぶのか、それとも民主主義を求める大多数の民衆を選ぶのか、米国が明確な決断を下す時がきた」といった。ここで与党からの大きな批判を招くことになるが(9月23日付)、尹潽善は金泳三を支持し、彼が新民党を追放されれば、「金総裁の路線を擁護するため全国民の闘争が展開されよう」と、金大中、咸錫憲と連名した「民主主義と民族統一のための国民連合」名義の声明を発表した(9月29日付)。

こういった混迷のなかで1979年10月4日、金泳三は国会で除名された。議員の3分の1を占めている大統領任命の維新政友会が与党とともに討論、質疑もなしに彼の除名を議決したというのであった。ニューヨーク・タイムズとのインタビューなどを理由としてあげてであった。この日、このような事態に対してアメリカの国務省は「遺憾を表明」した。このことのために5日、アメリカ国務省はグライスティン駐韓大使の召還を発表した。朝日は、「投獄も覚悟のうえ」「〈民主回復〉へ院外闘争」を展開するという金泳三と会い、会見記事を伝えた（10月７日付）。その最初の言葉はつぎのようなものであった。

「野党総裁の院外発言をとらえて、国会から追放するというのは世界でも例が少ないだろう。しかも、討論も抜きで、多数の力に頼って押し切った。現政権の末期的症状を何よりも雄弁に示すものだと思う」

こうして10月17日には、釜山において釜山大、東亜大約３０００人のデモとなった。朝日は、彼らが「市内の中心街をデモ、警察の派出所に投石したり、パトカーに放火するなど、暴動状態になった。その場で学生、市民約２８０人が逮捕され、警官側に約50人、学生、市民側にも多数の負傷者が出たという」と報道した（10月17日夕刊）。そしてその翌日も抵抗運動が続き、18日午前零時、非常戒厳令が釜山地区に布かれることとなった。市民が多くデモに参加し、騒乱状態になった。

こうして釜山における抵抗は、ソウルにも、釜山周辺の馬山、昌原にも広がり、そこに衛戍令そして戒厳令が布かれることになった（10月21、22日付）。こういう動きに対して尹潽善は、「戒厳令撤回せよ」（10月23日付）と叫び、治安本部はデモ関係での連行者は４２００人におよび、３１３人が逮捕されていると発表した（10月24日付）。デモは北上する気配を見せ、10月25日には大邱で衝突が起こった（10月26日付）。

こういう騒乱のなかで10月26日の夜、酒宴の席で朴正煕は中央情報部の金載圭部長によって射殺されるのである。「独裁18年、流血の政変」と、79年10月27日の朝日の夕刊は大々的に報道した。

これから情報は乱れ飛び、朝日も韓国の行方について、「18年の朴体制の後に来るものは民主か専政か。戒厳令下の韓国の沈黙の底に不安と動揺」（79年10月27日の「素粒子」）などと書かざるをえなかった。

朴暗殺の背後でアメリカの工作は働いていたのか。11月22日ごろには、学生たちの民主化要求や記者たちの「言論の自由」の要求が現れはじめたと朝日は報道した（11月23日付）。朴正熙の死後、戒厳令下で民主勢力が朴正熙の残党、または「崔圭夏《チェギュハ》大統領代行体制」、いやそれよりも新たに軍部支配をもくろむ勢力の意図を明白につかむことができたのは、多分11月24日の夕方、朴正熙の死後約1か月足らずで初めて開かれたソウルの反体制派の集会においてではなかっただろうか（11月25日付）。

それは、「統一主体国民会議による暫定大統領選出阻止国民大会」という集会で、ソウルの明洞YMCAの講堂で行われた。これは軍部の朴正熙残党が、崔圭夏前国務総理が大統領代行を務めるそのときの体制を覆し、臨時大統領の座を占めようと表に躍りでるのを誘発した事件であるともいえた。

それは、戒厳令下で軍の一部が政権に対する陰謀を進めながら国民の活動を抑制しているために、結婚式を仮装して集まった1000余名の抵抗勢力の集会であった。ここでは朴正熙政権の残党、たとえば崔圭夏、金鐘泌などの旧勢力は退陣し、国会内の与党民主共和党と大統領任命の国会議員とそれを可能にした有名無実の統一主体国民会議なるものは解体して、新大統領を民主選挙で選出しようと叫んだ。そして街頭に進出しようとした。しかし、この集会は完全に警察機動隊によって暴力的に弾圧されることになってしまった。大会委員長咸錫憲をはじめ、約100人が警察に連行された。このときの声明文の8項目から、ここには2項目だけを引用することにしよう。

「国民的大団結は維新体制の全面的な清算から始めるべきだ。いわゆる統一主体国民会議と維新政友会、独裁の主柱だった民主共和党は自ら解散し、歴史と民衆の審判を待つべきだ。金鍾泌、崔圭夏は維新体制が民族史の発展を妨げた犯罪だったことを認め、維新体制の残りかすとして政界、官界、財界、言論界など社会各層の上層部に残っているあらゆる人物も罪を自白し、謝罪して判決を待つべきだ」

「わが国の民主化に対する外部勢力の介入を一切拒否する。特に維新残党を支持し、維新独裁延長の陰謀を助ける印象を与える言動を、外部勢力は中止すべきだ」（11月25日付）

11月26日の朝日新聞は、この集会は「反体制各派の〝連合戦線〟が完全に形成されたことをはっきり示したもの」であり、「当局に衝撃」を与えたと告げた。それは「維新体制下で受けた投獄、解職、除籍など数々の迫害に対する怨念すら感じさせるほどである」。また、いままでは反体制派がアメリカに対してある程度「親近感」をもっていたが、今度は「名指しこそ避けているが、この〈外勢〉に対して「いっさい拒絶する」といっている。彼らの市街デモのビラには「〈米国は維新残党支援をやめろ〉とはっきり米国を非難する内容のものもあった」と書かれた。

このような朝日の藤高特派員の報道は、正しい指摘であった。朴正煕は除かれたが、この政治的空白のなかで、アメリカとアメリカ軍部の力は大きかった。そして、それが韓国軍部を支援しながら事態の早期収拾を図ろうとしていた。アメリカ側の意図は漸次軍隊内における実力者へと向かったといっていいであろう。それで民主化を目指した事態が反民主化へと早急に流れるのにアメリカは同意してしまった。このためにアメリカは韓国側の批判的な人びとから、ある意味では韓国人全体へと、怨恨をますます大きくしたといっていいであろう。

79年12月6日、崔圭夏は「統一主体国民会議の代議員」２５４９票のうち２４６５票を得て大統領に就任した（12月6日付）。そして12月8日には、流言、示威などにも重刑を課するという緊急措置も4年半ぶりに解除されて、417人もの政治犯が釈放されるといわれた。金大中の軟禁も解除された。早速朝日は、「誘拐事件にけじめを」「訪日の権利を保持」などと語る金大中について大きく報道した。金大中は米大使とも会談し（12月12日付）、日本大使とも12月17日に会談をすることになった（12月13日付）。

しかし、ここに緊急な政治変動がやってくるのである。1979年12月12日の夜、「朴大統領射殺事件の捜査過程で新しい事実が見つかったため」という口実の下に、鄭昇和《チョンスンファ》戒厳司令官（陸軍参謀総長）が全斗煥戒厳司令部捜査本部長によって逮捕された（12月13日、14日付参照）。このときの「軍部で揺れる韓国の政情」という朝日の社説（12月14日付）のつぎの最後の一節は、最も公正な見方であったといえるのではなかろうか。

「米国政府も韓国軍部に対して、民主的政府への前進を妨害しないよう警告した。軍部が政治不介入の方針を曲げたり、表面に出すぎることは、混乱を招くだけであろう。韓国民主化が着実に前進することを願う立場から、われわれは軍部に自重・自制を重ねて要望する」

12月12日、米政府は「鄭昇和戒厳司令官が逮捕された事件」で声明を発表した。「韓国軍部に対して、民主的政府への前進へのいかなる妨害も米韓関係を〈著しく阻害することになろう〉と警告した」というのであった。このことをさして朝日の社説は、「米国政府も韓国軍部に対して民主的政府への前進を妨害しないよう警告した」のであろうといった。

朝日は12月14日の新聞で、「〈鄭逮捕〉は粛軍クーデター」「退役拒否され決起」などのタイトルで次のように伝えた。

「12日夜から13日未明にかけて、韓国の首都ソウルで起こった一連の事件は、韓国軍部内部の主導権争いによる〈粛軍クーデター〉だった。13日早朝、すでに〈クーデター派〉の陸軍保安司令部とソウル郊外に本拠を持つ陸軍第9師団の部隊が、先に逮捕された鄭昇和前戒厳司令官支持の首都警備指令部兵力の制圧に、ほぼ無血状態で成功したようだ」

陸軍第9師団は盧泰愚《ノテウ》が率いる部隊であった。同日の新聞は、「危機感深める米」などと「軍部独走に強い不快感」を示しているアメリカ政府のことも伝えた。その翌日、グライスティンアメリカ大使は、「全斗煥陸軍保安司令官を含む数人の軍首脳と接触した」。アメリカ側は「今度の事態について、米韓連合司令部に無断で兵力を投入した点などについて、深い憂慮を持っているといわれ、一連の韓国軍部との接触の中で、韓国軍部に対し今後の慎重な行動を強く要請したものとみられる」と朝日の報道は伝えた。その翌日、12月16日も朝日は、「鄭昇和前戒厳司令官（陸軍参謀総長）の逮捕の際、韓国陸軍第9歩兵師団の一個大隊が米側に無断でソウル市内に移動していた」ことに対して「在韓米軍首脳の怒りを買っているという」と報道した。

朴正煕を殺害した「金載圭前中央情報部らに対する軍事裁判」は、12月18日の「第9回公判で」結審になり、7人に死刑を求刑することになった（12月19日付）。この法廷で金載圭は、釜山、馬山での騒乱事態がいかに衝撃的であったかを述べて、「私にだけ極刑、部下は寛大に」と訴えたが無駄であった。

朴正煕の死はどのようにして起こったか。「義挙か凶行か」（12月23日付）。全斗煥は、金載圭の朴正煕暗殺を裁いて権力を握る。その過程にアメリカと駐韓アメリカ軍はどのように関係したのか。アメリカは全斗煥少将の退役を求めているともいわれた（12月24日付）。このようなアメリカに向かって全斗煥は、どのように対応をしたのか。崔圭夏は、1979年12月21日に大統領に就任してから、アメリカと韓国の軍部のあいだでどのように振る舞ったのか。彼はなぜ光州事件が起こる直前外遊中であったのか。光州事件はどのようにして起こり、全斗煥一派はそれにどのように対処しようとしたのか。その頃になると、なぜアメリカは全的に全一派を支援しているように見えたのか。

この一連のなぞを韓国の現代史に関連する多くの者が、4半世紀以上の長いあいだ隠蔽してきた。何よりも民主化勢力が執権してからも、それをほとんど解明することができなかった。反動勢力の残党がそれを隠蔽し続けようとしている力に、抗しきれなかったといわれるかもしれない。それ以上に、いわゆる民主化勢力が執権してからも、それを国民の同意の下に追及すべき意志も力もなかったといえるかもしれない。何よりもそれだけの倫理的意志を示しえなかったといえるであろう。

鄭昇和などは「内乱幇助《ほうじょ》」と発表され、「金載圭に同調」したといわれた（79年12月24日付）。年があけて1980年になると、金泳三、金大中に加えて旧勢力の金鐘泌までが、「韓国大統領選へ早くも始動」と朝日も報道したほどであった（80年2月19日付）。金大中は2月29日、内閣閣議で「7年余ぶり」に公民権の回復がなされた。それで可能になった80年3月1日の記者会見は、民主化の春を思わせるようなものであった。彼は「政局の混乱を避けるため、崔圭夏大統領に会う用意がある。ら致事件に関して、私としては本日以降この事件に関連したすべての者を許し、この問題を再び取り上げない」などといいながら、「崔大統領と会談」に意欲を示したのであった（3月1日付）。こうして過去の政治にかんしては、ようやくつぎのようにのべただけであった。

「維新体制に加わった者たちは国民と歴史の前に反省し、自粛する態度を示すべきである。それなのに、過去を合理化し、自分らの既得権維持に懸命であるが、これは歴史の教訓をいまだに悟ってないからである」

アメリカの国務省も、金大中をはじめ６８７人が「政治活動を回復する」ことを「歓迎」した。朝日が金大中の復権のことを大きく報道し、その翌日3月2日、韓国の諸新聞が金大中のことを大々的に報道していると伝えながらのべたつぎのような言葉は注目に値するであろう。

「どちらが候補に選ばれたとしても（金泳三とのあいだで）、政権獲得のチャンスは十分あるのだが、候補者指名競争が激化すると、党内にしこりが残る恐れもある。なによりも、国民にそっぽを向かれる可能性さえある」

「韓国で強い影響力を持つ軍部や財界の一部には、まだ金大中氏に対する強いアレルギーが残っているのは事実だ。こういった不信感を現実政治家として出発した金大中氏が、どのように解消していくかが今後の問題である」

金泳三と金大中の対立、それによる国民統合の失敗とそれに対する国民の批判。そうなると2人は、国民に対してくり返してきた約束を裏切ることになる。そのために民主革命は失敗した革命となり、2人は長い苦難によってかちえたカリスマを失うようになる。金大中は、軍部と財界の一部がもっている彼に対するアレルギーのために政治的にかなり幅を狭く仕切られていた。それに対して彼は神経過敏であったといわねばなるまい。

しかしいずれにせよ、80年に両金氏が自由選挙を通して夢見たことはあまりにも時期尚早であったといわれるかもしれない。朴正煕が18年間の執権のあいだに築きあげた反動の力は巨大なものであったといわねばなるまい。朝日が伝えた、金載圭の遺書ともいえる80年1月28日付の控訴理由補充書の一節を引用することにしよう（3月5日付）。

「朴大統領の犠牲抜きで維新体制を撤廃し、自由民主主義を回復できる方法がたった一つでもあったなら、朴大統領の犠牲はなかっただろう。だが、他の方法は全くなかった。

朴大統領を射殺すること自体がまさに革命だった。朴大統領は自由民主主義を抹殺し、維新体制を出帆させ、これを維持してきた張本人だ。朴大統領がまさに維新体制と見てよい。従って維新体制を破壊するためには、その心臓を射留めねばならず、またそれで十分だった」

歴史に対するこのような解釈は正しかったというべきであろう。彼を殺害し、光州事件の惨劇を引きおこして政権を握る全斗煥と盧泰愚を中心にした勢力は、その点で彼と歴史に対する解釈を異にしていた。そういうのを口実にしてもう一つのクーデターを起こすのであった。それが可能であったのは、社会的に朴正熙統治18年間のあいだ、それに寄生してきた勢力があまりにも大きくなっていたせいといえるかもしれない。何よりもその体制によって張り巡らされたとばりがあまりにも厚かった。全斗煥によるもう一つのクーデターの日は2か月先に迫っていた。このような不幸を前にしたとき、1980年3月13日、朝日に掲載された「民主主義の強化を急げ」というアメリカのクリスチャン・サイエンス・モニター紙の社説（3月3日付）は、美しく思いだされるべきものであったといえよう（3月13日付）。

「象徴的意味は、はっきりしている。しかし、実体も伴うのだろうか――金大中氏の復権は、こんな期待と不安の入り混じった中で迎えられた。金氏は、抑圧に対する不滅の抵抗を代表する人物だ。同氏は、朴正熙体制下で失われた民主的発展を回復するには、まだまだ遠いことをよく知っている」

金大中は「民主主義の強化を何より優先させなければならないという」「韓国はいまや、共産主義政権の抑圧に対比して示せる新しいものを手にした」。こうしてこの社説は、「もし再び自由な政治参加が妨害されるようなことがなければ、崔大統領の声価はますます高まるだろう」といった。しかし崔圭夏は、危機に直面してそのように自身の「声価」を高められるような人物ではなかった。彼は朴正熙政権の無気力な官僚の一人に過ぎなかった。危険を冒す勇気はなく、周囲を見廻してつねに力あるものにつくのであった。

そこで彼は、全斗煥などのクーデター勢力によって人為的につくられた危機のなかで彼らに屈服してしまうのである。3月17日、金大中は共同通信記者とのインタビューのなかで、はっきりとそれに対して批判的な姿勢を示した（3月18日付）。

「崔政権は当初から反動的な性格を持っていた。維新残存勢力は既得権維持のため、憲法を政権長期化に適したものにする意図を最近露骨に見せ始めた」

朝日は、藤高明の「特派員報告」「学園にめぐり来る春――韓国」（4月3日付）を掲載した。

「1回だけと言っては、もう1回。『偉大な領導者』に浮かれたあの時、あの人。『さよなら』の一言、別れも告げず、今は銅雀洞（国立墓地）で幸せだろうか。一度ぐらいは考え直せばよかったのに。歯ぎしりしたあの時、あの人」

このような「替え歌」をいくつか引用しては、「しんらつな風刺を加える技術にかけては、韓国の学生たちもなかなかの腕の持ち主だ」と特派員は書いた。そして復帰した教授たちの初講義のもようを伝えた。300～400人も解任されていたという。彼らが今帰って「情熱こめ〈自由〉説く」というのであった。政治の分野では、何度も反体制側の統一のために協力すると公言してきた金大中と金泳三が決別することになった。民主化勢力の分裂である。民主革命が色あせていく一歩を踏みだしたのであった（4月8日付）。

一方、国軍保安司令官全斗煥は、韓国中央情報部長代理となり、「新軍部が完全に軍部内の実権を握ったこと」を示すようになった。彼は1980年3月1日付で、「同期のトップを切って中将に就任」したばかりであった（80年4月15日付）。学生デモは全国的に再燃しようとしていた。「戒厳令解除を要求」しながら全斗煥将軍の退陣も叫ぶようになった（5月3日、4日付）。こういうなかで朝日は、アメリカのカーター大統領が「1人の人間が軍・情報・保安各部門を一手に握っているのは『行き過ぎである』」と不快感を表明したと伝えた（5月5日付）。

学生デモはソウル大、高麗大（5月4日付）から延世大・梨花女子大（7日）へと広がる一方であった。そこで金大中、尹潽善、咸錫憲の「民主主義と民族統一のための国民連合」は、5月7日の朝「民主化促進のための国民宣言」を発表して「民主主義のための全国民的な闘争」を呼びかけ、全斗煥を名指しで即刻退陣せよと要求した。「韓国全土で7日も約1万5000人の学生」が戒厳令布告を無視して、その撤廃を叫びながらデモをくり広げ、新聞も戒厳当局が記事を削除すればそのまま白紙で出すという抵抗を示した（5月8日付）。金泳三新民党総裁も戒厳令の解除を要求した（5月9日付）。

全国で30を超える大学にデモが広がり、マスコミにおける「言論の自由要求運動」も拡大一路であった。こうしたなかで、多分軍部の策略の一つであったであろう、崔大統領は「サウジアラビアとクウェート訪問のためといってソウル金浦空港を出発した」（5月10日付）。学生たちは休校令に反発しながら申鉉碻《シンヒョンナク》首相や全斗煥中央情報部長代理らの退陣を名指しで要求した（5月11日付）。

いま、40年近く前のこの時代を追想して思うことは、社会的混乱のなかでは善良な、または良心的な勢力は沈黙してしまいがちである。そのなかで力をうるのは悪しき冒険主義者である。そのような勢力は、社会的混乱があればあるほど有利であると思い、それを助長するために行動するということである。

80年5月5日、〈反政府〉学生の動きがあればあるほど、軍を握った全斗煥一派は自分らにとって有利な事態がくり広げられていると考えた。何よりもそれを口実に、「戒厳軍、公共機関に配置」ということが可能になると思うからであった。それで若い人たちは、「学生たちの行動を、社会的混乱として扱う当局の態度を否定する。われわれは正常な授業を受けながら非暴力的、平和的に行動する」といったのだが、戒厳軍はその占領した高地から撤退しようとはしなかった（5月13日付）。このような意味において、この事態に対する朝日の解説は優れたものであった。

朝日は、このような事態に対してまず、「民主化足踏みに疑念」と書いた。民主化が足踏みしていると見ると、学生たちのデモは再燃する。そうすると国民は社会的混乱を恐れる。そうなると戒厳軍は容易に学生の弾圧に乗りだし、荒療治をはじめることができる。これは戒厳軍の大衆操作の道のりであり、全斗煥などの計略である。そのように計画した道を行きながら、国家を累卵の危機から救いだしたという。そしてその後は恐ろしい国民弾圧とあくことなき暴力と腐敗である。このような過程を朝日は、5月13日の「再燃した韓国学生デモ」において正確に描きだしたといえた。

前年12月、全斗煥国軍保安司令官は、鄭昇和戒厳司令官を逮捕し、4月14日には自ら中央情報部長を兼任し、軍部勢力による新党結成の噂が流れた。そのために、軍の彼らが「自分らに都合のよい憲法を作ろうとしているのではないか」といわれた。この疑惑とともに、「〈御用教授〉批判など、学園問題が中心だった学生運動が、5月に入ってから一足飛びに反政府運動に変質した」。そして全斗煥と首相を「維新残党」と名指しで批判した。そこで国民は不安になった。反動的なファシズム勢力、全斗煥が登場して光州事態が起こる、あるいはそれを引き起こした前夜の状況について、朝日は次のように締めくくった。

「学生デモが引き金になって、大きな混乱を呼ぶ可能性は十分あるのである。混乱を恐れる韓国民は、いま学生の動きと、それに対抗する政府の動きを息をひそめて見守っているのである」

このような状況を積極的に解決しうるような現実的な力をもっている良心的な勢力は存在しない。まったく空白の状況である。力をもっている唯一の勢力である軍は、政治的支配をもくろむ悪しき集団によって代表されていた。それに対して不信をいだく学生勢力は、街頭に出てそれと戦おうとする。このときの状況について朝日新聞（80年5月15日付）から一節だけを引用することにしよう。

「学生たちはハンカチで顔を覆いながら投石を続ける。女子学生が石やビンを集め、男子学生に運ぶ。火炎ビンも投げられた。ジープのすぐそばでパッと燃えあがった。機動隊員がジープの中から転がり出た。群衆から、まばらではあるが拍手が聞こえた」

このような事態について日本の外務省が「動向を注意深く見守る必要がある」といいながら、戒厳令について「解除されなければ学生が騒ぐ。学生が騒げば軍が治安出動するという悪循環に陥る恐れがある」とコメントしたのは正しかった（5月15日付）。

この事態に全斗煥一派の軍はどのように対処しようとしたのであろうか。このような事態を彼らはどのように利用しようとしたのであろうか。アメリカはすでに韓国の軍部に事態を収拾させる方向に傾いたのであろう。全斗煥一派は、野党の金大中、金泳三と事態を平和的に収拾しようとはしなかった。ソウルへ進駐した戒厳軍は、１９６０年４・19においては中立を守って民主化勢力の勝利をもたらした。韓国の西南、光州のデモにはまだそのような夢があったのかもしれない。しかし今度は、一地方に起こった事態を孤立化させて、軍部の支配、全斗煥一派の支配というクーデター計画を遂行したのであった。

５月15日のソウルにおける学生デモは10万人にふくれ上がったといわれた（５月16日付）。これでは１９６０年の４月革命の反復となるかもしれない。金大中、金泳三両人が、「15日深夜から16日朝にかけ」「ソウル市内の各大学の学生代表ら」と「徹夜の会議を開き、16日から正常授業に戻ることを決定した」。そして両人は、共同声明で「戒厳令の解除、申鉉碻首相の辞任、全斗煥国軍保安司令官の中央情報部（ＫＣＩＡ）部長代理兼務解除などを要求した」。これは学生たちの要求をほぼ全面的にとりいれたことであった（５月16日付）。

そこで、崔圭夏が16日の夜、海外から帰国すると、19日にも「憲法改正など政治日程の短縮、戒厳令解除時期の明示――などについて重大方針を発表」するはずだと報道された（５月17日付）。ここで全斗煥は、自分の死活をかけた決断をするようになった。朝日は、「韓国の政府は、〈民主化〉をめぐって高まった政情不安に対処するため、17日夜臨時閣議を開き、現在出されている非常戒厳令を18日午前零時を期して全土に拡大するとともに、金大中・元新民党大統領候補ら反体制派の中心人物や学生を戒厳布告令違反の疑いで大量連行し始めた」と報道した。全斗煥が先頭に立った「事実上の軍政移行」であった。20日に国会が開かれると、戒厳令解除決議案が通過することに恐れをなして、全一派が先手を打ったのであった（５月18日付）。朝日が「どこへいく戒厳韓国」という記者座談会のなかで次のようにいっているのは、状況に対する適切なコメントであるといえた。

「全にしてみると、いいタイミングだった。米国はイラン、アフガニスタンに目が向いているし、カーター大統領は大統領選でてんやわんやだ。日本も思わざる政変である」（５月19日付）

アメリカは、事態がこのように進んでいくことに深く憂慮したと見なければなるまい。朝日は５月

18日のアメリカ国務省の「深い憂慮」をこめた声明を19日、つぎのように伝えたのであった。

「大学の閉鎖及び政治家、学生の逮捕を伴った戒厳令の韓国全土拡大に、われわれは憂慮を深めている。

政治の自由化への前進は法の尊重を伴わねばならない。しかし今回の（韓国）政府の措置が韓国内の問題を悪化させることを懸念する。

われわれは憂慮の深刻さを韓国指導者に明らかにし、崔大統領が以前、表明した憲法上の改革と広範な基盤の上に立つ文民政府樹立のための選挙に向かって直ちに前進を始めるべきだとの確信を強調してきた……」

朝日は、同日の社説「〈軍政〉と韓国民主化の危機」で、韓国の事態に対してつぎのように論評した。

「こうして政府と軍部は、国民の不満を吸収する方向での局面打開策をとらず、最悪の強権発動によって政党活動や民主化要求を封殺する道を選んだ。〈学生革命〉による李承晩政権の崩壊直後、軍が前面に出てきて朴時代の幕開けとなった１９６１年５月16日の〈軍事革命〉が再来したのか、と心配させる事態である」

反動的なゆれ戻しが起こったのであった。「韓国南部の都市光州で19日午後、学生の街頭デモに市民ら多数が加わり、一時、暴動状態になった」。これが朝日の80年５月20日の報道であった。１５０余人の戒厳軍の包囲を縫ってわずか数人のみが入れた記者会見で、金泳三はつぎのように語った。

「政治活動を禁止し、大学を閉鎖し言論を沈黙させ、自由討論を封じ込んだ５・17暴挙は、ついに光州で流血事態を引き起こした。この惨たんたる現実のなかで、民主憲法を制定し、民主政府を立てることが果たして可能だろうか。こうした事態の中で民主化を進めるといった過渡政府の約束をだれが信じるだろうか。しかし、われわれはざせつしたままではいられない。立ち上がって、民主政府を立てねばならない。だれもこの歴史的な課題に挑戦できるものはいない」

こうして金泳三は、これから「国民的抗争」が起こるであろうと予告し、軍は「本来の任務」に戻るべきであり、金大中など「民主主義人士」たちを釈放すべきであると語った。

朝日は、「韓国申内閣が総辞職」「光州の騒動激化、放送局炎上」「四日連続市マヒ状態、軍も6人死亡認める」「韓国情勢を深く憂慮、米国務長官厳しい対応考慮か」（5月21日付）などと伝えた。その翌日には、「光州、市街戦の様相、銃器奪い軍と応酬、デモ隊20万、死傷多数」「応援の学生も集結、全公共機関を手中に、デモ隊」などと伝えた。戒厳令下のこのような状況に対して「ソウルの記者ら」は、「軍の検閲に抗議、執筆拒否の闘争」といって、朝日はつぎのような記事を伝えた。その全文を引用することにしたい。

「韓国の有力夕刊紙東亜日報は21日、戒厳司令部が発表した、光州のデモで死者6人が出たというニュースの報道を拒否することを決めた。代わりに〈光州、事態収拾されず〉というわずか6行の記事を1面4段で掲載するという。

また、ソウルの朝鮮日報とソウル新聞を除くすべての通信、新聞、放送の記者たちは、軍の検閲などに抵抗して同日から執筆拒否闘争に入った。取材はするが記事を書かない戦術で、各社とも編集幹部が執筆している」

こうして5月22日の朝日の夕刊は、「韓国　いまや内乱状態」「市民が光州制圧説、戒厳当局総攻撃を準備か」と掲げ、藤高特派員は、「緊急レポート　韓国危機（上）」に、「〈とうとう血が流れた〉刻々深まる憎悪と分裂」という記事を、つぎのように書きはじめた。

「21日未明、デモ隊に占拠された光州とソウルを結ぶ警察電話がとぎれた。一般電話が切れた21日早朝以降、光州と外部とをかろうじて結びつけていた最後の糸が切れたのである」

そして最後を次のように結んだのであった。

「いくら人数が多くても、デモ隊は軍の相手ではない。軍が実力行使のハラを決めれば、短時日の間に鎮圧は可能だろう。

しかし、流血は憎悪を生み、憎悪が国論の分裂を生み、今後の韓国社会に大きな傷を残すことを、韓国の人たちは十二分に知っている。刻々と近づくこの危機を、彼らがどのように回避していくかに注目しよう」

ソウルでは、戒厳司令部が金大中についての中間発表といって、「同氏が学生たちを背後で操作し、学生たちに反政府デモを行わせるなど扇動を行った、と断定している」と朝日は伝えた（80年5月22日付）。

朝日は5月23日にも、「騒乱光州緊張続く　軍、市周辺を完全包囲」と見出しを抜き、山を越えて脱出して日本に帰ってきた妹の結婚式に参席した、在日韓国人Aさん夫妻の目撃談を伝えた。それは光州に投入された空挺隊が、いかにしてこの事態を引き起こしたかを生々しく伝えたものであったといえよう。18日にデモがあったが、市民が傍観しただけで平穏であった。その夜軍隊が入ってきた。そして翌日、小さなデモがあったが、入ってきた兵士が急に強硬になってカービン銃の銃剣で学生たちをこづいて血を流させるかと思うと、ついに殺人までにおよんだ。「武器を持たない学生を殺した」と市民は興奮して、政府系の放送局に火をつけるほどになった。

「光州に派遣されていたのは特別に訓練された軍隊らしく、非常に手荒だった、との評判だった。

軍隊にたてついたデモ指導の女子高校生が乳房を切り落とされたとか、生徒を殺された校長が〈お前らそれでも人間か〉と抗議したらその場で殺された。子ども2人が軍隊に殺された母親が後を追い自殺した、という話を聞いた」

こうして「金大中を釈放せよ」「全斗煥を殺せ」と学生と市民が口々に叫ぶようになる。最後に、Aさんの妻の嘆きを朝日はつぎのように伝えた。

「高校生になる私の弟も親の説得を振り切って群衆に参加してしまう。ふだんはおとなしい子なのに。山越えで光州を脱出する時、母は〈韓国内ではだれとも話をしてはいけない。一言もしゃべらず帰りなさい〉と言い残しました。家族が心配です」

5月22日に発表された「金大中氏に関する〈中間捜査結果〉」は、海外で金大中が「北朝鮮に同調するような、反韓国的行動をとった」と決めつけたものであった。「懸念深まる金大中氏」という記事には、「金大中は麻薬をうって大統領選挙と国会議員選挙の強行日程をこなした。彼は麻薬中毒になっている」という「情報機関からとみられる」デマまで流れたことが記されている。その一方で、「徹底抗戦」を呼びかける光州の「民主守護総決起文」（5月21日）では、つぎのように訴えていると報道された。

「400万全羅道民、総決起せよ。3000万民主市民総決起せよ。最後の一人、最後の一刻まであの恨みの多い全斗煥と戦おう。国民の背信者、維新残党らによって血を吐いて死んでいったわが息子、娘らの恨みをはらそう」（5月23日付）。このような状況に対して朝日は、意味深い社説「韓国の騒乱を憂慮する」を掲げてつぎのようにのべた。

「政府や軍部が、軍隊を本格的に投入して強硬策でのぞめば、あるいは一時的な鎮圧は可能だろう。

だが、それには計り知れない犠牲、取り返しのつかぬ代価を覚悟しなければなるまい……（中略）しかし、一方的な力による強圧策は、流血の事態ばかりでなく、あとあとに国論分断の悲劇的な傷跡を長く残す。朴大統領死去を境に〈民主韓国〉をつくる、という事業もざ折するだろう。最悪事態を避けることが、結局は国家をより強固にするのではなかろうか……（中略）

昨年10月の朴大統領銃撃事件に際し、われわれは危機に直面したときこそ、その民族の英知と資質が問われる、と訴えた。韓国のその後の情勢は、しばらくの間、われわれの予想を超えるほど落ち着いた展開を見せた。そこに隣国の人たちの成熟を改めて知った思いがした。

残念ながら、それがぐらついてきたように見える。危機というなら、まさにいまがその時であろう。民族の英知を発揮できるかどうか、いま試されている」

このような社説に、そのときの韓国内の人びとはまったく触れることもできなかったし、何よりも全斗煥の私兵化したような軍部に抵抗することなど思いもよらなかった。あのような軍、あの巨大な数と力、そして非民主的な思想と生活をもっている軍をせおって、韓国は民主化の道を歩んで行けるだろうかと大きな疑念をもたざるをえなかった時代であった。「〈民主韓国〉をつくる、という事業」は挫折した。それで「結局は国家をより強固にする」ことも失敗した。このような社説を書きうる状況、そういうことを考えることのできる状況は、韓国にはそのとき、まったく存在していなかった。

1980年5月23日の朝日の夕刊は、「強硬派が再武装開始　交渉妥協　強く反対　デモ隊側死者130人を超す」と報道した。そして金泳三の勇気ある「糾弾の声明」といえる、「政府は責任とれ」も報道した。これは「政府は国民の前に謝罪し、責任をとれ」という声明で、「各報道機関に配られた」といわれるが、もちろん戒厳令下にある韓国新聞がこれに言及することは許されなかった。その声明から一節だけをここに引用することにしたい。

「わが国民は維新体制の延長は絶対許さないだろうし、軍事独裁の試みは国民の抵抗にあうだろう。（私は）野党党首として、新民党員、国民とともに、国民の先頭に立ち、ざ折せず戦っていく」

朝日は５月24日の新聞で、かっての韓国特派員などの座談会「どう動く韓国情勢」を掲載したが、もしも民主的な選挙によって金大中または金泳三が当選していたら、全斗煥などは必ずクーデターを起こしたにちがいないといって、つぎのようにつけ加えたことは、とても印象的であったといわねばなるまい。

「それほどに、いま実権を手にしている軍幹部らは〈民主化〉をとなえる人々を敵視していた。全斗煥らは米国で軍人教育を受けたのだが、国際感覚に欠けている」

こうして５月24日の夕刊には「戒厳軍が光州市内進入」が報道され、それとともにその日の午前早く「金載圭ＫＣＩＡ前部長を処刑」したことも報道された。そして、尹潽善元大統領らの「民主主義と民族統一のための国民連合」が26日午前、光州事件について声明を発表して「〈この事態は全斗煥中央情報部部長代理の政権欲と維新残党が引き起こした国難である〉と激しく政府」を攻撃し、金大中らの釈放を求めたということも報道された。

しかし、まだ光州市内では「銃撃戦」が行われているというのであった。「戒厳軍はいったん光州市内に進入したあと撤退したが、包囲網を市中心部から２キロ足らずの地点にまで縮めた」と朝日は報道しながら、「光州なお投降待ち　死者最悪の２６４人？　現地情勢」と見出しをつけた。この「情報が正しければ、李承晩政権を倒した20年前の〈韓国学生革命〉のときの死者１８０余人を大きく上回る、韓国デモ史上最大の惨事になる」というのであった。そしてこの５月27日の報道は、木浦も「交通とまり警官雲隠れ」の状態で、「軍隊到着、不気味な静寂」のみが流れているというのであった。木浦から逃れ出た日本人のことばとしてそのように伝えられた。

しかしその日の夕方には、実は5月27日の「未明、戒厳軍が突入　銃撃戦のすえ、市内全域を制圧した」と光州の状況について報道された。「学生ら死傷多数　空陸両面作戦で突入　逮捕、２００人超す」というのであった。朝日は「民主化さらに後退　軍政に今後も〝挑戦〟必至」というタイトルの記事をつぎのように結んだ。

「しかし、新政権の支持基盤は今のところ軍部だけといえ、極めて狭い。これに加えて、〈軍部独裁化〉への米国の反発の強まり、インフレの高進を中心とする経済危機の高まりなど、難しい問題の処理を早急に迫られている。とくに、経済問題の解決に失敗すれば再び、国民の不満が爆発する事態も予想され、全斗煥新体制は、今後も多くの〝挑戦〟を受けよう」

光州事態に対してアメリカは諒承しており、全斗煥一派の行動に対してアメリカは支持していたというのが、その当時の韓国人の一般的な認識であったといえよう。それには戒厳令下にあった韓国の新聞が、たとえアメリカ側が全斗煥一派の台頭について不快感を表明したとしても、それをまったく伝えることができなかったことも影響していた。そのために在韓米大使館バンス報道官は、新聞各社をたずねて抗議もしたという（80年5月31日付）。しかし、光州事態への韓国軍の動員を米軍司令官が許可した事実は消すことのできないことであった。光州事態によって韓国の若い人たちのあいだにおける反米的感情は決定的になったといえた。

6月2日、5月30日にソウル市鐘路区のキリスト教会館屋上から飛び降り自殺した、西江大学商経学部4年生金宜基《キムウィギ》の葬儀がソウル大付属病院の霊安室で行われた。彼は光州事件の後、「同胞に送る」という遺書を残して死についたのであった。朝日は、「同胞よ自由へ身命かけよ」「宗教者２００人学生の遺書朗読」と書いて、その遺書の一節をつぎのように伝えた。

「維新政権の首傀は倒れたが、その残党らによって過酷な抑圧が繰り広げられ、最後のあがきを演じている。われわれは奴隷として生きるか自由市民として生きるかの岐路に立っている。同胞よ、最後の一人までこの聖戦に身命をささげよう。われわれは必ず勝つ」（6月3日付）

6月13日にはカーター政権が、「韓国の現在の政治情勢に対する不快感の表れとして、民間トップレベルの経済使節団のソウル派遣を無期限に延期するとともに、基本的な安全保障を除く対韓関係を全面的に洗い直し、韓国との接触は米政府内の審査グループの許可を必要とすることを決定した」と報道された。また、「民主化公約、実行せよ」と「マスキー米国務長官は13日の記者会見で、韓国の崔圭夏政権と全斗煥国軍保安司令官ら軍首脳に対し、民政復帰、民主化の促進という公約の実現に向けて「〈確固としたわかりやすい行動〉をとるよう強く呼びかけた」というのであった（6月14日付）。

朝日は7月4日の記事で、金大中の生命がまた危機に瀕していることを憂えた。「同氏の政治生命だけでなく、身体的生命さえも奪われる恐れの強い重大局面になった」。それはその日に韓国戒厳令司令部が、「かつて共産主義者だった金大中とその支持者は全国規模の学生デモと光州暴動を組織し、その資金提供者となった。また国外でもこれまで2つの反政府組織も指導した」といって、事細かに「民衆暴動扇動による政府転覆計画容疑」なるものを発表したからであった。それで日本国内では、「第2の金大中氏暗殺事件だ」という声が大きくあがった。そして7月3日付で韓国政府は、朝日の支局閉鎖を命じた（7月5日付）。7月6日の朝日新聞には、つぎのような韓国当局のことばが記されている。

「韓国政府当局のスポークスマンは5日、拘束中の韓国の反体制指導者金大中氏が治安当局による拷問で重傷を負い、精神的に錯乱状態になっている、との日本の新聞報道を根拠がないと否定した。政府スポークスマンはAFP記者に、金氏の健康状態は〈極めて正常〉であると述べ、新聞報道を〈悪意のあるうわさ〉と非難した」

この朝日新聞のソウル支局の閉鎖については私が深くかかわっている。そのことについてはすでに私の自伝『境界線を越える旅』（2005年、岩波書店、176～177頁参照）において触れているので、ここにはそれをそのまま引用することを許していただきたい。

このように金大中を中心に光州事件をデッチ上げようとする全斗煥一派の計略と戦うために私は韓国内に流布しているいわゆる〈流言蜚語〉を交えて盛んに書いて世界に知らせねばならなかった。80年8月号の『世界』には〈暗闇の記録〉という題で、9月号には〈沈黙の都市の中で〉などと書き続けた。長くなるのでその詳細をここにくり返すことはできないが、一つの心残りがあるのでここに書き記して、この機会にお詫びを申し上げたい。8月号の〈暗闇の記録〉の最後の一節に書かれている投獄中の金大中に関することばである。

「彼は軍の牢獄内の病院に移されたが、腹部に大きな負傷をし、精神的には錯乱状態にあるという。それで時に、発作的に『私は共産主義者であります』『私は共産主義者であります』と叫ぶそうである。拷問による錯乱であろう。夫人李姫鎬《イヒホ》氏はもちろん、軍人に包囲されたままの生活である。金大中氏を彼らははたしてどれほど生かしておこうとするのであろうか。この絶望的状況を救う道がいったいあるのだろうか」

これを心苦しく思いながら私はそれから25年後、自伝につぎのように書いたのであった。

金大中を救い出すためには『通信』は烈しい言葉を選ばねばならなかった。しかしそれだけではなかった。実は投獄者の家族のあいだで流布している〈流言蜚語〉を韓国に送られた私たちのアメリカ人の友人がこのように伝えてきたのであった。それが〈通信〉に入っているが、確かこれが『世界』の安江良介編集長にも伝わっていた。それを朝日新聞の記者に話したのが記事になった。そのために朝日新聞のソウル支局は韓国から追放された。これは投獄者家族のあいだに流布していた流言蜚語であった。安江良介はそのことについて一言も触れず、〈通信〉も私の原稿のままにした。この点に関して今は亡き安江と朝日新聞に心からお詫びを申し上げたい。

金大中の生命が危機に陥ったことで、日本では大々的な金大中救援運動が展開された。

１９８０年7月10日の夜に開かれた、大江健三郎氏の講演をまじえた「光州の死者たち・金大中氏とわれわれ」という日韓連帯委員会と韓国キリスト者緊急会議共催の集会には、１２００余人がつめかけて強い連帯のきずなをつくった。そして11日の午前には、各界の代表が集まって「金大中氏救出日本連絡会議」を結成した。「元自民党代議士の宇都宮徳馬参院議員から社会党、共産党まで含む最近の大衆運動には例のない広範な顔ぶれになった」といわれた（7月11日付）。そして「金大中氏を殺すな」という街頭署名運動がはじまった（7月13日付）。

朝日には「韓国、金融界にも〈粛清〉旋風、幹部ら431人罷免」（80年7月20日付）、「国営企業の387人処分」（7月22日付）、「韓国、粛清、言論界へ波及」「約100人、史上最大規模か」（7月31日付）、「172誌を発禁処分、韓国」（7月31日夕刊）、「韓国、パージ8000人超す」（8月1日付）などと報道された。一方、アメリカ政府はこのような状況に対して「憂慮」を深め、「金大中氏の容疑に対しては〈こじつけ〉（国務省スポークスマン）という異例の強い表現で非難し、金氏らに弁護士や家族との接触を認め、国際基準に照らして公正で開かれた裁判を行うよう」呼びかけているといわれた。マスキー国務長官は、「国内安定をめざしてやっているとすれば、現在の道筋ではその逆の情勢を生み出しても当然と思える」と、下院外交委員会で証言したと報道された（8月1日付）。

朝日は、「民主主義と民族統一のための国民連合」に照準を合わせて「反体制運動に壊滅的な打撃」を与えていると報道した。教員、教育委員計611人をまた粛正するというので、7月の粛正で処分された公務員は8634人に達したというのであった（8月2日付）。そして、家庭教師を禁止して、違反すれば処罰するという（8月3日付）。このような報道のなかで朝日は8月6日、中将になって4か月の全斗煥が、今度は大将に昇進して大統領を目ざすようだと報道した。

8月8日、金大中拉致満7周年の日には、1万5000人もの人びとが日比谷公園野外音楽堂に集まった。「金大中氏を救え」というこの集会のことが報道される一方、ソウルではウィッカム在韓米軍司令官が、全斗煥の大統領就任を支持していると報道された（8月9日付）。これに対して、「これは米政府の見解ではない」とアメリカの国務省は否定したといわれたが（8月11日付）、カーター政権の終わりに近づいて、アメリカの対韓国政策に乱れが出てきたのであろう。朝日は、カーター政権は「金大中氏に処刑なら、正常な関係困難」また「民主化せねば全氏不支持」と「韓国の軍事指導者」

に「強硬通告」をしていると報道した（8月13日付）。金大中裁判がはじまると、カーター政権は「金大中氏が死刑判決を受けることになれば、韓国との正常な関係は不可能になる」と警告し、それを韓国に伝えていた（8月15日付）。

こういう状況のなかで、全斗煥は既成事実を積みあげていった。8月16日には崔圭夏を大統領から辞任させた。8月末に統一主体国民会議で新大統領を選ぶというのである。アメリカも「新体制に強く反対せぬ」という立場であると報道された（8月17日付）。こうして全斗煥は8月27日、2500余人による間接選挙で大統領となった。ここでは全斗煥のこのような動きに対してカーター政権がどのように思っていたかについて、ホルブルック米国務次官補が下院の小委員会で示した姿勢について引用しておくことにしよう。

「……公聴会に出席し、全斗煥新大統領の率いる韓国政権は、同政権に対する米国の批判的な立場を韓国のマスコミを通じて、あたかもカーター政権が同体制を支持しているようにねじ曲げている、と激しく非難した」（8月29日付）

実際カーターは、韓国民主化のために全斗煥に圧力をかけ、金大中の裁判についても「米政府の重大な関心」を強調した。しかしそれは、韓国の新聞には「わい曲されて」伝えられた（8月30日付）。全斗煥は、政治的現実をつくってしまえばアメリカはそれを追認すると確信して、その野望を実現していったのであった。彼が韓国国内のマスコミを完全に支配していたので、その権力の奪取に批判的であったアメリカの姿勢などは、まったく知らされなかった。そのような情報があるとしても、それをゆがめては自らに有利に利用した。戒厳令下で韓国のマスコミを自由自在に扱っていたのであった。このために、在韓米大使館のたとえば「バンス報道官」が、「ソウルの報道各社を訪れ、韓国政府の最近の一連の措置に対して米国が不満を持っており、その趣旨を韓国の新聞がわい曲して伝えている、と抗議の声明を読み上げた」ことも（80年5月31日付）、ここにもう一度つけ加えておく必要があるだろう。既成事実化すれば誰もそれを認めざるをえないというのが、全斗煥など軍部メンタリティの考え方であったといえよう。そのような姿勢でアメリカが韓国に対応しているということは、1961年5月16日の朴正煕のクーデターのときから軍人らが確信していることであった。そこで「朴クーデターと似ている、全斗煥大統領の登場」（80年8月31日付）という朝日の一文は、とても説得力のある内容といわねばならない。

「8月にはいって、ウィッカム在韓米軍司令官が〈米国は全斗煥氏の大統領就任を支持する〉と発表したことは、韓国内の全大統領誕生ムードに拍車をかけた。米国務省はなお、全斗煥体制に対する不快感を隠し切れずにいるが、金大中氏への極刑といった事態がおこらぬかぎり、大勢はほぼ定まりつつあるといってよい」

朝日のこの解説記事は、朴正煕のクーデターのときと比べて全斗煥のときは「国民の強い不満潜在」という状況であるが、彼のいう「重任なし」は、朴正煕のときと同じように「信じられぬ」ものであると展望した。この記事は、全斗煥の支配した時代に対するもっとも正しい展望であったといえよう。韓国内ではそのような記事が新聞に載るなどまったく考えられなかった時期であった。

1980年9月1日、全斗煥は大統領に就任するが、その日「〝金大中氏を殺すな〟市民署名運動」（呼びかけ人＝青地晨、市川房枝、中嶋正昭）の代表たちが宮沢喜一官房長官に会って、「金大中氏の救出をめぐって軍法会議の異常性、不公正性、秘密性に対する批判を表明せよ、〈政治決着〉の際の韓国政府の約束（金大中氏の海外での言動は不問にすること）が守られなければ〈決着〉を白紙に戻せなどを要請した」と朝日は報道した。この運動が7月10日から8月末まで展開した街頭署名運動の結果は、「4万315人の署名と730万4000余円のカンパ」であった（9月3日付）。

もう一つの記事をここに引用する必要があると思われる。ワシントン2日発の「米の韓国観なお変わらず、米国務省」という短い記事（9月3日付）である。「米国務省のトラットナー報道官は2日、韓国の全斗煥新大統領就任式にグライスティーン駐韓米大使が出席したことについて、〈これをもって米国が全体制を是認したと解釈してはならない〉と語った」というのである。そして「同報道官は、検閲下にある韓国のマスコミが同大使の出席を、米政府が全強権体制を支持している証拠として伝えたと指摘し、全政権の情勢操作を再び厳しく非難した」と朝日は伝えた。このような「米見解ねじ曲げ」に対するアメリカ政府の抗議は、ワシントン4日発でも同じように伝えられた（9月5日付）。

統治のためには手段、方法を選ばずという全斗煥の軍人統治はこうしてはじまった。それは朴正熙の軍人統治を継承してそれをいっそう強めたものであった。近代化の道というのはこれほど紆余曲折が多く、はるかな道程をたどるものであるといわなければならないのであろうか。

吹きはじめた自由の風

1980年9月11日、韓国普通軍法会議は金大中に死刑を求刑した。「反国家団体である韓国民主回復統一促進国民会議（韓民統）を結成してその首魁となり、国の安全を危うくした」「暴力による政府転覆をはかったことを民族の名において厳しく糾弾する」「（金大中氏のような）欺瞞的な扇動政治家はこの国から永遠に追放されねばならない」などと論告して、「国家保安法違反や内乱陰謀罪などを適用して死刑を求刑した」というのであった（80年9月11日付）。

米国務省も日本の外相も、彼が死刑になれば両国とも対韓関係が困難になると発表した。同じく「内乱陰謀罪などで裁判を受けていた文益煥牧師ら23人にも3年から20年の懲役刑」の求刑となった（9月11日付）。9月13日の第18回公判における金大中の最終陳述から一節だけを引用することにしよう。

「私は一貫して、政局の安定を主張してきた。その理由は、もし混乱が起きれば、国民の生活面に与える影響は無論のこと、結局はわれわれ民主勢力が軍と衝突しなければならなかったであろうからだ。こうなった場合、政局の混乱状態は維新勢力に逆に利用される可能性があると思った」（9月14日付）

1980年9月17日の午前、普通軍法会議は求刑通りに「金大中氏に死刑」を言い渡した。そして23人の他の被告にも「懲役2年から20年」を課した。「わずか6分間の公判」であった。朝日の「素粒子」（9月17日付）は「鼻先での殺人をこのまま見過ごせるのか。お隣さんの勝手とはいかぬ。金大中氏死刑判決」と伝えたが、それはまさに世界的な反響を引きおこすことになった。「金大中氏死刑判決、怒り世界に広がる」（9月18日付）と、朝日は「ECは共同で抗議を」と叫んだ西ドイツのゲンシャー外相のことばなど、全世界にわたった抗議のもようを伝えた。また「怒りの集会、1万人」と日比谷野外音楽堂での9・18の集会、「金大中氏救出日本連絡会議主催の第2回国民大会」のもようなども伝えた。

このように金大中死刑判決に対する国際的な抗議が続くなかで、韓国国内の抗議も絶えることがなかった。10月8日には韓国神学大学のデモと無期休校（10月9日付）、10月17日には高麗大学（10月18

日付）、11月６日には成均館大学、10日には淑明女子大学（11月11日付）、18日には延世大学（11月19日付）と抵抗は続いた。その一方で、全斗煥政権による新憲法案には95パーセントが投票して、91・6パーセントが支持したといわれた。そこで、大統領任期７年の新憲法によって81年の春には大統領が新たに選出されるというのであった（10月23日付）。これは国民を完全に沈黙に押しやっての政治行為であった。11月16日の朝日新聞には前夜、咸錫憲と電話で語りあったことばが報道された。その一部を引用すればつぎの通りであった。

――死刑判決に対し、韓国内で救援運動は起きているのか、

〈いまのところ何もやれない。祈とう会も催すことができない。わずかの被告家族が集まって、家の中で祈ることはできるが、公然とはできないのだ〉

――民主化運動の現状はどうか。

〈みんな手も足も出せない状態だ。わずか数人でも公然と集まることはできない。新聞も報道してくれないし〉

（中略）

――最後に、金大中氏への極刑は、韓国の民主主義にとってどんな意味を持つか。

〈多くの人は何もいわぬが、私自身は恥ずかしい。間違ったやり方だと思っている。しかし私の雑誌は出版禁止になったし、説教壇に立っても金大中氏の救命を口にすることはできない〉

アメリカのレーガン次期大統領も、金大中の処刑には反対であると全斗煥に伝えていた（11月20日

付）。同じ意見を、米下院外交委員会の国際機関小委員会も決議として採択した（11月22日付）。西ドイツのシュミット首相は、連邦議会の「政権3期目の政府声明」のなかで「金大中氏の釈放を韓国政府に要求する異例の呼びかけを行った」（11月25日付）。80年12月2日付の朝日によって伝えられた、「米は特使派遣を、NYタイムズ紙が提唱」という「ニューヨーク・タイムズ特約」の記事は、重要な意味をもつといわねばなるまい。全斗煥の強硬策に対してこんこんと諭したような文章である。

「……金大中氏の運命は国内の問題とはいえない。彼の処刑は韓国の名誉にも利益にもつながらないだろう。事態は深刻であり、金氏の処刑が（東アジア）地域の安定を壊す前に、米国としては特使を送る十分な理由がある」

日本もアメリカも金大中の安全には深い関心をもっている。とくに、「今も約3万8000人の米軍が韓国に駐留している。韓国経済の奇跡は米国からの借款と米国市場への進出によって」保たれている。金大中への処刑が行われれば、「米国の韓国に対する善意は大きく後退しよう」。それが新しいレーガン政権の引きつぎという夕イミングといっしょになれば一層そうならざるをえない。全斗煥体制は、彼をただ追放しさえすればいいではないか。このように書かれるかと思うと、「USニューズ・アンド・ワールド・リポート」は、金大中は1981年1月20日のレーガンの大統領就任前に処刑されそうだとも発表したという（80年12月3日付）。また、日本の国労と動労は、金大中の死刑判決が5日に確定されれば、5日午前の全列車の汽笛を1分間鳴らすことに決め、動労は、6日以降は「当分の間、危険箇所で安全確認のために減速運転する〈減産A行動〉を行うこと」を決めたと報道された（12月4日付）。こうして、「金大中氏を救え」の行動が日本全国各地で展開されるようになった（12月5日付）。

西ドイツではゲンシャー外相が、自民党（FPD）全国大会で「金大中氏の生命は尊重すべきだ」

と述べながら、韓国で彼を退けるならば、「少なくともこの高潔な民主主義者の西独移住を認めるべきである」と強調したという（12月6日付）。またカーター政権は、金大中助命要請の「米大統領親書」をブラウン米国防長官を通して翌週伝達するかもしれないと報道された（12月6日付）。実際彼は、12月13日にソウルを訪問したのであった。元ルモンド紙東京特派員（滞日中）ロベール・ギランは、「金大中氏処刑は韓国の不幸」という文章を朝日に寄稿した。その一節だけをここに引用してみよう。

「彼は、朴正煕大統領（当時）の独裁によって、韓国がだんだん北朝鮮の現実と似てくるのを恐れているのだ、といっていた。彼の祖国を脅かす最も大きな危険がそこにある、ともいった。韓国は自由を廃止することで、金日成主席が赤旗のもとに朝鮮を統一するチャンスをふやしてやっているのだ、というのであった」（12月7日付）

金大中に対する最終判決が近づくと、このように世論は世界的に沸騰したといわねばならない。12月9日には、8日ロンドン発として「金大中氏死刑確定なら、西欧、統一抗議行動へ」という見出しで、「西欧でも、日米両国と同じように、政府、民間ともに〈判決から間を置かずに金大中氏処刑〉という事態を憂慮する気持ちが強まり、全斗煥韓国大統領への助命嘆願はもとより、韓国政府への何らかの対応策の検討まで進められている」と伝えられた。

こういうときに、朝日はソウル支局を閉鎖されたせいであろうか、電話で咸錫憲との対話（12月9日付）を通して、ソウルの状況についてじかに聞こうとした。

「――日本での金大中氏救援運動が韓国の人びとを刺激し、対日感情を悪化させていると聞くが。

〈私たちのように、もう少し広い視野で考えている人間はそうでもない。しかし昔ながらの両国の歴史的関係もあり、真相はつかめないが、一部の人々が反日集会を開いているのは事実だ。これが両

国の関係までまずくしたら大変だと心配している〉

——反日感情はまだ広がりそうか。

〈米国防長官も来るし、ここ数日は静かに様子を見るということになるのではないか。今後、これ以上広がっていくことはないと思う。両国政府の付き合いいかんでは、また変わることもありうるが。なるべくなら、両国民がこれ以上感情的に対立することは避けたい、と願っている〉」

このときの韓国における反日というのは、どういうものであろうか。韓国政府が朴正熙の時代以来、日本で韓国の民主化を支援する人びとを「反韓人士」と呼ばせてきたことを思い出すべきであろう。1980年12月9日の朝日では、アムネスティが「金大中氏を救おう」と43か国首脳に訴え、「処刑は世界への挑戦」としたことが伝えられた。そして大法院による最後の判決は20日以降になるだろうと展望した。

こういうように金大中救出の運動が世界的に広がっているときに、12月11日にはソウル大学で「400人デモ」が起こった。彼らは「全斗煥打倒」を叫び、機動隊に逮捕された11人の「うち4人は、自分たちがリーダーであることを示すため、国旗を腹に巻きつけていた」というのであった（12月12日付）。

12月13日には、ブラウン米国防長官が全斗煥に会って、「〈金大中氏〉に関心」ということを伝えた（12月14日付）。金大中が処刑されれば、「ECが統一抗議」と、オランダ外相が、オランダを訪問中の日本の伊東外相に表明した。米国防長官がソウルを訪問して、全斗煥に「金大中氏が処刑された場合、米国民及び議会の世論との絡みで、米韓関係に〈非常に重大な〉影響を及ぼすと警告した」と、朝日はワシントン・ポストのソウル特派員電を伝えた（12月15日付）。西ドイツでは、経済協力相が「金大中氏処刑されれば、援助打ち切りも」ありうると言明し、外務次官が、金大中救出のために西ドイツ政府の代表を派遣することも考えられると発言したことが報道された（12月20日付）。

こうして1981年1月23日、ついに「金大中氏〈無期〉に減刑」と発表された。大法院の死刑判決があった直後であった。そしてその翌日は戒厳令が解除されるという。全斗煥が金大中に提出を強要した1月18日付の「手書きの嘆願書」として発表されたものの内容は、つぎのようなものであった。

「私は国内および国外で私が行ってきた活動を通じて混乱を引き起こし、国家の安全を損なう原因をつくった。これについて私は強く責任を感じるとともに、心の底から申し訳ないと思う。

私は今後、できるだけ言動を慎み、政治に決して参加しないことを約束する。そしてわが祖国の民主的発展と国家の安全保障のために、積極的に協力する覚悟である」（81年1月24日付）

ここで全斗煥は、翌日1月25日午前零時を期して非常戒厳令を解除することにした。そして2月25日には、新たに大統領に就任して7年任期を勤めるというのであった。間接選挙のために約5300人の選挙人団を任命して大統領選挙を実施するということであった（1月24日夕刊）。こうして、彼は2月2日にレーガン大統領との首脳会談に臨むことになる（1月29日付）。全斗煥は金大中を人質にとって、彼自身の執権に対するアメリカの支持を強奪したともいえた。それは彼にとっては軍事作戦のようなものであった。いかなる方法によってであろうと既成事実にすれば、誰もそれに抗うことができないという暴力的発想であった。彼は3日の昼、ワシントンのナショナル・プレスクラブで演説をしたのであるが、それについての朝日の記事のなかから一節だけをここに引用することにしたい。

「昼食会の冒頭にはスレビン同プレスクラブ会長が全大統領を紹介したが、対立候補を追放した中での大統領就任、米国務省が〈容疑はこじつけ〉と呼んだ金大中氏の無期への減刑と訪米の〝取引〟、報道の検閲などに言及、痛烈な皮肉をこめた内容だった。しかし、金大中問題や民主化に関する踏み込んだ質疑はなく、ときにユーモアをまじえつつゆったり答える全大統領に〈なかなかの政治家だ〉とのささやきももれて、最後は大きな拍手が送られた」(81年2月4日付)

1981年3月3日、全斗煥は大統領に新しく就任するが、日韓のあいだの大きな問題は82年の7月に起こった「日本の教科書検定の問題」(82年7月26日付)であったといえよう。歴史教科書問題は、中国とのあいだでも大きな外交問題になって(7月27日、28日、29日、8月1日、2日付)くるのであるが、「教科書問題、韓国政府も公式抗議」「改訂を要求し覚書」などと、朝日新聞も大々的に報道するようになった(8月4日付)。

全斗煥政権は、「建国以来の不況」から抜け切れぬ状況のなかで、経済協力を日本に求めて「40億ドル借款問題はいまがちょうどヤマ場であり、日本側が韓国の要求に応ずる〝妙手〟を検討中という時期に当たる」ので、歴史問題についてはいままで避けてきたと朝日は伝えた。それに、日本の国会内において親韓派といわれ、「韓国の安保」に理解をもっているという人びとは、その多くが教科書問題では「タカ派」である。また韓国における「反日の芽はつねに反政府に変わる可能性を秘めている」。こういう事情があるにもかかわらず、反日といえば強い姿勢を打ちださねばならない。韓国の国会では、この問題になると与野党一致である。そこで韓国は、中国と同じく日本の教科書問題で強い姿勢を打ちだすようになった。8月5日の朝日によると、韓国歴史編さん委員会は、「日本の教科書の歴史記述のうち、韓国関係では計24か所がわい曲されているとの分析結果を明らかにした」と報道された。「反日の波、広がる一方、韓国乗車拒否や不買運動」(8月6日、7日付)といって、日本人のタクシー乗車に対する拒否、日本商品の不買運動などと広がっていった。こうして韓国と中国側の非難と日本側の自己弁護が連日続くわけであるが（8月10日、11日、12日付）、ついに日本では、外相が「教科書再改訂の意向」を表明するようになった（8月13日付）。教科書問題はこうして8月15日、韓国でいえば光復節を中心にいっそう高まって行かざるをえなかった（8月16日付、17日付）。そして8月26日、日本政府は「外務、文部両省を中心とする協議」でつぎのような姿勢を取ることにした。

「①日中共同声明や日韓共同コミュニケで打ち出した戦争責任の認識に基づき、記述を修正する考えを示す　②その認識については学校教育、教育制度の中でこれを生かすよう政府が責任を持って努力する　③しかし、記述修正の具体的な時期や方法は明記せず、扱いを教科用図書検定調査審議会に速やかに諮問する、など……」

これを首相も了承して「中国・韓国へ説明」するというのであった。朝日は、「検定に誤りはない」といってきた文部省が、このように後退した「暑い夏の軌跡」をたどったが、実際それは中国や韓国の立場から見れば、あいまいきわまりないものであり、玉虫色の官僚的妥協の産物に過ぎなかった。未来志向の北東アジア共同体への意志、そのような決意は、そこにはかけらもなかったといわねばならない。そこで中・韓は、不満は依然として残っているといいながら、「外交上は決着」とするようになる（8月27日、31日、9月1日、10日、28日、10月7日、11月16日付など）。このとき朝日新聞が社説で、歴史問題に対して決然とした姿勢を示すことができなかったのは、時代的、社会的限界があったたというべきであろうか。

ここで朝日新聞の記事を追って再び金大中のことについて言及せざるをえない。朝日は、金大中が82年12月16日の午前、「自宅近くのソウル大付属病院に移送された」と報道した。彼の事件と関連して服役中の人びとに対しても刑執行が近く停止されるであろうというのであった。このような方針は、「旧時代のしこりを清算し、国民和合のため、第5共和国の意思と全斗煥大統領の格別な人道主義的配慮で決定されたものである」というのであった（82年12月16日付）。そして12月23日の夜、金大中はノースウエスト機で家族とともにワシントンに到着した。「韓国民主化へ尽力」「数年後帰国し闘う」「世界の支援感謝」というのが、彼のアメリカ到着を知らせる朝日新聞（12月24日夕刊）の見出しであった。彼は「73年東京で誘拐されて以来、韓国の人びとや世界の人びとが、自由の回復のために支援してくれたことを感謝する」「米国民とレーガン大統領ならびにレーガン政権の配慮に感謝する」「同時に私は民主主義のために闘っている同志が早急に釈放されることを願う」といった。

こうして1983年の年が明けると、1月5日の午前、日本の中曽根首相は11、12日と韓国を訪問すると発表した。日韓両国が合意に達した経済協力は、つぎのようなものであるといわれた。総額は40億ドルで、円借款は「従来日本側が示してきた15億ドルに3・5億ドル程度を上積みする」が、「商品借款は行わない」などであった。一方朝日は、韓国の学生運動は困難な状況に陥っていると見ていたが（4月20日付）、5月に入ると再び「韓国学生　高まる反政府気分」（5月29日付）と大きく伝えざるをえなかった。

81年に全斗煥政権は「卒業定員制」という奇妙な制度をおいて、大学の入学定員の7割しか卒業させないことにした。それでデモに参加することなく学業にいそしむようにするというのであった。しかし、金泳三は民主化を求めて断食闘争をはじめ、ソウル大、高麗大、成均館大、慶熙大、梨花女子大とデモは広がる一方であった（5月29日付）。このようなことを報道できないようにしていた政府は、「23日間にわたる断食を中断するという金氏自身の声明」については、一言、報道を許した。朝日が引用掲載した東亜日報の6月10日付の「言論のあり方を反省」という「金泳三氏の断食」に触れた社説の最後の一節は、つぎのようなものであった（6月17日付）。

「われわれは、言論機関としての自省とともに、関係当事者たちの理解が、今度の断食事件をきっかけに深まることを期待する。問題にフタをしておくならば、慢性的に潜伏し、症状が深くなるだけだ。それは、われわれが歩いてきた憲政史の経験を通じても、繰り返し確認してきたことだ」

このような東亜日報の社説に共感を示しながら、東亜が全斗煥支配の下で言及できないでいることを代弁して、日本の言論としての助言をあえてなそうとしたのが、翌日、6月17日の「韓国民主化への底流」という朝日の社説ではなかったかと思われる。それは、東亜の社説のことば「金氏の断食と周囲の対応は、わが社会の抱えている病理を赤裸々に暴いたといっても過言ではない」を引用しながら、東亜の社説よりはっきりと韓国の状況にふれ、民主的な友情のある提言をなしたのであった。この朝日の社説はつぎのように結ばれたのであった。

「……国民の間にそうした民主化を期待する大きな底流が見え始めたとき、何にもまして政権の座にある側が率先して対応することこそ、政権の次元を超えた国の生存と安定につながる道だと思う。抑えるのではなく、辛抱強く汲み上げることだ。

民主・開放社会を基本に据えることは、韓国が広く国際社会で、体制や理念を異にする国々とも連帯関係を築く上で大きく役立つ。それが韓国自身の安定にも貢献しよう」

この83年の秋になると、全斗煥政権下における反体制運動がまた吹き返してきた。10月2日には、「キリスト教系の反政府急進派学生を中心にした約１００人」が、「民主化運動全国青年連合」を結成した（10月3日付）。このような状況のなかで10月9日、ビルマを訪問した全斗煥一行がラングーン国立墓地で一大遭難にあうという事件が起こった。全斗煥夫妻は難をのがれたが、閣僚４人を含む16人が生命を失った（10月10日付）。

　これは「北朝鮮の犯行」と決めつけられたが、それは11月のレーガンの訪韓と、「米国は韓国の安全保障に対する強力な公約を守ってゆく」という「米韓共同声明」とでつぐなうには、あまりに大きな傷であった。全斗煥としては、すでに大学を追放されていた李泳禧《イヨンヒ》、姜万吉《カンマンギル》両教授や、趙承赫《チョスンヒョク》牧師などを連行して、彼らは北朝鮮の主張に同調したと声をはりあげても（84年1月8日、11日付参照）、社会不安を静める手立てを見出すことはほとんど不可能であった。かえってキリスト教団体などからの激しい抵抗にであって、２月15日にはこの３人を釈放せざるをえなかった（２月15日付）。２月16日には、金泳三を中心に「反体制派が団結」して「民主主義の勝利のために」という声明を発表した。「政治活動の規制は、国民の基本権のじゅうりんであり、公民権のはく奪である」「言論は独裁権力の広報手段となり、国会と裁判所は権力の侍女に転落し、現政権の民衆に対する弾圧は質量ともに日帝時代の異民族による弾圧にもまさる」「難局を克服できる唯一の道は、この国の民主化にほかならない」などと明言したのであった。

　一方、全斗煥体制は抑圧を続けながらも、80年10月の政治風土刷新特別措置法などで、政治活動を規制されている人びとを解除し続けねばならなかった。１９８４年２月25日には、金芝河などをはじめ２０２人が解除されたといわれた。３月２日には、１１７６人に対する刑執行停止、または特別仮釈放が行われ、そのなかに政治犯となっていた学生１５９人も含まれていた。これは、全斗煥の政治的統制が限界にきていることを示していた。しかしそのように釈放したり、規制を緩和したりすれば、抵抗勢力の増大に全斗煥体制は苦しまなければならなかった。弾圧の強化と緩和の交替、その相互的もつれあいこそ、支配体制の末期的症状といわねばならない。そのもつれあいが、全斗煥体制のときは朴正熙体制のときよりも一層激しかった。そのためその体制は、朴正熙体制よりも短命に終わらねばならなかったといえよう。それは、韓国社会の成長的段階のちがいによるものであった。国民の社会的成長と軌を一つにした政治勢力が、長いこと韓国においては成立していなかった。84年3月7日の朝日の社説「〈民主化〉へ模索する韓国」は、「経済の発展に見合う近代国家」としての「韓国」を掲げ、「そうした国づくりを政権4年目の目標に据えて欲しい」と全斗煥政権に向かって注文した。

こういう状況が徐々に進むなかで、野党民韓党も民主化のために「直接選挙で」「政権交代を」などと発言するようになった（3月30日付）。こうして、とくに学生活動をしたために追放されていた学生たちが復学するような状況で、彼らの政治活動は再び活発になってきた。朝日は「3月の新学期以降」4月13日までに「55大学で学内デモや集会」などがあったと伝えた（4月13日、14日付）。4・19「学生革命記念日を目前に控え、デモや集会で揺れる韓国の大学」のもようを伝えた朝日の記事は、「今回の学生運動の特徴の一つは、言論機関に対する強い不信感で」「言論の自由の回復、責任者である文化公報省当局者の更迭」を叫んでいることにあると報道した（4月15日付）。

こうして韓国の学生デモは街頭に進出し、機動隊と衝突するのであった。高麗大では「軍隊に入営中死亡した学生の追悼集会」を開いては街頭にくりだした（4月19日付）。李承晩政権を打倒した4・19、24周年の記念日には、学生たちは全国的に学園の自治を求めて戦った（4月20日、21日、22日付）。5月初めのローマ法王の訪韓に合わせて、高麗大のデモが大きく盛りあがったかと思うと（5月5日、6日付）、5月19日の朝日は、「光州事件4周年　20超す大学で集会」などと、「ことし最大のデモ」が展開されていると報道した。そして「金泳三氏ら、金大中氏帰国を要求」「反体制政治組織作る」などと（5月19日付）、韓国の政治状況に大きく変化が迫ってきているといえた。

1984年9月7日の朝日は、「韓国の国家元首として初めて日本を公式訪問した全斗煥大統領」が、「6日の午後東京・元赤坂の迎賓館における歓迎式に続き、皇居で天皇陛下と会見した」と報道するようになった。天皇は「今世紀の一時期において両国の間に不幸な過去が存したことは誠に遺憾であり、再び繰り返されてはならないと思います」と語り、全斗煥は「われわれ両国には〈雨降って地固まる〉という共通のことわざがあります」と答えたといわれた。

韓国国内の状況は、84年の秋になっていっそう厳しくなるようであった。10月8日恒例の延世大と高麗大の野球、サッカー、バスケットのゲームの後、1万人が「憲法改正、学園民主化などを要求して東大門に向けてデモを開始し」、機動隊と大きく衝突した。ソウル大では10月23日、学生の「試験および授業拒否が拡大して」警察力が導入された。それで60名の学生が警察に連行された（10月25日付）。11月にはいると、延世大に各地の学生が集まって、約2000人が「全斗煥政権打倒」と叫んだ（11月6日付）。それで国会で文教部長官は、「今後は管理能力を失ったと判断される大学の管理者は問責の対象となる」（11月9日）と発言したと伝えられた。

朝日新聞は11月15日、その前日に延世、高麗などの学生約70人が、与党民主正義党本部に座りこんで民主化を叫んだことを報道した。「学生自治会の公認、金泳三氏や金大中氏ら99人の政治活動規制対象者の全面的規制解除、労働者への弾圧中止」などを求めての行動であった。しかし、朝日は韓国から送られる通信を伝えるだけで、特派員による直接取材はまだ許されていなかった。

朝日はようやく、12月21日における「民主化要求を前面に、韓国新野党発起人大会〈軍事独裁と対決〉」という記事において、特派員の取材が可能になった。これは1月末の金大中の帰国を予想して新しい野党新韓民主党を発起するというものであった。それは軍事独裁勢力の終息のために戦うことを旗じるしとして明確に打ちだした（12月21日付）。これに対する大検察庁のけん制（85年1月1日付）にもかかわらず、金泳三は「金大中氏の帰国と連携」して戦うことを大きく宣言した。この記事の一節をここに引用することにしたい（85年1月5日付）。

「現独裁政権は同志らと私の政治活動を暴力的な法律（80年11月立法会議で制定した政治風土刷新特別措置法）によって制限している。15人に対する政治活動を制限するため、わざわざ特定の法律が存在しているということは聞いたことがない。同法は不法に制定され、この法律自体が暴力なので決して認められない。私の政治活動を暴力的な方法によって規制しているだけに私は現軍事独裁に反対する。最近私に対して立件捜査するとの発表があったが、私はそのようなことを無視する。軍事独裁反対闘争と軍事独裁権力である民正党（与党）に対する私の反対闘争はゆるめることができない」

こうして1月8日、新韓民主党のソウル地区創党大会に出席しようとした金泳三は、150名の警察によって阻止された。しかし、野党に対する国民の人気が上昇するなかで、全斗煥は野党に対してそれ以上の手荒な妨害を命じることはできなかった（1月9日付）。かえって金泳三は、この2回にわたる「自宅軟禁」を「理性を失った暴力政権による政治的弾圧」であるとして、「民主化のための闘争を続ける」と声明を発表した。新野党新韓民主党は、1月18日に結党大会を行った（1月19日付）。

こういうなかで金大中は帰国を決心するのであるが、彼を支持するクラントン米上院議員（民主）は、金大中の帰国妨害事件でも起これば、すでに決まっている88年の「ソウル五輪」に対するボイコット運動も起こるであろうと警告した。アメリカ国務省は彼の帰国に対してつぎのように希望したと報道された（1月19日夕刊）。

「彼自身が決めたことだが、トラブルのない帰国となるよう望む。米政府は韓国政府に対し政治の自由化を今後も続けるよう要請している」

こうして金大中はアメリカにおいて2月8日に帰国すると発表するようになるが（1月20日付）、彼は「米国から直行便で夜間ソウル空港」につくことを懸念して成田に1泊するだけで、「日本の当局から、ら致事件について聞かれても応じる気はない」とはっきりいった。そして、ロサンゼルスでつぎのように日本人記者団に語ったことは、ひじょうに意味あることといわねばなるまい。

「曲折した韓日関係史上、前例がないほど私を支援してくれた人がいる日本は、世界で一番行きたい所だ。韓日関係は、これまでになく緊密といわれるが、日本に良くない感情を持つ韓国人は多い。過去の圧制や差別ゆえでなく、独裁政権を支持し、経済援助という形で利益を得ているからだ。国民レベルの理解、友好が真の韓日関係だ。私は日本を批判するが、反日ではない。韓国に良心の目が向けられた意義は大きく、私の犠牲は小さなものだ」（85年1月21日付）

こういうなかで、金大中帰国と関連したアメリカ当局の態度がくり返し報道された。「金氏が収監されれば米韓首脳会談中止も」とワシントン・ポスト紙が報道するほどであった（1月25日付）。金大中問題で韓国にいるアメリカ大使は、韓国外相と3日連続で話し合いを行ったといわれた（1月26日付）。そして2月8日は、「国会議員選挙の4日前に当たり、金氏の帰国によって混乱やデモが起こる可能性がある」こと、また全斗煥が4月初めに訪米予定になっていることをあげて、彼の帰国が5月になるならば「逮捕せず」と韓国政府は提案してきたと伝えられた。それに対して金大中は、「逮捕を恐れたとか、自分自身が反対している政府によって帰国計画を変更させられたと思われたくない」と答えたといわれた（1月31日付）。

こういうなかで2月1日、ホワイトハウスのスピークス副報道官は、4月に全斗煥が訪米することを正式に発表したのであった。その背後には、金大中の帰国が無事に行われるようにというレーガン政権の配慮が働いたといえよう。全斗煥は、金大中の生命を楯にとって２度目の訪米を果たそうとした。スピークスは、「全大統領は81年２月、レーガン政権発足後の最初の賓客としてワシントンを訪れた」ことを想起させ、金大中の帰国に触れて「外交接触に立ち入りたくない」といいながらも、「平穏、円滑な帰国を予想している」とのべた（85年２月２日付）。この記事と同時に朝日は、ソウル発の記事で「金氏は自宅へ軟禁？」と予想しているところを伝えたのであった。

こうして数日間、アメリカからの金大中の消息が続いた。85年２月７日の夕方、彼は「フィリピンのアキノ氏事件のような万一を警戒して、米国議員ら40人」とともにノースウエスト航空機で成田空港に着いた。東京から拉致されてから11年半ぶりであった。彼は、日本の警視庁公安部の事情聴取には応じないで、記者会見の冒頭で「80年には死刑宣言まで受けたのに、よくも死なずに、生きて再び戻れたものだと思います」と答えた。朝日は、韓国政府は彼の帰国が呼び起こすブームを警戒して彼と「外部接触断つ方針」と伝えていた（２月８日付）。

金大中は１９８５年２月８日、アメリカに向けて出国して２年１か月ぶりにソウル郊外金浦空港に着いて涙したが「警官ら７０００人が厳戒」というなかで歓迎の人並みとは完全に遮断されていた。帰国声明も発表できなかったが、朝日の伝えた記事によると、それはつぎのようなことばで結ばれたものであった。「国民と政府の双方の利益のために、われわれは秩序ある対話を通じて民主主義を回復することを切に願います」。金大中は当局者に連行される形で空港を離れたが、朝日は「緊張の中、故国の土踏む」「国民に感謝残し、難局思い表情けわしく」とタイトルをつけ、「〈空港到着〉つたわる涙、隔離されバスで自宅へ」と説明をつけ加えたのであった（２月８日付）。

金大中は朝日新聞に「2年ぶりにソウルに戻って」という手記を寄せた。そのなかで韓国の民主化について彼がのべたことなどは省いて、北朝鮮に対してのべている最後の部分から少し引用してみることにしたい。

「結論を言えば、すべての出発点は民主政府の樹立にあるということである。国民の支持のある政府が〈南〉にできれば、〈北〉も南半分を共産化するという野望を捨てざるをえまい。〈南〉に国民支持を基盤にした政権が誕生した時に、初めて恒久平和のための本格的な南北対話が実現する。対話には、口先だけでなく、実行の裏付けが必要なのである。

私の理想は、こうした真の対話が行われ、南北の独立した共和国から成る連邦機構を作ることだ。私はそれを共和国連邦という」

これは、政治は理想と真理の上に立つべきものであると前提しての論理であろう。軍事独裁の下にある韓国ではなく、民主主義の上に立った政治であるとすれば、この理想に従うものであると容易に結論づけることができるであろうか。国民、とりわけ統治勢力がそのような理想に生きるというのであろうか。とくに北朝鮮の場合、そのような民主的な政治理念、民族的な政治理念が良心的に作用しうるであろうか。金大中の政治理念も、政治現実のなかで挫折を免れることができなかった。政治の現実はほとんどそのような理念とはほど遠いもののようである。

ここでは、「金大中氏を迎えた韓国」（85年2月9日付）という朝日の社説から少し引用してみることにしよう。その方が、金大中の手記よりもいっそう政治的リアリズムに彩られていたような気がしてならない。政治家は美辞麗句で国民も自分自身も飾ろうとするものであるといえるのかもしれない。冒頭から数節を引用することにしたい。

ぬ母国へむかった。

「〈慎重に思慮深く〉という言葉を記者団に残して、韓国の反体制政治家金大中氏は、政情ただならかったが、警備陣が金大中支持者を制圧するなかでの帰国だった。

８日昼前、金浦空港に到着した同氏は、ひとまず市内の自宅に入った。再収監の強硬措置こそなもともと金大中氏の帰国は、同氏の安否を気遣う〈米国の関心〉に守られて実現した。韓国政府が再収監を思いとどまったのも、全斗煥大統領の４月訪米に障害となるのを懸念した結果と見ることができる。韓国政府にとって〈歓迎すべき帰国〉ではなかったことは、空港からソウル市内に配置された警官・軍人７０００人の警戒体制が物語っている」

こうしてこの社説は、金大中も体制側との「対話の可能性」を示唆し、「〈アジアの平和〉への強い関心を表明」しているのだから、「対立から対話への転換を祈りたい」といった。そして最後に、「金大中氏誘拐事件」を思いおこしながら日本のあり方についても問うた。

金大中の帰国について韓国の野党は、総選挙のために国民にアピールをし、アメリカ政府は「金大中氏の帰国扱い」について「事前了解に違反」して乱暴にとりあつかわれたと抗議した（２月９日付）。このような事態に対して「金大中氏の自宅軟禁・米世論　高い関心」（２月10日付）という見出しで、朝日はつぎのように伝えた。

「とくにニューヨーク・タイムズ紙は〈ソウルのファウル（卑劣な振舞い）〉と題する社説を掲げ、金氏と、同行米議員らに対する韓国側の対応を〈世界中が見ている中で、韓国の軍事体制は、言い訳の余地がない、子供じみた殴り合いで、こぶしをふりあげた〉と非難した」

こういうなかで85年２月12日の総選挙の結果、朝日は「政府批判の新韓民主党、躍進し野党第一党に」（2月13日付）と報道するようになった。そして、「全政権の前途に難問」を突きつけたとつぎのようにコメントを加えたのであった。

「新韓民主党の躍進の第一の理由は、戦闘的ともいえる激しい政府批判であった。言論がある程度規制され、日常生活でも政府批判はタブー視されている市民たちが、歯にきぬを着せぬ政府批判を行った新韓民主党に強い共感を覚えたことは、立会演説会がソウルで10万人、光州で6万人もの聴衆を集めたことにもうかがえる」

朝日は1985年2月13日の社説に、「韓国総選挙と民主の拡大」を掲げ、兄弟和解の韓国の昔話を引いてつぎのように結んだ。

「同根の人々のつながりの強さと、ゆずり合うことの尊さが、この話のミソである。韓国の与野党も、おそらく南北朝鮮も、究極的にはそう望んでいるだろう。われわれもまた、そうあってほしいと思う」

朝日新聞はこの選挙に関して強い関心を示していた。「88《パルパル》への選択——韓国総選挙」をソウル特派員の記事として3日間も連載した。88はソウル・オリンピックが開催される年である。朝日がその最終回「問われる外交」（2月16日付）においてつぎのようにのべたことは、今日の韓国におけるいわゆる「386世代」といわれる政治的中堅層を中心とした若い世代の政治意識を理解する上で、重要な意味をもつといわれるかもしれない。

「一方、対日対米関係については微妙な変化が見られるという。新韓民主党の李敏雨《イミヌ》総裁は14日、米国務省の〈公正な選挙が行われた〉との論評に反論し、〈不必要、不愉快な発言だ。われわれは様々な不利な条件を押し付けられて来た。不正がなければわが党は第一党になれた〉と主張、〈国民の意思を知らなければ米国の政策は失敗する。ベトナムを思い出してほしい〉と厳しく批判した。

学生など若い層のあいだにも米国に対する不満の声が強く、学生運動の盛りあがりのなかで〈反米感情〉が噴きだすことも考えられるという。日本に対しても〈全政権を支持している〉という理由で、燃えやすい〈反日感情〉に火がつく可能性もある。政府の対日対米友好政策は変わるまいが、そうした動きが対日対米関係に影を落とすことは十分予想される」

新韓民主党の大々的な議会進出とともに3月6日、金大中・金泳三は政治活動規制から解除されることになった。4月19日、4・19革命25五周年の日には、機動隊の催涙弾に阻まれながらも、全国各地で民主化を求める学生デモが盛んに行われた（4月20日付）。5月の光州事件5周年に向けてそれはいっそう燃えあがった。5月23日には、ソウルの大学を代表する62人の学生が「米文化センター占拠」の事件を起こして、光州事件に対するアメリカの「公開謝罪」を要求した（5月24日付）。学生たちは、26日の正午「自主退去したこと」になるが、批判的な若い世代が反米に傾きはじめたことは拭うことのできない状況となったといわねばならない（5月25日、26日、27日、29日付参照）。

この時期に朝日新聞は、「アンニョンハシムニカ？　韓国の素顔」というシリーズを掲載しはじめた。85年6月6日から8月2日にわたる39回におよぶ長いシリーズであった。第1回のタイトル「あふれる笑い・熱気、日本を目標に駆ける」が示すように、それは民主化闘争の報道によってややもすれば暗く描かれてきた韓国のイメージをその反面から照らしなおすべきだという必要に迫られたからではなかろうか。第1回目からつぎのような文章を選んだだけでも、このシリーズの意図とか性格のようなものが浮かんでくるといえるかもしれない。

「37歳の技師は学生時代に警察に連行された経験の持主だったが、〈反独裁の運動のためには生命をも捧げる……もう、そんな時代ではありませんよ。家庭を大切にし、会社の繁栄を願い、そのなかで平和を尊ぶ。利口な日本人の知恵に習って生きることが一番〉。70年代の民主化闘争の根の広がりを見てきた私には、知識人のこうした冷ややかな声は驚きでしかなかった」（85年6月6日付）

朝日はこの長いシリーズで、大衆社会化していく韓国を浮き彫りにしようと考えたのであろう。その前後から学生などの体制への抵抗に対する朝日の関心は大きく衰えたように見えた。朝日はようやく85年9月に入って「新学期初の学生大集会」をやや大きく報道する程度であった（9月7日付）。

その後も朝日は、金大中が共同議長として自宅軟禁のため出席できないでいた民主化推進協議会で、金泳三が拷問の具体例を公表したことを報道した（10月19日付）。朝日は「学生1000人ろう城、ソウル大で警官隊と衝突」（11月1日付）とか、「ソウル大、高麗大など全国13大学で4日午後、約5600人の学生が米国の韓国に対する市場開放要求の撤回などを求めて集会やデモ」（11月5日付）などと学生運動またはデモについて発表したが、その報道内容は、それらの事件をマージナルな現象として言及する程度であった。ここにその一例をあげてみよう「ソウル5日＝時事」（11月6日付）という報道であるが、その全文をあげればつぎのようなものである。

「韓国政府は5日の国会で、9月から10月下旬までに全国71大学で350回のデモ（参加人員7万5000人）が発生、5人が焼身自殺を図ったと発表した」

それと同時に掲載された「学生のデモ、韓国で続く」という記事も、同じように簡単にとりあつかわれた。11月18日の夕刊に報道された「与党の施設を占拠、ソウル大生ら、火炎瓶持ち込む」という特派員記事も、与党の「民主正義党の政治研修院に火炎瓶などを持った学生176人が押し入り、玄関にバリケードを築いて立てこもった」事件であったが、そのとりあつかいはとても消極的であった。

11月19日に続けて「学生190人全員逮捕」云々と続けられたが、その報道もかつてとは比較にならないほど熱気のこもっていないものであった。

韓国民主化運動に対する朝日のこのような報道姿勢の変化をどのように解釈すべきであろうか。それは、85年6月のはじめ、「アンニョンハシムニカ？　韓国の素顔」という39回にもおよぶ長いシリーズの頃から表れた顕著な変化ではなかったかと思われる。ここに暫定的につぎのような解釈を提示していいのではなかろうかと思うのだが、どうであろうか。

「韓国の素顔」によって描きだされた韓国の社会は、豊かになった社会であり、そこにおける学生運動は、すでにスペインの哲学者オルテガがいう「スポイルされた子どもたち」による反逆であると思いはじめたのではなかろうか。たとえば、12月2日に光州において学生たちが米国文化センターを占拠したときの記事などは、まったく以前とはちがっていた。彼らは突入した警官隊によって連行されたといわれたが、その小さな記事はつぎのように書かれたものであった。

「調べによると、学生は国立全南大と全北大の9人で、うち4人は女子。学生たちは図書館横のスターテント所長室に立てこもり、部屋の窓ガラスに、〈市場開放要求を撤廃せよ〉などのビラを下げ、ソウルに出張中だった同所長との面会を要求していた」

朝日の報道姿勢の変化は明白であった。たとえば、1986年2月4日に「デモ学生200人連行」という事件が起こっても、特派員の報道は手短かなものであった。「86年度全学連大会」に参加した学生約1000人が「集会を終えてデモ行進に移ろうとしたところ、大学の要請で構内に入った警官隊約3000人と衝突した」という程度であった（2月5日付）。

このような報道姿勢の変化は、すでに韓国のマスコミも事件を報道しはじめていたこと、そしてその報道が、大衆化されつつある社会状況のなかで、学生運動に対して市民が冷淡、または批判的になりはじめていたことと関係があるかもしれない。しかしそれは韓国の政治状況とはあまりにもかけ離れた姿勢であったといわねばなるまい。

しかし朝日も、金大中、金泳三両氏を中心に憲法改正運動を進める人びとの受難の物語は、事実として伝えざるをえなかった（86年2月14日、15日、17日付）。このような状況のなかで、朝日の社説「韓国の政情をみつめる」（2月21日付）は、つぎのように韓国の民主化を励まそうとした。

「ようやく総選挙のショックから立ち直った政府・与党は、こうした状況の中で野党勢力を後退させようとしているのかもしれない。9月には、ソウル五輪に向けての重要な節目であるアジア競技大会がソウルで開かれるところから、それまでに国内の反体制的な動きを一掃する計画ともいわれる。

憲法改正は韓国の内政問題であり、われわれはその是非に立ち入るつもりはない。けれども、主権在民をうたう憲法下にありながら、国会外の改憲運動はすべて違法で、この問題では国民の請願権も認めないというのは理解しにくい。あまりにも強引すぎるやり方は、韓国の民主化を期待する内外の人びとを失望させるだけではないか」

こういう状況のなかで「民主統一民衆運動連合」などは、改憲署名運動を展開し、アメリカもこれに強い関心を示すようになる（3月5日、6日、7日付）。そして政府の妨害にもかかわらず、「秋までに改憲完了、来秋には政権移譲」と野党、新韓民主党は「民主化の日程」を発表するようになった。そうすると、「1000万人改憲署名運動」の状況を監視するためにアメリカの下院議員などが視察団として「非公式に」韓国を訪問するというのであった（3月7日、8日付）。

憲法改正、何よりも大統領選挙も直接選挙に改めることを求めて国民が動きだした。ついに大学も動きはじめて、3月28日には高麗大学の金禹昌《キムウチャン》、李文永、李昊宰《イホジェ》など28人の教授が、「現時局に対するわれわれの見解」という声明を発表した。この声明は、「今日の根本問題は民主化にあり、民主化の核心は改憲にかかっているということは正当な見解だ。憲法の改正を求める見解の自由な発表、討議、請願は国民の当然の権利だ。これを制止することは国民の基本権利を封鎖することだ」と政府を批判したのであった（3月29日付）。

こういうなかで、光州で新韓民主党の改憲推進委員会全羅南道支部結成大会が3月30日の午後に開かれようとすると、5万人が雲集してきた。そこで市民たちは、「光州虐殺の真相を究明せよ」と叫んだ。金大中は警察官に阻止されて金浦空港に行くことができなかった。光州集会は「6年前の光州事件以来最大の反政府集会」であるといわれた（3月31日付）。翌日の朝日は、市民、学生69人が連行されたと書いた。このような集会には4月5日の大邱でも2万人もの人びとが集まった（4月6日付）。

こうして憲法改正運動は全国的に広がった。そこで、高麗大、韓国神学大についで「ソウル大教授47人」も、「大学の危機を克服するためのわれわれの見解」を発表して「新しい憲法と民主化の手続き」を早く示せと促した。それは、改憲署名運動についてつぎのように訴えた。

「主権を持っている国民の当然の権利行使であり、民主主義に対する民族の悲願の表現だ。歴史の流れに順応するこの平和的な運動を物理的な力だけで抑圧し、封鎖する無理な試みが今日の大学の混乱をひどくしている。極限に至れば、大学の存立はもちろん、国家的破局さえ憂慮される」（4月12日）

こうして4月19日、学生革命26回を迎えると、「今年最大の学生デモ」となって全国的に学生たちが警察と衝突することになった（4月19日付）。新入生を軍に入隊させて、前線で訓練を施すという政府のやり方に対する抵抗も大きく拡大していった（4月25日、26日、29日付）。そして大学では焼身の悲壮な抵抗が続き、反米の動きも広がる一方であった。「反米自主化反ファッショ民主化闘争委員会」(自民闘)「反帝反軍部ファッショ民族民主闘争委員会」(民民闘)ができて、「路線闘争を始めている」と報道されるほどであった(86年4月29日、30日付)。そしてついに、「韓国は米国の植民地だ」「韓国軍は米軍の雇い兵だ」と主張する彼らによって、新民党は全斗煥一党と妥協を図っているのだと糾弾された。このために、たとえば5月3日仁川において開かれようとした新民党の改憲推進委員会京畿道支部結成大会が、「学生デモ道路占拠」などで流れてしまったほどであった(5月4日付)。ここで、朝日の報道も激しさを増してきた。

学生運動は、学生の「焼身自殺」などでいっそう激烈になったといわねばならなかった(5月7日付)。全斗煥政権は、学生たちはもちろん、大きく国民的抵抗にあいながらも、その延命のみをはかって、国民的不幸は拡大していくばかりであった。学生運動はいっそう先鋭化していくのであった。5月13日の「揺れる韓国の学生運動」という朝日の社説は、このような状況を反映した良識の現われといっていいであろう。その一節をここに引用したい。

「韓国政府は、学生への弾圧策で事足れりとしてはなるまい。全大統領は与野党首脳との会談で、場合によっては在任中の改憲に応ずる姿勢を示した。今後もこのような姿勢で、野党勢力とも対話を進めるのが望ましい。反体制運動の分断をはかったり、学生に報復したりするのは問題解決につながらない」

事態はすでに、全斗煥政権ではコントロールできない状況に進みつつあった。各新聞の記者たちも言論の自由のための戦いにはいった。「民主化実現のための言論」を目ざして不当な干渉と戦うのである。「言論基本法」という言論弾圧の法的措置の撤回を要求し、政府の言論干渉、機関員の言論社への出入り、言論人の「不法な連行、拘禁、強制解雇など」を排撃し、不利益を受けた言論人の「原状回復」を求めた。韓国日報、朝鮮日報、東亜日報など有力新聞がこぞってこの戦いをくり広げたのであった（5月15日付）。

そして光州事件6周年に近づくと、警察の派出所に火炎瓶が投げこまれ、学生たちが追悼式の式場を「占拠」するほどであった（5月16日、18日、19日付）。ソウル大学の「光州抗争の民族史的再照明」というシンポジウムでは、また農学部一年の李東洙《イドンス》が焼身自殺したが、彼の叫びは「米帝国主義は出て行け。警察は出ていけ」というものであった。彼の手帳には、「民衆は愚鈍であるが決して死なない。歴史だけが私の身もだえを審判してくれるだろう」と書かれていたという（5月21日付）。また、釜山のアメリカ文化センターが21人の学生たちによって占拠された。彼らは催涙弾を発射しながら入ってきた約100人の警官隊によって連行されたが、彼らのプラカードのスローガンは、「光州民衆の闘争を継承して親米独裁を打倒しよう」「親米で滅びた国を反米で再興しよう」などであった（5月22日付）。壮絶な戦いの時期だったといわねばなるまい。

民主統一民衆運動連合の議長、文益煥牧師は、「〈米国人たちは、李承晩、朴正熙、現独裁政権を支えてわれわれの自由を踏みにじり、民主主義を妨げているので闘争しよう〉などと扇動的な演説をした」といって逮捕された（5月24日付）。そして彼は、投獄されてはハンガーストライキにはいった（5月25日付）。反米をかざして学生たちは、米系銀行、米大使館などを占拠しようとしては逮捕された。アメリカという背後勢力に対する戦いが、もっとも有効な戦術であるとも考えられた。朝日は、「過激化する韓国の学生運動」（6月11日付）という大きな記事を掲げたが、そこには「5月のある日、ソウル大学の学生会館の壁いっぱいに」張られた詩が、引用されていた。その書きだしはつぎのようなものであった。

　ヨイサ、コラサ、解放だ、独立だ
　アマリカン（米国のこと）か何だか、海向こうのでっかい国に陣取って、戦争のお陰でこの民族、あの民族の生き血をすすり、お腹がでっぷりふくれ上がったドラキュラ、今からこの国の主人は俺だよ、……

　このような状況に対して、米国務省は、「韓国の反政府デモ弾圧非難」と報道された。それは「米国は、平和的集会の権利に対する侵害はどのようなものであっても遺憾に思う」というものであった。そして「平和的な対話」をすすめたのであるが、「取り調べ中の女子学生に性的暴行を加えたことについては……被害者の主張が信用できる」として加害者に対する法的制裁を求めた（86年7月30日付）。
　アジア大会直前の9月14日、金浦空港における原因不明の爆弾事件、「中曽根首相訪韓反対」を掲げた「日本文化センター」侵入事件、日本の歴史教科書問題などと事件は続き、かなり急進化した学生たちの抵抗がエスカレートしてきた。10月28日以来、建国大学ではラディカルな「全国反外勢、反独裁、愛国学生闘争連合」による籠城抵抗が続いたが、31日の朝、警察は約８０００人を投入して籠城していた学生全員を連行した。連行された学生は「１２１９人」。検察当局は、学生たちの主張が、「（北朝鮮）の路線に近い「〈容共〉的なものとして、ほぼ全員を正式に逮捕する厳しい態度で臨む方針」というが、これに抗議して全国的に「19の大学で少なくとも合計約８５００人の学生が集会やデモで抗議の意思を示し、いくつかの大学では一部学生がろう城に入った」と朝日は報道した（11月1

日付）。長びく独裁政権に若い人たちは急進化していくばかりであった。

朝日は、「韓国の学生運動、〈北〉への同調傾向、鮮明に」というタイトルで、韓国において急進化していく学生たちの動きを大きく紹介したが、この動きに対して韓国国民の多数は批判的であるといった。独裁政権との戦いから「反米」へと進み、ついには「親北朝鮮へと進んだ」と考えられるというのであった（12月3日付）。

そこに1987年1月14日、ソウル大学3年の朴鐘哲《パクジョンチョル》が拷問死をとげたという問題が起こった。それは民主化運動に大きく火をつけた。2月7日の明洞大聖堂における追悼会は、「ソウル市内に約3万4000人、全国に約7万人の警官を動員」して「完全に封鎖した」が、「追悼会が開かれる予定の午後2時には主催者側が指示した通り、市内のあちこちで車のクラクションや教会の鐘が一斉に鳴り出し、これに拍手する市民の姿が目立った。また、ソウル市鐘路区で学生のデモに市民が拍手をする場面もみられた」。こうして2月26日のソウル大の卒業式では、つぎのような光景がくり広げられた。

「ソウル大の運動場で午後2時から始まった卒業式でまず、朴奉植《パクボンシク》総長があいさつに立つと、卒業生の間からやじが起き、半数以上の卒業生が背を向けた。続いて孫文相があいさつしようとすると、ソウル大生の拷問死に抗議の意味を込めた学生歌〈友達〉を一斉に歌い出しながら大部分の卒業生が退場した」

このような情景に対して、共同通信はつぎのようにつけ加えたのであった。

「韓国の学生運動のメッカであるソウル大では昨年、現政権下では最も多い981人がデモなどで連行された。また3人が焼身自殺し、先月にはソウル大生朴鐘哲が警官の拷問で死亡するなど、反政府感情が高まっていた」

こうして韓国を訪問したシュルツ国務長官は、与野のあいだで「対話と妥協を通じて」改憲問題の解決をはかるようにと促した（87年3月7日付）。そこで韓国は、いつ憲法を改正して直接選挙によって大統領を選ぶようになるかと期待されたが、全斗煥一派の抵抗は強かった。全斗煥は4月13日に、憲法改正は翌年の88年2月25日に7年の自分の任期が終わってからだと「特別談話」を発表したほどであった。

しかし、これに対する国民の抵抗がただちにはじまった。金大中、金泳三は、87年5月1日、新しい野党、統一民主党を発足させて、与党に対する対決的姿勢を打ちだした（5月2日付）。全斗煥の任期内に憲法改正を完了せよという声が高まってきた。「改憲を求める」教授たちの声明が続き、神父たちはハンストをくり広げるというありさまであった（5月10日付）。そしてこれに続いて「改憲見送り反対」「独裁終息」を叫ぶ学生たちの戦いがくり広げられた（5月14日付）。5月14日には、全国で1万人のデモが報じられるほどであった（5月15日付）。5月16日には「延世大３０００人デモ」のことが伝えられ、その翌日には、その前日の光州デモにおける「独裁政権の延命粉砕」という叫びが伝わってきたのであった。5月18日は光州事件7周年の日、光州の追悼式では「市民と警官の衝突」が夜遅くまで続いたといわれた。

ソウルでは、朴鐘哲の拷問死を隠ぺいしようとした事件に対する激しい抵抗がますますエスカレートしていった（5月24日、27日付）。東亜日報記者１１４人も、「〈改憲見送り〉撤回を」と叫んだ（5月26日付）。そこで新しい統一民主党と在野勢力が一つになって、改憲見送り措置の撤回、朴鐘哲君拷問致死事件の真相究明、政治犯の釈放と復権、言論の自由などを掲げて大きく戦いを展開しはじめた（5月28日付）。そして「拷問死糾弾と改憲見送り反対集会」は、連日の如く続くのであった。

朝日は、6月17日の学生デモには4万5０００人も参加したと報道した。18日には「ソウル3万・釜山10万人」としながら「市民合流し騒然」「機動隊の衝突、市内マヒ」と伝えた（6月19日付）。

このために政府は「非常措置を検討」と報道されたが、アメリカでは「ケネディ氏ら」が、「韓国の民主化促進法案」を6月18日に上院に提出して、全斗煥がその一味の盧泰愚を後任として選んだことを批判した。米下院外交委アジア・太平洋小委員会においても、全斗煥が「改憲対話を打ち切ったこと」を遺憾として「対話の再開と暴力的手段に訴えることを慎む」ようにと決議したと報道された（6月19日付）。アメリカのレーガン大統領も親書を送って、全斗煥に「過剰反応に走らないよう自制を求めるとともに、民主主義の確立に向けて野党勢力と話し合いを進めるよう促した」といわれた。それは韓国内に起こっている反米感情に対応するためでもあった。アメリカは、韓国内に旅行するアメリカ人に対して「旅行注意情報」をだしているほどであった（6月20日付）。こういうなかで朝日の社説「韓国のデモ激化を憂慮する」（6月20日付）は、その冒頭で韓国の事態についてつぎのように言及した。

「韓国の反政府デモが拡大し、激化しつつある。18日には、ソウルや釜山などで合計十数万人の学生、市民が目抜き通りを占拠し、機動隊との衝突をくり返した。警察バスが焼かれても、デモ隊に押されて、機動隊が手出しできないこともある。19日には、警官に死者も出た。韓国はひとつの政治危機に見舞われているといってよい」

こうしてこの社説は、「強権によらない解決の努力を重ねて要望」したのであった。アメリカ政府は、6月22日にまた「全斗煥大統領が野党勢力の代表らと対話を開き、政情不安の平和的解決の道を探るよう」求めたと報道された（6月23日付）。

こういう状況のなかで金大中は、78日ぶりに6月25日午前零時を期して軟禁を解除された。26日夕方から「野党勢力、学生、市民らは全国主要33都市・地域で〈民主憲法奪取のための国民平和大行進〉を繰り広げようとして、厳戒態勢を敷く5万8000人の警官と衝突した」「各地で数万人が中心街に繰り出し、催涙弾と火炎瓶、投石の応酬で騒然とした情勢となった」と、この戦いを朝日は詳しく伝えた（6月27日付）。これは在野勢力の力を示す戦いであった。野党勢力は、この国民平和大行進に100万以上の人が参加したと強調した（6月28日付）。

こうして1987年6月29日の午前、与党代表委員盧泰愚は電撃的に事態収拾案を発表した。金大中の赦免と復権、政治犯の釈放を含めて、憲法改正や大統領直接選挙などをすすめるというのであった。それで「大幅譲歩、街に笑顔」（6月30日付）という状況となった。民主化運動の勝利であった。

しかし、それは多くの国民の犠牲、とくに若い人びとの焼身自殺に至るまでの犠牲と、最終的にはアメリカなどの外国の圧力とそこにおける多くの人びととの支援のたまものであった。このような全斗煥などの譲歩、または敗北に、これから韓国国民、そして何よりも民主化の政治勢力はどのように対応するのであろうか。何よりもこの国民の念願に、軍部独裁に抵抗してきた政治家たちはどのように応えようとするのか。政治のリアリティは過酷なものであったといわねばなるまい。

朝日は、「韓国に吹き始めた自由の風」（7月4日付）を報道しはじめた。テレビの画面にかつての反体制的な人びとが現れるかと思うと、かつてデモ鎮圧のために動員された機動警察は、業務を早速「治安」から「民生」へと切り替えるという。しかし、6月9日のデモのなかで後頭部に催涙弾の破片を受けた延世大の李《イ》韓烈《ハニョル》は、7月5日未明、セブランス病院で死亡した。金泳三と金大中は、政局の「カギ握る両金氏」であるが、「双方、大統領選出馬に意欲」と朝日も報道しはじめた（7月6日付）。

　韓国民主化の道はやはり実に多難なものであった。金大中は7月9日に公民権を回復、復権したと発表された。朝日はここで、「韓国大統領選、盧・両金氏の争い本格化」と報道した（7月9日付）。7月9日、ソウルでとりおこなわれた李韓烈の葬儀「民主国民葬」には、10万人の人びとが集まった。その日の夕方、彼の棺が故郷光州に到着すると、20万人の老若男女が市民追悼式に参加した。失われた長い年月の恨《ハン》がこみ上げてきたのであろう。しかし、これからの現実はまだ彼らの恨をくみ上げるにはあまりにも厳しいものといわねばなるまい。9月8日、光州事件の犠牲者たちが眠る望月洞《マンウォルドン》墓地を訪ねた金大中を、10万人の光州市民が迎えた（9月9日付）。

　87年12月16日が、新しい憲法による大統領選挙の投票日であった。朝日も、「根が深い両金分裂」（11月12日付）と書かざるをえなかった。金泳三は、統一民主党（民主党）、金大中は、「12日に正式に旗揚げする」「平和民主党」（平民党）の候補であった。金泳三は東南部の慶尚道を、金大中は西南部の全羅道を重要基盤としていた。金泳三は保守的といわれ、金大中は進歩的といわれた。11月14日、全羅南道光州で金泳三は演説台であいさつをしただけで、演説を続けられないほど会場は「大荒れ」になった（11月15日付）。11月15日、金大中も慶尚北道の大邱で遊説演説をしたが、投石が絶えないといわれたほど会場は大きく荒れていた（11月16日付）。

　これは、これからの韓国の政局を暗示しているように見えた。いわゆる地域間の対立というものである。これまで慶尚道出身の朴正熙、そして全斗煥の時代は、彼らの出身地域を自分の庇護勢力としていたために、「慶尚道天下」といわれた。そこでマイノリティと化した西南地方の全羅道。そして、この対立とそれによるリゼントメント（憤懣）は、これからも長いあいだ簡単には消え去ることのできないものとなった。それにこの選挙を、権力の座にある全斗煥勢力などが与党の盧泰愚に有利に運ぶように画策していることは、陰に陽にあまりにも明白であった。

ここに、12月1日「大韓航空機858便の行方不明」という事件が起こった。それを北の工作と決めつけることによって、与党候補「盧泰愚に有利」になるとささやかれることとなった（12月2日付）。そこに、金大中と金泳三の両人が分離して与党候補と戦うとすれば、野党側の敗北ははっきりしていると思えた。「野党候補一本化」を求めて「焼身自殺」事件が起こるほどであった（12月6日付）。学生たちは、統一民主党と平和民主党の党舎を占領して籠城しながら、両人に候補単一化を迫った（12月9日付）。金大中と金泳三は、いままでのカリスマを失い、権力欲によって国民の期待を裏切る単なる政治家に急激に転落したといわれた。そこで選挙日の前夜の模様を朝日は、「し烈な戦い後遺症深く、野党の〈風〉は吹かず、与党が終始優位を保つ」と見出しを抜いて報道したのであった（12月16日付）。

１９８７年12月16日の選挙の結果は、17日午後9時現在、盧泰愚８０２万３６９３票（36・8パーセント）、金泳三、６０５万５４９６票（27・7パーセント）、金大中、５９５万６１２０票（27・3パーセント）、金鐘泌、１７６万３２９０票（8・0パーセント）となった。金泳三と金大中は、その分裂によって民主化勢力の敗北をもたらしたという非難をまぬがれることができなくなった。金泳三と金大中は、ただちに「選挙無効を宣言」して、「史上例のない不正選挙で、選挙の名をかりた第2のクーデター」「盧泰愚新政権打倒」と叫んだが、それはすでにこだまのないモノローグのようなものに過ぎなかった（12月18日付）。

民主化勢力は深い絶望感に陥れられた。長い民主革命への道でくすぶっていた彼らの情熱は、こうして冷めていかざるをえなかった。革命は情熱と思想であり、政治は現実であり利害関係であった。政治はいち早く、翌年早々に実施されるという総選挙に目を向けねばならなかった。

あとがき

歴史の背景には「見えざる手」がある。これは18世紀後半、アダム・スミスが『国富論』でもらしたことばである。現代史のなかに生きてきて、人生の終わりに近づいてきたためであろうか、私はしきりにこのことばを思っている。

どうしたことであろうか。私は日本を訪ねるたびごとに日本と韓国は、政治権力のあいだではかなり厳しいことばが交わされているけれども、市民どうしのあいだでは一歩一歩その距離を縮めてきているような気がしてならない。それでこのような歴史に対してわれわれはどのような解釈を加えねばならないかと考えたりする。

このことには実に多くのことが含まれているのではなかろうか。今日、日韓両国のあいだにおいては政治がどのような動きを見せようと、市民はひたすら自身の興味と関心で動いているといえようか。ときには現実の政治がこのような動きに歯止めをかけようとするかもしれない。しかし日韓両国においてはそのようなとき、たとえ政治の動きによって一時ひるむようなことはあるにしても、市民の動きは留まることなくその勢いは増すばかりであると感じる。

これは現代においては政治の動きと市民の動きが必ずしも一致しないという徴候ではなかろうか。

これは今日の市民社会の傾向からくるものであろう。開放的な民主社会であるならば、政治権力は社会的事象について彼らが権力の座にいる長くて10年前後のはばでしかものごとが考えられないであろう。これに反して市民勢力は、歴史を少なくとも数十年あるいは百年単位で考える。市民的発想とは長いことたがいに平和に行き来しながら共に生きていきたいということではなかろうか。

私は日韓関係の長い歴史において、これまでおたがいが末永く平和でなければならないという発想をはぐくんだ時代があったのだろうかと問うてみた（拙著『韓国史からみた日本史』かんよう出版、参照）。古事記、日本書紀においてそれを見いだすことができないのはいうまでもない。しかもそれらの書は日本の近代において聖典のようにあがめられてきたではないか。そこには平和思想など露ほどもなかった。しかもわれわれは今日においてすら勝つため、生き残るための武力を求めている。

日韓関係といえば、それはほとんど日韓の対立と敵意の歴史であった。いま、平和思想をとりわけ強調するとすれば、日韓の歴史のなかでどこにおいてその萌芽ともいうべきものを発見することができるであろうか。それを探しもとめて継承し、今後の北東アジアの歴史へと広げていく基点として設定しなければなるまい。

そのためには日韓の市民が韓国の民主化運動を共に戦った１９７０年代、80年代に立ち返っていかなければならない。韓国では軍部政権の下で民主化勢力が血みどろになって戦っていた時代である。日本では市民勢力がこの戦いを支援して韓国の軍部勢力に対決するのみではなく、日本とアメリカの政治権力に対して韓国の邪悪な権力を支援する手を止めるようにと迫った。

それは日韓の歴史にとって共通の戦いを戦いながら北東アジアの平和を求めた初めての歴史であったといわねばなるまい。それは感動的な歴史であった。私はその後の韓国の政治がそれを正しく継承したとは思わない。また、世界史において成功した革命を継承したはずの政治権力がつねに革命的理想をそのまま引きついできたとも思わない。しかしながらその一方で、革命後の政治権力が多くの場合、歴史の進むべき道を模索してきたことを認めるのにやぶさかではない。

２０１１年、日本の東北地方の地震のときのことについて一点言及するのを許していただきたい。私はその当時、東亜日報とのインタビューで韓国で起こっている「がんばれ日本」という声について言及したのであった。韓国で日本に対してそのような熱烈な支援の声を送ったことはかつて見られなかったことであった。それで私は日韓関係がこれからはこのように相互激励と支援の時代を迎えればと思ったのであった。日韓両国のあいだには今後政治的にどのような問題が起ころうとも、市民のあいだにおけるこのような関係はゆるぎないものとなっていると思うのである。これが韓国の民主化運動当時、私が日本にいてかちえた歴史の教訓であった。

このような意味においても１９７０年代、80年代の『韓国からの通信』は、それからほとんど半世紀後の今日の歴史においても、書きつがれるべきものだと思えてならない。かつてそのために力を惜しまなかった岩波書店の安江良介氏（故人）のことがいまさらながら懐かしく思えてならない。そしていまは年老いた多くの読者のことも。また、韓国の民主化のために築地のハンストに参加されていた大江健三郎さんのことが思いだされる。通信は朝日新聞などから多くの友情ある物語をとりあげることができたのであるが、今日、日本のジャーナリズムはどのようになっているのであろうか。

そのことは韓国のためを思うからであるといえるかもしれないが、北東アジアの平和と繁栄、そして豊かな日韓関係を思うからである。そのために十余年前に完成したこの原稿が紆余曲折を経てようやくここに出版されるようになったことに深い喜びと感謝をおぼえざるをえない。このように出版が遅ればせながらも、韓国民主化30年の記念すべき年に日の目をみることになったことにある種の運命的なものを感じるといえばいいすぎであろうか。

この出版をとりあげてくださった影書房のみなさんと原稿を再読、検討され加筆の労を惜しまなかった旧友黒田貴史さんに深く感謝してやまない。

２０１７年８月23日

池明観

●関連年表

年月日	出来事	その他
1972年		
10・17	朴正熙、大統領特別宣言を発表。国会を解散、全国に非常戒厳令を宣布。［十月維新］	
10・19	朝日：社説「韓国の民主制度はどうなるのか」	
10・27	朴正熙、憲法改正案を公告。	
11・2	平壌で、南北調整委員会第2回共同委員長会議開催。	**12・22** 日本：第2次田中内閣発足（〜74・12・9）
11・21	憲法改正のための国民投票を実施。朴正熙政権、賛成91・5％と発表。	
12・23	統一主体国民会議、朴正熙を第8代大統領に選出。	**12・27** 北朝鮮：第5期第1回最高人民会議開催、新憲法採択、金日成、国家主席に就任。
12・27	朴正熙、第8代大統領に就任。「維新憲法」を公布。	
1973年		
4・22	ソウルの野外音楽堂での復活祭集会で、朴烔圭牧師ら、民主化を求めるビラをまく。	**1・29** 米：ニクソン大統領、「ベトナム戦争の終結」宣言。
8・8	金大中、滞在中の東京で、何者かに拉致される。	
8・13	金大中、ソウルの自宅前で釈放。	
8・15	朝日：「金大中事件の〈真の解決〉とは何か」	
8・28	朝日：「対韓経済協力の根本的再検討を」	
9・7	朝鮮日報：社説「当局に望むわれわれの衷情――決断は早ければ早いほどいい」（主筆・鮮于煇）	
9・22	東亜日報：社説「日本言論の自重を望む」	

9・26　韓国国会で、新民党議員・鄭一亨、「金大中事件は中央情報部の仕業か」と追及し、国会から追放される。
10・2　ソウル大生文理学部学生300余名、十月維新後初めての反政府集会。以後、ソウル大法学部、高麗大、延世大他と続く。
10・31　日韓外相会談、金大中事件は「金東雲書記官の個人的犯行で、公権力の介入なし、金大中氏の原状回復なし」で合意。
11・5　朝日：金在俊ら15名の知識人による「民主回復を求める時局宣言文」を全文掲載。韓国各地の大学で反政府デモ続く。
12・6　朝日：韓国新聞編集人協会による声明「言論の自由を守る」を報道。
12・17　朝日：ソウル・ＹＭＣＡでの「人権を守るための合同礼拝」を報道。

1974年

1・8　朴正熙政権、緊急措置第1号（憲法論議禁止）、2号（非常軍法会議設置）の宣布。
1・10　韓国文化広報部、日本人記者に「体制批判は処罰」と言明。
1・10　朝日：社説「強権発動と韓国の民主主義」
1・17　印名鎮牧師ら11名、初の緊急措置第1号違反として逮捕。
2・5　小説家・李浩哲、前東亜日報主筆・千寛宇ら5名逮捕される。
3・6　非常高等軍法会議、金敬洛ら6名に、緊急措置違反として10年～15年の懲役と同年の資格停止を宣告。
4・3　全国民主青年学生総連盟（民青学連）、「民衆・民族・民主宣言」発表。夜10時、朴正熙政権、緊急措置第4号（民青学連関連活動処罰）を宣布。

4・5 民青学連に関係したとして、日本人留学生、早川嘉春、太刀川正樹を含む者を逮捕。この頃、朴正煕政権、「左翼スパイ事件」を次々に発表。
6・5 金大中、ソウル地裁より選挙法違反として出頭命令。
7・9 非常普通軍法会議、民青学連事件関連の被告の学生リーダー・李哲と詩人・金芝河に死刑、７名に無期懲役、18名に懲役15年〜20年を求刑。
7・24 朝日：池学淳司教の「良心宣言」を報道。
7・30 米・下院議会、韓国関係聴聞会を開催。前駐日大使のライシャワー、対韓軍事援助の削減と駐韓米軍の一部撤収を主張。
8・2 野党・新民党、緊急措置第１〜４号解除案提出。
8・9 軍事法廷で、尹潽善前大統領、朴炯圭、金東吉、金燦国、池学淳に対し、学生を扇動したなどとして、15年〜10年の求刑。
8・15 光復節の記念式典で、在日朝鮮人・文世光が朴正煕を狙撃、大統領夫人と女子高生１名が死亡。
9・21 カトリック明洞聖堂での民主回復祈祷会に１０００余人が集まり、「われわれの宣言」採択。
9・23 咸錫憲、千寛宇（元東亜日報主筆）、「某機関」に連行される。
9・26 カトリック明洞聖堂で祈祷集会のあと、民主憲法の回復を求めて街頭デモ。
10・3 東亜：ワシントン発特派員報告、「韓国人権問題　米国務省特別報告書」を報道。
10・7 金泳三、国会本会議で、朴正煕政権を激しく批判。
10・10 高麗大学で２０００名が集まり、「救国宣言」採択。この頃、学生はじめ、反政府デモが連日続く。

8・8 米：ニクソン大統領、辞任表明。
8・9 米：ジェラルド・R・フォード、第38代米大統領に就任（〜77・１・20）

10・22 東亜：社説「強硬策のみが能事ではない」
10・24 東亜の記者180余名、「自由言論実践宣言」を発表。言論に対する中央情報部の出入りと干渉、言論人の不法連行に反対を表明。韓国日報、朝鮮日報も東亜に続く。
10・25 東亜：社説「なぜ自由言論を叫ぶのか」
11・12 カトリック教会、人権回復と拘束者釈放を求める祈祷集会開催。
11・22 フォード米大統領訪韓、韓米サミット開催。
11・27 民主勢力で民主回復国民会議の発足、「民主回復国民宣言」発表。
11・30 中央日報、「言論自由守護第2宣言」発表。
12・3 東亜：与党のみの日曜国会で、新年度予算を通過させたことを非難報道。
12・13 新民党・鄭一亨議員、国会での朴正熙への批判発言のために与党議員より暴力。
12・23 東亜日報のスポンサー企業への朴正熙政権による広告出稿停止圧力が明らかに。これに対し、韓国内外で東亜の購読運動が広がる。
12・27 東亜：白紙となった広告欄に「新聞広告は民主主義のため……」アピール掲載。
12・30 東亜一面の広告欄に、言論界の長老・洪鍾仁による抵抗広告掲載。以後、75年3月17日まで、大学、教会、市民個人による東亜への激励広告が続く。

12・9 日本：三木武夫内閣発足（～76・12・24）

1975年

1・15 東亜の記者、座り込み開始。
1・20 朝日：東亜日報の広告出稿停止について「韓国東亜日報　広告断たれて1か月」と報道。
1・22 朴正熙、維新憲法に対する国民投票の実施を発表。
1・23 東亜：社説「改正すべき国民投票法」

1・24 朝日：社説「韓国の民主化運動と国民投票」
2・6 東亜：社説「国民投票は実施すべきなのか」／カトリックの正義具現司祭団、祈祷会を開き、国民投票のボイコット闘争を宣言。
2・7 金大中、金泳三、国民投票に反対する共同声明を発表。
2・12 国民投票実施。投票率79・84％、賛成73・1％と発表。
2・17 東亜：社説「〈拘束中拷問〉真相を明らかにせよ」
2・18 朝日：東亜が掲載した、民青学連事件の学生たちが取り調べ中に受けた拷問記事を報道。
2・28 金大中、金泳三らの野党政治家、「拷問政治収束のための宣言」を発表。
3・8 東亜日報、記者ら18名の解雇を発表。
3・13 金芝河、東亜に発表した「苦行――1974」を問題視され逮捕。
3・17 夜明け前、籠城中の東亜の記者160名が、会社側に雇われた200余名の暴力団によって社外へ排除される。
3・19 国会議員休憩室で、与党・共和党と維新会所属の議員だけで、1分間で25案件を処理。
4・3 延世大学で6000名が学生デモ。
4・8 朴正煕、大統領緊急措置7号を発布。
4・9 人革党関連事件で死刑確定だった8名が処刑される。
4・11 ソウル大学農学部・金相鎮、政府を批判し割腹自殺。政府は、金相真の追悼式を禁止。
5・13 朴正煕政権、緊急措置第9号を発布、学園の兵営化。

1976年

3・1 カトリック明洞聖堂での合同祈祷会で、咸錫憲、尹潽善、鄭一亨、金大中ら、「3・1民主救国宣言」を発表。これに関わった金大中らが拘束。

3・3 朝日：社説「韓国民主化の叫び死滅せず」

3・15 カトリック明洞聖堂で、「3・1節祈祷会事件によって立件された司祭たちのためのミサ」開催。

8・12 朝日：光州で第2の「民主救国宣言」が発表と報道。

10・24 米・ワシントン・ポスト紙：朴正煕の指示下での朴東宣などを通じた米政界への贈賄を報道。［コリアゲート事件］

12・21 米・カーター大統領、在韓米軍の撤退に言及。

12・31 金芝河、東亜に発表した「苦行――1974」の件で、懲役7年の判決。

12・24 日本：福田赳夫内閣発足（〜78・12・7）

1977年

1・20 朝日：米・レイナード元国務省朝鮮部長、「自民党議員や親韓派に、韓国政府が多額の金」との発言を報道。

3・10 明洞聖堂に1500人集まり、「労働者人権宣言」発表。

3・22 「3・1民主救国事件」に対する大法院判決。金大中、尹潽善、文益煥、咸錫憲に懲役5年。同日、「民主救国憲章」を発表。

5・24 米韓公式協議開始、在韓米軍撤退問題などを協議。

6・22 元KCIA部長・金炯旭、米・下院で金大中事件について証言。

9・6 朴東宣、米議員などへの違法献金のかどで米国で起訴される。

1・20 米：ジミー・カーター、第39代大統領に就任（〜81・1・20）

10・7 ソウル大学で大規模な反政府集会。

10・25 延世大生5000余名、反政府集会、「77延世民主守護決死闘争宣言」発表。／各大学で、反政府行動続く。

10・26 朝日：延世大学でのデモについて報道、「77延世民主守護決死闘争宣言」を全文掲載。

11・11 ソウル大学で大規模な学生デモ、「民主救国闘争宣言」を発表。

1978年

2・24 尹潽善、咸錫憲ら60余名、「3・1民主宣言」発表。

6・8 中央日報など三星財閥系のマスコミ・グループ、編集権の独立を要求して、宣言「我らの主張」を発表。

6・12 ソウル大学で1000余名がデモ。光州全南大学では、教授たちが反政府批判に立ち上がる。

7・6 統一主体国民会議、朴正熙を大統領に再選。

9・9 韓国民主化勢力、米下院議員有志らの朴正熙政権批判に対する支持を表明、カーター大統領へ送付。

9・17 朝日：金大中事件について、米情報筋などから新たに得た情報を報道。

10・28 米・フレーザー委員会、金大中事件はKCIAの犯行と断定。

12・12 韓国国会議員選挙実施。与党民主共和党68議席、第1野党新民党61議席、得票率では野党が与党を上回る。

12・27 金大中ら釈放。

12・31 朝日：金大中の手記「3年間の獄中生活」掲載。

12・7 日本：大平正芳内閣発足（〜80・7・17）

1979年

1・9　毎日新聞・前田康博ソウル特派員、韓国国外へ追放。毎日新聞、韓国内での販売禁止。
3・1　咸錫憲、尹潽善、金大中、「3・1運動60周年に際しての民主救国宣言」発表。「民主主義と民族統一のための国民連合」を発足、200余名が参加。
5・21　朝日：ソウル特派員報告「〈言論の自由〉へ戦う韓国記者」掲載。
5・22　朝日：「金大中事件はKCIAの仕わざ」とする米・秘密文書を報道。
6・29　カーター米大統領、訪韓。
8・16　Y・H貿易の労働者と、牧師、詩人など8名が拘束。
9・10　野党新民党・金泳三、「反朴宣言」。
10・4　韓国国会、ニューヨーク・タイムズでのインタビュー記事を問題視し、金泳三の除名を議決。
10・17　釜山の釜山大学、東亜大学で、学生ら3000余名がデモ。ソウルなどへデモ拡大。
10・18　朴正煕政権、釜山地域だけの非常戒厳令を発布。
10・23　尹潽善、戒厳令撤回を要求。
10・24　朝日：韓国治安本部は、デモ関連の連行者4200名、逮捕者313名と発表したと報道。
10・26　朴正煕、金載圭中央情報部長に撃たれ死亡。崔圭夏国務総理が大統領職務を代行。
11・24　戒厳令下に結婚式と称して1000余名が明洞YWCAに集まり、「統一主体国民会議による大統領選出阻止国民宣言」発表。これを軍部は暴力で弾圧、約100人が連行される。
12・6　崔圭夏、統一主体国民会議により大統領に選出、就任。

12・12　鄭昇和戒厳司令官（陸軍参謀総長）、全斗煥戒厳司令部捜査本部長により逮捕。
12・14　朝日：社説「軍部で揺れる韓国の政情」

1980年

2・29　2000余名の政治犯のうち、金大中を含む687名が公民権を復活。
4・3　朝日：ソウル特派員報告「学園にめぐり来る春――韓国」掲載。
4・15　全斗煥国軍保安司令官、韓国中央情報部長代理をも兼任。
5・4　ソウル大、高麗大でデモ。学生デモは以後、延世大、梨花女子大など、全国30超の大学へ拡大。
5・7　金大中、尹潽善、咸錫憲ら「民主主義と民族統一のための国民連合」、「民主化促進のための国民連合」発表、全斗煥へ退陣要求。
5・15　ソウルでの学生デモ、10万人規模に拡大。
5・16　金大中、金泳三、戒厳令の解除や全斗煥のKCIA部長兼務解除などを求め、共同声明を発表。
5・17　深夜、戒厳司令部、金大中らを戒厳布告違反で逮捕。
5・18　午前零時、非常戒厳令を韓国全土に拡大。全斗煥ら軍部、光州での学生・市民のデモに対し空挺部隊を出動させる。
5・19　朝日：社説「〈軍政〉と韓国民主化の危機」
5・19　光州のデモに空挺部隊増派、市民らに無差別攻撃、死傷者多数。
5・22　朝日夕刊：ソウル特派員緊急レポート「韓国危機（上）〈とうとう血が流れた〉刻々深まる憎悪と分裂」掲載。

5・23　朝日夕刊：「強硬派が再武装開始　交渉妥協　強く反対　デモ隊側死者130人を超す」と報道。／金泳三、糾弾声明「政府は責任をとれ」発表。

5・24　金載圭らの死刑執行。

5・26　咸錫憲、尹潽善、金大中ら、「民主主義と民族統一のための国民連合時局宣言」発表。

5・27　戒厳軍、光州市内に突入。

5・27　朝日夕刊：「未明、戒厳軍が突入　銃撃戦のすえ、市内全域を制圧した」「学生ら死傷多数　空陸両面作戦で突入　逮捕200人超す」などと報道。

5・30　西江大学商学部4年生・金宜基が飛び降り自殺。

7・3　韓国政府、朝日新聞へソウル支局閉鎖命令。

7・11　金大中など、内乱陰謀および国家保安法違反、反共法違反、外国為替管理法違反、戒厳布告令違反などのかどで軍法会議に送致。

8・5　全斗煥、みずからを陸軍大将と名乗る。

8・8　駐韓米軍の「一高位当局者」、全斗煥将軍支持を表明。

8・16　全斗煥、崔圭夏を追放。

8・27　統一主体国民会議、全斗煥を大統領に選出。

8・28　東亜：社説「全斗煥大統領時代の開幕――当選を祝し、大任完遂を祈る」

9・1　全斗煥、大統領に就任。

9・17　金大中、軍事法廷で死刑を宣告される。

10・22　全斗煥体制のための憲法を問う国民投票。「投票率95・5％、賛成91・6％」と発表。

10・26　光州事件の関連者175名、軍法会議で、5名死刑、7名に無期懲役、163名に5年～20年の懲役を宣告。

7・17　日本：鈴木善幸内閣発足（～82・11・27）

11・2 金大中、軍法会議控訴審でも死刑を言い渡される。

11・27 東亜：社説「韓日関係、再び味わう陣痛——鈴木内閣と日世論の自制を促求する」

1981年

1・23 金大中、無期懲役に減刑。

1・25 全斗煥、非常戒厳令を解除。

2・2 全斗煥、レーガン米大統領と会談。

3・3 全斗煥、臨時大統領から正式な大統領に就任したと宣言。

3・31 成均館大学で、「民主救国宣言文」発表。

7・26 東亜：東京特派員記事「韓国対日借款60億ドル要請」

1・20 米：ロナルド・レーガン、第40代大統領就任（〜89・1・20）

1982年

10・13〜15 光州事件当時の全南大学総学生会長・朴寛賢の獄中死（10・12）を受け、光州で大規模な反政府デモ。

12・23 金大中、夫人とともに渡米。

11・27 日本：中曾根康弘内閣発足（〜87・11・6）

1983年

1・11、12 日韓首脳会談。日本、対韓40億ドルの経済協力を約束。

5・18 金泳三、民主化を求めるハンストに突入。

5・29 朝日：「韓国学生　高まる反政府気分」と韓国内での学生デモの拡大を報道。

6・10 東亜：社説「金泳三氏の断食——〈極限の不幸〉社会機能を正常化で防がねば」

8・15　金大中、金泳三、「民主化闘争は民族の独立と解放のための闘争」と、「8・15メッセージ」を共同で発表。

9・1　大韓航空機、ソ連戦闘機に撃墜、乗客・乗員269名全員が死亡。

10・9　ビルマ訪問中の全斗煥一行、アウンサン国立墓地で爆弾テロに遭う。［ラングーン事件］

11・8　ソウル大学4年・黄政夏、戦闘警察に押され図書館のベランダから落下、死亡。

11・12　レーガン米大統領、訪韓。韓米相互防衛公約の堅持を確認。

1984年

2・25　全斗煥政権、金芝河ら202名の政治活動規制を解除。

3・2　1176名に対する死刑執行停止と特別仮釈放。

4・19　〈4・19〉24周年にあわせ、国内各地の大学で学園の自治を求めデモ。

5・16　4年前の光州事件の日付にあわせ、咸錫憲、洪南淳、李文永、宋建鎬、高銀ら23名、「今日の民主国民宣言」発表。

5・19　朝日：「光州事件4周年　20超す大学で集会」と報道。

9・7　全斗煥、韓国の国家元首として日本を初訪問。

10・8　延世大と高麗大とのスポーツ大会の後、1万人がデモ、機動隊と衝突。

10・24　ソウル大学で8割の学生が中間試験をボイコット。

11・15　与党・民正党舎を学生籠城。

11・15　東亜：社説「民正党舎の学生籠城――学生は自制し、政治家は原因治療を」

12・21　新野党・新韓民主党発足集会。

8・21　フィリピン：アキノ上院議員、マニラ空港で暗殺される。

1985年

2・8 金大中、2年1か月ぶりに米国から帰国。
2・12 金大中、金泳三など出馬禁止のまま、総選挙実施。しかし新韓民主党、野党第一党に躍進。
2・13 朝日：社説「韓国総選挙と民主の拡大」
3・6 金大中、金泳三、政治活動規制解除。
4・19 〈4・19〉25周年、韓国各地で民主化求める学生デモ。
5・23〜27 学生73名、ソウルのアメリカ文化院を占拠。光州虐殺の謝罪などを求める。
7・2 東亜：社説「大学〈自律〉に最善を──他律介入限界認識してこれ以上もつれることのないように」
11・30 野党・新民党議員、与党の議員が別室で予算案を成立させたことに抗議し、断食と座り込み。
12・2 民主・統一民衆運動連合民主憲法争取委員会、声明を発表し、軍事独裁政権に退陣を迫る。

1986年

2・5 東亜：「警察3000名ソウル大に投入、〈署名運動〉学生252名連行」と学生デモを報道。
2・6 金泳三、新民党に戻り、党顧問に就任。
2・19 東亜：社説「言論の良識」
3月 民主統一民衆運動連合など、憲法改正署名運動を展開。

2・25 フィリピン：マルコス一家、国外脱出、ハワイへ亡命。[ピープルパワー革命]

3・28	高麗大学教授28名、「現時局に対するわれわれの見解」発表、憲法改正を求める。
3・30	光州で新韓民主党の改憲推進委員会全羅南道支部結成大会に約５万人が集まり、市民・学生69名が連行される。
4・7	東亜：社説「言論の自省――公正な報道のみが不信を拭う」／全国的に憲法改正と政権の退陣を求める運動が拡散。
4・11	ソウル大教授47名、「大学の危機を克服するためのわれわれの見解」発表、憲法改正と民主化を求める。
5・3	ソウル大学生・金世鎮、焼身自殺。
5・3	仁川朱安一洞市民会館での憲法改正を求める集会に集まった市民15万人と、これを妨害する警察とが衝突。
5・15	東亜：社説「〈教育民主化宣言〉――政治的中立の要求をなぜ懲戒しなければならないのか」／韓国日報、朝鮮日報、東亜日報など有力紙が、言論弾圧の「言論基本法」の撤回、政府の言論不介入などを求め、立ち上がる。
5・18	野党・新民党、忠清南道大田での憲法改正をもとめる集会に20万の市民が集まる。
5・20	ソウル大学で、李東洙が焼身自殺。
5・21	釜山のアメリカ文化センターが学生21名により占拠される。
5・24	東亜：社説「難局打開の道――政治の〈霧〉を払う決断が要求される」
5・27	全斗煥政権、全国一斉検問検索で、２９００余名検挙、８３３名に拘束令状申請。
7・5	弁護士９名、ソウル大４年生・権仁淑に対する刑事文貴童の性拷問を告発。
10・31	全斗煥政権、建国大学での学生デモ隊に、ヘリコプター２台と８０００名の警察官を投入し鎮圧。

11・5　釜山産業大学生・秦聖一、焼身自殺。
11・17　カトリック司祭団、時局宣言を発表。
11・18　プロテスタント教会の牧師、政権退陣要求のデモ。
11・29　新民党が呼びかけた「第1回大統領直選制改憲争取及び永久執権陰謀粉砕国民大会」の参加者と警察官3万名が激突。

1987年

1・14　ソウル大3年生・朴鐘哲、治安本部反共捜査室での取り調べ中に拷問により死亡。
2・7　全斗煥政権、ソウル、釜山、光州、大邱などで開催予定だった朴鐘哲追悼会に対し、全国一斉検問検索などで、実施不能へ圧力。
3・3　朴鐘哲の49日祭と、拷問追放民主化国民平和大行進の開催阻止のために、全斗煥政権は6万の警察を動員、全国で439名を連行。
3・6　シュルツ米国務長官が訪韓、全斗煥は翌年2月の任期満了での退任を確約。
4・13　全斗煥、憲法改正は88年のソウル・オリンピックの後、87年中に直接選挙を経ないで次期大統領を選出と発表。［4・13措置］
4・15　釜山大学で3000名の学生が、拘束・連行された学生の釈放を求めるデモ。
4・21　光州のカトリック神父13名、直接選挙制を求め、無期限断食に突入。
4・28　文学者193名、憲法改正を求めて声明を発表。
5・1　金大中、金泳三、新野党・統一民主党を発足。
5・14　全国でデモ開催、1万人参加。
5・15　曹渓宗の僧侶751名、民主化のための見解を発表。

5・21 検察、朴鍾哲拷問致死事件に、新たに3名の警察官が関与と発表。／全国で学生の抗議運動が広がる。〔6月抗争〕

6・4 民主憲法争取国民運動本部、6月10日に「朴鍾哲君拷問致死隠蔽デッチ上げ糾弾大会」の開催を発表。全斗煥政権は、これを封鎖すると明言。

6・5 全斗煥政権、直接選挙なしに、大統領の後任として盧泰愚将軍を指名と発表。

6・9 「6・10拷問殺人隠蔽糾弾及び護憲撤廃国民大会」で警察との激しい衝突のなか、延世大学生・李韓烈が催涙ガスの直撃弾を受け重体。

6・15 6・10デモ隊、6日間ぶりに解散。／以後も全国でデモ継続拡大。

6・19 東亜：社説「与党の決断を促す──弥縫策ではなく民主化へ方向転換を」

6・19 レーガン米大統領、全斗煥へ書簡を送る。

6・21 シーガー米国務次官補、急きょ訪韓、軍部をけん制。／全国で徹夜デモ続く。

6・24 全斗煥と金泳三、会談。憲法改正、国民投票の実施、金大中の軟禁解除で合意。

6・25 金大中、78日ぶりに軟禁解除。

6・26 ソウル、釜山、大邱、光州、全州、仁川、大田などの37都市で国民平和大行進、翌日の明け方まで続く。全国で130万余名が参加、3467名が連行される。

6・29 盧泰愚、直選制と年内改憲、金大中放免復権、拘束者釈放、年内の大統領選挙などを全斗煥にすすめると発言。

7・5 李韓烈、延世大病院で死亡。

7・9 李韓烈の葬儀に数十万人が参列。／金大中、公民権を回復。

8・22 大宇造船の労働者・李錫圭、警察の催涙ガス弾の直撃で死亡。

10・12 大統領直選憲法改正案、議決。

12・1 大韓航空機858便、爆発。
12・16 大統領直接選挙、16年ぶりに軍事政権下で実施。盧泰愚、金鐘泌、金泳三、金大中の4人が争う。野党統一候補ならず、全斗煥の後継者・盧泰愚が35・9%の得票で当選。

1988年
2・25 盧泰愚、大統領に就任。
9・17 ソウル・オリンピック開催（〜10・12）

※年表中のデモや集会の参加人数などは、本文中の記載による。
（年表作成：編集部）

11・6 日本：竹下登内閣発足（〜89・6・3）

著者について

池 明観　チ・ミョンクワン

1924年平安北道定州（現北朝鮮）生まれ。ソウル大学で宗教哲学を専攻。朴正熙政権下で言論面から独裁に抵抗した月刊誌『思想界』編集主幹をつとめた。1972年来日。74年から東京女子大客員教授、その後同大現代文化学部教授（86～93年）。
雑誌『世界』（岩波書店）に73年5月号から88年3月号まで“T・K生”の筆名で、韓国内の軍事政権と対抗する民主化運動の動静をレポートした「韓国からの通信」を連載。（この連載はのちに岩波新書から『韓国からの通信』『続 韓国からの通信』『第三・韓国からの通信』『軍政と受難—第四・韓国からの通信』として、80年7月までの連載分が再編・刊行された。）
93年に韓国に帰国し、翰林大学日本学研究所所長をつとめる。98年から金大中政権の下で韓日文化交流の礎を築く。主要著作『T・K生の時代と「いま」—東アジアの平和と共存への道』（一葉社）、『韓国と韓国人—哲学者の歴史文化ノート』（アドニス書房）、『池明観自伝—境界線を超える旅』（岩波書店）、『韓国現代史—1905年から現代まで』『韓国文化史』（いずれも明石書店）、『韓国史からみた日本史—北東アジア市民の連帯のために』（かんよう出版）、デジタル版『現代の理論』（http://gendainoriron.jp/）に「韓国の現代史とは何か—終末に向けての政治ノート」を連載中。

「韓国《かんこく》からの通信《つうしん》」の時代《じだい》——韓国《かんこく》・危機《きき》の15年《ねん》を日韓《にっかん》のジャーナリズムはいかにたたかったか

二〇一七年九月二八日　初版第一刷

著者　池《チ》明観《ミョンクワン》

発行所　株式会社　影書房
〒170-0003　東京都豊島区駒込一―三―一五
電話　〇三（六九〇二）二六四五
FAX　〇三（六九〇二）二六四六
Eメール　kageshobo@ac.auone-net.jp
URL　http://www.kageshobo.com
〒振替　〇〇一七〇―四―八五〇七八

本文印刷　スキルプリネット
装本印刷　アンディー
製本　壺屋製本

落丁・乱丁本はおとりかえします。

定価　4、200円＋税

ISBN978-4-87714-475-3